Demographischer Wandel und politische Antworten in Deutschland

Europäische Hochschulschriften
Publications Universitaires Européennes
European University Studies

Reihe V
Volks- und Betriebswirtschaft

Série V Series V
Sciences économiques, gestion d'entreprise
Economics and Management

Bd./Vol. 3303

PETER LANG
Frankfurt am Main · Berlin · Bern · Bruxelles · New York · Oxford · Wien

Gitte Halder

Demographischer Wandel und politische Antworten in Deutschland

Eine Simulationsstudie im Rahmen eines allgemeinen Gleichgewichtsmodells

PETER LANG
Internationaler Verlag der Wissenschaften

Bibliografische Information der Deutschen Nationalbibliothek
Die Deutsche Nationalbibliothek verzeichnet diese Publikation in der Deutschen Nationalbibliografie; detaillierte bibliografische Daten sind im Internet über <http://www.d-nb.de> abrufbar.

Zugl.: Würzburg, Univ., Diss., 2007

D 20
ISSN 0531-7339
ISBN 978-3-631-57617-5

www.peterlang.de

Meiner großen und
meiner kleinen
Familie

Danksagungen

Diese Dissertation entstand hauptsächlich während meiner Zeit als wissenschaftliche Assistentin am Lehrstuhl für Finanzwissenschaft an der Universität Würzburg. Dem Lehrstuhlinhaber, meinem Doktorvater Herrn Prof. Dr. Hans Fehr, gilt mein herzlicher Dank für die viele Zeit, die er sich für dieses Projekt genommen hat, für sein Interesse daran, für die guten Arbeitsbedingungen und nicht zuletzt für seine große Geduld.

Diese Arbeit wäre kaum entstanden ohne die Zusammenarbeit mit meiner Lehrstuhlkollegin Frau Prof. Dr. Sabine Jokisch. Vor allem ihr ist das verwendete Modell zu verdanken. Hierfür, aber auch für die vielen Tipps und Hilfen, die herzliche Arbeitsatmosphäre sowie für die Durchsicht des Manuskripts danke ich 204-fach. Auch meinen Lehrstuhlkollegen Herrn Dr. Christian Habermann und Herrn Dr. Michael Tröger möchte ich meinen Dank für wertvolle Hinweise aussprechen. Sie alle und die Kollegen befreundeter Lehrstühle, Frau Dr. Nicole Freiberg, Frau Dr. Sabine Altiparmak und Herrn Dr. Patrick Beschorner waren wichtige und motivationsfördernde Gefährten. Herr Dr. Stephan Faßhauer hat nicht nur die gesamte Arbeit intensiv korrekturgelesen und mir zahlreiche weiterführende Hinweise gegeben, sondern mir auch stets freundschaftlich und ermunternd zur Seite gestanden, wofür ich ganz besonders dankbar bin. Ebenso verbunden bin ich Herrn Dr. Hannes Schellhorn für die Durchsicht wesentlicher Teile der Arbeit und den mentalen Beistand. Herrn Fabian Kindermann möchte ich herzlich für seine sachkundige und freundliche technische Hilfe danken. Mit meinen Kollegen Frau Prof. Dr. Jutta Emes und Herrn Prof. Dr. Martin Hepp konnte ich durch den gemeinsamen sportlichen Ausgleich in Form zahlreicher Laufkilometer und Seillängen sowie durch ihre Freundschaft die für diese Dissertation notwendige Arbeitskraft regenerieren.

Von ganzem Herzen danke ich meinen Eltern Georg und Zenta Halder für ihre Unterstützung und ihr Vertrauen während meiner Ausbildung und meinen Geschwistern Lulu, Susanne, Michael, Hubert und Edith sowie meiner Freundin Anette Becker für die stete Ermunterung. Ganz besonderer Dank gebührt meinem Mann Mario Gerhard, der diese Arbeit vom ersten Tag an begleitete und mir stets den Rücken freihielt und stärkte. Er brachte nicht nur ein immenses Verständnis für mich und diese Arbeit auf, sondern bereicherte sie auch – insbesondere in der Endphase – durch viele aktuelle politische Diskussionen und Anregungen.

Für die finanzielle Unterstützung im Rahmen des Projektes „Quantitative Analyse von Bevölkerungsentwicklung und langfristiger Finanzpolitik in der OECD“ danke ich vielmals der Deutschen Forschungsgemeinschaft (Fördernr. Fe 377/4) sowie der Deutschen Rentenversicherung Bund für die Gewährung eines Druckkostenzuschusses.

Wiesbaden, April 2008
Gitte Halder

Inhaltsverzeichnis

Tabellenverzeichnis

Abbildungsverzeichnis

Symbolverzeichnis

Indizes

i, t, x, z, T	Jahresindizes
a, j, q, u, v	Altersindizes
k	Einkommensklassenindex
l	Index für Staatsbürgerschaft: bei Einheimischen n, bei Migranten m
$s, \jmath$	Alter der Eltern bei Geburt eines Modellindividuums (falls $l = n$) bzw. Alter bei Einwanderung (falls $l = m$)

Bevölkerungsmodell

$ABA(i, k)$	Durchschnittliches Gebäralter der Einkommensklasse k im Jahr i
$d(a, i, k)$	Bedingte Sterbewahrscheinlichkeit, d.h. Wahrscheinlichkeit eines Mitglieds der Einkommkensklasse k, im Alter a im Jahr i zu sterben, wenn es das Alter $a-1$ erreicht hat
$\bar{d}(a, i, k)$	Unbedingte Sterbewahrscheinlichkeit, d.h. Wahrscheinlichkeit eines Neugeborenen der Einkommensklasse k, im Alter a im Jahr i zu sterben
$f(a, i, k)$	Altersspezifische Fertilitätsrate eines a-jährigen Haushalts der Einkommensklasse k im Jahr i
$KID(a, i, k)$	Anzahl der von einem a-jährigen Haushalt der Einkommensklasse k im Jahr i zu versorgenden Kinder unter 21 Jahren
$KID10(a, i, k)$	Anzahl der von einem a-jährigen Haushalt der Einkommensklasse k im Jahr i zu versorgenden Kinder unter 11 Jahren
$KID13(a, i, k)$	Anzahl der von einem a-jährigen Haushalt der Einkommensklasse k im Jahr i zu versorgenden Kinder unter 14 Jahren
$LE(i, k)$	Periodenspezifische Lebenserwartung der Einkommensklasse k im Jahr i
$M(a, i, s, k)$	Ausländer der Einkommensklasse k im Alter a im Jahr i, die im Alter von s Jahren eingewandert sind
$M(a, i, 20, k)$	Ausländer der Einkommensklasse k im Alter a im Jahr i, aggregiert über alle Zuwanderungsaltersklassen
$\bar{M}(a, i)$	Ausländer im Alter a im Jahr i

$\hat{M}(a,i)$	Nettoimmigranten des Alters a im Jahr i
$N(a,i,s,k)$	Einheimische der Einkommensklasse k im Alter a im Jahr i, deren Eltern bei Geburt s Jahre alt waren
$N(a,i,22,k)$	Einheimische der Einkommensklasse k im Alter a im Jahr i, aggregiert über alle Elternaltersklassen
$\bar{N}(a,i)$	Einheimische im Alter a im Jahr i
$P(a,i,k)$	Kumulierte Überlebenswahrscheinlichkeit eines a-jährigen Haushalts der Einkommensklasse k im Jahr i
$POP(i)$	Gesamtbevölkerung im Jahr i
$TFR(i,k)$	Periodenspezifische Gesamtfruchtbarkeitsziffer der Einkommensklasse k im Jahr i
$\eta(i)$	Endogene Bevölkerungswachstumsrate im Jahr i
$\bar{\eta}$	Exogene Bevölkerungswachstumsrate ab dem Jahr 2051
$\xi(i,k)$	Anteil der Einkommensklasse k am Anfangsbestand der einheimischen und ausländischen Bevölkerung
$\hat{\xi}(i,k)$	Anteil der Einkommensklasse k an den Nettozuwanderern im Jahr i

Haushaltssektor

$\mathrm{a}(a,i,s,k,l)$	Vermögen eines a-jährigen Haushalts der Einkommensklasse k mit dem Eltern- bzw. Einwanderungsalter s im Jahr i
$c(a,i,s,k,l)$	Güter, die ein a-jähriger Haushalt der Einkommensklasse k mit dem Eltern- bzw. Einwanderungsalter s im Jahr i konsumiert
$c_K(a,i,s,k,l)$	Güter, die die Kinder eines a-jährigen Haushalts der Einkommensklasse k mit dem Eltern- bzw. Einwanderungsalter s im Jahr i konsumieren
$E(a,k)$	Effizienz eines a-jährigen Haushalts der Einkommensklasse k
$h(a,i)$	Zeitausstattung eines a-jährigen Haushalts im Jahr i
$H(j,t,s,k,l)$	Nutzen, den ein im Jahr t j-jähriger Haushalt der Einkommensklasse k mit Eltern- bzw. Einwanderungsalter s aus den von seinen Kindern konsumierten Gütern zieht
$I(a,i,s,k,l)$	Erbschaft, die ein a-jähriger Haushalt im Jahr i erhält
$\ell(a,i,s,k,l)$	Freizeitkonsum eines a-jährigen Haushalts im Jahr i
$T(a,i,s,k,l)$	Nettosteuerzahlung eines a-jährigen Haushalts im Jahr i
$U(j,t,s,k,l)$	Nutzenfunktion eines im Jahr t (= Startzeitpunkt der Optimierung) j-jährigen Haushalts der Einkommens-

	klasse k, dessen Eltern bei seiner Geburt s Jahre alt waren (falls $l = n$) oder der im Alter von s Jahren eingewandert ist (falls $l = m$)
$V(j,t,s,k,l)$	Nutzen, den ein im Jahr t j-jähriger Haushalt der Einkommensklasse k mit dem Eltern- bzw. Einwanderungsalter s aus selbst konsumierten Gütern und Freizeit zieht
$W(a,i,s,k,l)$	Bruttoarbeitseinkommen eines a-jährigen Haushalts im Jahr i
$\bar{W}(i)$	Durchschnittliches Bruttoeinkommen aller Haushalte im Jahr i
$\mathcal{W}(j,t,s,k,l)$	Lebenszeiteinkommen eines Haushalts, der im Alter j im Jahr t zu optimieren beginnt
α	Freizeitpräferenzparameter
γ	Intertemporale Substitutionselastizität
$\Gamma(j,t,s,k,n)$	Marginale Konsumneigung eines im Jahr t j Jahre alten Individuums bezogen auf sein Lebenseinkommen
θ	Zeitpräferenzrate
$\vartheta(j,t,s,k,l)$	Lagrange-Multiplikator (Schattenpreis) bei der Haushaltsoptimierung
$\kappa_0^k, \kappa_1^k, \kappa_2^k$	Steigungsparameter des Effiziensprofils in Abhängigkeit von der Einkommensklasse k
λ	Wachstumsrate des (arbeitsvermehrenden) technologischen Fortschritts
ρ	Intratemporale Substitutionselastizität

Produktionssektor

$F(\cdot)$	Produktionsfunktion
$F_{K(i)}$	Grenzproduktivität des Kapitals im Jahr i
$F_{L(i)}$	Grenzproduktivität der Arbeit im Jahr i
ε	Kapitalintensität der Produktion
ϕ	Technologisches Niveau der Produktion
$\Phi(\cdot)$	Anpassungskostenfunktion
$\Phi_{K(i)}$	Marginale Anpassungskosten in Abhängigkeit vom Kapitalstock im Jahr i
$\Phi_{\Delta K(i)}$	Marginale Anpassungskosten in Abhängigkeit vom Investitionsvolumen im Jahr i
ψ	Anpassungskostenniveau

Staatlicher Sektor

$\bar{a}(z,k)$	Individuelles tatsächliches Renteneintrittsalter der Einkommensklasse k bei Renteneintritt im Jahr z
$\tilde{a}(z)$	Allgemeines gesetzliches Renteneintrittsalter bei Renteneintritt im Jahr z
$Aic(a,i,s,k,l)$	Abzugsfähige Werbungskosten
$Aip(a,i,s,k,l)$	Abzugsfähige Vorsorgeaufwendungen
$Aip^{NB}(a,i,s,k,l)$	Abzugsfähige Vorsorgeaufwendungen bei Übergang zur nachgelagerten Besteuerung
$Ais(i)$	Sparerfreibetrag im Jahr i
$Akc(a,i,s,k,l)$	Kinder(betreuungs)freibetrag
$AD(a,i,s,k,l)$	Steuerlicher Vorwegabzug zur Berechnung der abzugsfähigen Vorsorgeaufwendungen im Jahr i
$AF(z,k)$	Rentenrechtlicher Zugangsfaktor für einen Haushalt der Einkommensklasse k bei Renteneintritt im Jahr z
$AP(i)$	Kapitalstock der gesetzlichen Pflegeversicherung im Jahr i
$APV(i)$	Aktueller Rentenwert im Jahr i
$b(i)$	Schuldenquote der öffentlichen Hand (in Relation zum Volkseinkommen) im Jahr i
$B(i)$	Schuldenstand der öffentlichen Hand im Jahr i
$B^f(i)$	Im Ausland gehaltenes Vermögen im Jahr i
$\Delta B(i)$	Staatliches Defizit im Jahr i
$BBG(i)$	Beitragsbemessungsgrenze in der gesetzlichen Rentenversicherung im Jahr i
$BMA(a,i,s,k,l)$	Grundhöchstbetrag zur Berechnung der abzugsfähigen Vorsorgeaufwendungen im Jahr i
$edu(a)$	Ausbildungskosten pro Kind des Alters a
$EP(a,i,s,k,l)$	(Normale) Entgeltpunkte, die ein Haushalt in einem Arbeitsjahr i erwirbt
$EP^c(a,i,s,k,l)$	Durch Kindererziehung begründete Entgeltpunkte eines Haushalts in einem Arbeitsjahr i
$EP^f(a,i,s,k)$	Auf Erwerbstätigkeit im Ausland beruhende Entgeltpunkte eines Zuwandererhaushalts in einem Arbeitsjahr i
g	Staatliche Konsumausgaben pro Einwohner
$G(i)$	Aggregierte staatliche Konsumausgaben im Jahr i

$hc(a,i)$	Leistungsausgaben der (gesetzlichen und privaten) Krankenversicherung für einen a-jährigen Haushalt im Jahr i
$HB(i)$	Aggregierte Leistungen des gesamten Krankenversicherungssystems im Jahr i
$HB^g(i)$	Aggregierte Leistungen der gesetzlichen Krankenversicherung im Jahr i
$HB^p(i)$	Aggregierte Leistungen der privaten Krankenversicherung im Jahr i
$HMA(\cdot)$	Hälftiger Höchstbetrag zur Berechnung der abzugsfähigen Vorsorgeaufwendungen im Jahr i
$IP(a,i,s,k,l)$	Vorsorgeaufwendungen eines a-jährigen Haushalts der Einkommensklasse k
$lc(a,i)$	Leistungsausgaben der (gesetzlichen und privaten) Pflegeversicherung für einen a-jährigen Haushalt im Jahr i
$LCB(i)$	Aggregierte Leistungen des Pflegeversicherungssystems im Jahr i
$LCB^g(i)$	Aggregierte Leistungen der gesetzlichen Pflegeversicherung im Jahr i
$LCB^p(i)$	Aggregierte Leistungen der privaten Pflegeversicherung im Jahr i
MBLQ(i)	Marginale Belastungsquote eines Haushalts im Jahr i
$NF(i)$	Nachhaltigkeitsfaktor im Jahr i
$Pen(a,i,s,k,l)$	Altersrente eines a-jährigen Haushalts im Jahr i
$\overline{Pen}(i,k)$	Aggregierte Altersrenten der Einkommensklasse k im Jahr i
$PB(i)$	Aggregierte Leistungen der gesetzlichen Rentenversicherung im Jahr i
$PY^h(i)$	Bemessungsgrundlage der gesetzlichen Krankenversicherung und der gesetzlichen Pflegeversicherung im Jahr i
$PY^p(i)$	Bemessungsgrundlage der gesetzlichen Rentenversicherung im Jahr i
$RQ(i)$	Rentnerquotient im Jahr i
$S^h(i)$	Zahlungen der gesetzlichen Rentenversicherung an die Krankenversicherung der Rentner im Jahr i
$SEP(z,s,k,l)$	Summe aller Entgeltpunkte eines Haushalts, der im Jahr z in Rente geht

$tc(i)$	Staatliches Kindergeld pro Kind im Jahr i
$T^G(i)$	Gesamtes Steueraufkommen im Jahr i
$T^k(i)$	Körperschaftsteueraufkommen im Jahr i
$Tr(i)$	Aggregierte staatliche Kindergeldausgaben im Jahr i
$Tr^k(a,i,k)$	Transfers, die ein a-jähriger Haushalt der Einkommensklasse k im Jahr i für alle seine Kinder erhält
$\hat{z}^h(i)$	Rechnerische Kopfpauschale eines Erwachsenen zur privaten Krankenversicherung im Jahr i
$z^h(a,i,k)$	Pauschalbeitrag eines a-jährigen Haushalts der Einkommensklasse k zur privaten Krankenversicherung im Jahr i
$z^{lc}(i,k)$	Pauschalbeitrag eines Haushalts der Einkommensklasse k zur privaten Pflegeversicherung im Jahr i
$\bar{z}^{lc,BP}(i)$	Pflegeversicherungspauschale (ohne Kompensation) im Jahr i beim „Bürgerpauschalenmodell"
$z^{lc,BP}(a,i,k)$	Individuelle Bürgerpauschale (mit Kompensation) eines a-jährigen Haushalts in der Pflegeversicherung im Jahr i
$z^{lc,TK}(j,t,k)$	Individuelle (gleichbleibende) Pflegeversicherungsprämie im Alter j im Jahr t beim „Teilkapitaldeckungsmodell mit Übergang zur Kapitaldeckung ab 2030"
$z^{lc,Pg}(j,t,k)$	Individuelle (gleichbleibende) Pflegeversicherungsprämie im Alter j im Jahr t beim „Auslaufmodell"
$z^{lc,Ps}(j,t,k)$	Individuelle (gleichbleibende) Pflegeversicherungsprämie im Alter j im Jahr t beim „Modell der vollständigen und sofortigen Privatisierung"
$zvE(a,i,s,k,l)$	Zu versteuerndes Einkommen eines a-jährigen Haushalts der Einkommensklasse k mit Eltern- bzw. Einwanderungsalter s und Staatsbürgerschaftsstatus l im Jahr i
β_1	Werbungskosten eines Modellhaushalts als Anteil seines Arbeitseinkommens
β_2	Kinderbetreuungsfreibetrag pro Kind unter 15 Jahren
$\varrho_1(i)$	Eigenanteil eines gesetzlich krankenversicherten Rentners an seinen Krankenversicherungsbeiträgen im Jahr i
$\varrho_2(i)$	Rentenrechtlicher Anrechnungsfaktor im Jahr i für Versicherungszeiten im Ausland
$\varrho_3(i)$	Rentenrechtlicher Aufwertungsfaktor für die kindbezogene Höherbewertung von Beitragszeiten im Jahr i
$\varsigma(z)$	Ertragsanteil bzw. zu versteuernder Anteil einer Altersrente im Jahr z des Renteneintritts
$\tau^b(i)$	Erbschaftsteuersatz im Jahr i

$\tau^c(i)$	Konsumsteuersatz im Jahr i
$\hat{\tau}^h(i)$	Allgemeiner Beitragssatz zur gesetzlichen Krankenversicherung im Jahr i
$\tau^h(i,k)$	Individueller Beitragssatz eines Haushalts der Einkommensklasse k zur gesetzlichen Krankenversicherung im Jahr i
$\tau^k(i)$	Körperschaftsteuersatz im Jahr i
$\hat{\tau}^{lc}(i)$	Allgemeiner Beitragssatz zur sozialen Pflegeversicherung im Jahr i
$\tau^{lc}(i,k)$	Individueller Beitragssatz eines Haushalts der Einkommensklasse k zur sozialen Pflegeversicherung im Jahr i
$\tau^p(a,i,s,k,l)$	Individueller marginaler Beitragssatz eines a-jährigen Haushalts zur gesetzlichen Rentenversicherung im Jahr i
$\bar{\tau}^p(a,i,s,k,l)$	Individueller durchschnittlicher Beitragssatz eines a-jährigen Haushalts zur gesetzlichen Rentenversicherung im Jahr i
$\hat{\tau}^p(i)$	Allgemeiner Beitragssatz zur gesetzlichen Rentenversicherung im Jahr i
$\tau^{pp}(i)$	Fiktiver Beitragssatz zur privaten Altersvorsorge im Jahr i
$\tau^r(i)$	Allgemeiner Kapitaleinkommensteuersatz im Jahr i
$\tau^r(a,i,s,k,l)$	Marginaler individueller Kapitaleinkommensteuersatz eines a-jährigen Haushalts im Jahr i
$\bar{\tau}^r(a,i,s,k,l)$	Durchschnittlicher individueller Kapitaleinkommensteuersatz eines a-jährigen Haushalts im Jahr i
$\tau^{ss}(a,i,s,k,l)$	Aggregierter individueller marginaler Beitrag zu den gesetzlichen Sozialversicherungssystemen im Jahr i
$\bar{\tau}^{ss}(a,i,s,k,l)$	Aggregierter individueller durchschnittlicher Beitrag zu den gesetzlichen Sozialversicherungssystemen im Jahr i
$\tau^w(a,i,s,k,l)$	Marginaler individueller Lohnsteuersatz eines a-jährigen Haushalts im Jahr i
$\bar{\tau}^w(a,i,s,k,l)$	Durchschnittlicher individueller Lohnsteuersatz eines a-jährigen Haushalts im Jahr i
$\varphi(a,i)$	Faktor des *tax-benefit linkage* im Alter a und Jahr i

χ	Parameter zur Verteilung der Finanzierungslast zwischen aktiver und verrenteter Bevölkerung beim Nachhaltigkeitsfaktor
ω	Parameter des *tax-benefit linkage*

Preise

$p(i)$	Konsumpreis im Jahr i
$q(i)$	Schattenpreis des Kapitals im Jahr i
$r(i)$	Zinssatz im Jahr i
$R(i,t)$	Durchschnittlicher Bruttodiskontfaktor im Jahr i und Startzeitpunkt t
$\bar{R}(i,t)$	Durchschnittlicher Nettodiskontfaktor im Jahr i und Startzeitpunkt t
$\tilde{R}(i,t)$	Marginaler Nettodiskontfaktor im Jahr i und Startzeitpunkt t
$w(i)$	Bruttolohnsatz im Jahr i
$\bar{w}(a,i,s,k,l)$	Durchschnittlicher Nettolohnsatz eines a-jährigen Haushalts im Jahr i
$\tilde{w}(a,i,s,k,l)$	Marginaler Nettolohnsatz eines a-jährigen Haushalts im Jahr i
$\pi^0(\cdot)$	Preisvektor im Basisszenario
$\pi(\cdot)$	Preisvektor im allgemeinen Fall

Aggregierte Variablen

$A(i)$	Volkswirtschaftliche Ersparnis im Jahr i
$\bar{A}(a,i,k)$	Aggregierte Ersparnis aller a-jährigen Haushalte der Einkommensklasse k
$C(i)$	Aggregierter Konsum im Jahr i
$DIV(i)$	Dividendenausschüttung am Ende eines Jahres i
$EF(\cdot)$	Auszahlungsfunktion
$EV(j,t,s,k,l)$	Hickssche Äquivalente Variation
$K(i)$	Volkswirtschaftlicher Kapitalstock im Jahr i
$\Delta K(i)$	Investionen im Jahr i
$L(i)$	Aggregiertes Arbeitsangebot im Jahr i
$TB(i)$	Handelsbilanzsaldo im Jahr i i
$\mathcal{V}(i)$	Firmenwert im Jahr i
$Y(i)$	Volkswirtschaftlicher Produktionsoutput im Jahr i
$Y^D(i)$	Aggregierte Güternachfrage im Jahr i

Abkürzungsverzeichnis

BIP	Bruttoinlandsprodukt
EU	Europäische Union
GMG	GKV-Modernisierungsgesetz
GRV	Gesetzliche Rentenversicherung
GKV	Gesetzliche Krankenversicherung
GPV	Soziale (gesetzliche) Pflegeversicherung
LE	Lebenserwartung
NIP	Nettoinlandsprodukt
OECD	Organisation für wirtschaftliche Zusammenarbeit und Entwicklung
OLG	überlappende Generationen (engl. *overlapping generations*)
PKV	Private Krankenversicherung
PPV	Private Pflegeversicherung

1 Ausgangssituation

1.1 Einleitung

„Eigentlich gibt es für die demographische Frage keine Lösung (...) Wir werden alles gleichzeitig haben: Verelendung, Dritte Welt in Deutschland und daneben einen obszönen Reichtum und Luxus. Die Gesellschaft wird sich spalten oder zerfallen."
(Herwig Birg, FRANKFURTER ALLGEMEINE ZEITUNG 2006a)

„Meist wird die demographische Entwicklung dramatisiert, denn auf diese Weise legitimiert sie Maßnahmen der Umverteilung des gesellschaftlichen Reichtums. Demographie fungiert in erster Linie als Mittel der sozialpolitischen Demagogie und ‚Generationengerechtigkeit' ist zu einem politischen Kampfbegriff geworden, der von vermehrter sozialer Ungleichheit innerhalb jeder Generation ablenkt." (BUTTERWEGGE 2004, S. 2)

Zu Beginn des 21. Jahrhunderts muss man sehr genau hinhören, um noch Stimmen zu vernehmen, welche, wie der gewerkschaftsnahe Politikwissenschaftler Christoh BUTTERWEGGE (2004), die künftige demographische Entwicklung bezweifeln und deren Auswirkungen herunterspielen (vgl. auch BINGLER und BOSBACH 2004 oder MÜLLER 2004). Vertreter dieser Denkrichtung leugnen teilweise gar die Seriösität und die Ergebnisse statistischer Bevölkerungsvorausberechnungen, weil sie deren Instrumentalisierung durch „neoliberale Reformer" befürchten. Die Behauptung BUTTERWEGGES (2004), die Demographie-Diskussion lenke von der sozialen Ungleichheit innerhalb der Generationen ab, verkennt allerdings – dies sei bereits an dieser Stelle angemerkt –, dass sich intragenerative und intergenerative Ungleichheit nicht ausschließen, sondern durchaus koexistieren können. Deutlich häufiger zu hören sind konträre Wortmeldungen wie etwa von dem Demographen Herwig BIRG (2002b, 1998 bzw. FRANKFURTER ALLGEMEINE ZEITUNG 2006a) oder von Verfechtern der Interessen zukünftiger und jüngerer (z.B. TREMMEL 2003) oder älterer Generationen (vgl. etwa SCHIRRMACHER 2004). Diese und andere schildern die Bevölkerungsalterung teilweise in düsteren Farben und problematisieren bereits heute einen Generationenkonflikt oder gar einen kommenden „Generationenkrieg".

Natürlich wissen wir heute nicht im Detail, wie der Alterungsprozess verlaufen wird. Das Spektrum wahrscheinlicher Möglichkeiten für die nächsten Dekaden ist jedoch hinreichend bekannt. Zwar konnte oder kann man, wie der Reformkritiker Albrecht MÜLLER (2004, S. 108) anführt, weder 1950 noch heute demographisch bedeutende Ereignisse wie den „Pillenknick“ oder die Zuwanderungswelle infolge des Zusammenbruchs Osteuropas vorhersehen. Dennoch scheinen weitere Veränderungen ähnlichen Ausmaßes kurz- und mittelfristig unwahrscheinlich. Die Geburtenraten sind in Deutschland seit 30 Jahren relativ stabil und selbst wenn sich – beispielsweise durch Familienpolitik – die Fertilitätsrate signifikant erhöhen ließe, bliebe die Entwicklung des Rentner-Erwerbstätigen-Verhältnisses der nächsten 20 bis 30 Jahre davon weitgehend unberührt. Auch die Zuwanderung bewegt sich seit 10 Jahren in einem Korridor zwischen 50.000 und 400.000 Personen pro Jahr. Die großen Zuwanderungsströme Anfang der 90er Jahre beruhten überwiegend auf dem Zusammenbruch des Ostblocks und seinen Folgen, wie etwa den Jugoslawienkriegen. Quantitativ ähnlich bedeutende Wanderungsbewegungen sind – auch vor dem Hintergrund der mittlerweile eher restriktiveren Zuwanderungspolitik und der allgemeinen politischen Stimmung – derzeit nicht zu erwarten.

Die – niemals völlig auszuschließende – Möglichkeit eines plötzlichen erneuten Babybooms ist aus der Sicht politischer Entscheidungsträger allerdings keine kalkulierbare Entscheidungsbasis. Sie können sich rationalerweise nur an voraussichtlich eintretenden Szenarien orientieren und nicht an unwahrscheinlichen, wenn auch potentiell möglichen. Aufgrund der finanziellen und zeitlichen Tragweite ihrer Entscheidungen bleibt Politikern somit keine andere Wahl, als den allgemein erwarteten demographischen Wandel zur Grundlage ihrer Entscheidungen zu machen. Es überrascht also nicht, dass sich Politik und Verwaltung seit einigen Jahren immer konkreter mit der alternden Gesellschaft befassen, was sich unter anderem in der Gründung zahlreicher Enquête-Kommissionen in Bund, Ländern und Kommunen sowie der vielfachen Vergabe von Gutachtenaufträgen zeigt. So setzte die rot-grüne Bundesregierung in ihrer zweiten Legislaturperiode die „Kommission für die Nachhaltigkeit in der Finanzierung der Sozialen Sicherungssysteme“ – die so genannte RÜRUP-KOMMISSION – unter Leitung von Bert Rürup ein, die im August 2003 ihren Endbericht vorlegte (2003).

Nachdem sich lange vor allem die Fachwelt mit dem Phänomen beschäftigt hat, findet das Thema Demographie mittlerweile auch in der Öffentlichkeit immer mehr Beachtung. So standen nicht zufällig monatelang populärwissenschaftliche Bücher wie etwa „Das Methusalem-Komplott“ (SCHIRRMACHER 2004) über die demographische Alterung im weitesten Sinne auf den Bestsellerlisten. Zunehmend wird die Thematik auch beispielsweise im Zusammenhang mit den Konsequenzen auf Wohnungsmärkte, Anlagestrategien, Mobilität, Güter- und Dienstleistungsbedarf erwähnt. Es geht also auch in der öffentlichen Diskussion vielfach schon nicht mehr um die Frage, *ob* unsere Gesellschaft altert, sondern vielmehr um das *Wie*.

Umso erstaunlicher ist es vor diesem Hintergrund, dass das Ausmaß und die Konsequenzen einer alternden Bevölkerung, insbesondere auf Sozial- und Steuersysteme in weiten Kreisen noch immer deutlich unterschätzt oder gar bewusst ignoriert werden. Bei manchen „kritischen Geistern" gipfelt diese Ignoranz in einer Ablehnung der meisten derzeit diskutierten Reformideen, sogar einer Negierung ihrer Notwendigkeit. So schreibt beispielsweise MÜLLER in seinem Buch „Die Reformlüge" (2004, S. 395): *„Stellen wir uns vor, der deutsche Bundeskanzler würde von heute auf morgen damit aufhören, über Reformen zu reden, und die Bundesregierung würde nur noch jene Reformen einleiten und durchzusetzen suchen, die heute wirklich nötig sind. Würde uns dann etwas fehlen?"*.

Der Produktivitätszuwachs, so heißt es in dieser Argumentationsrichtung, werde zukünftige Generationen für ihre steigende Abgabenbelastung entschädigen. *„Die entscheidende Entlastung und Entspannung des Problems folgt jedoch aus der Produktivitätsentwicklung. 1,5 % jährlicher Zuwachs der Arbeitsproduktivität würde reichen, um allen Gruppen - den Arbeitenden, den Jungen und Alten - auf Jahrzehnte hinaus einen wachsenden Wohlstand zu bescheren"* (MÜLLER 2004, S. 120). Nicht weniger optimistisch zeigt sich BUTTERWEGGE (2004, S. 5): *„Wenn man bedenkt, dass sich bei einem Produktivitätsanstieg von nur 1,5 % pro Jahr und Erreichen der Vollbeschäftigung ab 2010 das Realeinkommen bis 2050 verdoppeln würde, kann von einer Überforderung der Gesellschaft durch den demographischen Wandel keine Rede sein"*. Abgesehen davon, dass ein Zustand der Vollbeschäftigung innerhalb der nächsten Jahre höchstwahrscheinlich nicht zu erreichen ist, drängt sich die Frage auf, ob heutige Generationen damit einverstanden wären, dasselbe oder nur ein geringfügig höheres (inflationsbereinigtes) Nettoeinkommen zu beziehen wie vergleichbare Kohorten vor 50 Jahren, weil die Produktivitätswachstumsgewinne der dazwischenliegenden Jahre zu großen Teilen in die Sozialsysteme geflossen wären. Man hätte sich im Nettolohn-Vergleich zu den Vorgängern nicht schlechtergestellt und doch würde wohl kaum jemand diese intergenerative Verteilung als zufriedenstellend empfinden. Die Haltung BUTTERWEGGES oder MÜLLERS zu übernehmen und folglich Reformen der Sozialversicherungssysteme zu unterlassen hieße zukünftige Generationen mit den enormen Kosten heutiger Entscheidungen zu belasten, ohne zu wissen, ob sie bereit sind, diese Verträge einzuhalten. Bei dieser Argumentation wird zudem häufig übersehen, dass mit produktivitätsbedingt steigenden Einkommen auch die daran geknüpften gesetzlichen Renten steigen, was wiederum von den Erwerbstätigen finanziert werden muss. Das bedeutet, dass hier keine Entlastung der erwerbstätigen Generationen zu erwarten ist.

Das eigentliche und gewichtigere Problem derartiger Lohnvergleiche wird von so argumentierenden Reformgegnern völlig ignoriert: die negativen Anreizwirkungen steigender lohnbezogener Abgaben auf die Arbeitsentscheidung. Schon heute wird die Abgabenlast sowohl von Arbeitnehmern als auch von Arbeitgebern als zu hoch angesehen. Wenn von einem zusätzlich verdienten Euro mehr als die Hälfte für Steuern und Sozialversicherungsbeiträge abgeführt werden muss, ist es wenig attraktiv, mehr zu arbeiten. Auch werden entlastende Senkungen der Steuersätze, z.B. im Rahmen von Steuerreformen, von der Bevölkerung kaum wahrgenommen, wenn andererseits gleichzeitig die Sozialbeiträge ansteigen. Ein weiterer Anstieg könnte Anreize zur Beschäftigungsaufnahme bzw. Mehrarbeit zusätzlich erschweren, zu einer vermehrten Flucht in illegale Beschäftigungsverhältnisse oder zu einer zunehmenden Arbeitsmigration ins Ausland führen. Zwar sind die Generationenverträge der Sozialversicherungen nicht im klassischen Sinne kündbar, eine zunehmende Flucht der Menschen in illegale, sozialversicherungsfreie oder private Lösungen würde jedoch in Richtung einer Kündigung zielen und die Basis umlagefinanzierter Sozialsysteme zunehmend aushöhlen.

Man kommt also nicht umhin, die Notwendigkeit grundlegender Reformen anzuerkennen. Zudem muss man sich klarmachen, dass für deren Durchsetzung nicht mehr viel Zeit bleibt. Denn Reformen gegen die spezifischen Partikularinteressen der Rentner werden mit deren zunehmendem Anteil an der wahlberechtigten Bevölkerung schon in einigen Jahren nur noch schwer möglich sein. Der Wirkungsgrad der Implementierung demographiebedingter Reformen ist zudem umso höher, je früher sie erfolgen.

Die vorliegende Arbeit soll Aufschluss darüber geben, ob und wie verschiedene Reformen vor dem Hintergrund des demographischen Wandels in Deutschland wirken. Uns interessieren zunächst die Rahmenbedingungen, welche die Alterung setzt. Welchen Spielraum haben Staat, Sozialversicherungen, Unternehmen und Bürger, um zu reagieren? Kann dieser Spielraum mit Hilfe von Bevölkerungs- oder Migrationspolitik ausgeweitet werden? Welche Effekte haben in diesem Zusammenhang Reformen der Finanz- und Sozialpolitik? Wer gewinnt und wer verliert dabei?

Um diese Fragen beantworten zu können, wird in Abschnitt 2.1 des folgenden Kapitels zunächst ein Bevölkerungsmodell entwickelt, mit dem sich die Alterung und Schrumpfung der deutschen Bevölkerung variabel abbilden lässt. Das demographische Modell ist zugleich die Basis für das in Abschnitt 2.2 beschriebene ökonomische Modell. Auf dieser Grundlage berechnen wir mit einer geeigneten Parametrisierung das Ausgangsgleichgewicht und den Basispfad, der allen späteren Simulationsrechnungen zugrunde liegt. Diese beginnen in Kapitel 3 mit Veränderungen der gesamtwirtschaftlichen Rahmenbedingungen, wie etwa einer höheren Wachstumsrate sowie für den Fall einer offenen Volkswirtschaft. Darauf folgt eine Untersuchung alternativer demographischer Szenarien. Neben veränderten Sterblichkeiten betrachten wir hier verschieden strukturierte Steigerungen der Geburtenraten und des Zuwanderungsstroms. Letztere Simulationsrechnungen befassen sich also weniger mit demographieorientierter oder -begleitender Politik. Stattdessen wird direkte Demographiepolitik untersucht, in dem Sinne, dass Einfluss auf den demographischen Rahmen selbst genommen wird. Es zeigt sich, dass auch eine günstige Entwicklung der makroökonomischen und demographischen Rahmenbedingungen alleine nicht ausreichen wird, um die Lasten der Bevölkerungsalterung aufzufangen. In Kapitel 4 wenden wir uns daher einer Reihe von Politikreformen auf verschiedenen Gebieten zu. Wir beginnen mit familienpolitischen Maßnahmen (Abschnitt 4.1), die insofern eine Sonderrolle einnehmen, als sie nicht darauf ausgerichtet sind, den Implikationen der Bevölkerungsalterung auf die Sozialsysteme entgegenzuwirken. Familienpolitik zielt vielmehr (unter anderem) auf einen Ausgleich der Lasten, die Familien durch die Kindererziehung entstehen, und versucht damit implizit, Anreize zur Familiengründung oder -erweiterung zu setzen und so einer weiteren Schrumpfung der Bevölkerung entgegenzuwirken. Im Mittelpunkt des Kapitels stehen aber Reformen auf Politikfeldern, die vor allem durch die sich verändernde Altersstruktur der Bevölkerung beeinträchtigt werden und intergenerative Verteilungswirkungen hervorrufen. Ein Schwerpunkt des Kapitels liegt in der Untersuchung verschiedener Möglichkeiten zur Umgestaltung des jüngsten Zweiges des deutschen Sozialversicherungssystems, der sozialen Pflegeversicherung (Abschnitt 4.2). In Abschnitt 4.3 fokussieren wir zwei von der Rürup-Kommission angestoßene und mittlerweile gesetzlich umgesetzte Reformen der gesetzlichen Rentenversicherung. Auch das Steuersystem ist – wenn auch weniger stark – vom demographischen Wandel betroffen, was sich in einer Veränderung der Steueraufkommensstruktur äußert. Es wird daher untersucht, ob zwei in jüngerer Zeit in Kraft gesetzte, intergenerativ relevante Reformen wie etwa der Übergang zur nachgelagerten Besteuerung von Alterseinkünften und die annähernde Halbierung des Sparerfreibetrags zu einer stärkeren Demographieresistenz des Steuersystems beitragen können (Abschnitt 4.4).

Anzumerken ist, dass die in dieser Arbeit durchgeführten Simulationen nicht den Anspruch erheben, die Effekte von Reformen auf Euro und Cent genau prognostizieren zu können. Sie haben vielmehr den Charakter einer Abschätzung heutiger und künftiger finanz- und sozialpolitischer Spielräume. Durch vergleichende Simulationsrechnungen alternativer Reformoptionen lassen sich deren makroökonomische Wirkungen sowie die intra- und intergenerativen Wohlfahrtseffekte am ehesten abschätzen. Anhand solcher Vergleiche kann man erkennen, welche politischen Gestaltungsmöglichkeiten heutige oder künftige Generationen begünstigen, ärmere oder reichere Bevölkerungsschichten belasten, kurzfristige Effekte oder nachhaltige Verbesserungen mit sich bringen.

1.2 Demographischer Wandel in Deutschland bis heute

Zu Beginn des Jahres 2006 lebten 82,4 Millionen Menschen in Deutschland, darunter 7,3 Millionen Nichtdeutsche (STATISTISCHES BUNDESAMT 2006d, S. 28f.). Damit ist die Gesamtbevölkerung gegenüber 1990 um 2,6 Millionen gewachsen. Diese Zunahme ergab sich jedoch nicht aus einer natürlichen Bevölkerungsentwicklung, d.h. aus mehr Geburten als Sterbefällen. Im Gegenteil – die Sterbefälle überstiegen in jedem Jahr die Geburten. Allein der durchgehend positive Wanderungssaldo konnte den natürlichen Bevölkerungsrückgang überkompensieren. Insgesamt wanderten seit 1990 netto etwa 5,3 Millionen Menschen nach Deutschland ein, darunter knapp 2,4 Millionen Aussiedler und Spätaussiedler. Davon kamen die meisten aus den ehemaligen Sowjetrepubliken, aus Ostmitteleuropa (v.a. Polen, Slowakei und Tschechien) und Südosteuropa (insbesondere Rumänien) (ENQUÊTE-KOMMISSION DEMOGRAPHISCHER WANDEL 2002, S. 40, BLAHUSCH o.J., S. 5, STATISTISCHES BUNDESAMT, Statistische Jahrbücher, diverse Jahrgänge). Ein weiterer Grund für die starke Zuwanderung der 90er Jahre ist der Zuzug von Bürgerkriegsflüchtlingen (insbesondere aus den Staaten Ex-Jugoslawiens) und Asylsuchenden (v.a. aus Afrika und dem Nahen Osten). Dagegen waren die großen Zuwanderungswellen in den 60er und 70er Jahren vor allem auf die Anwerbung von so genannten „Gastarbeitern“ aus Südeuropa und teilweise Nordafrika zurückzuführen. Die Zuwanderung nach Deutschland schwankte von jeher stark, wie Abbildung 1.1 veranschaulicht. Betrachtet man die jüngere Entwicklung, so lag nach dem Zusammenbruch des Ostblocks Anfang der 90er Jahre die jährliche Nettozuwanderung zwischen 600.000 und 800.000 Personen. Bis 1998 sank diese Zahl dann auf rund 50.000 Personen ab, um danach wieder auf Werte von über 200.000 Personen anzusteigen (STATISTISCHES BUNDESAMT, Statistische Jahrbücher, diverse Jahrgänge).

Abbildung 1.1: Nettoimmigration nach Deutschland

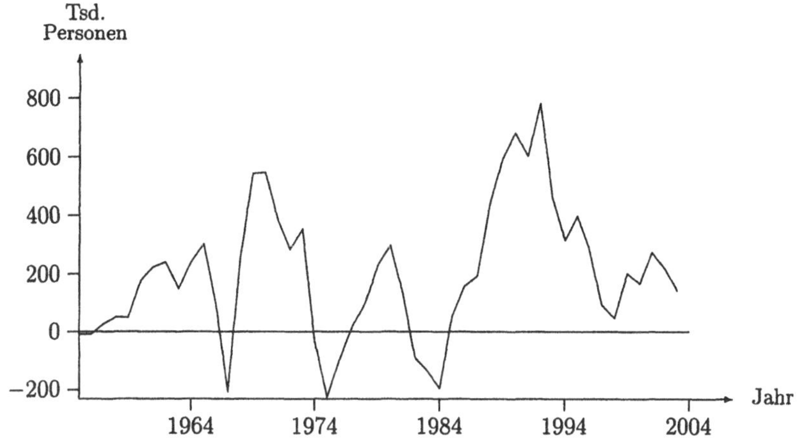

Bis einschl. 1990 nur früheres Bundesgebiet

Quellen: DEUTSCHES JUGENDINSTITUT 2003, SOMMER und VOIT 2003, STATISTISCHES BUNDESAMT, Statistische Jahrbücher (diverse Jahrgänge).

Die enorme Nettozuwanderung konnte zwar ein Schrumpfen der absoluten Bevölkerung Deutschlands verhindern, nicht aber die Veränderung ihrer Altersstruktur. Man erkennt diese Strukturverschiebung besonders deutlich am „Altersabhängigkeitsquotienten", d.h. dem Verhältnis von Rentnern zu Erwerbsfähigen. Zählt man zur Gruppe der Rentner alle Einwohner, die älter als 59 Jahre sind, und zur Gruppe der Erwerbsfähigen alle 20- bis 59-Jährigen, so erhält man für Deutschland im Jahr 1990 einen Altersabhängigkeitsquotienten (auch Alterslastquotient genannt bzw. im anglophonen Sprachraum meist als *old age dependency ratio* bezeichnet) von 35 % (STATISTISCHES BUNDESAMT 2002, S. 54).[1] Bis zum Jahr 1996 stieg dieser auf 37 % (STATISTISCHES BUNDESAMT 1998, S. 61) und betrug 2004 bereits knapp 45 % (STATISTISCHES BUNDESAMT 2006d, S. 44). Eine solche Strukturveränderung ist gemeint, wenn man von „Alterung der Bevölkerung" oder „demographischer Alterung" spricht. Sie ist dadurch charakterisiert, dass im

[1] Die Messzahl Altenlastquotient ist nicht einheitlich festgelegt. Sie wird meist definiert als die Anzahl der 65-Jährigen und Älteren im Verhältnis zu den 15-bis 64-Jährigen. Da die Menschen in den Industrieländern jedoch i.d.R. ausbildungsbedingt deutlich später als mit 15 in den Arbeitsmarkt eintreten und früher als mit 65 in Rente gehen, wird die Grenze für die Erwerbstätigkeitsphase zur Berechnung dieser Kennzahl auch häufig zwischen 20 und 59 Jahren gezogen (KRÖHNERT, HERDEN und MÜNZ 2006). Die engere Definition wurde in der vorliegenden Arbeit auch deswegen gewählt, weil sie besser zur Modellstruktur passt.

Zeitablauf der Anteil älterer Personen an der Bevölkerung zu Lasten des Anteils Jüngerer zunimmt. Das bedeutet, dass die Belastung der Erwerbstätigen durch die Versorgung Älterer massiv zunimmt.

Alternativ misst man die demographische Alterung am Medianalter, also jenem Alter, das die nach Altersjahren geordnete Bevölkerung in zwei gleich große Gruppen teilt. Die eine Hälfte ist älter, die andere jünger als das Medianalter. Während das Medianalter 1975 in Deutschland noch bei 35 Jahren und 1990 bei 38 Jahren lag (SINN 2003b), beträgt es heute rund 42 Jahre und wird nach Schätzungen der Vereinten Nationen (UNPD 2004) in den nächsten 30 Jahren auf knapp 48 Jahre ansteigen.

Zwei Faktoren prägen den bisherigen Alterungsprozess in Deutschland maßgeblich: abnehmende Geburtenzahlen und eine steigende Lebenserwartung. Die Geburtenhäufigkeit wird i.d.R. mit der zusammengefassten Geburtenziffer (*total fertility rate*) gemessen. Diese gibt an, wie viele Kinder eine Frau im Laufe ihres Lebens zur Welt bringt, unter der Annahme, dass die Fertilität so bleibt wie im betrachteten Jahr. Mit einer Höhe von 1,4 beträgt sie heute in Deutschland nur rund zwei Drittel des Wertes, der langfristig nötig wäre (etwa 2,1), um die Bevölkerung konstant zu halten. Wie Abbildung 1.2 veranschaulicht, gab noch Mitte der 50er Jahre die (in beiden Teilen Deutschlands) seit Jahren über 2,1 liegende Geburtenziffer durchaus Anlass zu Adenauers Annahme „*Kinder kriegen die Leute immer*“ (o.Q.). Während des Mitte der 50er Jahre beginnenden Babybooms stieg die Geburtenziffer in Ost und West sogar noch einmal kräftig an und erreichte 1964 im ehemaligen Bundesgebiet mit 2,53 Kindern pro Frau ihren Höhepunkt. Ende der 60er Jahre setzte in beiden Teilen Deutschlands mit dem so genannten Pillenknick ein dramatischer Rückgang der Geburtenziffer ein.[2] Schon 1971 sank sie in Westdeutschland erstmals unter 2 Kinder pro Frau, in Ostdeutschland kurze Zeit später. Während sich der Abwärtstrend im Westen fortsetzte, stieg im Osten die Fertilität ab 1975 noch einmal sprunghaft an, sank jedoch ab 1980 ebenfalls. Ab Mitte der 80er Jahre blieb sie im ehemaligen Bundesgebiet weitgehend konstant bei etwa 1,4 Kindern, während sie in der DDR weiterhin zurückging, aber noch immer über dem West-Niveau lag. Unmittelbar nach der Wiedervereinigung brach die Fertilität in den neuen Bundesländern allerdings drastisch ein, so dass

[2] Die Bezeichung des Geburtenrückgangs als „Pillenknick“ legt nahe, seine Ursache liege allein in der weiten Verbreitung oraler Kontrazeptiva. Tatsächlich dürfte eine Reihe weiterer Gründe dafür verantwortlich sein. Dazu zählen die steigende Erwerbsbeteiligung der Frauen und der damit einhergehende Einkommensausfall (Opportunitätskosten), die immer bessere kinderunabhängige soziale Absicherung, aber auch ein allgemeiner gesellschaftlicher Wertewandel, die Emanzipierung der Frauen und die so genannte sexuelle Befreiung (BIRG 2002b).

die gesamtdeutsche Fertilität 1994 ein Rekordtief von 1,24 erreichte. Hatte eine Frau in der DDR noch 1989 durchschnittlich 1,57 Kinder, waren es 1994 mit 0,77 Kindern etwas weniger als die Hälfte. Nach dem so genannten „Wende-Tal" stieg ab Mitte der 90er Jahre die Fertilitätsrate in Ostdeutschland jedoch wieder an, so dass (bei weitgehend konstanter westdeutscher Rate) die gesamtdeutsche Geburtenrate seither bei etwa 1,4 Kinder pro Frau liegt (siehe Abbildung 1.2). Die Ursachen dieser unterschiedlichen Entwicklungen in Ost und West lie-

Abbildung 1.2: Zusammengefasste Geburtenziffern im Westen und Osten Deutschlands

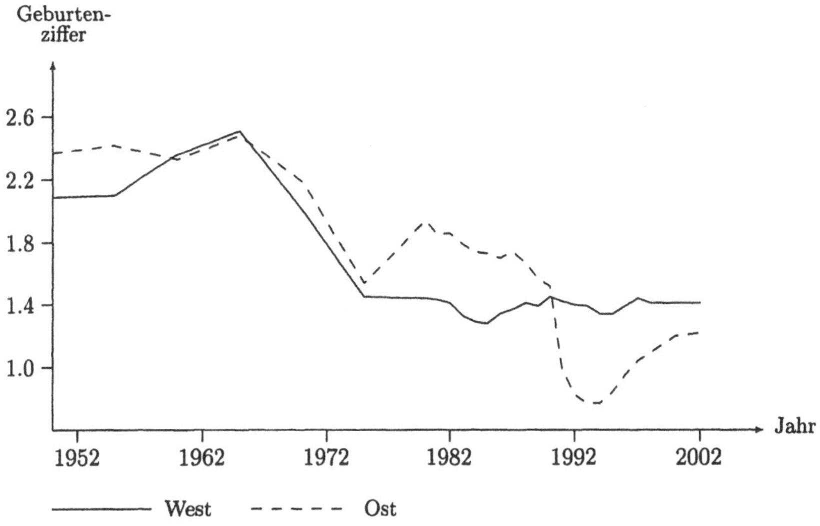

Quellen: STATISTISCHES BUNDESAMT, Statistische Jahrbücher (diverse Jahrgänge), HERDEN und MÜNZ 2000.

gen vor allem in den verschiedenen gesellschaftlichen Systemen und politischen Schwerpunktsetzungen auch in der Familienpolitik (vgl. hierzu DIENEL 2003). Im Gegensatz zum Westen hatte die ostdeutsche Politik eine explizite Geburtenförderung verfolgt, in Verbindung mit einer im Laufe der 70er Jahre immer besseren Vereinbarkeit von Erwerbstätigkeit und Kindern, z.B. durch ein dichtes System von Beratungs-, Dienstleistungs- und Kinderbetreuungseinrichtungen. Insbesondere die Maßnahmen ab 1976 konnten die ostdeutsche Geburtenrate noch einmal steigern. Dazu zählten insbesondere die Möglichkeit, ein Babyjahr bei vollem Lohnausgleich zu nehmen, die 40-Stunden-Woche für Frauen mit mindestens 2

Kindern und die Freistellung von der Arbeit bei Erkrankung der Kinder bis zu 6 Wochen (DIENEL 2003, S. 3). Der daraus resultierende Anstieg der Fertilitätsrate wird häufig auch als „Honecker-Buckel" bezeichnet. Im Westdeutschland der 70er Jahre dagegen entsprachen bevölkerungspolitische Maßnahmen nicht dem gesellschaftlichen Zeitgeist. Richteten die christdemokratisch geführten Koalitionen der 50er und 60er Jahre ihre Familienpolitik noch auf kinderreiche Familien und damit implizit auf Geburtenerhöhung aus, orienterten sich die sozialdemokratisch dominierten Regierungen ab 1969 neu. Die veränderte Einstellung zeigt sich unter anderem in den Fördermaßnahmen für Alleinerziehende und der Freigabe der Abtreibung. Auch die „familienpolitische Offensive" der ab 1982 wieder unionsgeführten Bundesregierung war nicht explizit demographisch ausgerichtet, sondern zielte u.a. auf eine bessere arbeits- und rentenrechtliche Anerkennung der Erziehungsleistung.

Zur Erklärung der rapide zurückgehenden ostdeutschen Fertilität im Zuge der Wiedervereinigung werden in der Literatur verschiedene Gründe genannt: zum einen die pessimistischen Zukunftserwartungen junger Frauen in den neuen Bundesländern. Diesbezüglich weist SCHULZ (1995, S. 580) darauf hin, dass gerade ostdeutsche Frauen ihrer Ausbildung und Integration in den Arbeitsmarkt hohe Bedeutung beimaßen. In Westdeutschland aber waren Berufstätigkeit und Familie relativ zur DDR schlechter vereinbar. Da viele ostdeutsche Frauen unter den sich verändernden Bedingungen eine Verdrängung vom Arbeitsmarkt befürchteten oder bereits arbeitslos geworden waren, verzichteten sie auf Kinder, häufig auch aus finanziellen Gründen. Aber auch die neuen Alternativen der Lebensgestaltung nach der Wende (z.B. Konsum- und Karrieremöglichkeiten) haben den Kinderwunsch in den Hintergrund treten lassen (SCHULZ 1995, S. 580f.). In der Literatur wird immer wieder angeführt, dass die Bevölkerung in der DDR sehr schnell westdeutsche Verhaltensmuster der Lebensgestaltung adaptierte und dies auch auf die Fertilitätsstruktur zutrifft. Diese ist im Westen durch deutlich spätere Geburten charakterisiert, was unter anderem auch auf die längeren Ausbildungszeiten in Westdeutschland zurückzuführen ist (LECHNER 1998, S. 21, KRÖHNERT 2002, S. 3). Da das durchschnittliche Gebäralter ostdeutscher Frauen niedriger war als das westdeutscher, nehmen beispielsweise HERDEN und MÜNZ (2000, S. 4) an, dass sich der besonders starke Rückgang der Fertilität nach der Wende teilweise mit einer Verlagerung der Geburten auf ein höheres Alter begründen lässt. Tatsächlich erhöhten sich nach einer Übergangsphase ab 1995 die Geborenenzahlen wieder. Das beispielsweise von HERDEN und MÜNZ (2000) oder SCHULZ, WAGNER und WITTE (1993) erwartete Nachholen jener Geburten, die wegen der Wende aufgeschoben wurden, war nach Untersuchungen von DORBRITZ (1997, S. 246, S. 265) allenfalls in geringem Maße bei den Geburtsjahrgängen 1968 bis 1972 zu beobachten, also jenen Frauen, die zur Zeit der Wende noch am Beginn ihrer Familienbildungsbiographie standen. Für die jüngeren Frauen (Jahrgänge ab 1972) vermutet er, dass eine Übernahme der Altersstruktur mittlerweile schon stattgefunden habe. Bei den vor 1968 geborenen Frauen dagegen werde eine Wiederaufnahme der abgebrochenen Geburtenbiographie mit jedem Jahr unwahrscheinlicher. Diese Sicht (vgl. auch SCHAICH 1998) scheint sich indes zu bestätigen, da ein nachholender Geburtenboom ausblieb und die ostdeutsche Fertilität noch immer unter der westdeutschen liegt.[3] Die meisten langfristig angelegten Bevölkerungsvorausschätzungen gehen aber davon aus, dass sich die ostdeutsche Fertilitätsrate weiter der westdeutschen annähert und ihr auf längere Sicht entsprechen wird (SCHULZ 1999, S. 747, 2002, S. 1).

Die über drei Jahrzehnte lang abnehmenden Geburtenzahlen und die in der Folge gesunkene Anzahl junger Menschen stellen nur eine Komponente der demographischen Alterung Deutschlands dar. Die zweite Komponente ist die gestiegene Lebenserwartung. Schon im vergangenen Jahrhundert nahm die Lebenserwartung Neugeborener drastisch zu. Seither hält ihr Anstieg an, wenn auch etwas verlangsamt und in veränderter Struktur (STATISTISCHES BUNDESAMT 2003a, S. 15). So kann ein 1999 geborenes Mädchen mit einem 1,5 Jahre längeren Leben rechnen als ein 1991 geborenes (STATISTISCHES BUNDESAMT 1994, S. 82, 2003b, S. 72). Die Lebenserwartung eines neugeborenen Jungen hat im selben Zeitraum sogar um 1,9 Jahre zugenommen. Betrachtet man die restliche Lebenserwartung verschiedener Generationen als vergleichbare Zeitspannen, entspricht dies im Geschlechterdurchschnitt einer prozentualen Steigerung um 2,2 %. Die fernere Lebenserwartung von älteren Menschen hat im gleichen Zeitraum noch stärker zugenommen: Sie stieg bei den 60-Jährigen um 9 % (von 20 auf 21,8 Jahre) und bei den 80-Jährigen um 13 % (von 7 auf 7,9 Jahre) (vgl. STATISTISCHES BUNDESAMT 2003a, S. 16).[4] Besonders stark sank nach der Wiedervereinigung die Sterblichkeit in Ostdeutschland (insbesondere bei den Frauen) (vgl. hierzu BROCKMANN, GJONÇA und MAIER 2000, S. 3). Unter ihnen trugen vor allem die *older age groups*, d.h. die Gruppe der 60-Jährigen und Älteren, zum Anstieg der Lebenserwartung bei, aber auch die *oldest old age groups*, also die „80plus"-

[3] KRÖHNERT (2002, S. 3) weist darauf hin, dass insbesondere die auf die Gesamtbevölkerung bezogene Geburtenziffer in Ostdeutschland deutlich niedriger ist, weil überproportional viele junge Frauen nach der Wende in die alten Bundesländer umzogen.

[4] Mittlerweile ist die restliche Lebenserwartung im Geschlechterdurchschnitt auf rund 22,7 Jahre angestiegen (Frauen: 24,8 Jahre, Männer 20,5 Jahre). Die Restlebenserwartung eines heute 80-Jährigen beträgt aktuell 7,94 Jahre (Frauen: 8,6 Jahre, Männer 7,2 Jahre) (STATISTISCHES BUNDESAMT 2006d, S. 54).

Jährigen. Fällt der Rückgang der Mortalität westdeutscher Frauen auch nicht ganz so stark aus, ist er doch ähnlich strukturiert. Was die männliche Lebenserwartung anbelangt, so geht ihr Anstieg sowohl in Ost- als auch in Westdeutschland nicht ganz so stark auf die *older* und *oldest* age groups zurück wie bei den Frauen, das Grundmuster ist jedoch dasselbe (BROCKMANN, GJONÇA und MAIER 2000). Dementsprechend war im Deutschland der 90er Jahre die Alterung zunächst hauptsächlich durch eine Zunahme der Älteren geprägt, ihr Anteil an der Gesamtbevölkerung stieg von etwa 20 % (1990) auf 23 % (1999). Der Anteil der Menschen im erwerbsfähigen Alter sank im selben Zeitraum relativ wenig von 58 % in 1990 auf 56 % im Jahr 1999 (STATISTISCHES BUNDESAMT 1992, S. 64, 2002, S. 60), der Abwärtstrend hält jedoch an (STATISTISCHES BUNDESAMT 2003a, S. 7ff).

Da demographische Prozesse äußerst träge sind, ist die Entwicklung der letzten Dekaden keineswegs als abgeschlossen zu betrachten. Eine Reduktion der Geburtenzahl, die wie im „Pillenknick" auf einem dauerhaft veränderten Gebärverhalten beruht, zieht unweigerlich eine weitere Änderung der zukünftigen Geburtenzahlen nach sich. Dies gilt auch, wenn die Fertilitätsrate nach der ursprünglichen Änderung nicht weiter absinkt, sondern konstant bleibt. Die ursächliche, einmalige Geburtenlücke setzt sich also wellenförmig – mit einer Generation Abstand – nach unten fort, d.h., bis die im primären Geburtenrückgang geborenen Mädchen ihrerseits ins gebärfähige Alter kommen (BIRG 2002b). Aufgrund dieser Gesetzmäßigkeit lässt sich die mittelfristige Entwicklung der Geburtenzahlen fast mit Sicherheit prognostizieren. Der Bevölkerungswissenschaftler BIRG (2002a, S. 2) formuliert dies folgendermassen: „*Das bedeutet, wir haben jetzt eine Abnahme der Zahl der potentiellen Eltern. Die nicht Geborenen können keine Eltern sein und keine Kinder kriegen. Daraus folgt ein abermaliger Geburtenrückgang und das bedeutet einen abermaligen Elternrückgang, so dass wir jetzt schon wissen können, es wird nie wieder in Deutschland soviel Kinder und Jugendliche geben im einundzwanzigsten Jahrhundert, wie jetzt. Und es gibt jetzt schon zu wenige*".

1.3 Die künftige Bevölkerungsentwicklung in Deutschland

Wegen der beschriebenen Eigendynamik und Trägheit demographischer Prozesse kann man schon heute zuverlässige Aussagen über Struktur und Umfang der zukünftigen Bevölkerung treffen. Wir wissen beispielsweise, dass sich der Altenquotient dramatisch erhöhen wird, insbesondere ab 2020, wenn die Babyboomer in Rente gehen und ihre wenigen Nachkommen im Erwerbsleben stehen. Diese sind größtenteils schon geboren. Selbst eine sofortige Erhöhung der Fertilitätsrate hätte auf das Rentner-Erwerbstätigen-Verhältnis der nächsten zwei bis drei Jahrzehnte kaum einen Einfluss. Man kann also davon ausgehen, dass sich der Anteil der Rentner an der Gesamtbevölkerung in den nächsten 50 Jahren verdoppeln wird und, mit einer gewissen Verzögerung, die Einwohnerzahl Deutschlands um 5 bis 14 Millionen abnehmen wird. Zu diesem Ergebnis kommen die Bevölkerungsvorausberechnungen des STATISTISCHEN BUNDESAMTES (2003a, 2006a), der Europäischen Kommission (EUROPEAN COMMISSION 2003) und der Vereinten Nationen (UNPD 2003). Wir vergleichen zunächst die zentralen Annahmen dieser Projektionen mit denen unseres Bevölkerungsmodells. Anschließend stellen wir die sich aus diesem Modell ergebende Bevölkerungsprojektion den offiziellen Bevölkerungsvorausberechnungen gegenüber. Das Bevölkerungsmodell selbst wird im technischen Teil dieser Arbeit (in Abschnitt 2.1) entwickelt.

Ausgangspunkt für jede Bevölkerungsprojektion ist der aktuelle Bevölkerungsaufbau. Dieser wird fortgeschrieben unter Zugrundelegung der erwarteten Entwicklung von Fertilität, Mortalität und Zuwanderung. Sowohl das Reproduktionsverhalten als auch die Sterblichkeit verändern sich im Zeitablauf relativ langsam. Wie Abbildung 1.1 illustriert, unterliegt die Zuwanderung jedoch selbst kurzfristig beträchtlichen Schwankungen. Weil sich mittel- und langfristig aber auch die Fertilität und die Mortalität verändern können, ist es sinnvoll, ein gewisses Spektrum potentiell möglicher Bevölkerungsentwicklungen abzuschätzen. Wir rechnen deshalb in Kapitel 3 alternativ zur Basissimulation verschiedene Szenarien mit unterschiedlichen Ausprägungen der zentralen demographischen Einflussgrößen durch.[5]

Wie im vorhergehenden Abschnitt erläutert, hat sich die Geburtenrate im früheren Bundesgebiet in den letzten 20 Jahren auf einem Niveau von 1,4 Kindern pro Frau eingependelt. Das Beispiel der DDR in den 70er Jahren und jene anderer Länder zeigen jedoch, dass die Geburtenrate durchaus durch Arbeitsmarkt- und Familienpolitik beeinflusst werden kann (vgl. etwa DICKMANN und SEYDA 2005, KRÖHNERT 2002, HERDEN und MÜNZ 2000 oder DIENEL 2003). Entsprechend variieren die Annahmen über die deutsche Fertilitätsentwicklung in den vorliegenden Bevölkerungsprojektionen. Während das STATISTISCHE BUNDESAMT (2003a) in seiner 10. koordinierten Bevölkerungsvorausberechnung durchgängig von einer unveränderten Geburtenhäufigkeit von 1,4 Kindern pro Frau

[5] Alternativ zu einer szenariobasierten Bevölkerungsprognose kann man auch mittels stochastischer Bevölkerungsprognosen Konfidenzintervalle für die Struktur und den Umfang der künftigen Bevölkerung ableiten (vgl. dazu LIPPS und BETZ 2005 sowie FEHR und HABERMANN 2006).

ausgeht und in der 11. koordinierten Bevölkerungsvorausberechnung (2006a) auch eine leichte Senkung (auf 1,2) bzw. Zunahme (auf 1,6) berücksichtigt, unterstellen die Europäische Kommission (EUROPEAN COMMISSION 2003) einen leichten und die Vereinten Nationen (UNPD 2003) ohne genauere Angabe von Gründen einen starken Anstieg der Fertilitätsrate auf 1,5 bzw. auf 1,85 Kinder pro Frau in den nächsten 50 Jahren. Ganz ähnlich verhält es sich mit der Prognose der künftigen Lebenserwartung. Obwohl die Lebenserwartung in Deutschland stark angestiegen ist, liegt sie noch immer unter dem Durchschnitt der EU-Staaten (vor der Aufnahme der neuen Mitgliedstaaten im Mai 2004). Ihre weitere Entwicklung hängt sowohl von der medizinischen Versorgung als auch der Lebensweise der Bevölkerung und von Umwelteinflüssen ab. Das STATISTISCHE BUNDESAMT (2003a) unterscheidet deshalb drei Szenarien, in denen die Lebenserwartung eines Neugeborenen von heute 77,8 Jahren in den nächsten 50 Jahren auf 82,3 Jahre, 83,8 und 85,3 Jahre ansteigt.[6] Die Annahmen der Europäischen Kommission und der Vereinten Nationen (mittlere Variante) bewegen sich ebenfalls innerhalb dieser Bandbreite.

Während bei Geburtenhäufigkeit und Lebenserwartung zumindest noch ein Trend aus der vergangenen Entwicklung abgeleitet werden kann, wird der Wanderungssaldo mit dem Ausland durch ganz unterschiedliche politische, wirtschaftliche und demographische Entwicklungen in den Herkunfts- und Zielländern, so genannte *Push*- und *Pull*-Faktoren determiniert. Für die künftige Entwicklung wird die Zuwanderung von Arbeitnehmern aus den osteuropäischen Mitgliedstaaten der Europäischen Union von zentraler Bedeutung sein. Aktuelle Studien von SINN, FLAIG, MUNZ et al. (2001) sowie STRAUBHAAR (2002) erwarten aufgrund der EU-Osterweiterung für Deutschland eine jährliche Nettozuwanderung von rund 150.000 Personen.[7] Hinzu kommt die Migration aus den bevölkerungsreichen Ländern Nordafrikas und des Nahen Ostens, welche sich gegenwärtig kaum abschätzen lässt. Das STATISTISCHE BUNDESAMT (2003a) betrachtet deshalb drei Varianten, in denen der künftige Wanderungssaldo entweder auf 100.000 Personen absinkt, bei 200.000 Personen konstant bleibt oder bis 2011 auf 300.000 ansteigt und danach auf diesem Niveau verharrt.[8] Die Bevölkerungsprojektion der Europäischen

---

6 In der aktuellen 11. koordinierten Bevölkerungsvorausberechnung steigt die Lebenserwartung bis zum Jahr 2050 bereits im Basisfall auf durchschnittlich 85,8 Jahre und im Szenario einer hohen Lebenserwartungsannahme sogar auf 87,8 Jahre (STATISTISCHES BUNDESAMT 2006a, S. 41f.).

7 Einen Überblick zu den unterschiedlichen aktuellen Migrationsstudien liefert BRÜCKNER (2004).

8 In der neuen Bevölkerungsvorausberechnung beträgt der angenommene Wanderungssaldo bis 2050 in einem Szenario 100.000 und im anderen Fall 200.000 Personen (STATISTISCHES BUNDESAMT 2006a, S. 53).

Kommission (2003) rechnet mit der mittleren Variante des Statistischen Bundesamtes, der Wanderungssaldo in der Prognose der Vereinten Nationen (UNPD 2004) liegt mit 211.000 Personen leicht darüber.

Tabelle 1.1 fasst die zentralen Annahmen der vorliegenden Projektionen zusammen und vergleicht sie mit den Annahmen im Basislauf unseres Simulationsmodells. Wir gehen im Modell von einer konstanten Fertilitätsrate und einem relativ starken Anstieg der Lebenserwartung bis zum Jahr 2050 aus. Weil alle zugrunde gelegten Bevölkerungsdaten aus dem Jahr 2000 stammen, unterstellen wir auch weiterhin die Nettozuwanderung des Jahres 2000. Diese fällt mit jährlich 167.000 Personen im Vergleich zu den anderen Studien vergleichsweise gering aus.

Unser Bevölkerungsmodell ist auf die Struktur des ökonomischen Modells zugeschnitten. Deshalb kann nicht exakt eine bestimmte Projektion nachgebildet werden. Tabelle 1.2 zeigt aber, dass unsere Modellbevölkerung in Hinblick auf Umfang und Altersstruktur relativ gut die vorliegenden Projektionen approximiert. Wegen der konstantbleibenden Geburtenziffer sinkt die Gesamtbevölkerung in der Projektion des STATISTISCHEN BUNDESAMTES (2003a) relativ stark und gleichzeitig wächst der Anteil der Bevölkerung im Alter 65 und älter am stärksten. Umgekehrt führt die hohe Geburtenrate in der Prognose der Vereinten Nationen zu einem geringeren Absinken der Bevölkerung und zu einem niedrigeren Altenquotienten bis 2050. Unsere Basissimulation kombiniert eine dauerhaft niedrige Geburtenziffer mit einer anhaltend geringen Zuwanderung, so dass die Gesamtbevölkerung bis 2050 am stärksten sinkt. Der Anteil der Menschen im Alter von 65 Jahren und älter an der Bevölkerung entwickelt sich aber ganz analog zu den vorliegenden Prognosen: Er erhöht sich von über 16 auf rund 28 %. Das Ausmaß der demographischen Alterung wird insbesondere anhand der Entwicklung des Altersabhängigkeitsquotienten deutlich: Dieser erhöht sich zwischen den Jahren 2004 und 2050 um rund 80 %. Während sich im Jahr 2004 100 Personen im erwerbsfähigen Alter knapp 44 Personen im Alter von über 59 Jahren gegenübersahen, werden es im Jahr 2050 fast 78 Personen sein.[9] Die graphische Darstellung dieser Entwicklung (Abbildung 3.1 in Kapitel 3) macht den besonders steilen Anstieg der *old age dependency ratio* zwischen 2015 und 2035 deutlich.

---

[9] Andere Prognosen schätzen das Ausmaß der Alterung noch pessimistischer ein (vgl. BIRG 2002b und insbesondere BOMSDORF 1993 aufgrund der Verwendung von Kohortensterbetafeln).

Tabelle 1.1: Annahmen verschiedener Bevölkerungsprojektionen im Vergleich

Jahr	2000	2010	2020	2030	2040	2050
Lebenserwartung						
Statistisches Bundesamt	77,8	k.A.	81,0	k.A.	k.A.	83,9
Europäische Kommission	77,6	k.A.	k.A.	k.A.	k.A.	82,5
Vereinte Nationen	78,3	79,8	80,9	81,9	82,9	83,5
Modell-Basislauf (untere Klasse)	78,0	79,7	79,8	80,6	81,5	82,5
Modell-Basislauf (mittlere Klasse)	80,0	81,6	81,7	82,5	83,4	84,4
Modell-Basislauf (obere Klasse)	81,7	83,4	83,5	84,4	85,3	86,3
Geburtenziffer						
Statistisches Bundesamt	1,4	1,4	1,4	1,4	1,4	1,4
Europäische Kommission	1,4	k.A.	1,5	1,5	1,5	1,5
Vereinte Nationen	1,4	1,4	1,5	1,7	1,8	1,9
Basislauf des Modells	1,4	1,4	1,4	1,4	1,4	1,4
Netto-Zuwanderung (in 1000)						
Statistisches Bundesamt	167	200	200	200	200	200
Europäische Kommission	200	200	200	200	200	200
Vereinte Nationen	211	211	211	211	211	211
Basislauf des Modells	167	167	167	167	167	167
Durchschnittliches Gebäralter						
Statistisches Bundesamt	28,7	k.A.	k.A.	k.A.	k.A.	k.A.
Basislauf des Modells	29,0	29,0	29,0	29,0	29,0	29,0

Quellen: STATISTISCHES BUNDESAMT 2002, 2003a, 5. Variante, EUROSTAT (2003a), EUROPEAN COMMISSION (2003), UNPD (2003), mittlere Variante.

Die Auswirkungen des demographischen Wandels auf Erbschaften und Kapitalmärkte

Wenn eine Bevölkerung einen radikalen Wandel ihrer Altersstruktur erlebt, bleibt dies nicht ohne Wirkung auf intergenerative Vermögenstransfers. Den Erblassern der kommenden Jahre steht eine wesentlich geringere Anzahl an Nachkommen und damit Erben gegenüber als in der Vergangenheit. Dazu kommt, dass sich mit den wirtschaftlichen Rahmenbedingungen, wie etwa Wirtschaftswachstum, Arbeitslosigkeit und Inflation, zu Lebzeiten eines Haushalts auch das Vermögen und damit die Höhe seiner Erbschaft verändert. Aus diesem Grund variieren die durchschnittlichen Vermögen stark innerhalb heutiger Altersgruppen.[10] Da

[10] So hielten im Jahr 2002 die über 65-Jährigen im Durchschnitt geringere Vermögen als die 55- bis 65-Jährigen, aber größere als die unter 55-Jährigen (BRAUN, BURGER, MIEGEL et al. 2002).

Tabelle 1.2: Bevölkerungsentwicklung in offiziellen Projektionen und im Basispfad des Modells

Jahr	**2000**[d]	**2010**	**2020**	**2030**	**2040**	**2050**
Gesamtbevölkerung (in Mio.)						
Statistisches Bundesamt	82,3	83,1	82,8	81,2	78,5	75,1
Europäische Kommission	82,3	83,5	83,2	81,8	79,3	75,6
Vereinte Nationen	82,2	82,5	82,3	81,5	80,3	79,1
Basislauf des Modells	82,3	82,5	82,4	80,6	77,8	73,2
davon: Deutsche	75,1	76,2	75,5	73,3	70,4	66,1
Ausländer	7,2	6,3	6,9	7,3	7,4	7,1
Ausländeranteil (in %)	8,8	7,6	8,4	9,1	9,5	9,7
Altersstruktur (Anteile an der Gesamtbevölkerung in %)[a,b]						
Jugendanteil (Bevölkerung unter 20)						
Statistisches Bundesamt	21,1	18,7	17,6	17,1	16,4	16,1
Basislauf des Modells	21,2	18,8	17,7	17,3	16,4	16,5
Erwerbstätigenanteil (Bevölkerung im Alter 20 bis 64)						
Statistisches Bundesamt	62,2	61,3	60,4	56,2	54,6	54,3
Basislauf des Modells	62,2	62,2	61,1	56,5	54,4	54,9
Altenquotient (Bevölkerung ab 65)						
Statistisches Bundesamt	16,6	20,0	22,0	26,6	29,0	29,6
Europäische Kommission	16,5	19,9	22,0	26,7	29,1	28,6
Vereinte Nationen	16,3	20,2	22,1	26,4	28,7	28,0
Basislauf des Modells	16,6	18,9	21,2	26,2	29,2	28,6
Altersabhängigkeitsquotient[c]						
Statistisches Bundesamt	43,9	46,0	54,8	70,9	72,8	77,8
Basislauf des Modells	43.5	45.3	55.5	73.6	75.8	77.5

[a] Die teilweise Abweichung der Modelldaten von den Ausgangsdaten des Statistischen Bundesamtes im Jahr 2000 kommt zustande, weil die Ausgangsdaten an die Modellstruktur angepasst wurden (siehe dazu Abschnitt 2.1).

[b] Nach der Abgrenzung des STATISTISCHEN BUNDESAMTES (2003a)

[c] Relation der über 59-Jährigen zu den 20- bis 59-Jährigen

Quellen: STATISTISCHES BUNDESAMT 2002, 2003a, 5. Variante, EUROSTAT (2003a), EUROPEAN COMMISSION (2003), UNPD (2003), mittlere Variante.

die Entwicklung der Bundesrepublik in den letzten 50 Jahren fast durchgehend von wirtschaftlichem Wachstum geprägt war, werden in den nächsten Jahren in Deutschland voraussichtlich hohe Vermögen von den sterbenden Generationen an die nachfolgenden übergeben werden. BRAUN, BURGER, MIEGEL et al. (2002) gehen davon aus, dass zwischen 2001 und 2010 in Deutschland insgesamt etwa 1,4 Billionen Euro vererbt wurden bzw. werden. Insbesondere ab 2010 rechnen sie mit steigenden Erbschaften, da die dann Sterbenden zu besonders prosperierenden Zeiten gelebt und gespart haben. Ab 2020 wird jedoch wieder mit abnehmenden Erbschaften gerechnet. Diese erwarteten Tendenzen lassen sich aus heutigen Vermögensbeständen, bzw. ihrer Aufteilung auf verschiedene Haushaltsgruppen sowie den Sterbewahrscheinlichkeiten ableiten. Zu beachten ist allerdings, dass nur ein Teil der Erbschaften direkt an die folgenden Generationen fließt. In der Regel wird zunächst an den überlebenden Ehepartner vererbt und erst Jahre später an die Kinder- oder Enkelgeneration. So folgen in den nächsten Jahrzehnten in Deutschland voraussichtlich immer kleinere Erbengenerationen auf immer stärkere Generationen von Erblassern.

Zwar haben Erbschaften keinen Effekt auf die Summe des Vermögens einer Volkswirtschaft, da dieses nur den Besitzer wechselt. Nicht zu vernachlässigen sind jedoch damit verbundene Auswirkungen auf die Sparentscheidungen der Haushalte. BRAUN, BURGER, MIEGEL et al. (2002) unterstellen, dass Haushalte ein bestimmtes Vermögen als optimal erachten. Demnach müsste ein Haushalt, der eine Erbschaft erwartet, von vorneherein weniger sparen bzw. ein Haushalt, der von einer Erbschaft überrascht wird, seine Ersparnis reduzieren oder mehr konsumieren. Diese Annahmen bestätigen sich in ihrer Untersuchung (2002). Vor dem Hintergrund hoher erwarteter Erbschaften lässt sich zumindest teilweise die bisher sehr zurückhaltende private Altersvorsorge vieler Deutscher erklären. Weitere Gründe liegen in der Überschätzung der eigenen Rentenansprüche aus dem gesetzlichen Rentensystem sowie in der Unterschätzung der eigenen Lebenserwartung und des Finananzbedarfs im Alter. Daneben dürfte aber auch die Unsicherheit bezüglich der Kapitalmarktentwicklung eine Rolle spielen.

Auch in der Theorie sind die Auswirkungen einer alternden und schrumpfenden Bevölkerung auf die langfristige Entwicklung des Kapitalstocks einer Volkswirtschaft und der Kapitalmarktentwicklung unsicher. Hier sind mehrere, teilweise gegenläufige Effekte zu berücksichtigen. Auf der Kapitalnachfrageseite kann beispielsweise argumentiert werden, dass eine alternde Bevölkerung weniger und andere Güter benötigt und somit ein Teil des volkswirtschaftlichen Kapitalstocks abgebaut wird, die Kapitalnachfrage also sinkt (GRÖMLING 2004). Gleichzeitig jedoch könnte eine höhere staatliche Kreditaufnahme infolge der zunehmenden Belastung der Steuer- und Sozialsysteme die Kapitalnachfrage steigen lassen. In der Folge entwickelt sich das Zinsniveau abhängig davon, welcher der beiden Effekte überwiegt, ob also per Saldo die Kapitalnachfrage eher steigt, was zu steigenden Zinsen führen würde, oder ob sie sinkt. Der erste Fall würde eine verringerte und der zweite Fall eine erhöhte Investitionstätigkeit bewirken, jeweils mit den entsprechenden Auswirkungen auf den Kapitalstock.

Die Vermutung eines sinkenden Kapitalstocks wird – auf der Kapitalangebotsseite – gestützt durch die so genannte *Asset-Meltdown*-Hypothese. Diese basiert auf der (auch dieser Arbeit zugrundeliegenden) Annahme eines Lebenszyklussparens. Es wird davon ausgegangen, dass die Haushalte versuchen, ihren Konsum über ihre Lebensspanne hinweg zu glätten. Aus diesem Grund bauen sie in der ersten Lebensphase Vermögen auf, das sie im Alter wieder abbauen, also entsparen. Gehen nun die derzeit im Arbeitsleben und Vermögensaufbau befindlichen Babyboomer in Rente, nimmt der Anteil entsparender Menschen an der Bevölkerung zu, während der Anteil junger, sparender Generationen sinkt. Die Folge wäre nach der *Asset-Meltdown*-Hypothese eine Abnahme des Kapitalangebots, somit steigende Zinsen sowie eine Verringerung der Investitionen und des volkswirtschaftlichen Kapitalstocks. Gleichzeitig wird durch das steigende Zinsniveau die Ersparnisbildung aber auch wieder attraktiver. In der Empirie bestätigt sich diese Hypothese entsprechend auch nicht in dem erwarteten dramatischen Ausmaß (BÖRSCH-SUPAN, LUDWIG und SOMMER 2003a, BÖRSCH-SUPAN, LUDWIG, WINTER 2003b). Zum einen legen diese Untersuchungen eine im Lebenszyklus relativ stabile Haushaltsersparnis nahe. Die Autoren der Studien weisen auch darauf hin, dass sich die Verrentung der Babyboomer über etwa zwei Dekaden hinzieht und die Kapitalmärkte die demographischen Veränderungen entsprechend antizipieren. Sie gehen zudem davon aus, dass der weitere Ausbau der privaten Altersvorsorge einem Abbau des volkswirtschaftlichen Kapitalstocks entgegenwirkt. Darüber hinaus gehen die Autoren davon aus, dass die Ökonomie versuchen wird, die zukünftig fehlenden Arbeitskräfte durch vermehrten Kapitaleinsatz zu kompensieren, was eine höhere Kapitalintensität und Kapitalnachfrage bedeutet. Vor allem aber seien die Kapitalmärkte alternder Volkswirtschaften im globalen Kontext zu betrachten. Auch wenn alle anderen Industrieländer demographische Alterungsprozesse erleben, so unterscheiden sich diese doch in zeitlicher Hinsicht und in den Auswirkungen auf die jeweiligen Arbeitsmärkte. JOKISCH (2006) erwartet daher demographieinduzierte Kapitalströme zwischen diesen Ländern, insbesondere aber in jüngere, dynamische Volkswirtschaften, die höhere Renditen erwarten lassen. Einen Überblick über verschiedene Studien und Methoden zu den Auswirkungen des demographischen Wandels auf das Sparverhalten und die internationalen Finanzmärkte geben etwa MILES (1999) oder FEHR und JOKISCH (2006), die auch aktuelle Arbeiten auswerten und die Kapitalmarktentwicklung anhand verschiedener Faktoren (etwa Zinsniveau und Risikoprämie) analysieren. Neben der Kapitalstockentwicklung bestimmen die Faktoren Arbeit und technologischer Fortschritt das Wachstum einer Volkswirtschaft. Für eine Diskussion des Zusammenhangs dieser Größen mit dem demographischen Wandel siehe Abschnitt 3.2.

1.4 Bevölkerungsentwicklung und öffentliche Budgets: ein Überblick über verschiedene Untersuchungsmethoden

Das Ausmaß der demographischen Alterung in verschiedenen Ländern und ihre Auswirkungen auf makroökonomische Variablen, Staatshaushalte und Sozialsysteme werden seit geraumer Zeit weltweit untersucht. Je nach Fragestellung und Schwerpunktsetzung wird dabei unterschiedlich an das Thema herangegangen. Im Folgenden werden die wichtigsten in bisherigen Studien angewandten Methoden sowie deren Vorteile und Defizite skizziert.

In den meisten OECD-Ländern sind die Sozialsysteme umlagefinanziert. Es liegt auf der Hand, dass sich die im vorhergenden Abschnitt aufgezeigten demographischen Veränderungen in diesem öffentlichen Bereich unmittelbar auswirken. Schon seit etlichen Jahren beschäftigen sich daher Wissenschaftler mit den daraus erwachsenden Folgen. Zunächst standen dabei die staatlichen Alterssicherungssysteme im Vordergrund. Mittlerweile existiert jedoch eine Vielzahl von Studien, die neben den Rentenausgaben auch die Gesundheits-, Pflege- und Bildungskosten der nächsten Jahrzehnte projizieren (vgl. etwa für die Europäische Union EUROPEAN COMMISSION 2003 oder für die OECD-Länder DANG, ANTOLIN und OXLEY 2001). Bereits in den 80er Jahren prognostizierte PROGNOS (1987) für Deutschland mit einem makroökonometrischen Modell die Beitragssatzentwicklung in der gesetzlichen Rentenversicherung.[11] In jüngerer Zeit untersuchen z.B. WERDING und BLAU (2002) anhand von Modellrechnungen bis zum Jahr 2050 die Auswirkungen der Alterung auf die gesetzliche Rentenversicherung. Ähnlich gehen SCHNABEL (1998) und SINN (2003a) bei ihren Berechnungen der Beitragssatzentwicklung vor. Projektionen dieser Art legen altersabhängige Ausgabenprofile des jeweils betrachteten Sozialversicherungszweiges zugrunde und schreiben sie unter Berücksichtigung anstehender Reformen und Wachstumsprognosen fort. Diese Leistungspfade werden kombiniert mit der heutigen bzw. der erwarteten künftigen Bevölkerungsstruktur, wobei neben den demographischen Bestimmungsfaktoren weitere Annahmen, etwa über Erwerbstätigkeit, Arbeitslosigkeit und Rentenzugangsalter, zugrunde gelegt werden. Damit lassen sich die Ausgaben und Beitragssätze der kommenden Jahre vorausberechnen. So zeigt beispielsweise der Vergleich verschiedener Studien von BÖRSCH-SUPAN, dass die Implementierung der Rentenreformen 2001 (Riester-Rente) und 2004 (u.a. Einführung des Nachhaltigkeitsfaktors) den Beitragssatzanstieg merklich dämpft. Während der

[11] Die Rentenreform 1992 wurde nicht zuletzt aufgrund der Erkenntnisse aus dieser – vom Verband deutscher Rentenversicherungsträger in Auftrag gegebenen – Studie implementiert (vgl. FASSHAUER 2005).

Beitragssatz (im Szenario ohne Zuwanderung) in der früheren Studie (BÖRSCH-SUPAN 1999) bis zum Jahre 2035 auf über 32 % steigt, bleibt er in der späteren Untersuchung (BÖRSCH-SUPAN 2002a) deutlich unter 30 %. Eine erneute Untersuchung zeigt schließlich, dass die Implementierung des Nachhaltigkeitsfaktors im Zuge des RENTENVERSICHERUNGS-NACHHALTIGKEITSGESETZES den Beitragssatz noch einmal deutlich unter den des Riester-Szenarios sinken lässt. Er liegt bei einem unterstellten Gewichtungsfaktor der Finanzierungslasten von 0,25 im Jahr 2035 etwas über 23 % (BÖRSCH-SUPAN, REIL-HELD und WILKE 2004). Einen Überblick über frühere Beitragssatzprognosen zur gesetzlichen Rentenversicherung bieten SINN und THUM (1999).

Anstelle von Beitragssätzen berechnet SINN (2001) die Barwerte der Nettozahlungen zusätzlicher Mitglieder der Rentenversicherung. Der Netto-Barwert drückt aus, um wie viel der Barwert der Rentenversicherungsbeiträge eines zusätzlichen Mitglieds (inklusive seiner Nachkommen) den Barwert der von ihm empfangenen Rentenzahlungen übersteigt. SINN beziffet den Netto-Barwert eines Kindes für das Rentensystem mit umgerechnet etwa 90.000 Euro, den eines qualifizierten Immigranten mit rund 153.000 Euro.

Fiskal- und Sozialpolitik sind immer auch Generationenpolitik. Jede Reform erfordert daher eine gewisse Vorstellung davon, wie heutige und zukünftige Generationen zu gewichten sind. Im Zusammenhang mit den Belastungsverschiebungen zwischen verschiedenen Generationen aufgrund des demographischen Alterungsprozesses fallen in der politischen und ökonomisch-theoretischen Debatte immer wieder die Begriffe „Nachhaltigkeit", „Tragfähigkeit", „Generationengerechtigkeit" oder „Lastverschiebung". Der SACHVERSTÄNDIGENRAT spricht hier von „Tragfähigkeit" und definiert diese folgendermaßen: „*Intuitiv lassen sich die öffentlichen Haushalte als tragfähig bezeichnen, wenn die gegenwärtig und die auf Grundlage des geltenden Rechts fortgeschriebenen zukünftig erzielten staatlichen Einnahmen ausreichen, um sämtliche staatliche Zahlungs- und andere Ausgabenverpflichtungen abzudecken*" (SACHVERSTÄNDIGENRAT 2003, S. 270). Die Betonung liegt dabei auf „sämtliche", denn entgegen der allgemeinen Wahrnehmung gehören zu den Zahlungsverpflichtungen des Staates nicht nur die expliziten, sondern auch die impliziten Staatsschulden. Die explizite Schuld ist relativ unproblematisch als Summe aller mit dem aktuellen Kurs bewerteten Staatsschuldtitel in Gläubigerhand zu ermitteln. Aus diesen resultieren neben den Tilgungsverpflichtungen die jährlichen Zinsausgaben, die beispielsweise im Jahr 2005 für die Gebietskörperschaften der Bundesrepublik Deutschland über 10 % der gesamten Ausgaben ausmachten (DEUTSCHE BUNDESBANK 2006, S. 52). Die impliziten, zukünftigen Verbindlichkeiten des Staates sind dagegen zwar nicht in genauer Höhe festgelegt, sie sind jedoch dem Grunde nach gesetzlich zugesichert, sei es in Form von Anwartschaften in der gesetzlichen Rentenversicherung, Pensionsansprüchen der Beamten oder sonstigen Transfers. Versucht man, ihren Wert zu beziffern, ergibt sich ein Mehrfaches der expliziten Schuld. Während im Jahr 2002 die explizite Staatsverschuldung bei 60,8 % des Bruttoinlandsproduktes lag, erreichte die implizite Verschuldung einen Wert von rund 270 % (SACHVERSTÄNDIGENRAT 2003, S. 276). Gemessen an der Aufmerksamkeit, die die explizite Staatsverschuldung in der öffentlichen Diskussion erhält, erscheint die Besorgnis um die implizite Schuld erstaunlich gering. Dies mag unter anderem daran liegen, dass im Status quo ein Teil der impliziten Verschuldung nicht zu vermeiden ist. Sie ist in der umlagefinanzierten Sozialversicherung vielmehr eine systemimmanente Erscheinung, die letztlich die Einführungsgewinne der ersten Generation von Rentenversicherten widerspiegelt. Während der explizit ausgewiesene Schuldenstand der öffentlichen Hand auf konkreten Verträgen mit Kreditinstituten, Versicherungen, Bausparkassen u.a. beruht, kann das Niveau der impliziten Schuld über Reformen der Finanz- und Sozialpolitik strategisch noch maßgeblich beeinflusst werden.

Eine Tragfähigkeitsanalyse muss also nicht nur den aktuellen Haushalts- oder Finanzplanungszeitraum eines oder weniger Jahre berücksichtigen, sondern die langfristige intertemporale Budgetgleichung des Staates. Als Messkonzepte zur Ermittlung der Tragfähigkeit haben sich im statischen Modellbereich die Methoden der Primärsalden und der Generationenbilanzierung etabliert. Bei erstgenannter Methode (z.B. OECD 1998) lässt man die Zinszahlungen außer Betracht und bildet die Differenz zwischen den bereinigten Einnahmen ohne Vermögensveräußerungen und den bereinigten Ausgaben eines bestimmten Jahres. So erhält man (im Falle eines positiven Saldos) den so genannten Primärüberschuss bzw. bei negativem Saldo ein Primärdefizit. Als tragfähig wird eine Finanzpolitik dann bezeichnet, wenn die Summe der Gegenwartswerte aller geplanten zukünftigen Primärüberschüsse dem aktuellen Schuldenstand entspricht. Übersteigt die heutige implizite und explizite Staatsverschuldung den Gegenwartswert der Primärsalden, ergibt sich als Differenz die so genannte Tragfähigkeitslücke. Diese Berechnungsmethode unterstellt allerdings eine konstante Bevölkerungsstruktur. Die darauf aufbauende Methode der Nachhaltigkeitsanalyse bestimmt endogen die „erlaubte“ Ausgabenzuwachsrate, die in einem vorgegebenen Endjahr dazu führt, dass wieder die Schuldenquote des Basisjahres erreicht wird und langfristig stabil ist.

Möchte man nun die zukünftigen demographischen Veränderungen berücksichtigen, empfiehlt sich der von AUERBACH, GOKHALE und KOTLIKOFF (1991, 1994) entwickelte Ansatz der Generationenbilanzierung (*generational accounting*). Hierbei ordnet man staatliche Einnahmen und Ausgaben den jeweiligen Geburtsjahrgängen zu, hält aber die Beitragssätze des Ausgangsjahres konstant und ermittelt somit für gegebene Ausgaben- und Bevölkerungsszenarien die Tragfähigkeitslücken. Damit ergibt sich ein differenziertes und dramatischeres Bild, da der Anteil der Empfänger staatlicher Leistungen (vor allem Rentner) zunimmt, während sich der Anteil der Zahler (vor allem Erwerbstätige) vermindert.[12]

Diese Vorgehensweise wählt auch der SACHVERSTÄNDIGENRAT bei der Ermittlung von Tragfähigkeitslücken für Deutschland (2003). HAGEMANN und NICOLETTI (1989) verwenden diesen Ansatz, um die Folgen der Alterung auf die Rentensysteme verschiedener OECD-Länder (Deutschland, Japan, Schweden und USA) zu untersuchen. Speziell für Deutschland berechnen BONIN und FEIST (1999) mit dieser Methode die intergenerativen Verteilungswirkungen verschiedener Rentenreformvorschläge. Auf ähnliche Weise ermitteln BESENDORFER, BONIN und RAFFELHÜSCHEN (2000) Nachhaltigkeitslücken für alternative Bevölkerungsprognosen. BORGMANN, KRIMMER und RAFFELHÜSCHEN (2001) schließlich erstellen Generationenbilanzen unter Berücksichtigung der Rentenreform 2001. Ähnliche Untersuchungen der Rentenreformvorschläge der RÜRUP-KOMMISSION (2003) nehmen EHRENTRAUT und RAFFELHÜSCHEN (2003b) vor.

Tragfähigkeitslücken im Bereich der gesetzlichen Kranken- und Pflegeversicherung quantifizieren FETZER, MOOG und RAFFELHÜSCHEN (2003) sowohl mittels Generationenbilanzen als auch über ergänzende Beitragssatzprognosen. Bis zum Jahr 2050 errechnen sie einen Beitragssatzanstieg auf etwa 25 % für die gesetzliche Krankenversicherung (GKV) und bis auf 6,5 % für die soziale (gesetzliche) Pflegeversicherung (GPV). Alternativ dazu projizieren beispielsweise BUTTLER, FICKEL und LAUTENSCHLAGER (1999), BREYER, GRABKA, JACOBS et al. (2001) oder POSTLER (2003) Ausgaben und Beitragssatz der gesetzlichen Krankenversicherung. Ohne Nettoimmigration und bei gleichbleibender Lebenserwartung und Fertilität errechnen BUTTLER, FICKEL und LAUTENSCHLAGER (1999) aufgrund der demographischen Entwicklung bis zum Jahre 2040 einen Anstieg des Beitragssatzes zur GKV auf 18 %, bei Berücksichtigung steigender Lebenserwartung sogar auf über 19 %. BREYER, GRABKA, JACOBS et al. (2001) betrachten neben demographischen Effekten verschiedene Morbiditäts- und Rentenniveau-Szenarien. Für den Fall konstanter Morbidität und bei gleichbleibendem Rentenniveau er-

[12] Der Anteil der ebenfalls zu den Leistungsempfängern zählenden Kinder sinkt zwar, doch der Anstieg der Älteren überkompensiert diesen Effekt, d.h., der Abhängigkeitsquotient, der definiert ist als das Verhältnis aller „zu versorgenden" Generationen (Summe der unter 21-Jährigen und der über 59-Jährigen) zu den Erwerbstätigenjahrgängen (21- bis 59-Jährige), steigt insgesamt.

rechnen sie für das Jahr 2050 einen Beitragssatz von knapp 19 %. POSTLER (2003) untersucht neben den demographischen Auswirkungen auch die Folgen des medizinisch-technologischen Fortschritts auf den Beitragssatz der GKV. Er zeigt, dass allein die demographische Entwicklung den Beitragssatz zur GKV langfristig um bis zu 3 Prozentpunkte erhöhen kann und die Gesamtwirkung (inklusive medizinisch-technologischem Fortschritt) sogar eine Beitragssatzsteigerung um 8 bis 25 Prozentpunkte ausmachen könnte. Auf die komplexen und in der Literatur keineswegs eindeutig gesehenen Zusammenhänge zwischen Mortalität und Morbidität wird in Abschnitt 2.2.3.4 eingegangen.

Die Unsicherheit bezüglich Morbidität, technologischem Fortschritt und Kostenentwicklung besteht gleichermaßen im Bereich der sozialen Pflegeversicherung. DIETZ (2001) rechnet in diesem Sozialversicherungszweig mit einem Beitragssatzanstieg von 1,7 % auf 4 bis 5 % im Jahr 2050, je nach Entwicklung von Fallzahlen, Leistungsstruktur und Versichertenzahlen. Auch Untersuchungen mit der bereits genannten Methode der Generationenbilanzierung projizieren eine Verdopplung (ohne Kostendruck) bis Verdreifachung (mit Kostendruck) des Beitragssatzes in der GPV bis zum Jahr 2050 (HÄCKER, HÖFER und RAFFELHÜSCHEN 2004, HÄCKER und RAFFELHÜSCHEN 2004).

Es ließen sich noch etliche Studien mit ähnlicher Methodik aufführen.[13] Ihnen gemeinsam ist, dass eine bestimmte Bevölkerungsprojektion kombiniert wird mit heute beobachtbaren bzw. für die Zukunft geschätzten Ausgabenprofilen. In der Regel betrachten Arbeiten dieser Art nur ein partielles staatliches Budget. Dieser Eingrenzung folgend wird auch auf der Haushaltsseite nicht oder nur selten das gesamte Ausgaben-Einnahmen-Lebensprofil berücksichtigt. Einer der zentralen Kritikpunkte an diesem Ansatz besteht daher in den vernachlässigten Wechselwirkungen zwischen einzelnen öffenlichen Budgets.

Erhöhte Zuwanderung beispielsweise schlägt sich in der Praxis ökonomisch nicht nur im Rentensystem nieder, sondern auch in anderen öffentlichen Bereichen. Die Bedeutung einer integrierten Untersuchungsmethode wird deutlich, wenn man die fiskalischen Folgen einer erhöhten Zuwanderung mittels verschiedener Ansätze untersucht. BONIN (2002) zeigt, dass die Nettobeiträge von Zuwanderern zum intertemporalen Staatsbudget umso höher sind, je kürzer ihre Integrationsphase ist. Ab einer Integrationsdauer von 12 Jahren geht Zuwanderung sogar zu Lasten der einheimischen Bevölkerung, während umgekehrt bei sofortiger Integration der Überschuss eines repräsentativen Zuwanderers rund 50.000 Euro betragen kann. Diese Effekte basieren entscheidend auf der Annahme, dass die Immigranten im

[13] Eine ausführliche Diskussion verschiedener Messkonzepte findet sich bei KOTLIKOFF (2003).

Land bleiben. Hebt man diese Bedingung jedoch auf und unterscheidet Zuwanderer explizit nach der Aufenthaltsdauer, wie etwa SINN, FLAIG, MUNZ et al. (2001), ändern sich die Ergebnisse. Im Vergleich zu BONIN (2002) kommt die ifo-Studie zu wesentlich geringeren Überschüssen. Diese fallen bei hinreichend langer Aufenthaltszeit aber insgesamt positiv aus. Allerdings verwenden SINN, FLAIG, MUNZ et al. (2001) ein anderes Inzidenzkonzept, welches beispielsweise den Kindern der ersten Zuwanderergeneration nur eine kurze Aufenthaltsdauer unterstellt. Außerdem verbuchen sie die öffentlichen Transfers für Bildung und Erziehung bei den Eltern, während die Generationenbilanzierung diese den Kindern selbst zurechnet.

Eine vollständige Analyse berücksichtigt nicht nur Wirkungen auf die Sozialsysteme, sondern auch auf das Steueraufkommen, die Bildungsausgaben usw. Auf der Individualebene ist außerdem zu beachten, dass sich die Steuerstruktur eines Haushalts im Lebensablauf verändert. Zahlt man während des Erwerbslebens hauptsächlich Lohnsteuer, so bestehen die Steuerzahlungen im Alter zu einem großen Teil aus Umsatz- und Verbrauchsteuern. Eine alternde Bevölkerung hat daher voraussichtlich eine Verschiebung der Steuerstruktur von den direkten zu den indirekten Steuern zur Folge. Die DIW-Studie von BACH, BORK, KRIMMER et al. (2002) zeigt diese Verschiebung.

Ein weiterer Kritikpunkt an der Generationenbilanzierung und ähnlichen Ansätzen ist ihre charakteristische Vorgehensweise, das im Ausgangsjahr beobachtbare Verhalten der Haushalte und die staatlichen Zahlungsströme in die Zukunft zu projizieren. Das bedeutet, dass Schwankungen des Arbeitsangebotes – neben demographiebedingt variierenden Kohortenbesetzungen – nur über Ad-hoc-Anpassungen der Erwerbs- und Arbeitslosenquoten berücksichtigt werden. Tatsächlich wirkt sich demographische Alterung jedoch nicht allein via quantitativ veränderter Kohortenbesetzungen aus. Schon allein die individuell relevanten demographischen Komponenten, etwa eine zunehmende Lebenserwartung oder eine sinkende Kinderzahl, beeinflussen das Konsum- und Sparverhalten der Haushalte und induzieren so eine Veränderung makroökonomischer Variablen und Rückwirkungen auf fiskalische Größen. Darüber hinaus beeinflusst der Alterungsprozess, etwa über steigende Sozialabgaben, das individuelle Arbeitsangebot. Daraus ergeben sich wiederum Effekte auf den gesamtwirtschaftlichen Konsum, das Steueraufkommen etc. Global betrachtet ist außerdem zu berücksichtigen, dass auch die Bevölkerungen anderer Länder altern, was wiederum Rückwirkungen auf nationale und internationale Preise hat und so die Nachfrage nach Gütern und Produktionsfaktoren beeinflusst.

Eine ökonomische Analyse zum Thema „Alternde Bevölkerung“ erfordert also einen integrierten Ansatz, der die Interaktionen zwischen einzelnen Sektoren und Verhaltensreaktionen berücksichtigt. Hier setzen die schon seit längerer Zeit verwendeten allgemeinen Gleichgewichtsmodelle an. Diese Modelle finden mittlerweile breite Anwendung in der akademischen Forschung, bei Wirtschaftsforschungsinstituten und bei internationalen Organisationen (z.B. Europäische Kommission, Internationaler Währungsfond, OECD, Weltbank).

Für die Fragestellungen der vorliegenden Arbeit sind vor allem die vollständig dynamischen Gleichgewichtsmodelle relevant. Im Gegensatz zu den sequentiell dynamischen Modellen mit myopischer Erwartungsbildung (vgl. etwa FULLERTON, SHOVEN und WHALLEY 1983) gehen die vollständig dynamischen Modelle davon aus, dass die Individuen intertemporal rationale Erwartungen bilden und auch die Unternehmen ihre Investitionsentscheidung aus einem intertemporalen Optimierungskalkül ableiten. Unter den vollständig dynamischen Modellen sind wiederum verschiedene Ansätze zu unterscheiden. Modelle vom Ramsey-Typ (vgl. die grundlegenden Arbeiten von RAMSEY 1928 und CASS 1965) unterstellen auf der Haushaltsseite einen repräsentativen Agenten mit unendlichem Lebenshorizont. Dagegen arbeiten die *Overlapping-Generations*-Modelle (OLG-Modelle) mit einer Abfolge sich überlappender Kohorten. Innerhalb der OLG-Klasse differenziert man wiederum nach der Modellierung der Sterbezeitpunkte. Im Blanchard-Modell stirbt in jeder Periode ein bestimmter Anteil einer Kohorte und wird durch Neugeborene ersetzt (BLANCHARD 1985). Stellvertretend für die Anwendung und Erweiterung des Blanchard-Ansatzes seien hier die Arbeiten von KEUSCHNIGG und KEUSCHNIGG (2004) oder MCMORROW und ROEGER (2004) genannt. Dagegen kennen die Individuen im Auerbach-Kotlikoff-Modell ihren genauen Todeszeitpunkt (AUERBACH un KOTLIKOFF 1987). Durch diese Modellierung lassen sich demographische Prozesse detaillierter abbilden. Dies gilt insbesondere für Erweiterungen des Grundmodells wie sie etwa AUERBACH, KOTLIKOFF, HAGEMANN et al. (1989) vorgenommen haben. Sie führen variable Wachstumsraten ein, um so die Bevölkerungsentwicklung in Deutschland, Japan, Schweden und den USA abzubilden. Der Alterungsprozess induziert nun über die Erhöhung der Kapitalintensität, das so genannte *capital deepening*, ein Absinken der Zinsen einerseits und steigende Reallöhne andererseits. Im Gegensatz zur Generationenbilanzierung berücksichtigen die allgemeinen Gleichgewichtsmodelle also auch die Effekte zweiter Ordnung, sprich endogene Veränderungen der Faktorpreise. Die Belastungen jüngerer Kohorten durch steigende Altersquotienten werden dadurch teilweise kompensiert. Andere Studien stellen weniger auf die makroökonomischen Konsequenzen ab, sondern fokussieren die Verzerrungswirkungen verschiedener Rentensyteme und -reformen oder Makrovariablen auf das individuelle Verhalten und ermitteln Wohlfahrtsveränderungen (BEETSMA, BETTENDORF und BROER 2003, FEHR 2000, KENC und PERRAUDIN 1997). Sowohl BEETSMA, BETTENDORF und BROER (2003) als auch FEHR (2000) beziffern dabei neben intergenerativen auch intragenerative Verteilungswirkungen von Reformen, indem sie einzelne Kohorten zusätzlich nach Einkommensklassen differenzieren.

Mittlerweile existieren für sehr viele OECD-Länder OLG-Studien (mit unterschiedlichen technischen Verfeinerungen) zu Rentensystemen und -reformen, z.B. für die Niederlande von BROER und WESTERHOUT (1997), für Spanien von MONTERO (1999) oder für die Gruppe der sieben führenden Wirtschaftsnationen (G7[14]) von CHAUVEAU und LOUFIR (1997) oder MILES (1999) für Großbritannien und Westeuropa insgesamt. Sowohl MONTERO als auch CHAUVEAU und LOUFIR arbeiten mit unsicheren Sterbezeitpunkten, Letztere auch mit unbeabsichtigten Erbschaften. BEETSMA, BETTENDORF und BROER (2003) erweitern das Niederlande-Modell von BROER und WESTERHOUT (1997) unter anderem um intragenerative Heterogenität und einen Gesundheitssektor. Eine detaillierte Abbildung des deutschen Steuer- und Sozialsystems unter Berücksichtigung von Arbeitslosigkeit findet sich in der Erweiterung des traditionellen Auerbach-Kotlikoff-Modells von HIRTE (2001). Zur realistischeren Erfassung demographischer Prozesse in den USA modellieren KOTLIKOFF, SMETTERS und WALLISER (2001) Geburten mittels alterspezifischer Fertilitätsraten. Auf dieser Modellierung baut auch die vorliegende Arbeit auf. So entwickelten sich die rechenbaren allgemeinen Gleichgewichtsmodelle im Laufe der Zeit in verschiedene Richtungen weiter. FOUGÈRE und MÉRETTE (1999) etwa führen endogenes Wachstum ein. Sie zeigen, dass eine alternde Bevölkerung die langfristige Wachstumsrate ansteigen lässt, weil der Anreiz für Humankapitalinvestitionen steigt. STØRESLETTEN (2000) wiederum stellt am Beispiel der USA die fiskalischen Effekte verschiedener Immigrationsszenarien in den Vordergrund.

Da alle OECD-Staaten und fast alle anderen Regionen der Welt (mit Ausnahme Afrikas) derzeit eine mehr oder weniger starke demographische Alterung erwarten, liegt die Frage nahe, wie sich die unterschiedlichen Ausmaße und zeitlichen Verläufe der Alterungsprozesse verschiedener Länder international auswirken. Im Rahmen eines Drei-Regionen-Modells (Deutschland, restliche EU und die übrigen OECD-Länder) befassen sich daher beispielsweise BÖRSCH-SUPAN, LUDWIG und WINTER (2002) mit den Konsequenzen sich überlappender Alterungsprozesse auf

[14] Dazu zählen Deutschland, Frankreich, Großbritannien, Italien, Japan, Kanada und die USA.

Handels- und Kapitalströme. Sie stellen unter anderem fest, dass Kapital von den schnell alternden zu den langsamer alternden Regionen der Welt fließt. Einer ähnlichen Fragestellung gehen FEHR, JOKISCH und KOTLIKOFF (2005, 2004) sowie JOKISCH (2006) nach.[15] Sie untersuchen die wechselseitigen Übertragungseffekte demographischer und ökonomischer Veränderungen zwischen Europa, Japan und den USA. Diese Modellierung lässt Migration zu, die Zuwanderer unterscheiden sich jedoch nach ihrer Einwanderung nicht mehr von den Einheimischen.

In der vorliegenden Arbeit wird diese Annahme aufgehoben, so dass Einheimische und Zuwanderer koexistieren. Daneben unterscheiden sich die einzelnen Geburtenjahrgänge nach ihrer Einkommensklasse, so dass sich über die Simulation gezielter Zuwanderungspolitik (z.B. Green Card für Hochqualifizierte) die Einkommensstruktur von Einheimischen und Zuwandereren zunehmend unterscheidet. Das in dieser Arbeit entwickelte Simulationsmodell folgt weitgehend der Modellierung von FEHR, HALDER und JOKISCH (2004) bzw. FEHR und HALDER (2005), der speziell für Deutschland entwickelten Variante von FEHR, JOKISCH und KOTLIKOFF (2004). Durch einkommensklassenabhängige Fertilitätsraten lassen sich geburten- und bildungspolitische Maßnahmen simulieren. Die ebenfalls zwischen den Einkommensklassen variablen Sterbewahrscheinlichkeiten ermöglichen die Abbildung von Lebenserwartungsunterschieden verschiedener Bildungsschichten in Deutschland. Neben der detaillierten deutschen Bevölkerungsstruktur und -entwicklung bildet es das deutsche Steuersystem, die öffentlichen und privaten Sozialsysteme sowie die paritätische Finanzierung zwischen Arbeitnehmern und Arbeitgebern ab. Eine detaillierte Beschreibung des Simulationsmodells erfolgt in Kapitel 2.

[15] JOKISCH (2006) liefert auch einen detaillierten und umfassenden Überblick über verschiedene methodische Ansätze zur Untersuchung der fiskalischen und ökonomischen Effekte des demographischen Wandels.

2 Modellbeschreibung

Den Simulationen dieser Arbeit liegt ein Modell überlappender Generationen – auch OLG-Modell genannt (engl. *overlapping generations*) – vom Auerbach-Kotlikoff-Typ (AUERBACH und KOTLIKOFF 1987) bzw. der demographisch verfeinerten Variante von KOTLIKOFF, SMETTERS und WALLISER (2001) zugrunde, die bereits in Abschnitt 1.4 typisiert und charakterisiert wurden. Das in dieser Arbeit verwendete und im Folgenden beschriebene Simulationsmodell basiert auf der Modellierung bei FEHR, HALDER und JOKISCH (2004) bzw. FEHR und HALDER (2005), der auf Deutschland zugeschnittenen Variante von FEHR, JOKISCH und KOTLIKOFF (2004). In Abschnitt 2.1 wird zunächst das Bevölkerungsmodell beschrieben, das dem ökonomischen Modell zugrunde liegt. Letzteres wird dann in Abschnitt 2.2 erläutert.

2.1 Das Bevölkerungsmodell

Die Grundstruktur des Bevölkerungsmodells wird in Abschnitt 2.1.1 beschrieben. Eine Darstellung der verwendeten Rohdaten und deren Anpassung an die Modellstruktur erfolgen in Abschnitt 2.1.2. In Abschnitt 2.1.3 werden schließlich die Bevölkerungsprojektionen vom Jahr 2000 bis zum Jahr 2050 und die Fortschreibung der Bevölkerung nach dem Jahr 2050 erläutert.

2.1.1 Die Grundstruktur des Bevölkerungsmodells

Die Individuen der Modellbevölkerung lassen sich nach fünf Kriterien klassifizieren: Alter, Zeitpunkt (Jahr) der Betrachtung, Einkommensklasse, Staatsbürgerschaft und Alter der Eltern bzw. Einwanderungsalter. Die Einteilung in *Altersklassen* ist notwendig, um Politikreformen bezüglich ihrer intergenerativen Umverteilungswirkungen beurteilen zu können. Zu diesem Zweck wurde das Modell so ausgestaltet, dass 91 Generationen im Alter von 0 bis 90 Jahren koexistieren. In Verbindung damit wird zweitens stets unterschieden, in welchem *Jahr* ein Haushalt gerade ein bestimmtes Alter durchlebt. Damit man Reformwirkungen auch innerhalb einer Generation quantifizieren kann, wird als drittes Merkmal jede Altersklasse noch einmal nach drei *Einkommensklassen* differenziert. Wir nehmen dabei an, dass das berufliche Qualifikationsniveau das Einkommen bestimmt. Im Modell bezeichnet Einkommensklasse 1 die Hochqualifizierten und damit „Topverdiener“, Klasse 2 die Mittelschicht und Klasse 3 die Geringqualifizierten mit einem entsprechend niedrigen Einkommen. Die Unterschiede *zwischen* den Einkommensklassen bestehen in den verschiedenen Effizienzprofilen und demographischen Charakteristika. So weisen im Basisfall alle Klassen zwar gleiche Fertilitätsraten, aber unterschiedliche Sterbewahrscheinlichkeiten auf. Viertens kann ein im Inland lebendes Individuum entweder die inländische oder eine ausländische *Staatsbürgerschaft* haben, d.h. *Einheimischer* oder *Ausländer* im Sinne des Modells sein. Fünftens unterscheiden sich – abhängig vom staatsbürgerlichen Status – die Inländer nach dem *Alter ihrer Eltern bei Geburt* und die Ausländer nach dem *Alter bei der Einwanderung*.

Das Alter der Eltern eines Inländer-Haushalts bei seiner Geburt ist relevant, um diesem beim Ableben der Eltern die hinterlassene Erbschaft zuordnen zu können. Zwar hinterlassen auch Ausländer Erbschaften, diese gehen im Modell jedoch immer nur an die Einheimischen. Eine exakte Zuordnung von Erbschaften nach staatsbürgerschaftlichem Status wäre zu aufwendig, da die Kinder von Migranten mit Geburt oder Einbürgerung zu Einheimischen werden und folglich nicht mehr von jenen Einheimischen zu trennen sind, deren Eltern schon immer Inländer waren. Daher werden die Erbschaften einer sterbenden Elternkohorte allen aufgrund ihres Alters in Frage kommenden Inländern zugeordnet. Um dies technisch zu bewerkstelligen, wird ein Inländer danach differenziert, wie alt seine Eltern bei seiner Geburt waren.[16] Migranten dagegen werden nicht nach Elternalter, sondern nach ihrem (eigenen) Alter zum Zeitpunkt der Einwanderung differenziert. Dies ist notwendig, weil sie im Gegensatz zu den Einheimischen keine Anfangsausstattung an Ersparnissen besitzen. Daher weisen sie ein anderes Sparprofil auf als gleichaltrige Einheimische derselben Einkommensklasse: Der gesparte Einkommensanteil ist umso höher, je später sie einwandern. Insgesamt unterscheiden sich Inländer und Ausländer derselben Einkommensklasse also nur in zweifacher Hinsicht: in den Erbschaften und im Eltern- bzw. Einwanderungsalter. Ansonsten weisen sie dieselben Charakteristika im Lebenszyklus auf, d.h., sie leben gleich lange, bekommen gleich viele Kinder und sind gleich produktiv.

Mit dem Lebensalter verändern sich die Umstände und damit die ökonomisch relevanten Entscheidungen der Wirtschaftssubjekte. Im Alter von 0 bis 20 Jahren sind alle Individuen Kinder im Sinne des Modells. Das bedeutet, sie treffen keine eigenständigen Entscheidungen, sondern werden von ihren Eltern mitversorgt. Ab dem Alter 21 jedoch entscheiden die Individuen selbständig. Zwischen 23 und 45 Jahren können die Akteure Kinder gebären. In der Zeit, bis das letzte

[16] Wir gehen davon aus, dass beide Elternteile gleich alt sind.

Kind das Haus verlässt (die Eltern sind zu diesem Zeitpunkt 66 Jahre alt) erfolgt die Kindererziehung. Ab einem Alter von 68 Jahren beginnen die Haushalte mit zunehmenden Wahrscheinlichkeiten zu sterben. Sie werden maximal 90 Jahre alt, d.h., die Sterbewahrscheinlichkeit beträgt im Alter 91 genau 1. Die Kinder überleben ihre Eltern also in jedem Fall und erhalten somit deren Nachlass. Abbildung 2.1 stellt den Lebenszyklus graphisch dar.

Abbildung 2.1: Der individuelle Lebenszyklus

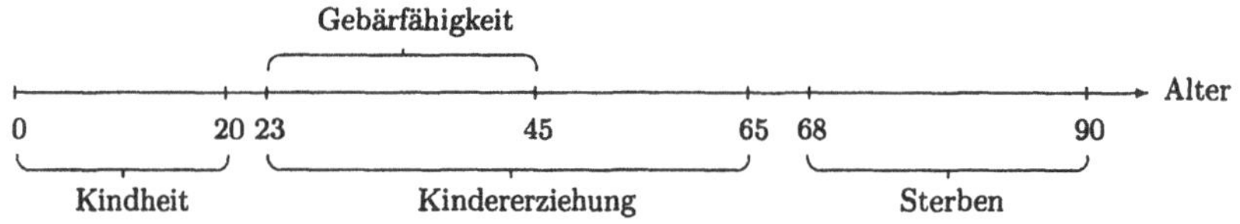

Jedes Jahr wandern neue Immigranten im Alter zwischen 21 und 43 Jahren ein, die wiederum ihre Kinder mitbringen. Das Einwanderungsalter wurde auf maximal 43 Jahre beschränkt, damit die mitgebrachten Kinder höchstens 20 Jahre alt sein können, also noch nicht selbständig optimieren. Da in der Realität etwa 92 % der Einwanderer nach Deutschland jünger als 44 sind (STATISTISCHES BUNDESAMT 2002), ist diese Beschränkung des Modelleinwanderungsalters ohne weiteres zu rechtfertigen. Erwachsene Einwanderer bleiben immer Ausländer, ihre mitgebrachten Kinder bekommen dagegen sofort mit der Einwanderung die inländische Staatsbürgerschaft. Die Migrantenkinder, die bereits im Ausgangsjahr des Bevölkerungsmodells (2000) im Inland leben, werden im Folgejahr eingebürgert, maximal aber bis zum Alter von 19 Jahren. Die Staatsbürgerschaft, die man mit 21 hat, behält man bis ans Lebensende. Alle im Inland geborenen Kinder haben die inländische Staatsbürgerschaft unabhängig davon, ob ihre Eltern Einheimische oder Ausländer sind.

Zu erwähnen ist außerdem, dass jeweils der (in Deutschland in aller Regel positive) Zuwanderungssaldo betrachtet wird. Es wird somit nicht zwischen Ein- und Auswanderern unterschieden, sondern mit einem nach Einzelalter differenzierten Nettoimmigrationsvektor gerechnet. Die Altersstruktur dieses Nettoimmigrationsvektors bleibt ab dem Jahr 2000 konstant. Sein Niveau und seine Zusammensetzung nach Qualifikationsniveau sind Handlungsparameter der Politik: Die Regierung kann die Einreise von Migranten über den zeit- und einkommensklassenabhängigen Parameter $\hat{\xi}(i,k)$ steuern. Damit kann beispielsweise eine gezielte Zuwanderung von hochqualifizierten Fachkräften über einen bestimmten Zeitraum untersucht werden (vgl. hierzu Abschnitt 3.4).

2.1.2 Die Ausgangsbevölkerung

Ausgangspunkt für die *demographischen* Projektionen ist die Bevölkerung Deutschlands im Jahr 2000, wie vom STATISTISCHEN BUNDESAMT (2002) veröffentlicht. Als Basisjahr für die *ökonomischen* Simulationen wurde dagegen das Jahr 2004 gewählt. Durch diese Verzögerung wird die Sprungstelle am Übergang von der realen Ausgangsbevölkerung des Jahres 2000 zur künstlich generierten, den Erfordernissen des Programms angepassten Bevölkerung des Jahres 2004 ausgeblendet. Im Anhang A.1 finden sich die in den Simulationsrechnungen verwendeten demographischen Rahmendaten für das Basisjahr 2004.

Die von den statistischen Ämtern (insbesondere von Eurostat und dem Statistischen Bundesamt) zur Verfügung gestellten Rohdaten des Jahres 2000 mussten in einigen Aspekten an die Modellstruktur angepasst werden. Zunächst wurden die Gesamtbevölkerung und die ausländische Bevölkerung $\bar{M}(a, 2000)$ (engl. *migrant*[17]) nach Einzelaltern eingelesen. Daraus wurde per Subtraktion der Vektor der Einheimischen $\bar{N}(a, 2000)$ (engl. *native*) berechnet. Sodann wurden alle über 90-Jährigen isoliert und auf die Altersklassen zwischen 60 und 90 Jahren verteilt.[18]

Voraussetzung für die Fortschreibung dieser Ausgangsbevölkerung sind Annahmen und Ausgangsdaten zu den die Bevölkerungsentwicklung bestimmenden Faktoren Fertilität, Mortalität und Migration. Bereits im Ausgangjahr 2000 wird die Anzahl der Neugeborenen anhand der eingelesenen altersspezifischen Fertilitätsraten $f(a, i, k)$ (engl. *fertility rate*) neu berechnet. Diese geben allgemein an, wie viele Kinder eine a-jährige Frau der Einkommensklasse k im Jahr i zur Welt bringt. Weil die Modellindividuen erst ab einem Alter von 23 Jahren Kinder bekommen können, werden von den eingelesenen Fertilitätsraten die Kinder der 15- bis 22-jährigen Frauen anteilsmäßig den 23- bis 45-jährigen zugeschlagen. Da im Modell nicht zwischen Männern und Frauen unterschieden wird, bekommen alle Modellindividuen Kinder. In der Realität geht man annäherungsweise von einer Sexualproportion von 1:1 aus, so dass die realen, eingelesenen Fertilitätsraten für das Modell halbiert werden müssen. Die im Modell verwendeten altersspezifischen

[17] Im Folgenden werden die Begriffe „Ausländer", „ausländische Bevölkerung" oder „Migranten" synonym verwendet.

[18] Dabei wurden einer Generation um so mehr Leute zugeschlagen, je älter sie ist. D.h., rund 0,2 % der über 90-Jährigen wurden zu den 60-Jährigen addiert, rund 0,4 % zu den 61-Jährigen, rund 0,6 % zu den 62-Jährigen usw. und schließlich rund 6,25 % zu den 90-Jährigen. Die Beschränkung auf 90 Jahrgänge ist aus technischen Gründen notwendig, um sicherzustellen, dass die Kinder eines Modellhaushalts nicht vor ihren Eltern sterben.

Fertilitätsraten geben dann immer die Neugeborenen pro a-jährigem Modellindividuum an. Wird also im Folgenden von einem Modellhaushalt gesprochen, ist damit jeweils ein (geschlechtsneutrales) Individuum gemeint, das gegebenenfalls noch minderjährige Kinder mit zu versorgen hat.

Die Summe aller altersspezifischen Fertilitätsraten in einem Jahr i ergibt die (periodenspezifische) Gesamtfruchtbarkeitsziffer $TFR(i,k)$ (engl. *total fertility rate*). Diese gibt allgemein an, wie viele Kinder eine Frau (im Modell: ein Individuum) im Laufe ihres (seines) Lebens zur Welt bringt, wenn sich die Fertilitätsrate des Jahres i nicht ändert. Daraus berechnet man wiederum das durchschnittliche Gebäralter (engl. *average birthgiving age*) $ABA(i,k)$:

$$\mathrm{TFR}(i,k) = \sum_{a=23}^{45} f(a,i,k) \qquad \mathrm{ABA}(i,k) = \frac{\sum_{a=23}^{45} f(a,i,k)\, a}{TFR(i,k)}. \tag{1}$$

Für das Basis-Bevölkerungs-Szenario werden Fertilitätsraten und durchschnittliches Gebäralter in allen Jahren konstant gehalten. Für Bevölkerungsprojektionen, in denen sich die Fertilität nach dem Basisjahr ändert, werden Zielwerte für das Jahr 2050 und für ein dazwischenliegendes (frei zu wählendes) Jahr, z.B. 2020, vorgegeben und dann zwischen diesen Ankerpunkten linear interpoliert. In der Basissimulation sind die Fertilitätsraten in allen Einkommensklassen identisch.

Die Sterbewahrscheinlichkeiten und damit die Lebenserwartungen der Einkommensklassen unterscheiden sich bereits im Basisszenario des Modells. Diese Annahme gründet auf einer empirischen Untersuchung von Reil-Held (2000). Sie findet in einer Auswertung des Sozio-ökonomischen Panels (SOEP) für Deutschland heraus, dass die Menschen im oberen Viertel der Einkommensverteilung etwa 4 bis 6 Jahre länger leben als die im unteren Viertel. Von Seiten des Statistischen Bundesamtes liegen nur aggregierte Sterberaten vor. Diese (bedingten) Sterbewahrscheinlichkeiten des Jahres 2000 wurden für die Altersklassen 50 bis 99 Jahre eingelesen und in drei Einkommensklassen unterteilt. In einem ersten Schritt wurde per Normierung das Mortalitätsniveau in der unteren Einkommensklasse erhöht und in der oberen Klasse gesenkt. Um die Wahrscheinlichkeiten für verschiedene Projektionen variabel zu machen, wurden in einem zweiten Schritt die eingelesenen *bedingten* Sterbewahrscheinlichkeiten $d(a,i,k)$ (engl. *dying probability*) umgerechnet in *unbedingte* Sterbewahrscheinlichkeiten $\bar{d}(a,i,k)$. Letztere sagen aus, wie hoch für ein neugeborenes Kind die Wahrscheinlichkeit ist, im Alter a zu sterben. Dagegen geben die bedingten Sterbewahrscheinlichkeiten an, mit welcher Wahrscheinlichkeit ein Individuum im Alter a stirbt, wenn es das

Alter $a-1$ bereits erreicht hat. Die unbedingten Wahrscheinlichkeiten berechnen sich aus den bedingten wie folgt:

$$\bar{d}(a,i,k) = d(a,i,k) \prod_{j=1}^{a-1} [1 - d(j,i,k)]. \tag{2}$$

Da die Akteure des Modells nur im Intervall zwischen 68 und 91 Jahren[19] sterben, mussten nun in einem dritten Schritt die eingelesenen Sterblichkeiten der 50- bis 67-Jährigen sowie die der über 90-Jährigen auf das Intervall 68 bis 91 Jahre aufgeschlagen werden. Um die in der 10. koordinierten Bevölkerungsvorausberechnung (STATISTISCHES BUNDESAMT 2003a) projizierten Lebenserwartungen der nächsten Jahrzehnte nachzubilden, wurden in einem vierten Schritt in allen Einkommensklassen die Sterbewahrscheinlichkeiten bis zum Jahr 2050 sukzessive gesenkt und ab dann konstant gehalten. Dabei wurde der Abstand der Lebenserwartungen zwischen unterer, mittlerer und oberer Einkommensklasse beibehalten. Die Lebenserwartung $LE(i,k)$ (engl. *life expectancy*) eines Haushalts der Einkommensklasse k in einem Jahr i berechnet sich dann als Summe der mit dem Alter a gewichteten unbedingten Sterbewahrscheinlichkeiten:

$$LE(i,k) = \sum_{a=0}^{91} \bar{d}(a,i,k)\, a. \tag{3}$$

Die unbedingten Sterbewahrscheinlichkeiten wurden anschließend wieder umgerechnet in bedingte Wahrscheinlichkeiten, weil sich im Modell einfacher mit diesen rechnen lässt.

Neben den Determinanten der natürlichen Bevölkerungsbewegung musste auch die dritte Veränderungskomponente, die Zuwanderung, an die Modellstruktur angepasst werden. Weil Einwanderung im Modell nur bis zu einem Alter von 43 Jahren möglich ist, wurden von dem für das Jahr 2000 eingelesenen Vektor der Nettoimmigranten (Alter 1 bis 66) alle über 43-Jährigen gleichmäßig auf die Altersklassen 32 bis 43 verteilt.

Schließlich wurden die Anfangsbestände an Einheimischen und Ausländern zweifach disaggregiert: Zum einen wurden sowohl Einheimische als auch Migranten in je drei Einkommensklassen ($k = 1,2,3$) eingeteilt. Die Größe der Klassen ergibt sich im Ausgangsjahr über die exogen festgelegten Anteile $\xi(2000,k)$. Für das

[19] Spätestens am 91. Geburtstag ist jedes Individuum tot, so dass die Generation der 90-Jährigen die letzte besetzte Altersklasse ist.

Jahr 2000 wird angenommen, dass 20 % jeder Kohorte der Top-Einkommensklasse ($k = 1$) angehören, 60 % der Mittelschicht ($k = 2$) und 20 % der unteren Einkommensklasse ($k = 3$), d.h.:

$$\xi(2000,1) = 0,2; \qquad \xi(2000,2) = 0,6; \qquad \xi(2000,3) = 0,2. \tag{4}$$

Zum anderen müssen die Erbschaftsempfänger genau ihrer *Elterngeneration* zugeordnet werden können. Für die im Jahr 2000 schon lebenden Generationen ist die Differenzierung nach dem *Alter ihrer Eltern bei Geburt* etwas aufwendiger, da ihre Geburtszeitpunkte (außer bei den 0-Jährigen) vor dem Jahr 2000 liegen. Man benötigt daher die altersspezifischen Fruchtbarkeitsziffern der zurückliegenden Jahre. Die ältesten Modellpersonen sind 90 Jahre alt, wurden also 1910 geboren. [20] Den Anteil der von a-jährigen Eltern geborenen Kindern an den Gesamtgeburten in einem zurückliegenden Jahr $2000 - a$ erhält man aus dem Verhältnis der altersspezifischen Fertilitätsraten zur zusammengefassten Geburtenziffer.[21] Damit können die eingelesenen a-Jährigen $\bar{N}(a, 2000)$ gemäß

$$\begin{aligned} N(a, 2000, s, k) &= \bar{N}(a, 2000)\ \xi(k, 2000)\ \frac{f(s, 2000-a, k)}{TFR(2000-a, k)} \\ &\quad \text{für } a = 1, \ldots, 67; \quad s = 23, \ldots, 45; \quad k = 1, 2, 3 \end{aligned} \tag{5}$$

disaggregiert werden und man erhält die einheimische Bevölkerung des Jahres 2000 im Alter a und Einkommensklasse k, differenziert nach Elternalter s, die mit $N(a, 2000, s, k)$ bezeichnet wird.

Unter der Annahme, dass alle im Inland geborenen Kinder Inländer sind, können die nach Elternalter und Einkommensklasse differenzierten Neugeborenen $N(0, 2000, s, k)$ aus der jeweiligen Elterngeneration berechnet werden:

$$\begin{aligned} N(0, 2000, s, k) &= [\bar{N}(s, 2000) + \bar{M}(s, 2000)]\ \xi(2000, k)\ f(s, 2000, k) \\ &\quad \text{für } s = 23, \ldots, 45; \quad k = 1, 2, 3. \end{aligned} \tag{6}$$

[20] Da keine altersspezifischen Fertilitätsraten vor 1952 erhältlich sind, wurden die 1952er Raten als unverändert bis ins Jahr 1910 zurückreichend angenommen. Die Fertilitätsziffern der zwischen 1952 und 2000 liegenden Jahre wurden durch lineare Interpolation ermittelt.

[21] Beträgt beispielsweise die zusammengefasste Geburtenziffer der Klasse 1 im Jahr 1950 0,75 und die Fertilitätsrate der 23-Jährigen in 1950 0,1, so beträgt der relative Fertilitätsanteil $\frac{0,1}{0,75} = 0,13$. D.h., 13 % aller 1950 Geborenen wurden von 23-Jährigen zur Welt gebracht.

Summation über alle Elternalter und Einkommensklassen ergibt die Gesamtzahl der Neugeborenen im Jahr 2000 als:

$$\bar{N}(0, 2000) = \sum_{k=1}^{3} \sum_{s=23}^{45} N(0, 2000, s, k). \tag{7}$$

Analog zu den Einheimischen werden auch die eingelesenen Migranten mit den in Gleichung (4) definierten Anteilen in Einkommensklassen eingeteilt. Während die Einheimischen nach Elternalter aufgeteilt werden, sind die Ausländer nach Einwanderungsalter zu differenzieren. Dann bezeichnet $M(a, 2000, s, k)$ die Anzahl der a-jährigen Migranten im Jahr 2000 und Einkommensklasse k, welche im Alter $s = 21, ..., 43$ eingewandert sind. Die Differenzierung der Migranten nach Einwanderungsalter erfolgt in mehreren Schritten: Allen Ausländern, die im Ausgangsjahr jünger als 22 Jahre sind, wird pauschal das Einwanderungsalter 21 zugeteilt, d.h.:

$$M(a, 2000, 21, k) = \xi(2000, k)\ \bar{M}(a, 2000) \qquad \text{für } a = 1, \ldots, 21; \quad k = 1, 2, 3. \tag{8}$$

Die Ausländer, die im Jahr 2000 älter als 21 sind, müssen entweder vor dem Jahr 2000 als Erwachsene eingewandert sein oder sie sind - sofern jünger als 44 - im Jahr 2000 zugezogen, sprich Nettoimmigranten $\hat{M}(a, 2000)$. Die Nettoimmigranten $\hat{M}(\cdot)$ (Stromgröße) können auch als Migranten $M(\cdot)$ (Bestandsgröße) ausgedrückt werden, bei denen Alter und Einwanderungsalter übereinstimmen, d.h.: $a = s$. Sie werden zunächst wieder über den Parameter $\xi(i, k)$ in Einkommensklassen eingeteilt. Sodann erfolgt die Disaggregation nach Einwanderungsalter nach folgender Regel: Wenn die 22-jährigen Nettoimmigranten den Bestand an 22-jährigen Migranten mit Einwanderungsalter 22 darstellen, also

$$M(22, 2000, 22, k) = \xi(2000, k)\ \hat{M}(a, 2000),$$

können diejenigen 22-jährigen Migranten, die nicht im Alter von 22 Jahren im Jahr 2000 eingewandert sind, nur im Vorjahr im Alter von 21 Jahren eingewandert sein, d.h.:

$$M(22, 2000, 21, k) = \left[\bar{M}(22, 2000) - \hat{M}(22, 2000)\right]\ \xi(2000, k).$$

Analog können die nicht in 2000 eingewanderten 23-Jährigen nur mit 22 oder 21 eingewandert sein usw. Wir nehmen an, dass sich die restlichen Ausländer zu gleichen Anteilen auf die übrigen Einwanderungsalter aufteilen, so dass allgemein gilt:

$$M(a, 2000, a, k) = \xi(2000, k)\ \hat{M}(a, 2000) \quad (9)$$

$$M(a, 2000, s, k) = \xi(2000, k)\ [\bar{M}(a, 2000) - \hat{M}(a, 2000)] / \min(a - 21; 23)$$
$$\text{für } a = 22, \ldots, 90; \quad s = 21, \ldots, 43; \quad k = 1, 2, 3. \quad (10)$$

Damit ist die Ausgangsbevölkerung beschrieben. Sie stellt die Basis für die im Folgenden erläuterte Technik der Bevölkerungsprojektion dar.

2.1.3 Fortschreibung der Bevölkerung bis 2050

Die an die Erfordernisse des Modells angepasste Ausgangsbevölkerung des Jahres 2000 wird nun in die Zukunft fortgeschrieben. Die den Bevölkerungsprojektionen zugrundeliegende Technik ist die so genannte Komponentenmethode: Eine Ausgangsbevölkerung zu einem bestimmten Zeitpunkt - hier das Jahr 2000 - wird über die Komponenten Fertilität, Mortalität und Migration Jahr für Jahr bis zu einem Zeitpunkt in der Zukunft - hier das Jahr 2050 - projiziert.

Im Basisfall bleibt der Nettoimmigrationsvektor des Jahres 2000 über die gesamte Zeitspanne hinweg konstant. Die Einteilung der neu ankommenden Zuwanderer ab dem Jahr 2001 in Einkommensklassen erfolgt über den politischen Steuerungsparameter $\hat{\xi}(i, k)$.[22] Die Altersstruktur der Nettoimmigranten entspricht stets der des Jahres 2000.

Wegen der unterschiedlichen Charakteristika erfolgt die Fortschreibung der Migranten nach einem etwas anderen Schema als die der Einheimischen. Die Festlegung, dass im Modell alle Neugeborenen, also auch die Kinder von Ausländern, automatisch Deutsche werden, gilt weiter für alle Folgejahre. Ebenso werden die neu mit ihren Eltern einwandernden Migrantenkinder unter 20 noch im Jahr der Einwanderung eingebürgert. Auch die im Ausgangsjahr 2000 bereits im Land befindlichen Migrantenkinder werden eingebürgert, allerdings erst im Folgejahr

[22] Im Jahr 2000 entspricht dieser dem Parameter $\xi(i, k)$, mit dem der anfängliche Bevölkerungbestand in Einkommensklassen eingeteilt wurde. Nach dem Jahr 2000 gibt $\xi(i, k)$ die Entwicklung der Anteile der Einkommensklassen an der Bevölkerung an. Dagegen kann über der Parameter $\hat{\xi}(i, k)$ der Zufluss an Nettoimmigranten gesteuert werden. Sollen beispielsweise nur hochqualifizierte Migranten zugelassen werden, bedeutet das $\hat{\xi}(1, i) = 1$ und $\hat{\xi}(i, k) = 0$ für $k = 2, 3$ (vgl. Abschnitt 3.4).

2001. Damit sind ab dem Jahr 2001 alle unter 21-jährigen Modellpersonen Inländer, d.h.: $M(a, i, 21, k) = 0$ für $a = 0, \ldots, 20$. Bei den erwachsenen Ausländern unterscheiden wir die 21- bis 43-Jährigen und die über 43-Jährigen. Die 21-jährigen Nettoimmigranten können nur im aktuellen Jahr eingewandert sein, also:

$$M(21, i, 21, k) = \xi(i, k)\hat{M}(21, i) \quad \text{für} \quad i = 2001, \ldots, 2050; \quad k = 1, 2, 3. \tag{11}$$

Die 22- bis 43-Jährigen können entweder aktuell eingewandert sein, so dass ihr Alter dem Einwanderungsalter entspricht ($a = s$), d.h.[23],

$$M(a, i, a, k) = \xi(i, k)\ \hat{M}(a, i) \qquad \text{für} \quad a = 22, \ldots, 43, \tag{12}$$

oder sich schon länger im Inland befinden ($a > s$).

Wie auch die Einheimischen sterben die Ausländer ab einem Alter von 68 Jahren jeweils zum Periodenbeginn mit den bedingten Sterbewahrscheinlichkeiten $d(a, i, k)$. Sie werden daher folgendermaßen aus dem Vorjahr extrapoliert:

$$M(a, i, s, k) = [1 - d(a, i, k)]\ M(a-1, i-1, s, k) \quad \text{für} \quad a = 22, \ldots, 90; \quad s = 21, \ldots, \min(a-1; 43). \tag{13}$$

Die Aggregation über alle Einwanderungsalter[24] ergibt die Ausländerkohorten nach Einzelalter und Einkommensklasse (Gleichung (14)) bzw. ihre Gesamtzahl nach Einzelaltern (Gleichung (15)):

$$M(a, i, 20, k) = \sum_{s=21}^{\min[a;43]} M(a, i, s, k) \qquad \text{und} \tag{14}$$

$$\bar{M}(a, i) = \sum_{k=1}^{3} M(a, i, 20, k) \quad \text{für} \qquad a = 1, \ldots, 90. \tag{15}$$

Die Fortschreibung der Einheimischen ist einfacher als die der Ausländer. Einjährige und ältere einheimische Kinder im Jahr i waren entweder schon im Vorjahr

[23] Die Zeit- und Einkommensklassenindizes i und k sind in diesem Abschnitt stets definiert wie in Gleichung (11).

[24] Statt des disaggregierenden Einwanderungsaltersindexes $s = 21, \ldots 43$ bezeichnet der Index 20 die Summe über alle Einwanderungsalter.

$i-1$ Einheimische oder sie sind eingebürgert worden, waren also in $i-1$ noch Ausländer. Letzteren muss noch ein Elternalter wie in Gleichung (5) zugeordnet werden, so dass gilt:[25]

$$N(a,i,s,k) = N(a-1,i-1,s,k) + \xi(i,k)\hat{M}(a,i)\frac{f(s,i-a,k)}{TFR(i-a,k)} \quad \text{für} \quad a=1,\ldots,20; \quad s=23,\cdots,45. \tag{16}$$

Die Erwachsenen werden wieder abzüglich der Gestorbenen aus dem Vorjahr fortgeschrieben, d.h.:

$$N(a,i,s,k) = [1-d(a,i,k)]N(a-1,i-1,s,k) \quad \text{für} \quad \text{für} \quad a=21,\ldots,90; \quad s=23,\cdots,45. \tag{17}$$

Aggregiert man über die Elternalter[26], ergeben sich die einkommensklassenspezifischen (Gleichung (18)) und die nur nach dem Alter differenzierten Einheimischen (Gleichung (19)) im Jahr i:

$$N(a,i,22,k) = \sum_{s=23}^{45} N(a,i,s,k) \quad \text{und} \tag{18}$$

$$\bar{N}(a,i) = \sum_{k=1}^{3} N(a,i,22,k) \quad \text{für} \quad a=1,\ldots,90. \tag{19}$$

Aus den Gleichungen (14) und (18) lassen sich nun die Neugeborenen eines Jahres i berechnen als

$$N(0,i,s,k) = [N(s,i,22,k)+M(s,i,20,k)]\, f(s,i,k) \quad \text{für} \quad s=23,\ldots,45 \tag{20}$$

und über die Elternalter und Einkommensklassen summieren zur Gesamtzahl der Geburten im Jahr i:

$$\bar{N}(0,i) = \sum_{k=1}^{3}\sum_{s=23}^{45} N(0,i,s,k). \tag{21}$$

[25] Nur im Jahr 2001 müssen noch die eingebürgerten, seit dem Ausgangsjahr im Land befindlichen Ausländerkinder hinzuaddiert werden, d.h.: $N(a,2001,s,k) = N(a-1,2000,s,k) + \xi(i,k)\left[\bar{M}(a-1,2000) + \hat{M}(a,i)\right]$.

[26] Der Index 22 anstelle des Merkmals $s = 23,\ldots,45$ bezeichnet das Aggregat der Einheimischen über alle Elternalter.

Die Gesamtbevölkerung $POP(i)$ (engl. *population*) lässt sich nun aus den aggregierten In- und Ausländern berechnen:

$$POP(i) = \sum_{a=0}^{90} [\bar{N}(a,i) + \bar{M}(a,i)]. \tag{22}$$

Um den Haushaltskonsum, die staatlichen Transfers und die Höhe der Erbschaften eines Modellhaushalts ermitteln zu können, benötigt man die Anzahl der von einem bestimmten Haushalt zu versorgenden Kinder. Für einen a-jährigen Haushalt der Einkommensklasse k im Jahr i erhält man diese als

$$KID(a,i,k) = \sum_{q=u}^{v} \frac{N(q,i,a-q,k)}{N(a,i,22,k) + M(a,i,20,k)} \quad \text{für} \quad 23 \leq a \leq 65, \tag{23}$$

wobei $u = \max(0; a-45)$ and $v = \min(20; a-23)$. Haushalte unter 23 Jahren haben noch keine Kinder, während die Kinder der über 66-Jährigen schon aus dem Haus sind, d.h., $KID(a,i,k) = 0$ für $0 \leq a \leq 22$ und $66 \leq a \leq 90$. Per Definition haben damit Einheimische und Migranten einer bestimmten Alters- und Einkommensklasse die gleiche Anzahl von Kindern zu versorgen.[27]

Die Wachstumsrate $\eta(i)$ der Bevölkerung wird für die Jahre von 2001 bis 2050 berechnet als Verhältnis der im Jahr i ins Erwerbsleben eintretenden Kohorte (jeweils die 21-Jährigen) zu jener des Vorjahres:

$$\eta(i) = \frac{\bar{N}(21,i) + \bar{M}(21,i)}{\bar{N}(21,i-1) + \bar{M}(21,i-1)} - 1. \tag{24}$$

2.1.4 Bevölkerungsentwicklung nach dem Jahr 2050

Während die Intention der oben beschriebenen Technik darin besteht, offizielle Bevölkerungsvorausberechnungen von heute bis zum Jahr 2050 nachzubilden und alternative Bevölkerungsszenarien zu entwickeln, geht es in diesem Abschnitt darum, wie im Modell langfristig eine stabile Bevölkerungsstruktur erreicht werden kann. Diese ist die Voraussetzung für ein langfristig stabiles allgemeines Gleichgewicht im ökonomischen Modell. Eine stabile Bevölkerung ist dadurch gekennzeichnet, dass sie mit einer konstanten Rate wächst. Ab dem Jahr 2051 halten

[27] Trotz identischer Fertilität von Einheimischen und Zuwanderern kann man beispielsweise eine höhere Fertilität der Zuwanderer dadurch simulieren, dass man einer Einkommensklasse eine höhere Fertilitätsrate zuweist und diese Einkommensklasse bei den Zuwanderern stärker gewichtet.

wir daher die Mortalitätsraten des Jahres 2050 konstant. Auch wird ab 2051 die Anzahl der Neugeborenen nicht mehr über altersspezifische Fertilitätsraten berechnet, sondern anhand einer exogen vorgegebenen konstanten Wachstumsrate $\bar{\eta}$, wie in der folgenden Gleichung angegeben:

$$N(0, i, s, k) = (1 + \bar{\eta})N(0, i - 1, s, k) \quad \text{für} \quad s = 23, \ldots, 45. \tag{25}$$

Ist die Wachstumsrate – wie im Basispfad des Modells angenommen – gleich null, so erhält man im langfristigen Gleichgewicht eine stationäre Bevölkerung, d.h., ihr Niveau bleibt in allen Altersklassen gleich hoch. Die Gesamtfruchtbarkeitsziffer kann dann endogen berechnet werden, indem man die Anzahl der Neugeborenen in einem Jahr auf die Anzahl der Modellindividuen im gebärfähigen Alter bezieht.

Anstelle des konstanten Nettoimmigrantenvektors der vorhergehenden Jahre wird für die Zeit nach 2050 angenommen, dass die Anzahl der Nettozuwanderer mit derselben Rate wächst wie die Neugeborenen. Der Vektor berechnet sich daher als:

$$\hat{M}(a, i) = (1 + \bar{\eta})\hat{M}(a, i - 1) \quad a = 0, \ldots, 43. \tag{26}$$

Bei dieser Vorgehensweise dauert es genau 90 Jahre, d.h. bis 2140, bis eine stabile Bevölkerungsstruktur erreicht wird. Weil die sehr langfristige Zukunft für die Reformsimulationen nicht interessant ist, werden nur die Bevölkerungsprojektionen bis zum Jahr 2100 betrachtet (siehe Tabelle 1.2 in Abschnitt 1.3).

2.2 Das ökonomische Modell

Das in den vorangegangenen Abschnitten dargestellte Bevölkerungsmodell ist die Basis für das in diesem Abschnitt beschriebene ökonomische Modell, indem es die demographischen Rahmenbedingungen determiniert. Das ökonomische Modell selbst startet im Gegensatz zum Bevölkerungsmodell im Jahr 2004. Es bildet die Entscheidungen von Haushalten und Unternehmen ab sowie die staatlichen Steuer- und Transfersysteme. Die Modellökonomie besteht also aus den drei Sektoren Haushalte, Unternehmen und Staat inklusive der gesetzlichen und privaten Sozialversicherungssysteme. Abschnitt 2.2.1 beschreibt die Entscheidungsprobleme der einheimischen und ausländischen Haushalte sowie die Aggregation der daraus folgenden Ergebnisse. Diese aggregierten Arbeitsangebots- und Sparentscheidungen gehen in die unternehmerische Optimierung ein, mit der sich Abschnitt

2.2.2 befasst. Darauf folgt eine Darstellung des Staatshaushalts und der öffentlichen sozialen Sicherungssysteme in Abschnitt 2.2.3. Vorangestellt wird jeweils ein kurzer Überblick über die institutionelle Struktur und die jüngeren Reformen des betrachteten Zweiges. Abschnitt 2.2.4 befasst sich schließlich mit der Verknüpfung der drei Sektoren Haushalte, Unternehmen und Staat zu einem allgemeinen Gleichgewicht.

2.2.1 Die Entscheidungen der Haushalte

Im Modell unterscheiden wir Einheimische und Migranten über den Index l. Für $l = n$ handelt es sich um einen einheimischen Haushalt (engl. *native*), bei $l = m$ um einen Migranten (engl. *migrant*). Wie bereits in Abschnitt 2.1.1 erwähnt, hinterlassen beide Typen Erbschaften (aufgrund unvollständiger Annuisierung), aber nur Einheimische erben, so dass auch nur bei diesen das Elternalter eine Rolle spielt. Zudem unterscheiden sich die beiden Typen im Zeitpunkt, an dem sie die Optimierung ihres Konsums, Kinderkonsums und ihres Arbeitsangebots über ihre (weitere) Lebensspanne vornehmen. Diese Unterschiede sind jedoch erst ab dem Eintritt ins Arbeitsleben relevant.

Solange ein Individuum noch ein Kind im Sinne des Modells ist, also jünger als 21 Jahre, bestimmen die Eltern über seinen Konsum. Ab einem Alter von $a = 21$ jedoch sind die Indviduen erwachsen und entscheiden eigenständig über ihren Konsum, ihr Arbeitsangebot und, sobald sie Kinder haben, auch über deren Konsum. Grundsätzlich nehmen alle Einheimischen im Alter von $j = 21$ Jahren die Optimierung ihres Lebensnutzens vor.[28] Für die Immigranten bestimmt sich der Zeitpunkt der Optimierung nach dem Jahr ihrer Einwanderung t und dem damit verbundenen Einwanderungsalter $s \in [21; 43]$. Einheimische und Ausländer haben dieselbe Präferenzstruktur, welche durch eine CES-Nutzenfunktion gegeben ist. Wir bezeichnen mit j das Alter, in dem ein Haushalt beginnt zu optimieren, und mit t das korrespondierende Jahr. Dann hat ein j-jähriger Haushalt aus Einkommensklasse k, mit Eltern-/Einwanderungsalter s und Staatsbürgerstatus l im Startjahr t den Restlebensnutzen

$$U(j,t,s,k,l) = V(j,t,s,k,l) + H(j,t,s,k,l). \tag{27}$$

[28] Eine Ausnahme bei den einheimischen Haushalten stellen jene dar, die im Startjahr der Transition (2004) bereits älter als 21 sind. Diese optimieren ab dem Alter, das sie im Jahr 2004 haben, bis zum Lebensende.

Dabei bezeichnet $V(j,t,s,k,l)$ den Nutzen, den der Haushalt aus selbst konsumierten Gütern und Freizeit zieht. Durch den Konsum seiner Kinder entsteht ihm zusätzlich der Nutzen $H(j,t,s,k,l)$. Die beiden Unter-Nutzenfunktionen sind definiert als:

$$\begin{aligned} V(j,t,s,k,l) &= \frac{\gamma}{\gamma-1}\sum_{a=j}^{90}(1+\theta)^{j-a}P(a,i,k)\Big[c(a,i,s,k,l)^{1-\frac{1}{\rho}} \\ &\quad +\alpha\ell(a,i,s,k,l)^{1-\frac{1}{\rho}}\Big]^{\frac{1-\frac{1}{\gamma}}{1-\frac{1}{\rho}}} \\ H(j,t,s,k,l) &= \frac{\gamma}{\gamma-1}\sum_{a=j}^{90}(1+\theta)^{j-a}P(a,i,k)KID(a,i,k)c_K(a,i,s,k,l)^{1-\frac{1}{\gamma}}. \end{aligned}$$

mit dem Eigenkonsum $c(a,i,s,k,l)$, der Freizeit $\ell(a,i,s,k,l)$ und dem Konsum der Kinder $c_K(a,i,s,k,l)$. Zu beachten ist, dass auch beim Kinderkonsum die Indizes a und s stets das Alter und Eltern-/Einwanderungsalter des *optimierenden Haushalts* - nicht der Kinder selbst - angeben.[29] Mit analoger Indizierung gibt $KID(a,i,k)$ an, wie viele Kinder der optimierende Haushalt hat, wenn er selbst a Jahre alt ist (vgl. Gleichung (23)). Der Index i steht für das Jahr, in dem man das Alter a erreicht, wenn man im Jahr t im Alter j anfängt, zu optimieren. Er ist daher definiert als $i = t + a - j$.

Die reine Zeitpräferenzrate θ in der Nutzenfunktion zeigt, wie stark der Haushalt (unabhängig von den Preisen) Gegenwartskonsum dem Zukunftskonsum vorzieht. Wie die Haushalte ihre Konsum- und Freizeitentscheidungen *innerhalb* einer Periode an Veränderungen der Preise anpassen, determiniert die *intra*temporale Substitutionselastizität ρ. Dagegen gibt die *inter*temporale Substitutionselastizität γ die Reaktion ihrer Spartätigkeit an, d.h., wie sie beispielsweise bei einer Erhöhung der Rendite heutigen durch zukünftigen Konsum substituieren. Der Parameter α bringt die Freizeitpräferenz der Haushalte zum Ausdruck.

Weil die Individuen ab einem Alter von 68 Jahren sterben, müssen ihre Entscheidungen mit den individuellen kumulierten Überlebenswahrscheinlichkeiten $P(a,i,k)$ gewichtet werden. Diese sagen aus, mit welcher Wahrscheinlichkeit man ein bestimmtes Alter a erreicht. Man erhält sie durch Multiplikation der bedingten Überlebenswahrscheinlichkeiten $[1 - d(a,i,k)]$ jedes Jahres von Geburt an. Diese betragen bis zum Alter von 67 Jahren stets 1. Dasselbe gilt für alle Individuen

[29] Aus der Perspektive der Kinder ist a das Alter der Eltern und s das Alter ihrer Großeltern bei Geburt/Einwanderung der Eltern.

im Jahr der Lebensnutzenoptimierung t, weil sie das entsprechende Startalter j bereits erreicht haben. Allgemein berechnet sich die kumulierte Überlebenswahrscheinlichkeit als:

$$P(a,i,k) = \prod_{u=j}^{a} [1 - d(u, u-a+i, k)] \quad \text{und} \quad d(j,t,k) = 0. \tag{28}$$

Einheimische und Ausländer haben dieselben Präferenzen. In ihren intertemporalen Budgetrestriktionen spiegeln sich jedoch die schon erwähnten ökonomischen Unterschiede wider. Für einen j-jährigen Einheimischen aus der Einkommensklasse k mit Elternalter s, der seinen Lebensnutzen im Jahr t maximiert, lautet die Budgetbeschränkung

$$\sum_{a=j}^{90} \Big\{ W(a,i,s,k,n) + [1+r(i)]\ I(a,i,s,k,n) - T(a,i,s,k,n) - c(a,i,s,k,n) - \\ KID(a,i,k)\ c_K(a,i,s,k,n) \Big\} R(i,t) = 0, \tag{29}$$

für einen Migranten dagegen

$$\sum_{a=s}^{90} \Big[W(a,i,s,k,m) - T(a,i,s,k,m) - c(a,i,s,k,m) - \\ KID(a,i,k)\ c_K(a,i,s,k,m) \Big] R(i,t) = 0. \tag{30}$$

Im Folgenden werden die einzelnen Komponenten der Budgetbeschränkung erläutert. So bezeichnet $W(a,i,s,k,l)$ das in Periode i erzielte Bruttoarbeitseinkommen eines a-jährigen Haushalts der Einkommensklasse k mit s-jährigen Eltern und der Staatsbürgerschaft l. Es ergibt sich als Produkt aus seinem Bruttolohn und seiner Arbeitszeit, d.h.:

$$W(a,i,s,k,l) = \underbrace{\frac{w(i)E(a,k)}{1 + 0,5\ \bar{\tau}^{ss}(a,i,s,k,l)}}_{\textit{Bruttolohn}} \underbrace{[h(a,i) - \ell(a,i,s,k,l)]}_{\textit{Arbeitszeit}}. \tag{31}$$

Da der Arbeitgeber die Hälfte der aggregierten individuellen durchschnittlichen Sozialversicherungsbeiträge $\bar{\tau}^{ss}(a,i,s,k,l)$ übernimmt (vgl. Gleichung (106)), liegt der Bruttolohn des Arbeitnehmers unter den Arbeitgeberkosten. Letztere setzen sich zusammen aus dem Bruttolohnsatz pro Stunde $w(i)$, also dem Grenzprodukt der Arbeit, und der individuellen Effizienz des Arbeitnehmers $E(a,k)$. Diese repräsentiert sein Humankapital und entwickelt sich in Abhängigkeit von seinem Alter a und seiner Einkommensklasse k, die mit dem Qualifikationsniveau einhergeht, gemäß

$$E(a,k) = e^{\kappa_0^k + \kappa_1^k(a-20) - \kappa_2^k(a-20)^2}(1+\lambda)^{a-21}. \tag{32}$$

Mit zunehmendem Alter steigt die Effizienz zunächst an, um dann etwa ab Alter 50 wieder zu fallen. Die Parameter κ_0, κ_1 und κ_2 bestimmen in Abhängigkeit von der Einkommensklasse, wie stark das Effizienzprofil bis zur maximalen Leistungsfähigkeit ansteigt und anschließend wieder abnimmt. Die Setzung dieser Parameter beruht auf Schätzungen von GRZIMEK (1997).[30] Damit ergeben sich die in Abbildung 2.2 dargestellten Effizienzverläufe im Lebenszyklus. Wie bei ALTIG, AUERBACH, KOTLIKOFF et al. (2001) wird auch im vorliegenden Modell von arbeitsvermehrendem technologischem Fortschritt ausgegangen. Das bedeutet, dass die Zeitausstattung h von Generation zu Generation mit der Rate λ wächst, d.h.:

$$h(a,i) = (1+\lambda)h(a,i-1). \tag{33}$$

Die nächste Größe, die nur in der Budgetbeschränkung eines Einheimischen auftaucht, ist dessen Erbschaft $I(a,i,s,k,n)$. Die Eltern des a-jährigen Haushalts sind um s Jahre älter als er selbst, so dass man ihr Alter mit $a+s$ angeben kann. Sobald die Elterngeneration das Alter 68 erreicht, stirbt jedes Jahr ein Teil von ihr, bis sie spätestens am 91. Geburtstag vollends ausgestorben ist. In jedem dieser Jahre, d.h., solange gilt $68 \leq a+s \leq 90$, erhält der a-jährige Haushalt eine Erbschaft. Diese berechnet sich wie folgt:

$$I(a,i,s,k,n) = \frac{d(a+s,k)\bar{A}(a+s,i,k)}{\sum_{j=23}^{45} N(a+s-j,i,j,k)} \quad \text{und} \quad I(a,i,s,k,m) = 0. \tag{34}$$

Im Zähler stehen die gesamten Erbschaften, die der in i sterbende Teil der Elterngeneration hinterlässt. Sie ergeben sich, indem man die aggregierten Ersparnisse

[30] Die von GRZIMEK (1997) geschätzten Parameter werden im Modell teilweise skaliert, um eine realistische Höhe und Verteilung der Haushalts-Jahreseinkommen im Basisjahr zu generieren (vgl. Tabelle 2.4). Das Modell wurde mit folgenden Werten kalibriert (jeweils angegeben für $k = 1,2,3$): κ_0^k=3,0476, 2,5386, 1,4384; κ_1^k = 0,0615, 0,0494, 0,0454; κ_2^k 0,0011, 0,0010, 0,0009.

Abbildung 2.2: Effizienzprofile nach Einkommensklassen

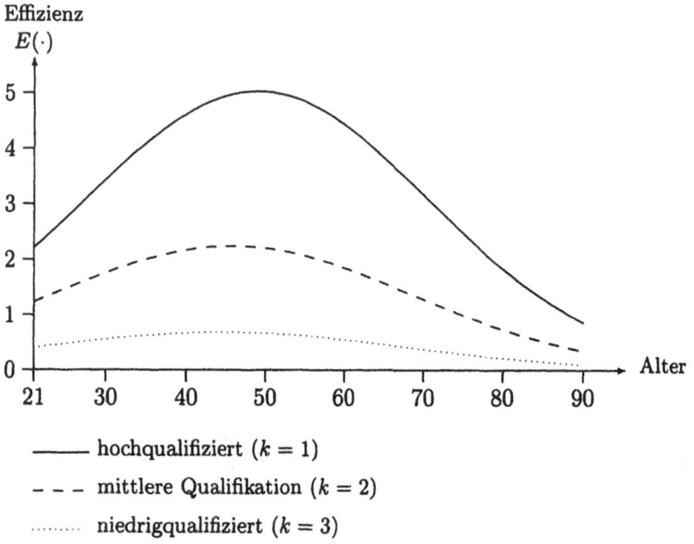

$\bar{A}(\cdot)$ (siehe Gleichungen (44) und (45)) aller $a+s$-Jährigen der Einkommensklasse k multipliziert mit der Sterbewahrscheinlichkeit derselben Generation. Die aggregierten Erbschaften werden verteilt auf alle – aufgrund der Eltern-Kind-Alterskombination – in Frage kommenden Erben derselben Einkommensklasse k. Individuen mit älteren Eltern erhalten früher Erbschaften als jene mit jüngeren Eltern. Während die ersten Kinder der jüngstmöglichen Elterngeneration (Elternalter 23) ihre Erbschaften im Alter von 45 bis 67 erhalten, erben die Kinder, deren Eltern bei Geburt bereits 45 Jahre alt waren, im Alter von 23 bis 45.

Neben den Einkommen aus Arbeit, Kapital und Erbschaften erhält der Haushalt zwei weitere Einkommensbestandteile: die staatlichen Transfers Altersrente $Pen(a,i,s,k,l)$ und Kindergeld $Tr^k(a,i,k)$. Sie werden in der Nettosteuersumme $T(a,i,s,k,l)$ erfasst und mit den Zahlungen, die der Haushalt an den Staat (inklusive der gesetzlichen und privaten Sozialsysteme) leistet, saldiert:

$$\begin{aligned} T(a,i,s,k,l) &= \tau^c(i)[c(\cdot) + KID(a,i,k)c_K(\cdot)] + \bar{\tau}^r(\cdot)r(i)[a(\cdot) + I(\cdot)] \\ &\quad +[\bar{\tau}^w(\cdot) + 0{,}5\bar{\tau}^{ss}(\cdot)]W(\cdot) + z^h(a,i,k) + z^{lc}(i,k) + \tau^b(i)I(\cdot) \\ &\quad - \left\{1 - \bar{\tau}^w(\cdot) - [\varrho_1(i)\tau^h(i,k) + \tau^{lc}(i,k)]\right\} Pen(\cdot) \\ &\quad -Tr^k(a,i,k). \qquad (35) \end{aligned}$$

Unter die Zahlungen des Haushalts fallen die proportionalen Steuern auf Konsum und Erbschaften mit den Steuersätzen $\tau^c(i)$ (Index c für engl. *consumption*) und $\tau^b(i)$ (Index b für engl. *bequest*). Weil Lohn- und Kapitaleinkünfte progressiv besteuert werden (siehe Abschnitt 2.2.3.2), müssen die durchschnittlichen individuellen Steuersätze $\bar{\tau}^w(a,i,s,k,l)$ (Lohnsteuer) und $\bar{\tau}^r(a,i,s,k,l)$ (Kapitaleinkommensteuer) mit allen Haushaltsmerkmalen indiziert werden. Auch Renteneinkünfte sind lohnsteuerpflichtig, allerdings nur mit dem Ertragsanteil.[31]

Des Weiteren sind Beiträge an die Renten-, die Kranken- und die Pflegeversicherung zu leisten. Wir nehmen an, dass die Mitglieder der oberen Einkommensklasse ein hohes Arbeitseinkommen beziehen, aber – wie die mittlere und untere Einkommensklasse – den Arbeitnehmeranteil in die gesetzliche Rentenversicherung einbezahlen. Sie sind im Unterschied zu den unteren Klassen jedoch nicht gesetzlich, sondern privat kranken- und pflegeversichert und zahlen daher die (vollen) Pauschalbeträge $z^h(a,i,k)$ und $z^{lc}(i,k)$ an private Kranken- und Pflegekassen.[32] Bei den gesetzlich kranken- und pflegeversicherten Haushalten der mittleren und unteren Einkommensklasse werden proportionale Beiträge $\tau^h(i,k)$ und $\tau^{lc}(i,k)$ vom Einkommen bzw. der Rente erhoben. Zu beachten ist, dass man entweder gesetzlich oder privat versichert ist, so dass entweder die gesetzlichen Beiträge oder die privaten Pauschalen gleich null sind. Auch auf Renteneinkommen sind Kranken- und Pflegeversicherungsbeiträge zu entrichten. Während bei den Arbeitnehmern die Hälfte der Sozialversicherungsbeiträge vom Arbeitgeber bezahlt wird, übernimmt bei den Rentnern die gesetzliche Rentenversicherung einen Anteil $1-\varrho_1(i)$ ihrer Krankenversicherungsbeiträge.[33] Die genaue Zusammensetzung des Kindergelds, der Steuern, der Altersrente sowie der gesetzlichen und privaten Kranken- und Pflegeversicherungsbeiträge wird in Abschnitt 2.2.3 erläutert.

Schließlich müssen alle später als im Optimierungsjahr t anfallenden Zahlungsströme in den Gleichungen (29) und (30) auf das Jahr t diskontiert werden, da sie in der Zukunft liegen. Dies geschieht anhand des durchschnittlichen Brutto-

[31] In der Realität findet derzeit der Übergang zur nachgelagerten Besteuerung von Alterseinkünften statt, so dass die hier beschriebene Ertragsanteilbesteuerung nicht mehr zutrifft. Im Basispfad des Modells lassen wir jedoch die bisher geltende Besteuerung weiterhin bestehen. In Abschnitt 4.4.1 wird dann der Systemwechsel explizit untersucht.

[32] Weil in der privaten Krankenversicherung Kinder extra versichert werden müssen, sie bei der privaten Pflegeversicherung jedoch mitversichert sind, benötigt nur die Krankenversicherungspauschale einen Altersindex, damit hier die Anzahl der Kinder im Haushalt berücksichtigt werden kann.

[33] Bis zum März 2004 übernahm die gesetzliche Rentenversicherung auch den halben Pflegeversicherungsbeitrag der Rentner. Diesen Teil müssen sie seither aber selbst tragen (vgl. zum Hintergrund Abschnitt 2.2.3.3).

diskontfaktors der Haushalte $R(i,t)$ mit dem unterjährigen Bruttozinssatz $r(x)$ im jeweiligen Jahr x:

$$R(i,t) = \begin{cases} 1 & \text{für} \quad i = t \\ \prod_{x=t+1}^{i} [1 + r(x)]^{-1} & \text{für} \quad i > t. \end{cases} \tag{36}$$

Aus der Maximierung der Nutzenfunktion (27) unter der Nebenbedingung (29) bzw. (30) ergeben sich die optimalen Pfade der Nachfrage nach (Eltern-)konsum $c(a,i,s,k,l)$, Kinderkonsum $c_K(a,i,s,k,l)$ und Freizeit $\ell(a,i,s,k,l)$. Im Falle eines einheimischen Haushalts lauten diese (siehe Anhang A.2 für die Herleitung):

$$c(a,i,s,k,n) = \left[\frac{p(t)P(a,i,k)}{p(i)\tilde{R}(i,t)P(j,t,k)(1+\theta)^{a-j}}\right]^{\gamma} \frac{v(a,i,s,k,n)}{v(j,t,s,k,n)}\, c(j,t,s,k,n), \tag{37}$$

$$\ell(a,i,s,k,n) = \left[\frac{\tilde{w}(a,i,s,k,n)}{\alpha p(i)}\right]^{-\rho} c(a,i,s,k,n) \tag{38}$$

und

$$c_K(a,i,s,k,n) = \frac{c(a,i,s,k,n)}{v(a,i,s,k,n)}, \tag{39}$$

mit

$$v(a,i,s,k,n) = \left\{1 + \alpha^{\rho} \left[\frac{\tilde{w}(a,i,s,k,n)}{p(i)}\right]^{1-\rho}\right\}^{\frac{\rho-\gamma}{1-\rho}},$$

dem Konsumgüterpreis $p(i) = 1 + \tau^c(i)$, dem marginalen Nettolohn

$$\tilde{w}(\cdot) = [1 - \tau^w(\cdot) - 0,5\tau^{ss}(\cdot)]\, \frac{w(i)E(a,k)}{1+0,5\ \bar{\tau}^{ss}(\cdot)}$$

und dem marginalen Nettodiskontfaktor

$$\tilde{R}(i,t) = \begin{cases} 1 & \text{für} \quad i = t \\ \prod_{x=t+1}^{i} \{1 + r(x)[1 - \tau^r(\cdot)]\}^{-1} & \text{für} \quad i > t. \end{cases} \tag{40}$$

Das Vermögen a(·) (engl. *assets*) eines a-jährigen Haushalts ergibt sich als Differenz zwischen dem Vermögensbestand zuzüglich der Einkünfte und abzüglich der Konsumausgaben der laufenden Periode. Es steht dem Haushalt erst in der Folgeperiode zur Verfügung, weswegen es den Index $i+1$ trägt:

$$\begin{aligned} \mathrm{a}(a{+}1,i{+}1,s,k,l) &= [\mathrm{a}(a,i,s,k,l)+I(a,i,s,k,l)][1+r(i)]+W(a,i,s,k,l) \\ &\quad -T(a,i,s,k,l)-c(a,i,s,k,l) \\ &\quad -KID(a,i,k)c_K(a,i,s,k,l). \end{aligned} \tag{41}$$

Weil die Immigranten bei der Einwanderung keine Ersparnisse mitbringen, weisen sie ein anderes Sparprofil im Lebenszyklus auf. Ist z.B. ein Ausländer im Alter von 31 Jahren eingewandert, fängt er 10 Jahre später an zu sparen als ein Einheimischer. Er muss also bei gleichem Lohnsatz mehr arbeiten und/oder weniger konsumieren, um später die gleiche Ersparnis wie ein vergleichbarer Einheimischer zu haben, zumal er keine Erbschaft erwarten kann.

Aggregiert man nun die individuell optimalen Entscheidungen der Einheimischen und Ausländer über alle Altersgruppen, Einkommensklassen und Eltern- bzw. Einwanderungsalter in einem Jahr i, so erhält man die gesamtwirtschaftlichen Variablen Konsum $C(i)$, Arbeitsangebot $L(i)$ und Ersparnis $A(i)$:

$$\begin{aligned} C(i) = \sum_{k=1}^{3}\sum_{a=21}^{90}\Bigg\{ & \sum_{s=23}^{45}[c(a,i,s,k,n)+KID(a,i,k)c_K(a,i,s,k,n)]\,N(a,i,s,k)+ \\ & \sum_{s=21}^{43}[c(a,i,s,k,m)+KID(a,i,k)c_K(a,i,s,k,m)]\,M(a,i,s,k)\Bigg\}, \end{aligned} \tag{42}$$

$$\begin{aligned} L(i) = \sum_{k=1}^{3}\sum_{a=21}^{90}\Bigg\{ & \sum_{s=23}^{45}E(a,k)[h(a,i)-\ell(a,i,s,k,n)]N(a,i,s,k)+ \\ & \sum_{s=21}^{43}E(a,k)[h(a,i)-\ell(a,i,s,k,m)]M(a,i,s,k)\Bigg\}, \end{aligned} \tag{43}$$

$$A(i) = \sum_{k=1}^{3}\sum_{a=21}^{90}\Bigg\{\sum_{s=23}^{45}\mathrm{a}(a,i,s,k,n)\frac{N(a,i,s,k)}{1-d(a,i,k)}+ \sum_{s=21}^{43}\mathrm{a}(a,i,s,k,m)\frac{M(a,i,s,k)}{1-d(a,i,k)}\Bigg\} \tag{44}$$

$$= \sum_{k=1}^{3}\sum_{a=21}^{90}\bar{A}(a,i,k). \tag{45}$$

Zu beachten ist, dass die Ersparnisse des Jahres i schon in der Vorperiode $i-1$ getätigt wurden. Weil per Definition alle Haushalte zu Beginn einer Periode sterben, ist ein Teil der Sparer zu Beginn von i schon gestorben und daher in der Gruppe $N(a,i,s,k)$, respektive $M(a,i,s,k)$, nicht mehr enthalten. Es muss also über die Sparer der Vorperiode aggregiert werden. Dazu teilt man die Kohorten im Jahr i wieder durch die entsprechenden (bedingten) Überlebenswahrscheinlichkeiten. Zusammengefasst ergibt die Aggregation über alle Individuen der Vorperiode die alters- und einkommensklassenspezifisch aggregierte Ersparnis $\bar{A}(a,i,k)$, welche zur Berechnung der Erbschaften benötigt wird (siehe Gleichung (34)).

2.2.2 Der Produktionssektor

Auf der Produktionsseite existiert eine große Anzahl konkurrierender Unternehmen. Da sie alle identisch sind, kann ihre Gesamtheit auf 1 normiert werden, so dass es ausreicht, das Optimierungsproblem eines repräsentativen Unternehmens zu lösen. In einem einfachen Modell ohne Anpassungskosten würde das Unternehmen Arbeit und Kapital so wählen, dass deren Grenzproduktivitäten mit den jeweiligen Preisen Lohnsatz w und Zinssatz r übereinstimmten. Der im Unternehmen eingesetzte Kapitalstock müsste genau den Ertrag bringen, den eine Anlage am Kapitalmarkt erbracht hätte. Im vorliegenden Modell wird von der realistischeren Annahme ausgegangen, dass die Variation des Kapitalstocks $K(i)$ mit Anpassungskosten verbunden ist, so dass der Kapitaleinsatz nach anderen Kriterien erfolgen muss. Die Anpassungskostenfunktion hat die Form:

$$\Phi[\Delta K(i), K(i)] = \frac{\psi}{2}\frac{\Delta K(i)^2}{K(i)}. \tag{46}$$

Die Installationstechnologie (46) hat einen linear homogenen Funktionsverlauf. Sie weist steigende Grenzkosten der Investition $\Delta K(i)$ auf, d.h.: $\Phi_{\Delta K(i)} \geq 0$, wobei $\Phi_{\Delta K(i)} = \partial\Phi/\partial\Delta K(i)$. Eine schnelle Ausweitung oder Senkung des Kapitalstockes verursacht also höhere Kosten als kleinere Schritte. Andererseits sinken die Anpassungskosten mit zunehmendem Kapitalstock, also $\Phi_{K(i)} = \partial\Phi/\partial K(i) \leq 0$, so dass größere Unternehmen hier einen Vorteil gegenüber kleineren haben. Über den Parameter ψ lässt sich das Niveau der Anpassungskosten variieren. Für $\psi = 0$ fallen keine Anpassungskosten an, steigende Werte von ψ bedeuten höhere marginale Kosten pro neuer Kapitaleinheit bei gegebener Investitionsrate $\frac{\Delta K(i)^2}{K(i)}$. Die Anpassungskosten mindern den Output, so dass sich dieser allgemein ergibt als:

$$Y(i) = F[K(i), L(i)] - \Phi[\Delta K(i), K(i)]. \tag{47}$$

Die Produktionstechnologie selbst ist vom Cobb-Douglas-Typ und damit linearhomogen mit einer Substitutionselastizität von 1 zwischen Kapital $K(\cdot)$ und Arbeit $L(\cdot)$:

$$F[K(i), L(i)] = \phi K(i)^{\varepsilon} L(i)^{1-\varepsilon} \qquad \text{mit } F_{K(i)} > 0 \quad \text{sowie } F_{L(i)} > 0. \tag{48}$$

Der Parameter ε gibt die Kapitalintensität in der Produktion an und ϕ drückt das technologische Niveau der Produktion aus.

Das Unternehmen sucht den Investitionspfad, der die Anpassungskosten über die Zeit möglichst glättet. Die Bestandsgröße Kapitalstock stellt damit keinen direkten Handlungsparameter des Unternehmens dar, sondern wird durch die Wahl der optimalen Investition $\Delta K(i)$ indirekt bestimmt:

$$\Delta K(i) = K(i+1) - K(i). \tag{49}$$

Der Kapitalstock in Periode $i+1$ ergibt sich also aus dem Kapitalstock der Vorperiode i plus den Investitionen. Den Gewinn des Unternehmens erhält man, indem man vom Output $Y(i)$ die Lohnkosten $w(i)L(i)$ abzieht. Von diesem Gewinn werden Dividenden $DIV(i)$ an die Anteilseigner ausgeschüttet, Investitionen $\Delta K(i)$ getätigt und Körperschaftsteuern $T^k(i)$ entrichtet:

$$DIV(i) = Y(i) - w(i)L(i) - \Delta K(i) - T^k(i). \tag{50}$$

Die Bemessungsgrundlage für die Körperschaftsteuer ist der Bruttogewinn. Ausgeschüttete und einbehaltene Nettogewinne werden mit dem Satz $\tau^k(i)$ besteuert:

$$T^k(i) = \tau^k(i) \left[Y(i) - w(i)L(i) \right]. \tag{51}$$

Da die Investitionen die mögliche Dividendenausschüttung beeinflussen, muss das Unternehmen die finanzielle Beschränkung über den Kapitalmarkt berücksichtigen. Ein Anleger legt Kapital nur dann im Unternehmen an, wenn die Dividenden $DIV(i)$ plus Kursgewinn $(\mathcal{V}(i+1) - \mathcal{V})$ mindestens so groß sind wie eine vergleichbare Anlage in derselben Höhe $\mathcal{V}(i)$ am Kapitalmarkt, also

$$DIV(i) + \mathcal{V}(i+1) - \mathcal{V}(i) = r(i)\mathcal{V}(i). \tag{52}$$

Der Firmenwert in einer Periode i ergibt sich damit als

$$\mathcal{V}(i) = \frac{DIV(i) + \mathcal{V}(i+1)}{1 + r(i)}. \tag{53}$$

Den Firmenwert $\mathcal{V}(i)$ in einem bestimmten Jahr t erhält man durch Aufsummieren der mit dem Faktor $R(i,t)$ (Gleichung (36)) diskontierten Aktienwerte über den gesamten Zeithorizont des Unternehmens:

$$\mathcal{V}(t) = \sum_{i=t}^{\infty} [DIV(i) + \mathcal{V}(i+1)] R(i,t). \tag{54}$$

Um auszuschließen, dass der Firmenwert gegen unendlich geht, muss die Transversalitätsbedingung

$$\lim_{T \to \infty} \mathcal{V}(T+1) R(T,t) = 0 \tag{55}$$

berücksichtigt werden. Damit lässt sich Gleichung (54) vereinfachen zu

$$\mathcal{V}(t) = \sum_{i=t}^{\infty} DIV(i) R(i,t). \tag{56}$$

Ziel des Unternehmens ist es, in jedem Zeitpunkt $i \geq t$ den Gegenwarts-Firmenwert $\mathcal{V}(t)$ zu maximieren, unter Berücksichtigung der Nebenbedingungen für Technologie (47), Kapitalmarkt (53) und Kapitalakkumulation (49). Die Lösung des dynamischen Optimierungsproblems erhält man über die Hamilton-Funktion

$$\mathcal{H}(i) = [DIV(i) + q(i+1)\Delta K(i)] \, R(i,t). \tag{57}$$

Die Hamilton-Funktion gibt an, wie sich der Firmenwert zum Zeitpunkt i verändert, wenn das Unternehmen seine Investitionstätigkeit bzw. seinen Arbeitseinsatz variiert. Das Unternehmen sucht optimale Pfade für die Kontrollvariablen Investitionshöhe und Arbeitseinsatz $[\Delta K(i), L(i)]_{i=t}^{\infty}$ und für die Zustandsvariable Kapitalstock $[K(i)]_{i=t}^{\infty}$. Der Multiplikator $q(i)$ lässt sich auch als Schattenpreis des Kapitalstocks interpretieren. Er gibt an, um wie viel sich der Firmenwert im Jahr i marginal verändert, wenn die Nebenbedingung um eine Einheit variiert wird, d.h., wenn der Kapitalstock um eine Einheit erhöht oder gesenkt wird.[34]

[34] Der Multiplikator ist dabei so definiert, dass er den Anfangswert der nächsten Periode angibt.

Aus den Bedingungen erster Ordnung (Herleitung siehe Anhang A.3) folgen die Bedingungen für einen optimalen Pfad der Kontrollvariablen:

$$w(i) = F_{L(i)}, \tag{58}$$

$$q(i+1) = 1 + [1 - \tau^k(i)]\Phi_{\Delta K(i)} \quad \text{mit} \quad \Phi_{\Delta K(i)} = \frac{\psi \Delta K(i)}{K(i)}, \tag{59}$$

$$r(i)q(i) = [1-\tau^k(i)][F_{K(i)} - \Phi_{K(i)}] + q(i+1) - q(i)$$
$$\text{mit} \quad \Phi_{K(i)} = -\frac{\psi}{2}\left[\frac{\Delta K(i)}{K(i)}\right]^2. \tag{60}$$

Die Gleichungen (58) und (59) bestimmen die optimale Arbeits- und Investitionsnachfrage. Arbeit wird also bis zur Übereinstimmung von Grenzproduktivität und Lohn nachgefragt. Analog werden Investitionen bis zu dem Punkt getätigt, an dem der Grenzertrag $q(i+1)$ einer zusätzlich investierten Einheit Kapital gerade deren Grenzkosten (rechte Seite von Gleichung (59)) entspricht, die durch Anschaffung und Installation entstehen. Gleichung (60) schließlich ist die Arbitragebedingung, die sicherstellt, dass die Rendite aus einer Kapitalmarktanlage genau jener einer Investition in Aktien des betrachteten Unternehmens entsprechen muss. Die rechte Seite der Gleichung (60) spiegelt gerade die Rendite eines Investors wider, der am Ende von Periode $i-1$ eine Einheit Kapital zum Preis $q(i)$ gekauft hat. Die Dividende dieser zusätzlichen Einheit Kapital besteht aus dem (durch Anpassungskosten verminderten) Grenzertrag des Kapitals nach Körperschaftsteuer zuzüglich des marginalen Aktienkursgewinnes.

2.2.3 Öffentliche Budgets: institutionelle Struktur und Modellierung

Der in diesem Abschnitt dargestellte Staatssektor umfasst die Bereiche Steuersystem und Sozialversicherung. Abschnitt 2.2.3.1 erläutert die zusammengefasste staatliche Budgetgleichung und stellt damit einen Zusammenhang her zwischen den einzelnen Unter-Budgets. Deren Beschreibung beginnt mit dem Steuersystem in Abschnitt 2.2.3.2. Von den fünf Sozialversicherungszweigen Renten-, Kranken-, Pflege-, Arbeitslosigkeits- und Unfallversicherung betrachten wir hier nur die ersten drei, weil diese am meisten durch die Bevölkerungsalterung belastet werden (Abschnitte 2.2.3.3, 2.2.3.4 und 2.2.3.5).

2.2.3.1 Der konsolidierte Staatshaushalt

Der Staatssektor im Modell umfasst die konsolidierten Budgets von Bund, Ländern und Gemeinden, die Rentenversicherung sowie die gesetzlichen und privaten Systeme der Kranken- und Pflegeversicherung. Die Regierung tätigt in jedem Jahr i eine Nettokreditaufnahme in Höhe von $\Delta B(i) = B(i+1) - B(i)$ und erhebt auf der anderen Seite Steuern und Sozialversicherungsbeiträge $T^G(i)$, um ihre Ausgaben zu finanzieren. Unter diese fallen die Zinszahlungen auf die Staatsschuld $B(i)$ und die sonstigen konsumptiven[35] Staatsausgaben $G(i)$, so dass die staatliche Budgetgleichung im Jahr i lautet:

$$\Delta B(i) + T^G(i) \quad = \quad r(i)B(i) + G(i). \tag{61}$$

Die Höhe der Staatsverschuldung ist durch ihr exogen gegebenes Verhältnis $b(i)$ zum Output festgelegt, so dass gilt $B(i) = b(i)Y(i)$. Unter den sonstigen Staatsausgaben $G(i)$ fassen wir alle Leistungen zusammen, die den Haushalten indirekt zukommen. Dazu gehören die Bereitstellung von öffentlichen Gütern g (Dienstleistungen, Konsum- und Investitionsgüter), indirekte Transfers an die Haushalte (Bildungsausgaben) sowie die Ausgaben für Kranken- und Pflegeversicherung $HB(i)$ und $LCB(i)$. Für öffentliche Güter gibt die Regierung g Einheiten pro Einwohner aus. Sie werden im Basisjahr 2004 exogen vorgegeben und ab diesem Zeitpunkt pro Kopf konstant gehalten. Die öffentlichen Güter gehen additiv-separabel in die Nutzenfunktion der Haushalte ein. Sie erhöhen also deren Nutzen, verzerren jedoch nicht ihre Entscheidungen. Auch die Bildungsausgaben des Staates fließen den Haushalten nicht direkt zu, sondern werden wie öffentliche Güter bereitgestellt. Die staatlichen Ausgaben für Bildung ergeben sich durch Addition der altersabhängigen Bildungskosten $edu(a)$ über alle Kinder. Damit lautet die Gleichung für die sonstigen Staatsausgaben

$$G(i) = POP(i)\; g + \sum_{a=0}^{20} \left[\bar{N}(a,i) + \bar{M}(a,i)\right] edu(a) + HB(i) + LCB(i). \tag{62}$$

Während die Bildungsausgaben indirekte Transfers sind, fließen die staatlichen Kindergeldausgaben direkt an die Haushalte und erhöhen damit deren Einkommen. Ein a-jähriger Haushalt der Einkommensklasse k erhält für seine Kinder $KID(\cdot)$ im Jahr i Kindergeld in Höhe von

$$Tr^k(a,i,k) = KID(a,i,k)\; tc(i), \tag{63}$$

[35] Öffentliche Investitionen werden im Modell vernachlässigt.

wobei $tc(i)$ die Kindergeldpauschale pro Kind bezeichnet. Summiert man diese direkten Transfers über alle kindergeldberechtigten Haushalte in einem Jahr i auf, erhält man die gesamten Kindergeldausgaben des Staates

$$Tr(i) = \sum_{k=1}^{3} \sum_{a=23}^{65} Tr^k(a,i,k) \, [N(a,i,22,k) + M(a,i,20,k)]. \tag{64}$$

Die staatlichen Einnahmen aus Steuern und Sozialbeiträgen $T^G(i)$ setzen sich schließlich zusammen aus den Nettosteuersummen aller Haushalte (Gleichung (35)), den Arbeitgeberbeiträgen zur Sozialversicherung und den Körperschaftsteuerzahlungen der Unternehmen (Gleichung (51)):

$$T^G(i) = \sum_{k=1}^{3} \sum_{a=21}^{90} \left\{ \sum_{s=23}^{45} [T(a,i,s,k,n) + 0,5\bar{\tau}^{ss}(a,i,s,k,n) W(a,i,s,k,n)] \, N(\cdot) + \sum_{s=21}^{43} [T(a,i,s,k,m) + 0,5\bar{\tau}^{ss}(a,i,s,k,m) W(a,i,s,k,m)] \, M(\cdot) \right\} + T^k(i). \tag{65}$$

Der Ausgleich des staatlichen Budgets findet schließlich in jedem Jahr i über den Konsumsteuersatz $\tau^c(i)$ statt. Er ergibt sich also endogen aus der Gleichung (61).

2.2.3.2 Das Steuersystem

In diesem Abschnitt werden zunächst die institutionelle Struktur und die für das Modell relevanten Charakteristika des deutschen Steuersystems beschrieben. Daran anschließend wird dessen Implementierung im Modell erläutert.

Grundzüge des deutschen Steuersystems

Die Steuern in Deutschland lassen sich nach ihrem Anknüpfungspunkt im Wirtschaftskreislauf in drei Bereiche einteilen: Steuern auf die Einkommensentstehung, Steuern auf das Vermögen und Steuern auf die Einkommensverwendung (Bundesministerium der Finanzen 2002). Zur ersten Kategorie zählen die

Einkommensteuer[36], die Körperschaftsteuer, die Gewerbe(ertrag)steuer und der Solidaritätszuschlag. In den zweiten Bereich fallen die Grundsteuer, die (mittlerweile nicht mehr erhobene) Vermögensteuer und die Erbschaftsteuer. Schließlich gehören zur dritten Kategorie die Steuern vom Umsatz (Umsatzsteuer und Einfuhrumsatzsteuer) und die Verbrauchsteuern wie z.B. Mineralöl-, Tabak- und Kraftfahrzeugsteuer sowie Zölle.

Die aufkommensstärksten Steuern sind die Einkommensteuer und die Steuern vom Umsatz, die zusammen über zwei Drittel des gesamten Steueraufkommens liefern. Im Jahr 2005 erbrachte alleine die Lohnsteuer 31,4 % der gesamten Steuereinnahmen vor Steuerverteilung, die gesamte Einkommensteuer 37,3 %. Einen ähnlich hohen Anteil lieferten die Steuern vom Umsatz mit 28,6 %. Danach rangieren die Verbrauchsteuern auf Mineralöl und Tabak, die Gewerbe- und die Körperschaftsteuer, die zusammen noch einmal 21 % des Gesamtaufkommens erbrachten (STATISTISCHES BUNDESAMT 2006c, Tabellen 4.1 und 4.4a, o.S.).

Je nach Erkenntnisinteresse werden verschiedene Klassifikationskriterien verwendet. Die Differenzierung kann statt des Anknüpfungspunktes im Wirtschaftskreislauf auch nach Steuerhoheit, nach Überwälzbarkeit oder anderen Merkmalen erfolgen (DOMMERMUTH, HERRLER, SCHARL et al. 2004). Interessiert man sich beispielsweise für die Überwälzbarkeit von Steuern, unterscheidet man direkte und indirekte Steuern. Bei den direkten Steuern (z.B. Einkommen- und Erbschaftsteuer) fallen Steuerschuldner und Steuerträger zusammen, die Steuer ist also nicht überwälzbar, bei den indirekten Steuern können die Steuersubjekte auseinanderfallen. So wird beispielsweise die Umsatzsteuer bei den Unternehmen erhoben, jedoch i.d.R. zu einem großen Teil von den Konsumenten getragen. Gerade für die Entwicklung der Steuerstruktur vor dem Hintergrund einer alternden Bevölkerung ist diese Einteilung aufschlussreich. Auch in der Vergangenheit haben sich starke Verschiebungen in den Anteilen direkter und indirekter Steuern am Gesamtaufkommen ergeben. Abbildung 2.3 macht deutlich, dass bis Mitte der 70er Jahre die direkten Steuern an Bedeutung zugenommen haben. Nach einer Trendwende haben sich inzwischen die Anteile gerade umgekehrt. Dies ist einerseits auf Erhöhungen von Umsatz-, Mineralöl- und anderen indirekten Steuern sowie andererseits auf mehrmalige Senkungen des Einkommensteuertarifs insbesondere seit der Jahrtausendwende zurückzuführen. Im Zuge der fortschreitenden demographischen Alterung ist mit einer weiteren Verschiebung des Aufkommens hin zu den indirekten Steuern zu rechnen (BACH, BORK, KRIMMER et al. 2002, vgl. auch Abschnitt 4.4).

[36] Dazu zählen Lohnsteuer, veranlagte Einkommensteuer, nicht veranlagte Steuern vom Ertrag und Zinsabschlag.

Abbildung 2.3: Anteil direkter und indirekter Steuern am Steueraufkommen der Bundesrepublik Deutschland

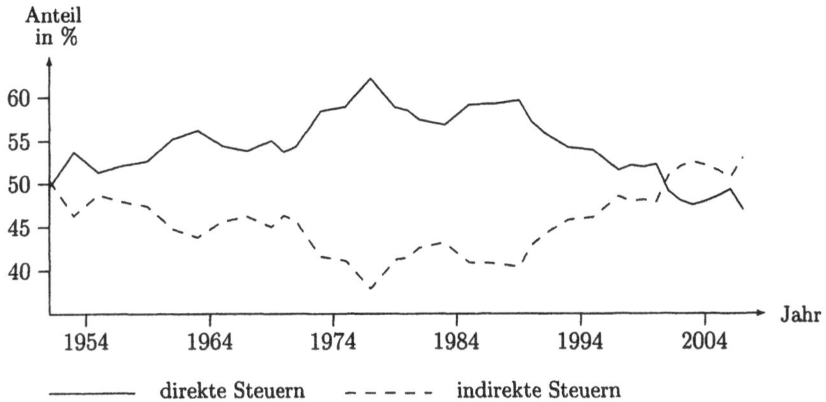

Quelle: BUNDESMINISTERIUM DER FINANZEN 2006a, S. 141, 2006b, S. 112
Schätzungen des Arbeitskreises „Steuerschätzungen" für 2006 und 2007

Jüngere Steuerreformen

In den letzten Jahren wurden einige größere Steuerreformen und eine Vielzahl von Einzelmaßnahmen verabschiedet: Mit der „Steuerreform 2000" wurde der Steuertarif zwischen 2000 und 2005 in mehreren Stufen modifiziert, was zu teilweise deutlichen Entlastungen der Haushalte führte. Neben einer Senkung des Eingangssteuersatzes von 19,9 % auf 15 % und des Spitzensteuersatzes von 48,5 % auf 42 % wurde im Rahmen dieser Reform der Grundfreibetrag von 7.235 Euro auf 7.664 Euro erhöht (STEUERSENKUNGSGESETZ 2000, HAUSHALTSBEGLEITGESETZ 2004). Im Bereich der Unternehmensbesteuerung wurde – ebenfalls im Rahmen der Steuerreform 2000 – das Anrechnungsverfahren durch das Halbeinkünfteverfahren ersetzt. Parallel dazu wurden zahlreiche steuerliche Vergünstigungen abgebaut. Darunter fallen unter anderem die Senkung des Arbeitnehmerpauschbetrags von 1.044 auf 920 Euro und des Sparerfreibetrags von 1.550 auf 1.370 Euro (jeweils für allein veranlagte Steuerpflichtige) sowie die Kürzung der Entfernungspauschale. Zu den größten steuerpolitischen Reformen der rot-grünen Bundesregierung zählt zweifellos die Neuregelung der Besteuerung von Alterseinkünften. Diese wird im Rahmen des ALTERSEINKÜNFTEGESETZES (2004) seit dem Jahr 2005 sukzessive auf ein System der nachgelagerten Besteuerung umgestellt. Die Maßnahme wird in Abschnitt 4.4.1 ausführlich untersucht.

Die bisherige Steuerpolitik der großen Koalition ist durch eine Vielzahl einzelner Maßnahmen charakterisiert. So wurde die Eigenheimzulage für Neufälle ab dem Jahr 2006 abgeschafft (GESETZ ZUR ABSCHAFFUNG DER EIGENHEIMZULAGE 2005) und die Abzugsfähigkeit der Entfernungspauschale auf den 20 km überschreitenden Arbeitsweg eingeschränkt (STEUERÄNDERUNGSGESETZ 2007). Daneben wurden zahlreiche weitere Steuervergünstigungen abgeschafft, wie z.B. die degressive Abschreibung für Mietwohngebäude oder die Freibeträge für Abfindungen und Übergangsgelder (GESETZ ZUM EINSTIEG IN EIN STEUERLICHES SOFORTPROGRAMM 2005). Im Rahmen des STEUERÄNDERUNGSGESETZES 2007 wurde eine weitere Reduktion des Sparerfreibetrags auf nunmehr 750 Euro beschlossen (siehe hierzu auch Abschnitt 4.4.2). Eingeschränkt wurden auch die Möglichkeiten zur Steuervermeidung durch ungerechtfertigte Ausnutzung von Gesetzeslücken (GESETZ ZUR EINDÄMMUNG MISSBRÄUCHLICHER STEUERGESTALTUNGEN 2006).

Auf der anderen Seite beschloss die Bundesregierung mit dem GESETZ ZUR STEUERLICHEN FÖRDERUNG VON WACHSTUM UND BESCHÄFTIGUNG (2006) aber auch Steuererleichterungen. Darunter fallen unter anderem die verbesserte steuerliche Berücksichtigung von Kinderbetreuungskosten, die Ausdehnung der Umsatzgrenzen bei der Ist-Versteuerung, die Ausdehnung der Abschreibungsmöglichkeiten beweglicher Wirtschaftsgüter und die teilweise Absetzbarkeit haushaltsnaher Dienstleistungen, etwa für die Betreuung Pflegebedürftiger, aber auch für bestimmte Handwerksleistungen.

Die Anhebung des Regelsatzes der Umsatzsteuer um 3 Prozentpunkte ab dem 1. Januar 2007 ist im Hinblick auf das dadurch zusätzlich erzielte Aufkommen sicher als eine der größten aktuellen steuerlichen Maßnahmen anzusehen (HAUSHALTSBEGLEITGESETZ 2006). Sie hat jedoch weniger den Charakter einer Reform im Sinne einer Systemänderung, sondern vielmehr einer Steuererhöhung, wenngleich sie im Zusammenhang mit der dadurch ermöglichten Senkung des Beitragssatzes zur Arbeitslosenversicherung zu sehen ist.

Modellierung des Steuersystems

In diesem Abschnitt werden die im Modell berücksichtigten Steuern und ihre Modellierung erläutert. Aus der Kategorie der Steuern auf die Einkommensentstehung werden im Modell die Einkommensteuer und der Solidaritätszuschlag abgebildet. Von den Steuern auf das Vermögen wird die Erbschaftsteuer berücksichtigt. Aus der dritten Kategorie ist im Modell nur die Umsatzsteuer relevant, weil dieses von einer Ein-Gut-Ökonomie ausgeht und daher spezielle Verbrauchsteuern nicht modelliert werden können. Erstgenannte Steuerart wird als duale Einkommensteuer modelliert. Dabei unterliegen Lohneinkommen dem linear-progressiven Steuertarif nach § 32a EStG und Zinseinkommen einem proportionalen Tarif. Die Bemessungsgrundlage für die Lohnsteuer ist das zu versteuernde Einkommen $zvE(a,i,s,k,l)$. Man erhält es, indem man vom Bruttoarbeitseinkommen $W(\cdot)$ bzw. der Altersrente $Pen(\cdot)$ die Werbungskosten $Aic(a,i,s,k,l)$ und die abzugsfähigen Vorsorgeaufwendungen $Aip(a,i,s,k,l)$ subtrahiert, d.h.:

$$zvE(a,i,s,k,l) = W(\cdot) + \varsigma(z)Pen(\cdot) - Aic(\cdot) - Aip(\cdot). \tag{66}$$

Von einer Altersrente $Pen(\cdot)$ ist im Basisfall nur der Ertragsanteil $\varsigma(z)$ steuerpflichtig. Die Höhe des Ertragsanteilssatzes bestimmt sich nach dem Jahr des Renteneintritts z und bleibt für die gesamte Rentenbezugsdauer konstant.[37] Zu beachten ist hierbei, dass das – mit Zeitablauf und Einkommensklasse variierende – Renteneintrittsalter $\bar{a}(i,k)$ exogen gegeben ist und die Rentner ab diesem Alter nicht mehr arbeiten dürfen. Ein Haushalt kann in einem Jahr i also entweder Arbeitseinkommen oder Altersrente beziehen, nicht jedoch beides.

Wir nehmen an, dass die Werbungskosten eines Modellhaushalts jeweils einen Anteil β_1 seines Bruttoarbeitseinkommens betragen. In Analogie zum deutschen Einkommensteuergesetz können diese von der Berechnungsgrundlage abgezogen werden, sofern sie die allgemein abzugsfähige Pauschale von 956 Euro (Arbeitnehmerpauschbetrag 920 Euro plus Sonderausgabenpauschbetrag 36 Euro) übersteigen. Rentner können eine Werbungskostenpauschale von 138 Euro[38] geltend machen, so dass gilt:

$$Aic(a,i,s,k,l) = \begin{cases} \max[\beta_1 W(\cdot);\ 956] & \text{für} \quad a < \bar{a}(i,k) \\ 138 & \text{für} \quad a \geq \bar{a}(i,k). \end{cases} \tag{67}$$

Angegeben sind hier und im Folgenden jeweils die Werte für allein veranlagte Steuerpflichtige.

Vorsorgeausgaben, d.h. bestimmte Versicherungsbeiträge können nach § 10 EStG beschränkt als Sonderausgaben von der Bemessungsgrundlage abgezogen werden. Bis zum Jahr 2005 errechnete sich der abzugsfähige Betrag mittels eines komplizierten dreistufigen Verfahrens. Dieses wird im Basisfall des Modells durchgängig

[37] Im Basisfall liegt der Ertragsanteil stets unter dem Grundfreibetrag des Steuertarifs.

[38] Im Modell wird davon ausgegangen, dass Rentner nie höhere Werbungskosten als 138 Euro aufweisen.

für alle Jahre angewendet.[39] Bei diesem Verfahren wird von den gesamten, tatsächlich getätigten Vorsorgeaufwendungen

$$\begin{aligned} IP(a,i,s,k,l) &= 0,5\bar{\tau}^{ss}(\cdot)W(\cdot) + [\varrho_1(i)\tau^h(i,k) + \tau^{lc}(i,k)]Pen(\cdot) \\ &\quad + z^h(a,i,k) + z^{lc}(i,k) \end{aligned} \tag{68}$$

auf der ersten Stufe ein Vorwegabzug $AD(a,i,s,k,l)$ in Höhe von 3.068 Euro gestattet. Weil die Sozialversicherungbeiträge der Arbeitgeber steuerfrei sind, wird die Abzugsfähigkeit der Haushaltsbeiträge wieder um pauschal 16 % des Lohns bzw. der Rente reduziert, so dass für den Abzug auf der ersten Stufe gilt:

$$AD(a,i,s,k,l) = \max\{3.068 - 0,16[W(\cdot) + Pen(\cdot)];\ 0\}. \tag{69}$$

Verbleiben nach der ersten Stufe noch Vorsorgeausgaben, so können diese auf der zweiten Stufe bis zum maximalen Grundhöchstbetrag $BMA(\cdot)$ von 1.334 Euro geltend gemacht werden:

$$BMA(a,i,s,k,l) = \min[IP(\cdot) - AD(\cdot);\ 1.334]. \tag{70}$$

Falls von den getätigten Vorsorgeausgaben nach Vorwegabzug und Abzug des Grundhöchstbetrages noch immer ein Rest bestehen bleibt, kann auf der dritten Stufe der hälftige Höchstbetrag $HMA(\cdot)$ in Höhe von maximal 667 Euro abgezogen werden:

$$HMA(a,i,s,k,l) = 0,5\min[IP(\cdot) - AD(\cdot) - BMA(\cdot);\ 1.334]. \tag{71}$$

Damit ergeben sich die abzugsfähigen Vorsorgeaufwendungen als

$$Aip(a,i,s,k,l) = AD(\cdot) + BMA(\cdot) + HMA(\cdot). \tag{72}$$

Auf das verbleibende zu versteuernde Einkommen nach Gleichung (66) wird im Modell der Steuertarif nach § 32a EStG mit den geltenden Grenzen und Steuersätzen des Jahres 2005, der so genannte T05, in allen Jahren ab dem Startjahr 2004 angewendet. Dieser Tarif sieht einen Grundfreibetrag von 7.664 Euro vor. Die erste, linear-progressive Zone beginnt mit einem Eingangssteuersatz von 15 %. Der Grenzsteuersatz steigt in dieser Zone auf 23,97 % für ein zu versteuerndes

[39] Seit dem Übergang zur nachgelagerten Besteuerung von Alterseinkünften im Jahr 2005 wird ein geändertes Verfahren zur Berechnung der abzugsfähigen Vorsorgeaufwendungen angewendet (vgl. hierzu Abschnitt 4.4.1).

Einkommen von 12.739 Euro. In der zweiten Progressionszone steigt der Grenzsteuersatz von 23,97 % auf den Spitzensteuersatz von 42 % für Einkommen bis zu 52.151 Euro. In der dritten, proportionalen Zone bleibt der Spitzensteuersatz konstant bei 42 %. Der durchschnittliche Steuersatz $\bar{\tau}^w(\cdot)$ bestimmt sich als Quotient aus Lohnsteuerschuld $T05(\cdot)$ und Bruttoeinkommen eines Haushalts, also

$$\bar{\tau}^w(a,i,s,k,l) = \frac{T05[zvE(a,i,s,k,l)]}{W(a,i,s,k,l) + Pen(a,i,s,k,l)}. \tag{73}$$

Der individuelle Grenzsteuersatz $\tau^w(\cdot)$ eines Haushalts wird ermittelt, indem man sein zu versteuerndes Einkommen fiktiv um einen Euro erhöht und dieses wieder in die Tariffunktion einsetzt. Die Differenz der beiden Steuerzahlungen, bezogen auf das Bruttoeinkommen, entspricht gerade dem Grenzsteuersatz.

Kapitaleinkommen werden im deutschen Steuersystem als eine von sieben Einkunftsarten betrachtet und unterliegen dem persönlichen Einkommensteuersatz (synthetische Einkommensbesteuerung). Dagegen unterstellen wir im Modell in Anlehnung an FEHR (1999) für die Kapitaleinkommensteuer einen proportionalen Tarif mit dem einheitlichen Steuersatz $\tau^r(i)$ von 12 %. Diese Vorgehensweise bietet sich aufgrund der vorliegenden Modellstruktur an. Weil die Haushalte im Modell ihr ganzes Vermögen, also auch ihre private Altersvorsorge, am Kapitalmarkt anlegen und damit keine Immobilien oder sonstigen Werte besitzen, erzielen sie beträchtliche Kapitaleinkünfte. Hierzu tragen außerdem die von den hohen Modellzinssätzen ausgehenden Anreize bei. Aus diesen Gründen trennen wir im Modell die beiden Einkunftsarten und unterwerfen Kapitaleinkünfte nicht der synthetischen Einkommensteuer (dies würde zu einem unrealistisch hohen Grenzsteuersatz und damit zu starken Verzerrungen führen), sondern einem proportionalen Tarif. Damit das Aufkommen in Relation zum Volkseinkommen eine realistische Größenordnung erreicht, gestatten wir einen relativ hohen Freibetrag $Ais(i)$ in Höhe von 8.000 Euro.

Ein Haushalt, der eine Erbschaft $I(\cdot)$ erhält, muss die darin zum Zeitpunkt der Übergabe enthaltenen Zinsen wie Zinseinkommen auf eigene Ersparnisse versteuern. Dies ist durch die Modellstruktur bedingt, da Zinsen jeweils am Ende einer Periode anfallen und somit eine (im Übergang zur Folgeperiode) sterbende Elterngeneration bereits verzinste Erbschaften hinterlässt. Der individuelle Durchschnittssteuersatz $\bar{\tau}^r(\cdot)$ auf Kapitaleinkommen eines Haushalts berechnet sich nun aus:

$$\bar{\tau}^r(a,i,s,k,l) = \frac{\tau^r(i)\ \{r(i)\ [\mathrm{a}(a,i,s,k,l) + I(a,i,s,k,l)] - Ais(i)\}}{r(i)\ [\mathrm{a}(a,i,s,k,l) + I(a,i,s,k,l)]}. \tag{74}$$

Im Bereich der Unternehmenssteuern unterstellen wir, dass sämtliche Unternehmen ausschließlich der Körperschaftsteuer unterliegen. Zur Bemessungsgrundlage zählen wir im Modell sowohl einbehaltene als auch ausgeschüttete Gewinne. Diese werden zum einheitlichen Steuersatz $\tau^k(i)$ besteuert. Lohnkosten können jedoch von der Bemessungsgrundlage abgezogen werden, so dass sich die Körperschaftsteuerschuld $T^k(i)$ eines Unternehmens ergibt, wie bereits in Gleichung (51) definiert.

Während in der Praxis bei der Erbschaftsteuer je nach Verwandtschaftsgrad zum Erblasser und dem Erbschaftsvolumen verschiedene Freibeträge und Steuersätze zur Anwendung kommen, wird diese Steuer im Modell vereinfachend proportional erhoben. Auch bei der Konsumsteuer wird ein einheitlicher Steuersatz unterstellt. Der in der Realität auf Lebensmittel, Druckerzeugnisse u.a. anfallende ermäßigte Steuersatz wird also vernachlässigt. Das Aufkommen aus diesen Steuern in einer Periode i berechnet sich durch Multiplikation des exogen gegebenen Erbschaftsteuersatzes $\tau^b(\cdot)$ bzw. des sich endogen ergebenden Konsumsteuersatzes $\tau^c(\cdot)$ mit dem aggregierten Erbschaftsvolumen $I(\cdot)$ bzw. dem aggregierten Konsum $C(\cdot)$

$$\tau^b(i) \sum_{k=1}^{3} \sum_{a=23}^{67} \sum_{s=23}^{45} I(a,i,s,k,n)\ N(a,i,s,k) \qquad \text{bzw.} \qquad \tau^c(i)\ C(i). \tag{75}$$

2.2.3.3 Die Rentenversicherung

Institutionelle Grundlagen der deutschen Rentenversicherung

Das deutsche Rentenversicherungssystem basiert auf drei Säulen. Die nach wie vor wichtigste Säule ist die gesetzliche Rentenversicherung (GRV), die ihre gesetzliche Grundlage im Sechsten Buch des Sozialgesetzbuchs (SGB VI) findet. Zu dieser Säule gehören auch die Beamtenversorgung, die Alterssicherung der Landwirte und die berufsständischen Versorgungswerke. Daneben stehen die Säulen betrieblicher Altersversorgung in der Privatwirtschaft und im öffentlichen Dienst sowie die private Altersvorsorge. Je nach Versichertentyp setzt sich die Rente unterschiedlich aus den drei Säulen zusammen. Seit der Riester-Reform im Jahr 2001 hat der private Zweig entscheidend an Bedeutung gewonnen, insgesamt ist die GRV jedoch nach wie vor die bedeutendste Säule des deutschen Rentensystems. Sie umfasst rund 51 Mio. Versicherte (DEUTSCHE RENTENVERSICHERUNG BUND 2006, S. 20) und gibt insgesamt jährlich rund 236 Mrd. Euro (2005) aus (DEUTSCHE RENTENVERSICHERUNG BUND 2006, S. 20), was etwa 10,8 %

des (nominalen) Bruttoinlandsprodukts entspricht (STATISTISCHES BUNDESAMT 2006b, S. 5). Für Angestellte und einige andere Personenkreise (z.B. Bezieher bestimmter Lohnersatzleistungen) besteht Versicherungpflicht. Die meisten Selbständigen sind von der Versicherungspflicht befreit, können sich aber freiwillig in der GRV versichern.

Ähnlich wie im Steuersystem gilt auch in der gesetzlichen Rentenversicherung das Leistungsfähigkeitsprinzip, d.h., die Beiträge bemessen sich an der Höhe des Einkommens der Versicherten. Eine Altersrente hängt in der gesetzlichen Rentenversicherung jedoch hauptsächlich von der individuellen Versichertenbiographie ab. Sie verhält sich proportional zu früher gezahlten Beiträgen, d.h., es besteht eine Teilhabeäquivalenz (BUNDESMINISTERIUM FÜR ARBEIT UND SOZIALORDNUNG 1999, S. 88). Im Aggregat aller Versicherten müssen die ausbezahlten Renten in jeder Periode den einbezahlten Beiträgen entsprechen, es handelt sich also um ein umlagefinanziertes System. Den oben erwähnten Ausgaben der gesetzlichen Rentenversicherung von rund 236 Mrd. Euro standen im Jahr 2005 Einnahmen von rund 232 Mrd. Euro gegenüber (DEUTSCHE RENTENVERSICHERUNG BUND 2006, S. 20f). Allerdings stammen nur rund 73 % der Einnahmen aus Beiträgen und fast 27 % aus Bundesmitteln (DEUTSCHE RENTENVERSICHERUNG BUND 2006, S. 20). Der größte Anteil der Bundesleistungen an die Rentenversicherung entfällt dabei auf den Bundeszuschuss für Rentenleistungen. Diese machen etwa 23 % der Rentenausgaben aus (BUNDESMINISTERIUM DER FINANZEN 2006a, S. 18). Diese Leistungen des Bundes werden zum einen aus einem Anteil am Umsatzsteueraufkommen finanziert.[40] Zum anderen fließt ein Großteil der Einnahmen aus der Ökosteuer in die Rentenkasse.

Migranten in der deutschen Rentenversicherung

Grundsätzlich sind in Deutschland alle sozialversicherungspflichtigen Arbeitnehmer während ihrer Beschäftigung in der staatlichen Rentenversicherung versichert. Dies gilt auch für ausländische Arbeitnehmer. Ansprüche fallen ihnen im Allgemeinen jedoch nur zu, wenn sie die erforderlichen Wartezeiten erreicht

[40] Bis zum Jahr 2006 betrug dieser Anteil 5,63 %. Aufgrund der Mehrwertsteuererhöhung zum 1. Januar 2007, deren Aufkommen zum Teil in die Arbeitslosenversicherung fließt, wurde die Verteilung der Umsatzsteuer modifiziert. Im Jahr 2007 beträgt der an den Bund zur Finanzierung seines Zuschusses an die GRV fließende Umsatzsteueranteil nominal 5,15 %, ab 2008 5,05 %. Zuvor erhält der Bund 3,89 % (2007), 4,42 % (2008) bzw. 4,45 % (2009) des Umsatzsteueraufkommens für die Absenkung des Beitrags der Arbeitslosenversicherung (FINANZAUSGLEICHSGESETZ 2006, § 1).

haben, wenn sie EU-(oder EWR-)Bürger sind oder wenn die Bundesrepublik Deutschland mit ihrem Herkunftsland ein Sozialversicherungsabkommen[41] oder Entsendeabkommen[42] geschlossen hat. Der überwiegende Teil der Zuwanderung nach Deutschland kommt jedoch aus den Nachfolgestaaten der Sowjetunion, mit denen keine Sozialversicherungsabkommen existieren. Andere Herkunftsländer, z.B. Polen, sind erst seit 2004 in der Europäischen Union. Die meisten Zuwanderer aus diesen Ländern sind so genannte Vertriebene[43], Aussiedler[44], Spätaussiedler[45] oder andere Deutsche unter bestimmten Voraussetzungen, so dass deren Rentenansprüche im Fremdrentengesetz geregelt sind (BUNDESVERSICHERUNGSANSTALT FÜR ANGESTELLTE 2001). Sie werden so gestellt, als ob sie ihr Versicherungsleben in Deutschland verbracht hätten, bekommen also keine Rentenleistungen aus dem Ausland.

Jüngere Reformen der gesetzlichen Rentenversicherung

Trotz der bereits länger diskutierten Probleme der Rentenversicherung kam erst in den 90er Jahren der notwendige Reformprozess in Gang, dessen maßgebliche Schritte im Folgenden kurz skizziert werden. Vor allem die Rentenreformen der

[41] So etwa mit Australien, Bosnien-Herzegowina, Bulgarien, Chile, Israel, Japan, Kanada, Kroatien, Marokko, Mazedonien, Serbien und Montenegro, der Schweiz, Südkorea, Tunesien, Türkei und den USA.

[42] Ein Entsendeabkommen besteht mit China.

[43] Vertriebene sind nach § 1 Abs. 1 BUNDESVERTRIEBENENGESETZ (1993) deutsche Staatsangehörige und deutsche Volkszugehörige, die den Wohnsitz in den gesetzlich umschriebenen Vertreibungsgebieten im Zusammenhang mit dem Zweiten Weltkrieg infolge Vertreibung bis 1949 verloren haben.

[44] Aussiedler sind deutsche Staatsangehörige oder Volkszugehörige, die vor dem 8. Mai 1945 ihren Wohnsitz in den ehemaligen deutschen Ostgebieten bzw. in Danzig, Estland, Lettland, Litauen, der ehemaligen Sowjetunion, Polen, der ehemaligen Tschechoslowakei, Ungarn, Rumänien, Bulgarien, Jugoslawien, Albanien oder China hatten und diese Länder nach Abschluss der allgemeinen Vertreibungsmaßnahmen vor dem 1. Juli 1990 oder danach im Wege des Aufnahmeverfahrens bis zum 31. Dezember 1992 verlassen haben (§ 1 Abs. 2 Nr. 3 BVFG).

[45] Spätaussiedler sind i.d.R. deutsche Volkszugehörige, die die Aussiedlungsgebiete nach dem 31. Dezember 1992 im Wege des Aufnahmeverfahrens verlassen haben und innerhalb von sechs Monaten ihren ständigen Aufenthalt im Geltungsbereich des Gesetzes (also in der Bundesrepublik) genommen haben (§ 4 BVFG).

Jahre 1992 und 2001 markieren die jüngere Entwicklung der deutschen Rentenversicherung.[46]

Mit dem im Jahr 1989 verabschiedeten RENTENREFORMGESETZ 1992 wurde die Bruttolohnanbindung der Renten durch die Nettolohnanbindung ersetzt, so dass sich eine steigende Abgabenbelastung der Erwerbstätigen auch in geringeren Steigerungen der Ruhestandsbezüge widerspiegelt. Daneben wurden durch die Anhebung des gesetzlichen Renteneintrittsalters auf 65 Jahre und die damit verbundene Einführung eines versicherungsmathematischen Abschlags die Anreize zur Frühverrentung gesenkt. Schon bald nach dem Regierungswechsel 1998 widmete sich auch die neue rot-güne Bundesregierung der Rentenpolitik. Eine erste Maßnahme war die Aussetzung des „demographischen Faktors"[47], der im Rahmen des RENTENREFORMGESETZES 1999 von der Regierung Kohl im Jahr 1997 verabschiedet, aber noch nicht eingeführt worden war.[48] Erst danach wurde ein umfassendes Rentenreformkonzept entwickelt. Die nach verschiedenen Entwürfen[49] resultierende Rentenreform 2001 betraf alle drei Bereiche der Rentenversicherung. Sie bestand grundsätzlich aus zwei Gesetzen: dem ALTERSVERMÖGENSERGÄNZUNGSGESETZ (2001) und dem ALTERSVERMÖGENSGESETZ (2001). Im ALTERSVERMÖGENSGESETZ sind die Einführung einer Grundsicherung im Alter und bei Erwerbsminderung und der Aufbau einer staatlich geförderten betrieblichen und privaten Zusatzvorsorge geregelt. Die bisher rein umlagefinanzierte gesetzliche Rentenversicherung wurde also ergänzt durch ein kapitalgedecktes Element, die so genannte Riester-Rente. Im Zusammenhang damit steht eine der elementaren Regelungen des ALTERSVERMÖGENSERGÄNZUNGSGESETZES, namentlich die Änderung der Formel für die jährliche Rentenanpassung. Diese wurde in mehrerlei Hinsicht modifiziert. Die mit der Rentenreform 1992 eingeführte Nettolohnanpassung wurde zwar im Prinzip beibehalten, allerdings mit einer Neudefinition des

[46] Das von der unionsgeführten Bundesregierung im Jahr 1997 verabschiedete RENTENREFORMGESETZ 1999 wurde wegen des Regierungswechsels im Jahr 1998 nur teilweise umgesetzt. Zu den umgesetzten Neuerungen gehörten z.B. die Anhebung der Altersgrenzen für Frauen, Arbeitslose und langjährig Versicherte sowie eine verbesserte Anerkennung von Erziehungsleistungen. Des Weiteren wurde beschlossen, die 1986 eingeführte Anrechnung von Kindererziehungszeiten stufenweise von 75 % auf 100 % des Durchschnittsverdienstes zu erhöhen. Damit werden Kindererziehende in den ersten drei Lebensjahren des Kindes rentenrechtlich so gestellt, als hätten sie ein durchschnittliches Einkommen erzielt.

[47] Der demographische Faktor sollte den Anstieg der Lebenserwartung in der Rentenformel berücksichtigen und so die Rentenanpassung dämpfen.

[48] Neben der Aussetzung des demographischen Faktors wurde im GESETZ ZU KORREKTUREN IN DER SOZIALVERSICHERUNG UND ZUR SICHERUNG DER ARBEITNEHMERRECHTE (1998) der Beitragssatz zur Rentenversicherung ab dem 1.4.1999 von 20,3 auf 19,5 % gesenkt.

[49] Für eine Taxonomie der verschiedenen Reformvarianten siehe FEHR und JESS (2001).

Begriffs Nettoeinkommen.[50] Außerdem wirkt sich der neu in die Rentenformel integrierte, bis 2010 steigende Altersvorsorgeanteil dämpfend auf den Anstieg des aktuellen Rentenwerts aus. Ein weiteres Ziel der Bundesregierung bestand darin, teilzeitbeschäftigte Kindererziehende rentenrechtlich besserzustellen bzw. diese nach der Kindererziehungszeit zu einer schnellen Wiederaufnahme einer Erwerbstätigkeit zu bewegen. Seit dem Inkrafttreten der Rentenreform 2001 werden Kindererziehenden zusätzliche Entgeltpunkte angerechnet, wenn sie wegen der Kindererziehung nur teilweise oder gar nicht berufstätig sind. Im letzteren Fall müssen sie aber mindestens zwei Kinder haben. Voraussetzung für die Aufwertung der Entgeltpunkte ist grundsätzlich, dass die Erziehungsperson bei Renteneintritt mindestens 25 Jahre mit rentenrechtlichen Zeiten aufweisen kann.[51]

Weil sich die Finanzierungslage der GRV weiter verschlechterte, wurde zum Jahresbeginn 2002 die Schwankungsreserve der Rentenversicherung von bisher einer Monatsausgabe auf 0,8 Monatsausgaben gesenkt (GESETZ ZUR BESTIMMUNG DER SCHWANKUNGSRESERVE IN DER RENTENVERSICHERUNG DER ARBEITER UND DER ANGESTELLTEN 2001). Eine erneute Absenkung auf 0,5 Monatsausgaben erfuhr sie im Rahmen des BEITRAGSSATZSICHERUNGSGESETZES (2002) zum 1.1.2003. Weitere Bestandteile dieses Gesetzes sind die Erhöhung des Beitragssatzes für 2003 von 19,1 auf 19,5 % und eine deutliche Erhöhung der Beitragsbemessungsgrenze.[52] Damit beträgt die Beitragsbemessungsgrenze das Doppelte des Durchschnittsentgeltes, während sie vorher beim 1,8-Fachen lag.[53]

Die Erforderlichkeit dieser Maßnahmen schon bald nach der Rentenreform 2001 macht deutlich, dass diese nicht ausreichte, um die Finanzierung der GRV langfristig zu sichern. Von der staatlich geförderten Riester-Rente wurde in den ersten Jahren ihrer Einführung sehr wenig Gebrauch gemacht, inzwischen wird sie jedoch stärker genutzt (STOLZ und RIECKHOFF 2005). Auch zeigte sich, dass ein Hauptziel der Riester-Reform, die Stabilisierung des Beitragssatzes bei maximal 20 % bis zum Jahr 2020 und bei höchstens 22 % bis zum Jahre 2030, nicht mehr

[50] Der für die Berechnung des aktuellen Rentenwerts zugrunde gelegte durchschnittliche Nettolohn aller Versicherten wurde um den fiktiven Riester-Sparbeitrag ergänzt („modifiziertes Nettoeinkommen" (vgl. FEHR und JESS 2001) und fällt damit niedriger aus. Das Rentenniveau ist nach dieser Definition also nicht mehr vergleichbar mit dem entsprechenden Wert nach alter Definition.

[51] Dazu zählen gemäß § 54 Abs. 1 SGB VI Beitragszeiten, beitragsfreie Zeiten und Berücksichtigungszeiten.

[52] In den alten Bundesländern erhöhte sich die Beitragsbemessungsgrenze von 4.500 auf 5.100 Euro, in den neuen Ländern von 3.750 auf 4.250 Euro.

[53] Das BEITRAGSSATZSICHERUNGSGESETZ sieht zudem vor, dass Zeiten der Ausbildungssuche zu den Anrechnungszeiten zählen und dass der Bund zur Abgeltung der Kindererziehungszeiten eine Pauschalzahlung an die Rentenversicherung leistet.

realistisch erschien. Gleichzeitig sollte das Rentenniveau von derzeit rund 70 % bis zum Jahre 2030 nicht unter 67 % des durchschnittlichen Nettoeinkommens fallen.[54] Diese Vorgaben beruhten auf recht optimistischen Annahmen zu den demographischen und wirtschaflichen Rahmenbedingungen, ohne die allerdings ein Kompromiss im ohnehin umstrittenen Gesetzgebungsvefahren noch unwahrscheinlicher gewesen wäre.

Nachdem offensichtlich geworden war, dass weitere Reformen unumgänglich waren, um die Beitragssatz- und Rentenniveauziele einzuhalten, setzte die Bundesregierung im November 2002 die „Kommission für die Nachhaltigkeit in der Finanzierung der Sozialen Sicherungssysteme" unter dem Vorsitz von Bert Rürup ein. Die so genannte RÜRUP-KOMMISSION sollte Reformvorschläge für die Renten-, Kranken- und Pflegeversicherung erarbeiten. Dem entsprach sie mit der Vorlage ihres Abschlussberichtes im August 2003 (RÜRUP-KOMMISSION 2003). Die Kommission schlug insbesondere zwei Maßnahmen vor: die Berücksichtigung des Altersabhängigkeitsquotienten in der Rentenformel über den so genannten Nachhaltigkeitsfaktor und eine Erhöhung des gesetzlichen Renteneintrittsalters auf 67 Jahre.

Zwischenzeitlich hatten sich die Bedingungen für die Finanzierung der GRV aufgrund der Wachstumsschwäche und der weiterhin hohen Arbeitslosigkeit zusätzlich verschlechtert. Um dennoch den Beitragssatz konstant halten zu können, beschloss der Bundestag Ende 2003 eine Reihe kurzfristiger Stabilisierungsmaßnahmen. Dazu zählten im Rahmen zweier weiterer Gesetze zur Änderung des SGB VI eine weitere Absenkung der Mindestschwankungsreserve auf 20 % einer Monatsausgabe, die Aussetzung der Rentenanpassung zum 1.7.2004, die Übernahme des vollen Pflegeversicherungsbeitrags durch die Rentner ab April 2004, die Verschiebung der Rentenauszahlung auf das Monatsende für Neurentner (ebenfalls ab April 2004) und die zeitnahe Weitergabe von Beitragssatzänderungen in der GKV an ihre Mitglieder (ZWEITES GESETZ ZUR ÄNDERUNG DES SECHSTEN BUCHES SOZIALGESETZBUCH UND ANDERER GESETZE 2003, DRITTES GESETZ ZUR ÄNDERUNG DES SECHSTEN BUCHES SOZIALGESETZBUCH UND ANDERER GESETZE 2003).

Neben den kurzfristig angelegten SGB VI-Änderungen wurde im Jahr 2004 bereits ein Vorschlag der RÜRUP-KOMMISSION gesetzlich verankert: Im RENTENVERSICHERUNGS-NACHHALTIGKEITSGESETZ aus dem Jahr 2004 wurde die Er-

[54] Aufgrund der veränderten Definition des Nettoeinkommens sind diese Zahlen allerdings nicht vergleichbar. Das angegebene Rentenniveau von 67 % entspricht in der alten Definition des Nettoeinkommens etwa 63,5 % (BÖRSCH-SUPAN und WILKE 2003).

weiterung der Rentenformel um den Nachhaltigkeitsfaktor mit Wirkung ab Januar 2005 umgesetzt. Eine weitere Modifikation erfuhr die Rentenformel, indem die in ihr enthaltene Bruttolohn- und Gehaltssumme künftig nicht mehr auf Basis der Volkswirtschaftlichen Gesamtrechnung ermittelt wird, sondern sich an der (realistischeren) Entwicklung der versicherungspflichtigen Entgelte orientiert. Damit gehen beispielsweise Pensionen oder Einkommenssteigerungen oberhalb der Beitragsbemessungsgrenze nicht mehr in die Berechnung ein und führen so zu einer tendenziellen Abschwächung der Rentenentwicklung. Weitere Elemente des RENTENVERSICHERUNGS-NACHHALTIGKEITSGESETZES waren die Erhöhung der Altersgrenzen für den Rentenbezug wegen Altersteilzeit oder Arbeitslosigkeit, der Wegfall der rentensteigernden Anrechnung von schulischen Ausbildungszeiten und die Aufhebung der Höherbewertung der ersten drei Jahre mit Pflichtbeitragszeiten in den meisten Fällen (vgl. FASSHAUER 2005). Daneben waren die Erhöhung der Schwankungsreserve von 0,7 auf 1,5 Monatsausgaben und ihre Umbenennung in „Nachhaltigkeitsrücklage“ mit einer Funktionsausweitung verbunden: Sie soll nun auch dazu dienen, konjunkturelle Schwankungen aufzufangen, statt – wie bisher – nur unterjährige Schwankungen der Beitragseinnahmen.

Ebenfalls im Jahr 2004 wurde das ALTERSEINKÜNFTEGESETZ (2004) verabschiedet. Es basiert auf den Vorschlägen der „Sachverständigenkommission zur Neuordnung der steuerrechtlichen Behandlung von Altersvorsorgeaufwendungen und Altersbezügen“, deren Vorsitz ebenfalls Bert Rürup innehatte. Es regelt seit dem 1.1.2005 den Übergang zur nachgelagerten Besteuerung von Altersbezügen und damit auch die steuerliche Freistellung von Altersvorsorgeaufwendungen.

Zu den jüngsten Maßnahmen gehört das mit dem Rentenversicherungsbericht 2005 (BUNDESMINISTERIUM FÜR ARBEIT UND SOZIALES 2006) angekündigte und Ende 2006 im BEITRAGSSATZGESETZ 2007 umgesetzte Vorhaben, den Rentenversicherungsbeitrag ab Januar 2007 um 0,4 Prozentpunkte auf 19,9 % anzuheben. Aufgrund der seit Jahren angespannten Lage des Bundeshaushalts wurde im Rahmen des HAUSHALTSBEGLEITGESETZES bereits im Jahr 2006 beschlossen, den Bundeszuschuss im Jahr 2006 um 170 Mio. Euro abzusenken und ihn ab dem Jahr 2007 dauerhaft um 340 Mio. Euro zu kürzen. Es ist daher abzusehen, dass weitere Anhebungen des Rentenbeitragssatzes folgen werden.

In Analogie zur gesetzlichen Rentenversicherung in Deutschland beruht auch das Rentensystem im Modell auf den Prinzipien Umlagefinanzierung und Teilhabeäquivalenz. Die Höhe einer Altersrente ergibt sich als Produkt der folgenden drei Elemente:

1. Der Zugangsfaktor AF, der einen Rentenabschlag/-zuschlag induziert, falls ein Arbeitnehmer früher/später als mit dem gesetzlichen Renteneintrittsalter in Rente geht.

2. Die Summe der Entgeltpunkte SEP, welche die relative Einkommenssituation eines Arbeitnehmers während seines Arbeitslebens widerspiegelt.

3. Der aktuelle Rentenwert APV, der den Wert eines Entgeltpunkts in einem Rentenbezugsjahr bestimmt.

Der Rentenartfaktor, ein viertes Element der gesetzlichen Rentenversicherung, beträgt im Modell 1, da wir nur Renten wegen Alters betrachten (also keine Witwen-, Waisen-, Erwerbsunfähigkeits- und weitere Renten).[55]

Ein Modellhaushalt geht in einem exogen bestimmten Verrentungsalter $\bar{a}(z,k)$ in Abhängigkeit von seinem Einkommensniveau k in Rente, wobei z das Jahr des Renteneintritts ist. Für jedes Jahr $i \geq z$ und damit jedes Alter $a \geq \bar{a}(z,k)$ ergibt sich seine Rente als

$$Pen(a,i,s,k,l) = AF(z,k)\ SEP(z,s,k,l)\ APV(i). \tag{76}$$

Der Zugangsfaktor wurde im Zuge der Rentenreform 1992 eingeführt. Mit dieser Rentenreform wurde außerdem das Renteneintrittsalter für fast alle Rentenarten auf 65 Jahre erhöht. Durch die zunehmende Einschränkung der Frühverrentungsmöglichkeiten werden diese Regelungen spätestens im Jahr 2012 vollständig in Kraft getreten sein. Im Modell lassen wir das gesetzliche Renteneintrittsalter $\tilde{a}(z)$ von 62 Jahren in 2004 auf 65 Jahre in 2011 ansteigen. Durch den Zugangsfaktor wird nun die Altersrente für jedes Jahr, das man „zu früh" in Rente geht (jeweils gemessen am gesetzlichen Renteneintrittsalter) um 3,6 % reduziert, also

$$AF(z,k) = 1 - 0,036\ [\tilde{a}(z) - \bar{a}(z,k)]. \tag{77}$$

[55] Da wir im Modell nur Renten wegen Alters abbilden, verzichten wir auf eine Berücksichtigung des Bundeszuschusses zum Budget der Rentenversicherung.

Aus Sicht der gesetzlichen Rentenversicherung soll der Rentenabschlag von 3,6 % pro Jahr die finanzielle Neutralität eines vorgezogenen Renteneintritts sicherstellen. Das heißt, der Rentenabschlag soll sowohl die fehlenden Beitragszahlungen als auch die nun früher anfallenden Rentenzahlungen ausgleichen. In der Realität muss ein Rentner maximal Abschläge von fünf Mal 3,6 %, also 18 %, hinnehmen. Da der Zeitpunkt des Renteneintritts im Modell vorgegeben ist, können die Haushalte Verrentungsentscheidung und Inkaufnahme von Abschlägen nicht abwägen. Um versicherungsmathematische Fairness herzustellen, haben wir im Modell daher die Beschränkung des Abschlags aufgehoben. Da sich in den letzten Jahren das tatsächliche Renteneintrittsalter etwas erhöht hat (beispielsweise im Bereich der Altersrente von 62,5 Jahren im Jahr 2000 auf 63,5 Jahre im Jahr 2006, vgl. KWASNIEWSKI 2006) und eine weitere Entwicklung in dieser Richtung nicht ausgeschlossen ist (etwa aufgrund einer Zunahme der in Gesundheit verbrachten Lebensjahre, aber auch wegen mittlerweile stark eingeschränkter Möglichkeiten zur Frühverrentung), nehmen wir im Modell an, dass das tatsächliche Renteneintrittsalter $\bar{a}(z,k)$ im Basispfad zwischen 2019 und 2035 diskret von 60 auf 62 Jahre ansteigt.[56] Bei der oberen Klasse steigt es schneller als bei der mittleren Klasse und bei dieser wiederum schneller als bei der unteren Klasse.[57] Es wird also unterstellt, dass die Renteneintrittsentscheidung einer Einkommensklasse mit deren Lebenserwartung korrespondiert.

Ein Modellhaushalt kann drei Arten von Entgeltpunkten sammeln: normale Entgeltpunkte, die auf seinem Arbeitseinkommen im Inland beruhen, Auslandsentgeltpunkte durch frühere Erwerbstätigkeit im Ausland und Entgeltpunkte für Kindererziehung. Die normalen Entgeltpunkte $EP(a,i,s,k,l)$, die ein a-jähriger Angestellter in einem Arbeitsjahr i erwirbt, berechnen sich aus seinem Bruttoeinkommen $W(a,i,s,k,l)$ im Verhältnis zum Durchschnittseinkommen aller Angestellten $\bar{W}(i)$ nach der Formel:

$$EP(a,i,s,k,l) = \begin{cases} \min\left[1,5\; W(\cdot)/\bar{W}(i);\, \frac{3}{4}\right] & \text{für} \quad W(\cdot) \leq \frac{3}{4}\; \bar{W}(i) \\ W(\cdot)/\bar{W}(i) & \text{für} \quad \frac{3}{4}\; \bar{W}(i) < W(\cdot) < BBG(i) \\ 2,0 & \text{für} \quad BBG(i) \leq W(\cdot). \end{cases} \tag{78}$$

56 Bei der Setzung des tatsächlichen Renteneintrittsalters im Modell orientieren wir uns am faktischen durchschnittlichen Renteneintrittsalter unter Berücksichtigung von Erwerbsminderungsrenten. Dieses lag im Jahr 2005 bei 60,8 Jahren (DEUTSCHER BUNDESTAG 2006g), im Basisjahr des Modells liegt es bei 60 Jahren.

57 Konkret steigt das tatsächliche Renteneintrittsalter $\bar{a}(z,k)$ der oberen Klasse im Jahr 2019 von 60 auf 61. Die mittlere Klasse folgt im Jahr 2023 und die untere im Jahr 2025. Der Anstieg auf 62 Jahre erfolgt für Klasse 1 im Jahr 2031, für Klasse 2 in 2033 und für Klasse 3 im Jahr 2035.

In den Entgeltpunkten kommt die so genannte Teilhabeäquivalenz im deutschen Umlagesystem zum Tragen, d.h. der Zusammenhang von Altersrente und eigenen Beiträgen. Die Berechnungsformel spiegelt andererseits auch den Umverteilungscharakter wider, indem die erreichbaren Punkte nach unten und oben begrenzt sind. Liegt nämlich das individuelle Einkommen unter 75 % des folgendermaßen definierten Durchschnittseinkommens

$$\bar{W}(i) = \sum_{a=21}^{\bar{a}(i,k)-1} \frac{\sum_{k=1}^{3} \left[\sum_{s=23}^{45} W(a,i,s,k,n)N(\cdot) + \sum_{s=21}^{43} W(a,i,s,k,m)M(\cdot)\right]}{\bar{N}(a,i) + \bar{M}(a,i)}, \tag{79}$$

werden die zunächst erreichten Entgeltpunkte um 50 % aufgewertet bis zu maximal 0,75 Punkten. Liegt das Einkommen dagegen über der Beitragsbemessungsgrenze $BBG(i)$ von

$$BBG(i) = 2,0\,\bar{W}(i), \tag{80}$$

also dem doppelten Durchschnittseinkommen, wird das Maximum von 2 Entgeltpunkten angerechnet. Zwischen diesen Grenzen entsprechen die erworbenen Entgeltpunkte gerade dem Verhältnis des eigenen Einkommens zum Durchschnittseinkommen. Für Erwerbsjahre, die vor dem Startjahr 2004 liegen, werden die Entgeltpunkte im Modell auf Basis des Einkommens berechnet, das ein Haushalt mit den gleichen Merkmalen im Jahr 2004 erwirtschaftet.

Nach der Formel (78) können nur die im Inland erworbenen Entgeltpunkte berechnet werden. Im Modell werden darüber hinaus die im Herkunftsland erwirtschafteten Einkommen berücksichtigt. Weil zwischenstaatliche Sozialversicherungsabkommen im Modell nicht abgebildet werden können, wird eine an das deutsche Fremdrentenrecht angelehnte Regelung auf alle Ausländer angewendet, die im Alter $s > 21$ eingewandert sind, obwohl dieses in der Realität nur für eine Minderheit von Zuwanderern gilt. Bei Renteneintritt eines Migranten werden also zunächst seine ab Einwanderungsjahr im Inland erworbenen durchschnittlichen Entgeltpunkte nach Gleichung (78) berechnet. Für jedes Alter $21 < a < s$ werden ihm zusätzliche Entgeltpunkte $EP^f(a,i,s,k)$ gewährt. In der Realität wird hierzu das bisherige Einkommen von Zuwanderern, die unter das Fremdrentengesetz fallen, nach den entsprechenden deutschen Qualifikationsgruppen und Wirtschaftsbereichen ermittelt und mit einem 40%igen Abschlag versehen, um sie nicht besserzustellen als heimische Versicherte (BUNDESVERSICHERUNGSAN-

STALT FÜR ANGESTELLTE 2001).[58] Zur Umsetzung dieser Regelung berechnen sich die Entgeltpunkte im Modell in Anlehnung an die Entgeltpunkte, die ein gleichaltriger Einheimischer derselben Einkommensklasse im betreffenden Jahr gemäß der Entgeltpunkteformel im Durchschnitt aller Elternaltersklassen erworben hat. Dieser Durchschnitt wird mit einem politisch festgelegten Abschlag $[1 - \varrho_2(i)]$ versehen. Der Anrechnungsfaktor $\varrho_2(i)$ beträgt derzeit 60 %. Insgesamt können aber höchstens 25 Entgeltpunkte auf diese Art erworben werden. Die auf fremdrentenrechtlichen Zeiten beruhenden Entgeltpunkte eines Modellimmigranten bestimmen sich damit nach

$$EP^f(a,i,s,k) = \varrho_2(i) \sum_{j=23}^{45} EP(a,i,j,k,n)/N(a,i,22,k) \quad \text{falls} \quad 21 < a < s. \tag{81}$$

Wie im vorangegangenen Abschnitt erwähnt, werden Kindererziehenden zusätzliche Entgeltpunkte angerechnet, wenn sie wegen der Kindererziehung nur teilweise berufstätig waren. Da in unserem Modell alle kindererziehenden Haushalte erwerbstätig sind, kommt die Anrechnung von Kindererziehungszeiten nach § 56 und § 249 SGB VI, also die Zurechnung von je einem Entgeltpunkt für die Erziehungstätigkeit in den ersten drei Lebensjahren des Kindes nicht zur Anwendung. Auch so genannte Berücksichtigungszeiten, also Zeiten der Erziehung bis zu einem Kindesalter von 10 Jahren, die über die Kinderziehungszeit hinausgehen, die jedoch nicht unmittelbar die Rente erhöhen, lassen wir außer Acht, da dieser Fall im Modell nicht relevant ist. Wir berücksichtigen aber explizit die kindbezogene Höherbewertung von Beitragszeiten nach dem (neuen) § 70 Abs. 3 a SGB VI. Erzieht also eine Modellperson ein Kind unter 11 Jahren, hier mit $KID10(a,i,k)$ bezeichnet, und ist sie erwerbstätig, so werden ihre durch die Erwerbstätigkeit erworbenen Entgeltpunkte um den Aufwertungsfaktor $\varrho_3(i)$= 0,5, also 50 %, aufgewertet. Die maximale Aufwertung beträgt jedoch 1/3 Entgeltpunkt, bzw. wegen der gleichgeschlechtlichen Haushaltsstruktur im Modell 1/6 Entgeltpunkt, so dass gilt

$$EP^c(a,i,s,k,l) = \min[\varrho_3(i)KID10(a,i,k)EP(\cdot); 1/6], \tag{82}$$

wobei

$$KID10(a,i,k) = \sum_{q=u}^{v} \frac{N(q,i,a-j,k)}{N(a,i,22,k) + M(a,i,20,k)} \quad \text{für } 23 \leq a \leq 55 \tag{83}$$

[58] Für nach dem 6.5.1996 eingewanderte Spätaussiedler gelten weitere Beschränkungen.

mit $u = \max(0; a-45)$ und $v = \min(10; a-23)$. Die Summe aller Entgeltpunkte $SEP(\cdot)$ beträgt dann für einen Einheimischen

$$SEP(z,s,k,n) = \sum_{a=21}^{\bar{a}(z,k)-1} [EP(a,i,s,k,n) + EP^c(a,i,s,k,n)] \tag{84}$$

und für einen Migranten

$$SEP(z,s,k,m) = \sum_{a=s}^{\bar{a}(z,k)-1} [EP(a,i,s,k,m) + EP^c(a,i,s,k,m)] + \min\left[\sum_{a=21}^{s-1} EP^f(a,i,s,k); 25\right]. \tag{85}$$

Die dritte Komponente einer Altersrente, der aktuelle Rentenwert $APV(i)$, determiniert nun, wie viel ein Entgeltpunkt in einem Jahr i des Rentenbezugs wert ist. Im Gegensatz zu den ersten beiden Komponenten kann sich dieser Wert im Laufe der Rentenbezugszeit $i \geq z$ verändern gemäß

$$APV(i) = APV(i-1)\,\frac{\bar{W}(i-1)\,[1-\tau^{pp}(i-1)-\hat{\tau}^p(i-1)]}{\bar{W}(i-2)\,[1-\tau^{pp}(i-2)-\hat{\tau}^p(i-2)]}\,NF(i). \tag{86}$$

Er bestimmt sich zum einen aus dem aktuellen Rentenwert des Vorjahres $APV(i-1)$. Dieser wird seit der Rentenreform 2001 gewichtet mit der Veränderung eines künstlichen Einkommenskonstruktes. Man errechnet dieses künstliche Einkommen aus dem durchschnittlichen Bruttoeinkommen $\bar{W}(\cdot)$[59] abzüglich des allgemeinen Rentenbeitragssatzes $\hat{\tau}^p(\cdot)$ und eines fiktiven Beitrags $\tau^{pp}(\cdot)$ zum privaten Rentensystem im Rahmen der Riester-Rente. Während dieser so genannte Altersvorsorgeanteil in der Realität alle zwei Jahre um einen Prozentpunkt ansteigt, steigt er in der Rentenformel von 0 % im Jahr 2001 jährlich um einen halben Prozentpunkt bis auf 4 % im Jahr 2010, um dann konstant zu bleiben. Der am Ende der Gleichung (86) stehende Faktor $NF(i)$ repräsentiert den auf Vorschlag der Rürup-Kommission eingebauten und seit Januar 2005 gültigen Nachhaltigkeitsfaktor, der definiert ist als:

$$NF(i) = \chi\left[1 - \frac{RQ(i-1)}{RQ(i-2)}\right] + 1. \tag{87}$$

[59] Wie oben erwähnt, wird hierzu in der Realität mittlerweile die *versicherungspflichtige* Bruttolohn- und Gehaltssumme herangezogen. Im Modell arbeiten wir jedoch mit dem gemäß Gleichung (79) ermittelten Durchschnittseinkommen.

Mit ihm wird erreicht, dass ein Anstieg des Rentnerquotienten $RQ(\cdot)$ vom vorvergangenen Jahr zum Vorjahr den Anstieg des aktuellen Rentenwerts bremst. Der Rentnerquotient ist definiert als das Verhältnis der Rentner zu den Beitragszahlern. Im Modell ziehen wir hierzu die reinen Bevölkerungsrelationen heran, also[60]

$$RQ(i) = \frac{\sum_{k=1}^{3} \sum_{a=\bar{a}(i,2)}^{90} [\bar{N}(a,i) + \bar{M}(a,i)]}{\sum_{k=1}^{3} \sum_{a=21}^{\bar{a}(i,2)-1} [\bar{N}(a,i) + \bar{M}(a,i)]}. \tag{88}$$

In der Realität errechnen sich die Rentnerquotienten aus dem Verhältnis von so genannten Äquivalenz-Rentnern zu Äquivalenz-Beitragszahlern. Erstere ermittelt man nicht aus den tatsächlichen Bevölkerungszahlen, sondern indem man die Rentenausgaben durch die durchschnittliche Regelaltersrente (bei 45 Entgeltpunkten) teilt (BUNDESMINISTERIUM FÜR ARBEIT UND SOZIALES 2006). Die Äquivalenz-Beitragszahler bestimmen sich aus der Summe der verbeitragten Einkommen geteilt durch das durchschnittliche Versichertenentgelt. Die verbeitragten Einkommen sind die Beiträge aller versicherungspflichtig Beschäftigten, der geringfügig Beschäftigten und der Bezieher von Arbeitslosengeld dividiert durch den Rentenbeitragssatz.

Der Parameter $0 \leq \chi \leq 1$ bestimmt die Verteilung der Finanzierungslasten auf die aktive und die verrentete Bevölkerung. Je niedriger der Faktor χ gesetzt wird, desto stärker tragen die Erwerbstätigen die aus dem gestiegenen Rentneranteil oder einer höheren Arbeitslosigkeit resultierende Last. Bei $\chi = 0$ würden also die Erwerbstätigen die volle Last der Erhöhung des Rentneranteils tragen, umgekehrt hieße ein χ von 1, dass sein Anstieg voll zu Lasten der Rentenempfänger ginge.

Die Ausgaben der Rentenversicherung für Altersrenten belaufen sich in einer Periode i damit auf

$$\begin{aligned} PB(i) &= \sum_{k=1}^{3} \sum_{a=\bar{a}(i,k)}^{90} \left[\sum_{s=23}^{45} Pen(a,i,s,k,n) N(a,i,s,k) \right. \\ &\quad \left. + \sum_{s=21}^{43} Pen(a,i,s,k,m) M(a,i,s,k) \right] = \sum_{k=1}^{3} \overline{Pen}(i,k). \end{aligned} \tag{89}$$

[60] Zur technischen Vereinfachung erfolgt im Modell die Abgrenzung zwischen Rentnern und Erwerbstätigen in allen Einkommensklassen anhand des tatsächlichen Renteneintrittsalters der mittleren Einkommensklasse $\bar{a}(i,2)$.

Neben den Altersrenten übernimmt die Rentenversicherung auch einen Anteil $[1-\varrho_1(i)]$ (in der Praxis derzeit 50 %) der Krankenversicherungsbeiträge der Rentner. Im Modell wird unterstellt, dass nur gesetzlich krankenversicherte Rentner hiervon profitieren, während die privat krankenversicherten Rentner der oberen Einkommensklasse ihre Beiträge in voller Höhe selbst tragen.[61] Diese Zahlungen an die gesetzliche Krankenversicherung betragen

$$S^h(i) = [1 - \varrho_1(i)]\hat{\tau}^h(i) \sum_{k=2}^{3} \overline{Pen}(i,k). \tag{90}$$

Die Zahlungen der Rentenversicherung an die soziale Pflegeversicherung entfallen, da seit April 2004 die Rentner den ganzen Pflegeversicherungsbeitrag selbst übernehmen müssen. Damit ergibt sich der Beitragssatz zur Rentenversicherung im Jahr i endogen als

$$\hat{\tau}^p(i) = \frac{PB(i) + S^h(i)}{PY^p(i)}. \tag{91}$$

Als aggregierte Bemessungsgrundlage $PY^p(\cdot)$ steht der Rentenversicherung die Bruttolohnsumme aller gesetzlich versicherten Arbeitnehmer zur Verfügung. Dabei wird unterstellt, dass nur die Mitglieder der oberen Einkommensklasse ein Einkommen erzielen, das über der Beitragsbemessungsgrenze liegen kann. Damit ist auch nur bei diesen Haushalten eine Fallunterscheidung notwendig:

$$\begin{aligned} PY^p(i) \quad = \quad & \sum_{a=21}^{\bar{a}(i,1)-1} \left\{ \sum_{s=23}^{45} \min\left[W(a,i,s,1,n); BBG(i)\right] N(a,i,s,1) + \right. \\ & \left. \sum_{s=21}^{43} \min\left[W(a,i,s,1,m); BBG(i)\right] M(a,i,s,1) \right\} + \\ & \sum_{k=2}^{3} \sum_{a=21}^{\bar{a}(i,k)-1} \left[\sum_{s=23}^{45} W(a,i,s,k,n) N(a,i,s,k) + \right. \\ & \left. \sum_{s=21}^{43} W(a,i,s,k,m) M(a,i,s,k) \right]. \end{aligned} \tag{92}$$

Die individuellen Beitragssätze eines Haushalts sind nicht notwendigerweise identisch mit dem allgemeinen Rentenbeitragssatz $\hat{\tau}^p(i)$ aus Gleichung (91). Sobald

[61] In der Praxis können privat krankenversicherte Rentner einen Zuschuss zu ihren Krankenkassenbeiträgen von der GRV erhalten (DEUTSCHE RENTENVERSICHERUNG BUND 2007, S. 21).

das Einkommen eines Haushalts der Einkommensklasse 1 nämlich die Beitragsbemessungsgrenze übersteigt, sinkt sein marginaler Beitragssatz $\tau^p(a,i,s,k,l)$ auf null. Sein individueller durchschnittlicher Beitragssatz $\bar{\tau}^p(a,i,s,k,l)$ liegt dann unter dem allgemeinen Satz und weicht mit steigendem Einkommen zunehmend von $\hat{\tau}^p(i)$ ab.

Unterhalb der Beitragsbemessungsgrenze verläuft für alle Haushalte unabhängig von der Einkommensklasse der individuelle marginale Beitragssatz unter dem allgemeinen. Dies liegt an dem so genannten *Tax-Benefit-Linkage* $\varphi(a,i,k)$, mit dem das Ausmaß der Umverteilung im Rentensystem modelliert wird. Verhielte sich die Rente nämlich genau proportional zu den geleisteten Beiträgen, würde ein Haushalt nur noch einen Teil der Beiträge als Steuer wahrnehmen: die Differenz zwischen der am Kapitalmarkt erzielbaren Rendite und der impliziten Rendite des Rentensystems. Je mehr sich ein Haushalt dem Renteneintritt nähert, desto geringer wird dieser Steueranteil (AUERBACH und KOTLIKOFF 1987, BÜTLER 2000). Der *tax-benefit linkage* hat im Modell den Funktionsverlauf

$$\varphi(a,i,k) = e^{\omega[a-\bar{a}(i,k)]}. \tag{93}$$

Er beeinflusst den marginalen Rentenbeitragssatz, der für einen a-jährigen Haushalt mit Elternalter s in Einkommensklasse k und Jahr i definiert ist als

$$\tau^p(a,i,s,k,l) = \begin{cases} \hat{\tau}^p(i)[1-\varphi(a,i)] & \text{falls} \quad W(\cdot) \leq BBG(i) \text{ oder } k > 1 \\ 0 & \text{falls} \quad W(\cdot) > BBG(i) \text{ und } k = 1. \end{cases}$$

Für den durchschnittlichen Beitragssatz dieses Haushalts gilt

$$\bar{\tau}^p(a,i,s,k,l) = \begin{cases} \hat{\tau}^p(i) & \text{falls} \quad W(\cdot) \leq BBG(i) \text{ oder } k > 1 \\ \hat{\tau}^p(i)\, BBG(i)/W(\cdot) & \text{falls} \quad W(\cdot) > BBG(i) \text{ und } k = 1. \end{cases}$$

Im Fall der exakten Proportionalität repräsentiert der Faktor ω in Gleichung (93) gerade die Renditedifferenz zwischen Kapitalmarkt und Rentensystem. Ist dagegen die Rente eines Individuums völlig unabhängig von seiner Beitragsleistung, geht ω gegen unendlich, so dass $\varphi(a,i,k) = 0$ ist und sein marginaler Beitragssatz dem allgemeinen Beitragssatz $\hat{\tau}^p(i)$ entspricht. Da sich allein bei der oberen Einkommensklasse das Überschreiten der Beitragsbemessungsgrenze auf den individuellen Beitragssatz auswirkt, können nur bei dieser Einkommensklasse marginaler und durchschnittlicher Beitragssatz vom allgemeinen Beitragssatz $\hat{\tau}^p(i)$ abweichen.

2.2.3.4 Das Krankenversicherungssystem

Gesetzliche und private Krankenversicherung in Deutschland

Die gesetzliche Krankenversicherung (GKV), die ihre gesetzliche Grundlage im Fünften Buch des Sozialgesetzbuches (SGB V) hat, und die private Krankenversicherung (PKV) bilden zusammen das Krankenversicherungssystem in Deutschland. Mit 70,7 Millionen Versicherten (2005), was einem Anteil von 85,5 % der Bevölkerung entspricht, ist die GKV die Hauptsäule der Absicherung gegen Krankheit (BUNDESMINISTERIUM FÜR GESUNDHEIT 2006b, S. 2, STATISTISCHES BUNDESAMT 2006d, S. 28). Der Anteil der Privatversicherten an der Gesamtbevölkerung liegt bei 10,2 % (VERBAND DER PRIVATEN KRANKENVERSICHERUNG 2006, S. 3). Arbeiter und Angestellte sowie Rentner - soweit sie nicht in der zweiten Hälfte ihres Erwerbslebens Mitglied der PKV waren - sind in der GKV pflichtversichert. Versicherungspflichtig in der GKV sind außerdem Studierende, Landwirte, Leistungsempfänger der Bundesagentur für Arbeit, Künstler sowie verschiedene andere Berufsgruppen. Die Pflichtmitgliedschaft besteht jedoch nur bis zur Versicherungspflichtgrenze der GKV, die im Jahr 2005 bei 3.900 Euro bzw. im Jahr 2006 bei 3.937,5 Euro lag (BUNDESMINISTERIUM FÜR GESUNDHEIT 2006b, S. 2). Sie beträgt 75 % der Beitragsbemessungsgrenze der gesetzlichen Rentenversicherung. Beschäftigte mit einem darüber liegenden Einkommen sind versicherungsfrei im Sinne des § 6 Abs. 6 SGB V und können sich entweder freiwillig in der GKV versichern oder in die PKV wechseln. Nicht der Versicherungspflicht unterliegen Beamte, Richter, Soldaten auf Zeit und Selbständige, die jedoch freiwillig Mitglied der GKV werden können. Durch die kostenlose Familienmitversicherung erfasst der Versicherungsschutz der GKV auch Ehegatten und Kinder (bis zu einem Höchstalter) von Versicherten, soweit sie über kein eigenes sozialversicherungspflichtiges Einkommen verfügen. So waren im Jahr 2004 von den GKV-Versicherten 72,2 % Mitglieder und 28,8 % mitversicherte Familienangehörige (BUNDESMINISTERIUM FÜR GESUNDHEIT 2005, Tabelle 9.16A, o.S.).

Die Beiträge zur GKV werden nach dem Leistungsfähigkeitsprinzip erhoben, d.h. in Abhängigkeit von der Höhe des sozialversicherungspflichtigen Einkommens. Dabei wird der Beitrag jeweils zur Hälfte vom Versicherten und seinem Arbeitsgeber bzw. bei Rentnern vom Rentenversicherungsträger bezahlt. Beitragspflichtig ist das Einkommen nur bis zur Beitragsbemessungsgrenze, die im Jahr 2005 in Westdeutschland 3.525 Euro betrug und im Jahr 2006 bei 3.562,50 Euro lag (BUNDESMINISTERIUM FÜR GESUNDHEIT 2006b, S. 2).[62]

Wie die Rentenversicherung ist auch die GKV nach dem Umlageverfahren organisiert. Der Beitragssatz ist dabei nicht gesetzlich festgeschrieben, sondern kann zwischen den gesetzlichen Krankenkassen variieren. Grundsätzlich muss jede Kasse ihren Beitragssatz so kalkulieren, dass sie mit den laufenden Einnahmen eines Jahres die Ausgaben decken kann.

Die gesetzlichen Kassen stehen untereinander im Wettbewerb, seit im Jahr 1996 eine weitgehend freie Wahl der Krankenkasse eingeführt wurde und auch ein Wechsel zwischen den Kassen möglich ist. Da jedoch der Leistungskatalog weitgehend gesetzlich festgeschrieben ist, ist der Beitragssatz immer noch der bedeutendste Wettbewerbsparameter.[63]

Die Einnahmen der gesetzlichen Krankenkassen im Jahr 2005 betrugen rd. 145,7 Mrd. Euro. Davon stammten 96,2 % aus Beiträgen der Versicherten und knapp 1,7 % aus einem Bundeszuschuss, der sich hauptsächlich aus dem Aufkommen der Tabaksteuer speist (BUNDESMINISTERIUM FÜR GESUNDHEIT 2006b, S. 1). Die Leistungserbringung in der GKV erfolgt nach dem Solidarprinzip, d.h., der Leistungsanspruch ist unabhängig von der Höhe der geleisteten Beiträge. Vielmehr ist der Leistungskatalog für alle Versicherten gesetzlich festgelegt. Die Gesamtausgaben der GKV im Jahr 2005 lagen bei 143,8 Mrd. Euro. Davon waren 93,8 % Leistungsausgaben und 5,7 % Verwaltungskosten (BUNDESMINISTERIUM FÜR GESUNDHEIT 2006b, S. 1).

Im Gegensatz zur gesetzlichen Krankenversicherung werden in der privaten Krankenversicherung von jedem Versicherten risikoäquivalente Prämien erhoben, die sich nach dem jeweiligen Krankheitsrisiko und dem Lebensalter richten. Aus diesen Prämien werden nach dem Kapitaldeckungsverfahren Altersrückstellungen gebildet, die im Krankheitsfall aufgelöst werden können. Die Beiträge des Versicherten und die Verzinsung des Kapitalstocks über die gesamte Lebenszeit sollen dabei die gesamten Krankheitskosten im Lebensverlauf abdecken. Grundsätzlich besteht zwischen den privaten Krankenversicherern Wettbewerb, weil die Versicherten die Möglichkeit haben, die Kasse zu wechseln. Dieser Wettbewerb wird

---

[62] Bis zur Einführung des BEITRAGSSATZSICHERUNGSGESETZES (2002) im Jahr 2003, mit dem die Beitragsbemessungsgrenze zur Rentenversicherung stark angehoben wurde, entsprach die Versicherungspflichtgrenze der GKV ihrer Beitragsbemessungsgrenze.

[63] Weil sich die Krankenkassen hinsichtlich der Risikostruktur ihrer Versicherten relativ stark unterscheiden, wird versucht, mit dem Risikostrukturausgleich zwischen den Kassen die Ungleichgewichte zwischen Leistungsausgaben und Beitragseinnahmen auszugleichen (vgl. zum Risikostrukturausgleich FELDER 2000).

jedoch sehr stark dadurch eingeschränkt, dass die individuellen Altersrückstellungen eines Versicherten nicht zum neuen Versicherer mitgenommen werden dürfen. Bei der PKV gibt es keine kostenlose Familienmitversicherung, es muss jedes Familienmitglied extra beitragspflichtig versichert werden.

Jüngere Reformen der gesetzlichen Krankenversicherung

Aufgrund erheblicher Effizienzprobleme im Leistungsbereich, des Fortschritts in der Medizintechnik sowie der Auswirkungen von Wirtschafts-, Beschäftigungs- und demographischer Entwicklung auf die Ausgaben- und Einnahmenseite ist die GKV für die Politik eine Dauerreformbaustelle. In der 14. Wahlperiode des Deutschen Bundestages (1998 bis 2002) wurde durch verschiedene gesetzgeberische Maßnahmen versucht, den Kostenanstieg im Gesundheitswesen zu reduzieren und somit die Beiträge zu stabilisieren. So versuchte man beispielsweise, die bessere Verzahnung von ambulanter und stationärer Versorgung und Einsparungen bei der Arzneimittelversorgung zu erreichen. Zu Beginn der 15. Wahlperiode stand das Thema Gesundheitsreform erneut auf der politischen Agenda. Noch im Herbst (2002) wurde das BEITRAGSSATZSICHERUNGSGESETZ mit Kostendämpfungsmaßnahmen auf den Weg gebracht, um einen Anstieg der Sozialversicherungsbeiträge kurzfristig zu verhindern.[64] Um einer massiven Abwanderungsbewegung aus der GKV in die PKV zu begegnen, wurde die Versicherungspflichtgrenze in der GKV entsprechend der Erhöhung der Beitragsbemessungsgrenze der gesetzlichen Rentenversicherung deutlich erhöht. Die Beitragsbemessungsgrenze der GKV blieb davon unberührt. Mit dem ZWÖLFTEN SGB V - ÄNDERUNGSGESETZ (2004) wurden die Verwaltungsausgaben der gesetzlichen Krankenkassen für 2003 eingefroren und ihr Anstieg bis 2007 begrenzt.

Mit diesen Maßnahmen sollte vor allem Zeit gewonnen werden, um eine erneute „große“ Gesundheitsreform auf den Weg bringen zu können: Mit dem im Jahr 2003 verabschiedeten GKV-MODERNISIERUNGSGESETZ (GMG) wurden auch strukturelle Probleme im Gesundheitswesen – zumindest ansatzweise – angegangen, um

[64] Mit Wirkung ab 2003 wurden die Apotheken, der pharmazeutische Großhandel und die pharmazeutische Industrie zu Rabatten auf abgegebene Arzneimittel gegenüber den Krankenkassen verpflichtet. Das Sterbegeld wurde um die Hälfte gekürzt und die Vergütungen für stationäre, ambulante ärztliche und die zahnärztliche Behandlung ebenso eingefroren wie für zahntechnische Leistungen.

die Leistungsausgaben zu senken, was auch in gewissem Maße gelang.[65] Neben den ausgabenseitigen Maßnahmen wurden auch zahlreiche Maßnahmen auf der Anbieterseite getroffen.[66] Die Regelungen des GKV-MODERNISIERUNGSGESETZES (2003) haben nicht vollständig die erhoffte Wirkung erzielt. Jedoch konnte im Jahr 2004 durch das GMG (erstmals seit 1998) ein Überschuss in Höhe von 4 Mrd. Euro erwirtschaftet werden (BUNDESMINISTERIUM FÜR GESUNDHEIT 2006b, S. 1). Dieser wurde allerdings nicht genutzt um die Beitragssätze der Krankenkassen zu senken, sondern um die zuvor akkumulierten Schulden zu tilgen. Für die weitere Entwicklung der Krankenversicherung (und der Pflegeversicherung) ist auch der Zusammenhang zwischen Alter und den Gesundheits- bzw. Pflegekosten von besonderer Bedeutung. Abbildung 2.4 zeigt die Kostenprofile von Kranken- und Pflegeversicherung im Vergleich.[67] Die Kosten sind in der GKV in den ersten zwei Lebensjahren relativ hoch, sinken dann und nehmen ab einem Alter von 40 Jahren allmählich zu, bis sie etwa ab 85 Jahren ihr maximales Niveau erreichen. Die Pflegekosten dagegen verharren die meiste Zeit über auf einem sehr niedrigen Niveau, um dann ab einem Alter von etwa 60 Jahren extrem anzusteigen.

Wie schon in Abschnitt 1.4 erwähnt, herrscht in der Fachwelt keineswegs Einigkeit darüber, ob eine abnehmende Mortalität eher sinkende, gleichbleibende oder steigende Erkrankungswahrscheinlichkeiten induziert. BUTTLER, FICKEL und LAUTENSCHLAGER (1999) beispielsweise vermuten aufgrund historischer Evidenz, dass mit weiterhin zunehmender Lebenserwartung die Morbidität eher steigt. Während die früher oft tödlich endenden Infektionskrankheiten wie etwa Tuberkulose, Pocken, Typhus, Diphtherie oder Cholera mittlerweile größtenteils bekämpft sind, stehen heutzutage eher die mit hohem Alter zunehmend auftretenden chronisch-degenerativen Erkrankungen im Vordergrund, z.B. Herz-Kreislauf-Erkrankungen, Krebs, Diabetes, Krankheiten des Stütz- und Bewegungssystems

[65] Im Fokus der öffentlichen Wahrnehmung dieser Reform standen die Einführung einer vierteljährlichen Praxisgebühr beim Arztbesuch sowie die deutliche Erhöhung der Zuzahlungen für Arzneimittel und bei Krankenhausaufenthalten. Zudem wurden nichtverschreibungspflichtige Arzneimittel weitgehend aus der Erstattungsfähigkeit der GKV herausgenommen.

[66] So sollte mittels Patientenquittung und Patientenbeauftragter die Patientensouveränität im Gesundheitswesen gestärkt werden. Die Qualität der Versorgung soll durch die Verbesserung der ärztlichen Fortbildung und die Einrichtung eines unabhängigen Instituts für Qualität und Wirtschaftlichkeit im Gesundheitswesen verbessert werden. Im Zuge des GMG wurde außerdem die Krankenhausfinanzierung durch ein Fallpauschalensystem (DRG-System) auf den Weg gebracht sowie die Schaffung von strukturierten Behandlungsprogrammen für chronisch Kranke (Disease-Management-Programme) durchgesetzt.

[67] Die zugrundeliegenden altersabhängigen Ausgabenprofile für Bildungs-, Krankheits- und Pflegeausgaben wurden uns freundlicherweise von Prof. Bernd Raffelhüschen zur Verfügung gestellt. Sie wurden an die Modellstruktur angepasst und skaliert.

Abbildung 2.4: Altersspezifische Leistungen der gesetzlichen Kranken- und Pflegeversicherung

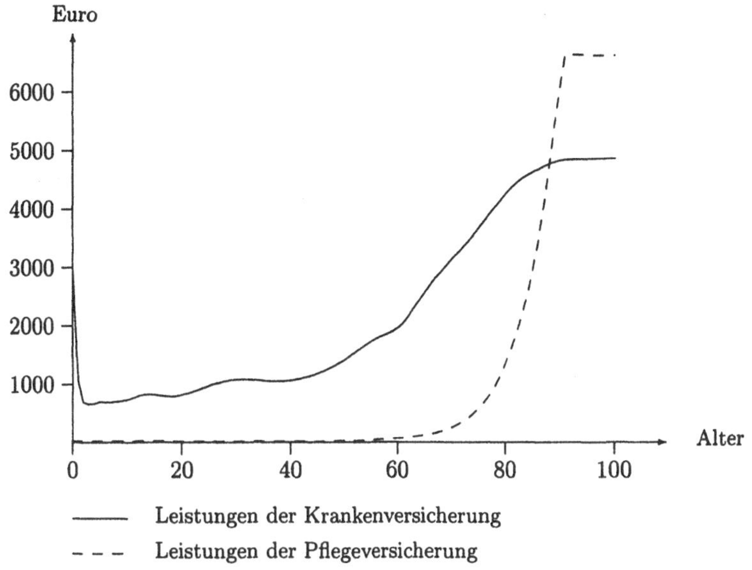

etc. Die Vertreter dieser „Medikalisierungsthese“ gehen davon aus, dass demzufolge für die Zukunft mit steigenden Kranhkeits- und insbesondere Pflegeaufwendungen zu rechnen ist. Nach ihrer Ansicht kann der medizinisch-technische Fortschritt zwar das Leben verlängern, nicht aber chronische Krankheiten heilen, so dass ein Mensch insgesamt mehr Zeit hat, zusätzliche (oft altersbedingte) Krankheiten zu erwerben.

Nach der „Kompressionsthese“ wiederum ist vor allem der Todeszeitpunkt entscheidend für die Höhe der Gesundheitsausgaben. Diese steigen – unabhängig vom Alter einer Person – jeweis im letzten Jahr vor dem Tod progressiv an. So zeigte sich im Falle einer Schweizer Untersuchung, dass sich in der Altersgruppe von 65 Jahren nur etwa 1 % im letzten Lebensjahr befindet, während der Anteil bei den 95-Jährigen rund 30 % beträgt. Daher geht die Parallelität von Gesundheitsausgaben und Alter unter Umständen maßgeblich auf die Konzentration der Kosten kurz vor dem Todeszeitpunkt zurück (ZWEIFEL 2001). Demnach würde sich das Gesundheitskostenprofil bei steigender Lebenserwartung lediglich um die gewonnene Lebenszeit nach hinten verschieben. Eine ähnliche Argumentation liegt der „Rektangularisierungsthese“ zugrunde. Ihre Vertreter vermuten, dass die Menschen aus dem Wunsch heraus, möglichst lange bei hohem Gesundheitsniveau zu leben[68], zunehmende Eigenanstrengungen zur Erhaltung der Gesundheit unternehmen. Die Zunahme der Lebenserwartung wäre demnach vielmehr als das Ergebnis zielgerichteten Handelns der Individuen zu sehen. Eine Rationierung der Gesundheitsversorgung ab einem bestimmten Alter wäre daher besonders negativ zu beurteilen (ZWEIFEL 2001). Welche der Thesen am ehesten zutrifft, ist nach wie vor umstritten. In der unten erläuterten Modellierung des Gesundheitssektors wird von den Kostenprofilen in Abbildung 2.4 ausgegangen, die sich nicht direkt mit zunehmender Lebenserwartung verändern, jedoch im Zeitablauf nach oben verschieben. Insofern unterstellen wir wie auch FETZER, MOOG und RAFFELHÜSCHEN (2003) einen Zusammenhang entsprechend der Medikalisierungsthese, allerdings in einer abgeschwächten Form, da die Kranken- und Pflegeversicherungsausgaben ab einem bestimmten Alter konstant bleiben.

Die Krankenversicherung im Modell

Wie das Rentensystem basiert auch die gesetzliche Krankenversicherung auf der Umlagefinanzierung mit einem einkommensabhängigen Beitrag. Dagegen erheben die privaten Versicherungen im Modell (einkommensunabhängige) Kopfpauschalen. Diese fallen auch für Kinder an, während in der gesetzlichen Versicherung die Kosten der Kindermitversicherung von allen Versicherten zu tragen sind. Im Modell wird nicht die komplexe individuelle Entscheidung für einen Wechsel von der gesetzlichen zur privaten Versicherung bei Haushalten berücksichtigt, die die Versicherungspflichtgrenze überschreiten. Vielmehr wird unterstellt, dass die Mitglieder der oberen Einkommensklasse grundsätzlich privat und die anderen Klassen gesetzlich krankenversichert sind. Aufgrund dieser Einteilung kann auf eine Berücksichtigung der Beitragsbemessungsgrenze (sowohl in der gesetzlichen Krankenversicherung als auch in der Pflegeversicherung) verzichtet werden, da die gesetzlich Versicherten diese Grenze im Modell i.d.R. nicht erreichen. Damit sind für alle Haushalte der beiden unteren Klassen durchschnittliche und marginale Beitragssätze identisch.

Jedes Individuum verursacht unabhängig von seiner Versicherungsart exogen gegebene, altersabhängige Krankheitskosten $hc(a, i)$ (engl. *health care*). Diese beinhalten alle medizinischen Leistungen wie Medikamente, Arztbesuche etc. Es wird

[68] Diesen Zusammenhang bezeichnet man als Rektangularisierung der Überlebenskurve, weil der Verlauf des angestrebten Gesundheitszustandes in einem Gesundheitszustand-Alter-Diagramm ein Rechteck beschreibt.

unterstellt, dass die Krankheitskosten jedes Jahr um 0,5 Prozentpunkte stärker als die allgemeine Wachstumsrate steigen.[69] Die aggregierten Ausgaben der gesetzlichen Krankenversicherung bezeichnen wir mit $HB^g(i)$ und die der privaten mit $HB^p(i)$, so dass sich die gesamten Gesundheitskosten $HB(i)$ im Jahr i aus den beiden Versicherungszweigen zusammensetzen als

$$HB(i) = HB^g(i) + HB^p(i) \tag{94}$$

mit den Einzelsummen

$$HB^g(i) = \sum_{k=2}^{3}\sum_{a=0}^{90} hc(a,i)[N(a,i,22,k) + M(a,i,20,k)] \tag{95}$$

$$HB^p(i) = \sum_{a=0}^{90} hc(a,i)[N(a,i,22,1) + M(a,i,20,1)]. \tag{96}$$

Zur Finanzierung der Ausgaben der gesetzlichen Krankenversicherung wird der Beitragssatz $\hat{\tau}^h(i)$ so bestimmt, dass die Ausgaben und Einnahmen der Versicherung übereinstimmen:

$$\hat{\tau}^h(i) = \frac{HB^g(i)}{PY^h(i)}. \tag{97}$$

Für die gesetzlich versicherten Einkommensklassen 2 und 3 entspricht der allgemeine Beitragssatz $\hat{\tau}^h(i)$ ihrem individuellen Beitragssatz $\tau^h(i,k)$. Für die privat versicherte Einkommensklasse 1 beträgt der Beitragssatz zur gesetzlichen Krankenversicherung $\tau^h(i,k)$ null. Als Bemessungsgrundlage $PY^h(i)$ der GKV steht die Summe aus Bruttolöhnen und Renteneinkommen aller gesetzlich Versicherten zur Verfügung:

$$\begin{aligned} PY^h(i) = & \sum_{k=2}^{3}\sum_{a=21}^{90}\Big\{\sum_{s=23}^{45}[W(a,i,s,k,n) + Pen(a,i,s,k,n)]N(a,i,s,k) + \\ & \sum_{s=21}^{43}[W(a,i,s,k,m) + Pen(a,i,s,k,m)]M(a,i,s,k)\Big\}. \end{aligned} \tag{98}$$

[69] Diese Setzung liegt zwischen der Annahme der RÜRUP-KOMMISSION (2003), die von einer Kostensteigerung in Höhe des allgemeinen Produktivitätsfortschritts ausgeht, und der Annahme von HÄCKER, HÖFER und RAFFELHÜSCHEN (2004), die im Szenario „mit Kostendruck" ein Kostenwachstum von einem Prozentpunkt über dem Produktivitätsfortschritt unterstellen.

Das private Krankenversicherungssystem erhebt zur Finanzierung seiner Ausgaben $HB^p(i)$ eine Kopfpauschale. Während die private Krankenversicherung in der Realität auf der Kapitaldeckung basiert, ist sie im Modell als Umlageverfahren ausgestaltet, da ansonsten in der Ausgangssituation den bereits im Erwerbsleben stehenden Privatversicherten ein künstlicher individueller Kapitalstock zugewiesen werden müsste (vgl. hierzu die Vorgehensweise bei FEHR und JESS 2006). Die rechnerische Kopfpauschale eines Erwachsenen $\hat{z}^h(i)$ ermittelt man, indem man die Gesundheitsausgaben des privaten Systems durch die Anzahl der Versicherten teilt. Da für Kinder nur die Hälfte der Erwachsenen-Kopfpauschale $\hat{z}^h(i)$ entrichtet werden muss, werden sie im Nenner der folgenden Gleichung nur hälftig gewichtet:

$$\hat{z}^h(i) = \frac{HB^p(i)}{\sum_{a=21}^{90}[N(a,i,22,1) + M(a,i,20,1)] + 0,5\sum_{a=0}^{20} N(a,i,22,1)}. \tag{99}$$

Die von einem Haushalt zu entrichtende Gesamtpauschale $z^h(a,i,k)$ berechnet sich dann als Summe aus Erwachsenen- und Kinderpauschale

$$z^h(a,i,k) = \hat{z}^h(i)[1 + 0,5\ KID(a,i,k)]. \tag{100}$$

Die Versicherten der Klasse 1 tragen diese Pauschale in voller Höhe selbst.[70] Da ihre individuellen Beitragsätze $\tau^h(i,1)$ und $\tau^{lc}(i,1)$ zu den gesetzlichen Systemen null sind, fällt andererseits wegen Gleichung (31) ihr Bruttolohn höher aus als der der anderen Klassen.

2.2.3.5 Das Pflegeversicherungssystem

Soziale und private Pflegeversicherung in Deutschland

Im Jahr 2005 beging die soziale Pflegeversicherung (in Analogie zur gesetzlichen Rentenversicherung (GRV) und gesetzlichen Krankenversicherung (GKV) im Folgenden mit GPV abgekürzt) ihren zehnten Geburtstag (PFLEGE-VERSICHERUNGSGESETZ 2004). Obwohl es sich also um einen sehr jungen Zweig der Sozialversicherung handelt, waren Ende 2005 bereits 70,3 Mio. Menschen, also etwa 85,3 % der deutschen Bevölkerung, in der GPV versichert. Wie auch in der Krankenversicherung ist die Mitgliedschaft für Angestellte bis zur Versicherungspflichtgrenze obligatorisch.

[70] Für die gesetzlich Versicherten der mittleren und oberen Einkommensklasse ($k = 2,3$) ist die Pauschale null.

Trotz der bekannten Demographieanfälligkeit umlagefinanzierter Sozialsysteme entschied man sich auch in diesem Sozialversicherungszweig für ein Umlagesystem. Allerdings wurde die soziale Pflegeversicherung im Gegensatz zur gesetzlichen Rentenversicherung schrittweise eingeführt. Seit Januar 1995 müssen von allen sozialversicherungspflichtig Beschäftigten Beiträge entrichtet werden. Seit April 1995 werden Leistungen der ambulanten Pflege gezahlt und seit Juli 1996 umfasst die soziale Pflegeversicherung auch Leistungen der stationären Pflege. Es wurde also zuerst ein Kapitalstock aufgebaut, der sich im Jahr 2000 auf rund 5,5 Mrd. Euro belief. Aus diesem Kapitalstock werden seither Defizite der GPV ausgeglichen, so dass der Beitragssatz von 1,7 % des Lohneinkommens bisher konstant gehalten werden konnte, der Kapitalstock aber bereits deutlich abgeschmolzen werden musste (vgl. Tabelle 2.1).

Im Jahr 2005 gab die soziale Pflegeversicherung insgesamt rund 17,86 Mrd. Euro aus, was 0,8 % des Bruttoinlandsproduktes entsprach. Von den Leistungsausgaben entfielen 8,2 Mrd. Euro auf die ambulante Pflege und 8,7 Mrd. Euro auf die stationäre Pflege (BUNDESMINISTERIUM FÜR GESUNDHEIT 2006d, S. 3). Die Einnahmen der GPV betrugen aber nur 17,49 Mrd. Euro, so dass sie ein Defizit von mehr als 360 Mio. Euro aufwies (BUNDESMINISTERIUM FÜR GESUNDHEIT 2006a, S. 1).[71] Das Vorziehen der Fälligkeit der Gesamtsozialversicherungsbeiträge führte im Jahr 2006 zu einer deutlichen Einnahmenverbesserung der Pflegeversicherung. Durch diesen einmaligen Sondereffekt konnte sie in 2006 sogar einen Überschuss von 450 Mio. Euro erzielen (BUNDESMINISTERIUM FÜR GESUNDHEIT 2007). Es ist dennoch abzusehen, dass der Kapitalstock der Pflegeversicherung innerhalb der nächsten Jahre aufgezehrt sein wird (vgl. auch SENDLER 2004, KRONBERGER KREIS 2005).

Die private Pflegeversicherung umfasst rund 9 Mio. Versicherte und damit 11 % der Bevölkerung (BUNDESMINISTERIUM FÜR GESUNDHEIT 2006d, S. 1). Im Gegensatz zur gesetzlichen Pflegeversicherung wird die private Pflegeversicherung (PPV) in Deutschland (wie auch die private Krankenversicherung) per Kapitaldeckungsverfahren finanziert. Kinder müssen in der PPV aber i.d.R. nicht extra versichert werden. Wegen der kapitalgedeckten Finanzierung und des weit weniger umfangreichen Versichertenkreises lastet auf der PPV ein geringerer demographischer und politischer Druck als auf der GPV. Daher beziehen sich die in der Öffentlichkeit diskutierten Reformen überwiegend auf die soziale Pflegeversicherung.

---

[71] Im Jahr 2003 betrug das Defizit sogar rund 700 Mio. Euro (BUNDESREGIERUNG 2004).

Tabelle 2.1: Entwicklung der gesetzlichen Pflegeversicherung: Budget, Fallzahlen und Beitragssatz

Jahr	1995	1999	2005	2010	2020	2050
Einnahmen[a]	8,4	16,3	17,5	-	-	-
Ausgaben[a]	5,0	16,4	17,9	-	-	-
Kapitalstock[a]	2,9	5,0	3,1	-	-	-
Pflegefälle[b]	-	1.929	2.070	2.382	2.935	4.728
Beitragssatz[c]	1,7	1,7	1,7	1,9-2,0	2,2-2,5	3,5-5,6

[a] in Mrd. Euro; [b] in 1000 (ab 2010 Prognose);
[c] in %, ohne Beitragsaufschlag für Kinderlose (ab 2010 Prognose)

Quellen: BUNDESMINISTERIUM FÜR GESUNDHEIT 2006a, 2006d, SCHULZ, LEIDL und KÖNIG (2001), SOZIALPOLITIK AKTUELL (2005), RÜRUP-KOMMISSION (2003), HOF (2001)

Jüngere Reformen der sozialen Pflegeversicherung

Unter anderem weil die gesetzliche Pflegeversicherung ähnlich demographiesensibel ist wie die Renten- und die Krankenversicherung, steht ihre Ausgestaltung schon seit ihrer Einführung in der Diskussion. Dementsprechend erfuhr sie trotz ihrer kurzen Existenz bereits einige Änderungen. Allerdings waren diese bisher weniger auf eine grundlegende Reform des Finanzierungssystems ausgerichtet, sondern vielmehr auf eine Verbesserung der Leistungen oder auf eine partielle Erhöhung der Einnahmen. So hält das zum Jahr 2002 in Kraft getretene PFLEGE-QUALITÄTSSICHERUNGSGESETZ (2001) professionelle Pflegeeinrichtungen zu internem Qualitätsmanagement an und soll so zu einer Erhöhung der Pflegequalität beitragen. Gleichzeitig trat das PFLEGELEISTUNGS-ERGÄNZUNGSGESETZ (2001) in Kraft, das die häusliche Pflege finanziell besserstellt.[72]

Dem Urteil des BUNDESVERFASSUNGSGERICHTS zum Familienlastenausgleich (2001a), in dem eine Ungleichbehandlung von Eltern und Kinderlosen in der GPV festgestellt wurde, trug der Gesetzgeber Rechnung, indem er seit dem 1.1.2005 einen um 0,25 Prozentpunkte höheren Beitragssatz für Kinderlose vorschreibt (KINDER-BERÜCKSICHTIGUNGSGESETZ (2003)). Die volle Übernahme des Pflegeversicherungsbeitrags durch Rentner seit April 2004 erhöhte dagegen die Einnahmen der Pflegeversicherung nicht, da dieser Anteil zuvor von der Rentenversicherung getragen wurde. Es handelte sich dabei insofern lediglich um eine

[72] Für die Pflege von erheblich pflegebedürftigen Menschen mit Altersdemenz, geistigen Behinderungen oder psychischen Erkrankungen werden zusätzliche Leistungen bereitgestellt.

Entlastung der GRV. Angesichts der aufgezeigten zu erwartenden Beitragssatzentwicklungen scheint eine grundlegende Reformierung der GPV unumgänglich. Nach mehreren Anläufen der Regierungen der vergangenen Legislaturperioden hat die große Koalition derzeit vor, noch im Jahr 2007 die Pflegeversicherung zu reformieren. Abschnitt 4.2 beschäftigt sich ausführlich mit einigen derzeit diskutierten Reformvorschlägen.

Die Pflegeversicherung im Modell

Analog zur Krankenversicherung werden auch bei der Pflegeversicherung exogene, altersabhängige Pflegekostenprofile $lc(a,i)$ (engl. *long-term care*) vorgegeben. Wie bei der oben beschriebenen Modellierung der GKV sind auch bei der GPV alle Mitglieder der Einkommensklasse 1 privat versichert und der Rest der Bevölkerung gesetzlich. Ebenso wie die private Krankenversicherung beruht auch die private Pflegeversicherung auf umlagefinanzierten Pauschalbeiträgen. Somit ergeben sich die gesamten Pflegekosten $LCB(i)$ als Summe der Ausgaben der gesetzlichen Versicherung $LCB^g(i)$ und der Privatversicherungen $LCB^p(i)$

$$LCB(i) = LCB^g(i) + LCB^p(i) \tag{101}$$

mit den Einzelsummen

$$LCB^g(i) = \sum_{k=2}^{3} \sum_{a=0}^{90} lc(a,i)[N(a,i,22,k) + M(a,i,20,k)] \tag{102}$$

$$LCB^p(i) = \sum_{a=0}^{90} lc(a,i)[N(a,i,22,1) + M(a,i,20,1)]. \tag{103}$$

Wie bei den Krankheitskosten unterstellen wir auch im Pflegebereich ein jährliches Kostenwachstum von 0,5 % zusätzlich zum Wirtschaftswachstum. Im Unterschied zur Krankenversicherung jedoch verfügt die soziale Pflegeversicherung über eine Anfangsausstattung an Kapital $AP(i)$. Falls nun die Beitragseinnahmen in einem Jahr i nicht ausreichen um die Kosten zu decken, wird der fehlende Betrag aus dem Kapitalstock der Pflegeversicherung $AP(i)$ entnommen, so dass sich dieser folgendermaßen entwickelt:

$$AP(i+1) = AP(i)[1 + r(i)] + \hat{\tau}^{lc}(i)PY^h(i) - LCB^g(i). \tag{104}$$

Der im Basisjahr exogen festgelegte Beitragssatz zur gesetzlichen Pflegeversicherung $\hat{\tau}^{lc}(i)$ ist also konstant, solange der Kapitalstock nach Abzug des Defizits noch positiv ist. Sobald der Kapitalstock vollständig aufgebraucht ist, wird der Beitragssatz endogen bestimmt:[73]

$$\hat{\tau}^{lc}(i) = \frac{LCB^g(i)}{PY^h(i)}. \tag{105}$$

Die Bemessungsgrundlage ist hier dieselbe wie bei der Krankenversicherung (Gleichung (98)). Wie bei der GKV entspricht auch bei der GPV der individuelle Beitragssatz $\tau^{lc}(i,k)$ der Einkommensklassen 2 und 3 dem allgemeinen Beitragssatz $\hat{\tau}^{lc}(i)$, während $\tau^{lc}(i,1) = 0$. Summiert man die durchschnittlichen individuellen Beitragssätze von Renten-, Kranken- und Pflegeversicherung auf, erhält man den (bereits in Gleichung (31) eingeführten) aggregierten durchschnittlichen lohnabhängigen Sozialversicherungsbeitrag eines im Jahr i a-jährigen Haushalts der Einkommensklasse k, der Staatsbürgerschaft l und des Elternalters s

$$\bar{\tau}^{ss}(a,i,s,k,l) = \bar{\tau}^{p}(a,i,s,k,l) + \tau^{h}(i,k) + \tau^{lc}(i,k). \tag{106}$$

Analog zu den privaten Krankenversicherungen finanzieren auch die privaten Pflegeversicherungen ihre Ausgaben über Kopfpauschalen. Allerdings werden hier für Kinder keine separaten Beiträge erhoben, so dass für die Haushaltspauschale der oberen Einkommensklasse $z^{lc}(i,1)$ gilt:

$$z^{lc}(i,1) = \frac{LCB^p(i)}{\sum_{a=21}^{90}[N(a,i,22,1) + M(a,i,20,1)]}. \tag{107}$$

Wie bei der privaten Krankenversicherung ist auch die private Pflegepauschale für Haushalte aus der mittleren und unteren Einkommensklasse ($k = 2,3$) null.

2.2.4 Allgemeines Gleichgewicht

In jeder Periode müssen alle Märkte geräumt sein. Für den Kapitalmarkt erfordert dies die Erfüllung der Gleichung

$$A(i) + AP(i) = q(i)K(i) + B(i) + B^f(i). \tag{108}$$

Auf dem Kapitalmarkt steht der unternehmerischen Kapitalnachfrage $K(i)$ und dem staatlichen Schuldenstand $B(i)$ die aggregierte Ersparnis der Haushalte $A(i)$ und der Kapitalstock der Pflegeversicherung $AP(i)$ gegenüber. Im Falle der offenen Volkswirtschaft ist zusätzlich das im Ausland gehaltene Vermögen $B^f(i)$ zu

[73] In der Übergangsperiode von einem positiven Kapitalstock $0 < AP(i)[1+r(i)] < LCB^g(i) - \hat{\tau}^{lc}(i)PY^h(i)$ zu einem Kapitalstock von null wird der restliche Kapitalstock noch zur Verminderung des Defizits in Periode i verwendet. Der Beitragssatz wird also bereits in der Übergangsperiode i endogen bestimmt aus $\hat{\tau}^{lc}(i) = \frac{LCB^g(i) - AP(i)[1+r(i)]}{PY^h(i)}$.

berücksichtigen. Der nationale Gütermarkt ist geräumt, wenn die Bedingung

$$Y(i) = C(i) + \Delta K(i) + G(i) + TB(i) = Y^D(i) \tag{109}$$

erfüllt ist, wobei $TB(i)$ der Handelsbilanzsaldo ist, der die Veränderung der Vermögensposition gegenüber dem Ausland widerspiegelt. Im Falle der geschlossenen Volkswirtschaft gilt natürlich $TB(i) = 0$. Damit der Gütermarkt geräumt ist, muss der Produktionsoutput $Y(i)$ der aggregierten Güternachfrage $Y^D(i)$ entsprechen. Ein Gleichgewicht auf dem Arbeitsmarkt erfordert schließlich die Übereinstimmung von Arbeitsangebot $L(i)$ (Gleichung (43)) und der aus der Gleichgewichtsbedingung (58) resultierenden Nachfrage nach Arbeit. Damit ist das ökonomische Modell erläutert und es folgt eine Beschreibung der Lösungsmethode.

2.2.5 Lösungsalgorithmus des Simulationsmodells

Im Folgenden wird die technische Seite des Simulationsmodells beleuchtet, also die Umsetzung des ökonomischen Modells in einen rechenbaren Prozess. Abbildung 2.5 stellt den Lösungsalgorithmus schematisch dar.

Zu Beginn des Lösungsvorgangs werden Kapitalstock, Zinssatz und die anfänglichen Vermögensausstattungen der Haushalte für das Basisjahr (2004) fix vorgegeben. Daraus ergibt sich der Kapitalpreis im Startjahr. Die Startwerte der Variablen Kapitalstock, Arbeitsangebot und Ersparnis werden für die Jahre von 2005 bis zum stabilen (End-)Gleichgewicht (*steady state*) zunächst geschätzt.[74] Nun werden unter Annahme perfekter Voraussicht alle Variablen für jedes Jahr der Transition, d.h. der Zeitraum zwischen Basisjahr und dem langfristig resultierenden stabilen (End-)Gleichgewicht, berechnet. Dies geschieht anhand eines Gauss-Seidel-Algorithmus, der die zu berechnenden Unbekannten in einer vorgegebenen Reihenfolge ermittelt, jeweils in Abhängigkeit der zuvor bestimmten relevanten Variablen. Ist am Ende eines Durchgangs das Gleichgewichtskriterium (109) nicht erfüllt, werden in einer wiederholten Iteration alle Werte neu errechnet und die bisherigen überschrieben.

Im Einzelnen sieht das Lösungsverfahren unseres Simulationsmodells wie folgt aus: Zu Beginn einer Iteration berechnen wir den Kapitalpreis $q(i)$ für alle Jahre der Transition aus der Bedingung erster Ordnung für die optimale Investition (Gleichung (59)). Damit lässt sich aus der Arbitrage-Bedingung (60) der Zinspfad

[74] Alle vorgegebenen Größen werden aus einem vorgeschalteten Programmlauf ohne Anpassungskosten generiert.

ableiten. Diesen Pfad wiederum eingesetzt in die (nach $K(i)$ aufgelöste) volkswirtschaftliche Kapitalmarktgleichgewichtsbedingung (108) liefert die Höhe des Kapitalstocks für alle Transitionsjahre ab 2005. Aus derselben Gleichung wird die aggregierte Ersparnis des Basisjahres neu ermittelt (die Gleichung wird dazu umgeformt nach $A(2004)$), was eine Aktualisierung des Niveaus der individuellen Anfangs-Vermögensaustattungen $a(\cdot)$ erfordert. Im nächsten Schritt erhält man aus der unternehmerischen Bedingung für optimalen Arbeitseinsatz (58) den Lohnsatz $w(i)$ als Grenzproduktivität der Arbeit.

Die Haushalte kennen nun die relevanten Preise und treffen diesen Vorgaben entsprechend optimale Konsum- und Arbeitsangebotsentscheidungen, woraus sich endogen die Sparentscheidungen ergeben. Aggregiert, wie in den Gleichungen (42), (43) und (44) beschrieben, gehen diese Entscheidungen in die Budgetgleichungen der öffentlichen Haushalte (61), (91), (97) und (105) ein.

Schließlich wird am Ende einer Iteration geprüft, ob das gesamtwirtschaftliche Angebot in jeder Periode der Nachfrage entspricht, also die Gütermarktgleichgewichtsbedingung (109) erfüllt ist. Übersteigt der Betrag der Differenz zwischen den beiden Größen das vorgegebene Gütekriterium von 0,01 Euro, so beginnt eine neuer Durchlauf.

Im Fall der offenen Volkswirtschaft verläuft der Algorithmus ähnlich. Allerdings wird hier der Zinssatz über die gesamte Transition hinweg auf einem exogen gegebenen Niveau festgehalten. Man berechnet den Kapitalpreis dann aus der nach $q(i)$ umgeformten Gleichung (60) und den Kapitalstock über Gleichung (59). Im Gegensatz zur geschlossenen Volkswirtschaft jedoch wird nicht die Vermögensausstattung der Haushalte angepasst, sondern nach Maßgabe von Gleichung (108) auch die Nettovermögensposition gegenüber dem Ausland B^f. Am Ende eines Durchlaufs wird auch hier wieder die Erfüllung der Gütermarktgleichgewichtsbedingung geprüft.

Der Algorithmus iteriert nun so oft, bis die Zeitpfade der Variablen gegen ein stabiles Gleichgewicht konvergieren, d.h. in jedem Jahr alle Märkte im Gleichgewicht sind. Im Modell wird dazu der Transitionspfad zwischen den Jahren 2004 und 2300 berechnet. Zur Lösung dieses Pfads benötigt der Algorithmus im Simulationsprogramm etwa 400 Iterationen. Wird in einem zweiten Programmdurchlauf eine Reformsimulation berechnet, erfordert auch diese i.d.R. rund 400 Iterationen.

Abbildung 2.5: Lösungsalgorithmus des Simulationsmodells

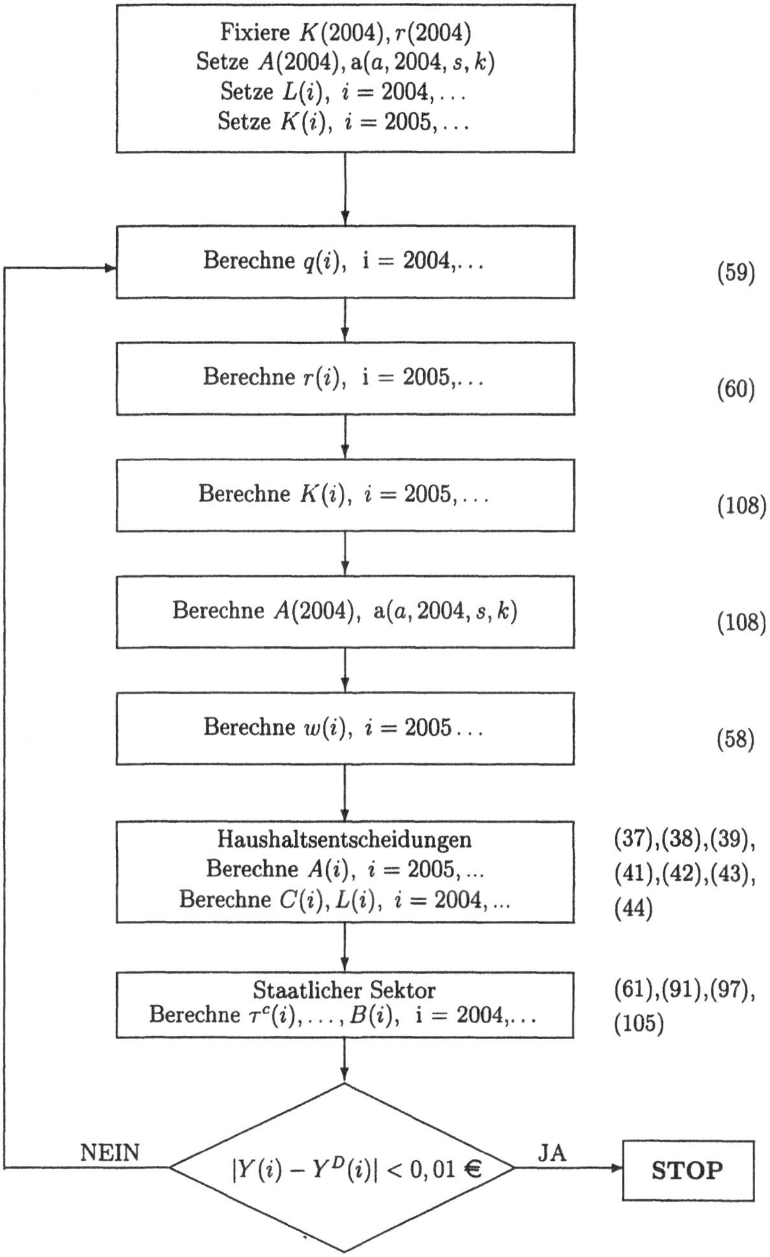

2.2.6 Kalibrierung, Ausgangsgleichgewicht und Basispfad des Modells

Die in Abschnitt 2.1 beschriebene Modellierung der derzeitigen und künftigen Bevölkerungsstruktur ist der erste Schritt, um ein Modell für wirklichkeitsnahe Politikanalysen nutzbar zu machen. In einem zweiten Schritt gilt es nun, für die Nutzen- und Produktionsfunktion sowie für die Stellschrauben des Steuer- und Transfersystems eine möglichst realistische Parametrisierung zu wählen. Die meisten dieser Parameter wurden in verschiedenen empirischen Studien geschätzt. Einen Überblick über die für Auerbach-Kotlikoff-Modellierungen relevanten Schätzungen der wichtigsten Nutzen- und Technologieparameter gibt FEHR (1999). Tabelle 2.2 zeigt die zentralen im vorliegenden Modell verwendeten Parameterwerte. Bei der Parametrisierung von Nutzen- und Produktionsfunktion legen wir weitge-

Tabelle 2.2: Parametrisierung des Modells

	Symbol	Wert
Nutzenfunktion		
Zeitpräferenzrate	θ	0,015
Intertemporale Substitutionselastizität	γ	0,25
Intratemporale Substitutionselastizität	ρ	0,8
Freizeitpräferenzparameter	α	1,5
Produktionsfunktion		
Technologieniveau	ϕ	5,5
Kapitalintensität der Produktion	ε	0,25
Anpassungskostenniveau	ψ	10
Technologischer Fortschritt	λ	0,01
Politikparameter		
Kapitaleinkommensteuersatz	$\tau^r(i)$	0,12
Sparerfreibetrag	$Ais(i)$	8.000 €
Körperschaftsteuersatz	$\tau^k(i)$	0,028
Erbschaftsteuersatz	$\tau^b(i)$	0,046
Werbungskostenanteil am Einkommen	β_1	0,11
Eigenanteil der Rentner am GKV-Beitrag	$\varrho_1(i)$	0,5
Schuldenquote (in % des NIP)	$b(i)$	0,6
Tatsächliches Rentenzugangsalter in 2004	$\bar{a}(z,k)$	60
Gesetzliches Renteneintrittssalter im Modell in 2004	$\tilde{a}(z)$	62
Aktueller Rentenwert im Modell in 2004 (in € pro Monat)	APV(i)	26,6

hend die Parameterkonstellationen von AUERBACH und KOTLIKOFF (1987) bzw. FEHR (1999) zugrunde. Lediglich bei der intratemporalen Substitutionselastizität der Haushalte wurde ein geringfügig höherer Wert gewählt, der sich nahezu mit der empirischen Schätzung von GHEZ und BECKER (1975) – sie schätzen ρ auf 0,83 – deckt. Um das Modell für deutsche Verhältnisse zu kalibrieren, wurde das technologische Niveau der Produktion ϕ so gewählt, dass sich im Ausgangsjahr 2004 eine Grenzproduktivität der Arbeit (und damit ein Grundlohnsatz) von etwa 11 Euro pro Stunde ergibt.[75] Aus der Multiplikation dieses Lohnsatzes mit den individuellen Effizienzprofilen folgt, dass ein 21-jähriger Berufsanfänger mit hohem Qualifikationsniveau einen Bruttostundenlohn von rund 23 Euro erzielt, jemand mit mittlerem Niveau knapp 12 Euro und ein (geringqualifiziertes) Mitglied der unteren Einkommensklasse etwa 4 Euro. Im Alter von 50 Jahren beläuft sich der Bruttostundenlohn auf knapp 52 Euro in Einkommensklasse 1, ca. 21 Euro für Klasse 2 und etwa 6 Euro im unteren Qualifikationsniveau. Wegen der unterschiedlichen individuellen Produktivitätsprofile nehmen die Lohnunterschiede zwischen den Einkommensklassen mit dem Alter also zu (vgl. Abbildung 2.2). Zum Vergleich sei der durchschnittliche Verdienst pro Arbeitnehmerstunde in Deutschland von rund 20 Euro (2003) genannt (STATISTISCHES BUNDESAMT 2005a). Die für Arbeit verfügbare Zeitausstattung der Haushalte legen wir in Anlehnung an FULLERTON und ROGERS (1993) auf 4.000 Stunden pro Jahr fest. Im Basisjahr des Modells arbeiten Haushalte der höchsten und mittleren Einkommensklasse dann etwa 1.100 Stunden pro Jahr, niedrigqualifizierte Haushalte dagegen etwa 1.500 Stunden. In Deutschland arbeitete ein Erwerbstätiger im Jahr 2004 durchschnittlich 1.442 Stunden und im Jahr 2005 1.437 Stunden (STATISTISCHES BUNDESAMT 2005e, Tabelle 1.12). Das Modell bildet die Haushaltsentscheidungen also relativ wirklichkeitsnah ab.

Bei der Spezifizierung der Politikparameter wurde Wert darauf gelegt, dass die Struktur und die Entwicklung von Steuer- und Sozialsystemen realistisch abgebildet werden. Dazu wurden die Originaldaten zu den altersspezifischen Ausgaben für Bildung, Gesundheit und Pflege skaliert, um die gegenwärtigen Ausgabenrelationen und eine Entwicklung der Beitragssätze abzubilden, wie etwa bei WERDING und BLAU (2002) oder FETZER, MOOG und RAFFELHÜSCHEN (2003).[76] Um eine im Mittel der verschiedenen Projektionen (vgl. etwa POSTLER 2003) liegende Entwicklung der Beitragssätze zu erreichen, lassen wir – wie bereits erwähnt – im vorliegenden Modell die Gesundheits- und Pflegeausgaben zusätzlich zum technologischen Fortschritt mit einer Rate von 0,5 % pro Jahr wachsen.[77] Auch die

---

[75] Für alle folgenden Jahre wird der Technologieparameter konstant gehalten.

[76] Wir orientieren uns dabei an einem mittleren Szenario, d.h. einer Entwicklung zwischen der optimistischen und der pessimistischen Annahme.

[77] Wie in Abschnitt 2.2.3.4 beschrieben, liegen wir damit zwischen den Annahmen von HÄCKER, HÖFER und RAFFELHÜSCHEN (2004) und der RÜRUP-KOMMISSION (2003).

gewählten Steuersätze für Kapitaleinkommen und Erbschaften liefern realistische Steueraufkommen in Relation zum Nettoinlandsprodukt im Ausgangsgleichgewicht. Ebenso wurden die Pro-Kopf-Ausgaben für allgemeine öffentliche Güter g spezifiziert, um ein realistisches Niveau an Staatsausgaben zu erhalten.

Schließlich werden im Basisjahr 2004 der Simulation die Vermögensverteilung und der Kapitalstock in diesem Jahr benötigt. Die Vermögensprofile wurden einer langfristigen Gleichgewichtslösung des Modells entnommen und neu skaliert, um realistische Werte für die Sparquote zu erhalten. Der Kapitalstock im Ausgangsjahr 2004 wird in einem vorgeschalteten Lauf ohne Anpassungskosten endogen ermittelt und im eigentlichen Basispfad (mit Anpassungskosten) übernommen.

Die Tabellen 2.3 und 2.4 zeigen das resultierende Ausgangsgleichgewicht im Basisjahr für den Fall der geschlossenen Volkswirtschaft. Weil im Modell Abschreibungen vernachlässigt werden, sind alle Größen auf das Nettoinlandsprodukt (NIP) bezogen. Auf der Verwendungsseite des NIP werden keine Handelsbeziehungen mit dem Ausland erfasst, so dass der Außenbeitrag gleich null ist. Zu beachten ist außerdem, dass der staatliche Konsum inklusive der Gesundheits- und Pflegeausgaben ausgewiesen wird. Deshalb erscheint er etwas überhöht. Der Vergleich der staatlichen Kennziffern zeigt, dass unser Modell den staatlichen Sektor ansonsten eher zu schwach ausweist, weil wir verschiedene Steuern und Sozialtransfers nicht berücksichtigen. Die Struktur des deutschen Steuer- und Sozialversicherungssystems wird jedoch realistisch erfasst, wie man nicht zuletzt auch an den Steuersätzen, den Sozialbeiträgen und den Ausgaben- bzw. Aufkommensquoten zum NIP erkennt. Lediglich die Lohnsteuereinnahmen sind relativ hoch, weil im Modell Arbeitslosigkeit nicht berücksichtigt wird. Dagegen fallen die Konsumsteuern, mit denen das Budget zum Ausgleich gebracht wird, etwas niedriger aus. Bei den altersabhängigen Ausgaben sind die Bildungsausgaben im Modell etwas zu gering, weil in den offiziellen Statistiken darin auch Forschungs- und Entwicklungsausgaben enthalten sind, im Modell jedoch nur die Ausgaben für unter 21-Jährige berücksichtigt werden. Der untere Teil von Tabelle 2.3 zeigt schließlich, dass zwar das Zinsniveau hoch ist, weswegen auch die staatliche Zinsausgabenquote überhöht ausfällt, Kapitalkoeffizient und Sparquote aber durchaus realistisch ausfallen.

Tabelle 2.4 zeigt schließlich die Verteilung der Nettoeinkommen im Modell sowie das durchschnittliche Bruttojahreseinkommen der sozialversicherten Arbeitnehmer. Sowohl die Verteilung als auch die absolute Höhe der Jahreseinkommen werden im Modell endogen bestimmt. Die Referenzwerte für die Einkommensver-

Tabelle 2.3: Das Ausgangsgleichgewicht des Modells

	Basisjahr Modell	Deutschland 2004*
Verwendung des NIP (in %)		
Privater Verbrauch	71,3	65,7
Staatsverbrauch	25,6	22,1
(Netto-)Investitionen	3,0	3,1
Export-Import	0,0	5,9
Staatliche Kennziffern		
Steuereinnahmen (in % des NIP)	21,8	23,5
Lohnsteuer (inkl. veranl. ESt)	8,5	6,9
Kapitaleinkommensteuer	1,0	0,9
Körperschaftsteuer	0,7	0,7
Konsumsteuern	11,4	12,0
Erbschaftsteuer	0,2	0,2
Steuerstruktur		
Anteil direkter Steuern am Aufkommen (in %)	47,8	47,9
Anteil indirekter Steuern am Aufkommen (in %)	52,2	52,1
Steuersätze		
Durchschn. Lohnsteuersatz Eink.klasse 2 (in %)	8,7	–
Marginaler Lohnsteuersatz Eink.klasse 2 (in %)	26,0	–
Konsumsteuersatz (in %)	16,0	16,0
Sozialversicherungsausgaben (in % des NIP)	21,0	23,9
Ausgaben der GRV	11,7	12,7
Ausgaben der GKV	6,6	7,6
Ausgaben der GPV	0,8	0,9
Ausgaben der PKV/PPV	1,9	1,5
Sozialversicherungsbeiträge		
RV-Beitrag (in %)	19,5	19,5
GKV-Beitrag (in %)	14,3	14,3
GPV-Beitrag (in %)	1,7	1,7
PKV-Pauschale (in € pro Monat. inkl. PPV)	230	250[a,c]
Bildungsausgaben (in % des NIP)	5,4	6,6[b]
Kindergeld und -freibeträge (in % des NIP)	2,3	2,0
Zinsausgaben (in % des NIP)	4,1	3,3
Zinssatz (in %)	6,8	–
Kapitalkoeffizient (Kapital/Arbeit)	3,6	3,4
Erbschaftsvolumen (in % des NIP)	4,5	8,1
Sparquote (in %)	9,8	10,4[a]

[a]Referenzjahr 2002; [b]Referenzjahr 2003; [c]Ausgaben der PKV pro Versicherten.

Quellen: INSTITUT DER DEUTSCHEN WIRTSCHAFT (2004), DEUTSCHE BUNDESBANK (2005), STATISTISCHES BUNDESAMT (2005b, 2005c, 2005d, 2005e, 2005f), GDV (2002), BUNDESMINISTERIUM FÜR GESUNDHEIT (2006d), VERBAND DER PRIVATEN KRANKENVERSICHERUNG (2006), BUNDESMINISTERIUM DER FINANZEN (2006a), ROSENSCHON (2006) teilung und -höhe wurden einer empirischen Untersuchung des DIW (GRABKA, FRICK, MEINHARDT et al. 2003) entnommen. Das Bruttoeinkommen ist etwas niedriger als der Referenzwert, während das verfügbare Einkommen höher ist als in der Realität, was auf die Nichtberücksichtigung von Sozialhilfe und anderen Transfers zurückzuführen ist.

Tabelle 2.4: Einkommensverteilung im Basisjahr (2004)

	Basisjahr Modell	Deutschland 2001*
Anteile am verfügbaren Einkommen (in %)		
1. Quintil	8,3	8,5
2. Quintil	14,4	14,3
3. Quintil	19,8	18,2
4. Quintil	21,4	23,1
5. Quintil	36,1	35,9
Durchschnittliches verfügbares Einkommen (in €)		
1. Quintil	9.471	8.272
2. Quintil	16.367	13.857
3. Quintil	22.432	17.669
4. Quintil	24.253	22.425
5. Quintil	40.966	34.714
Durchschnittliches verfügbares Einkommen (in €)	22.701	19.388
Jährliches Durchschnittseinkommen (brutto, in €)	27.236	28.518

Quelle: GRABKA, FRICK, MEINHARDT et al. (2003).

Aufgrund des demographischen Übergangs verändert sich die Modellökonomie in den Jahren nach 2004. Die eigentliche Referenzlösung des Modells ist daher ein Entwicklungspfad der Volkswirtschaft zwischen dem Basisjahr und dem künftigen langfristigen Gleichgewicht. Die Tabelle 2.5 präsentiert diesen Basispfad anhand der Entwicklung einiger zentraler Kenngrößen. Volkseinkommens-, Kapitalstock-, Beschäftigungs-, Kapitalpreis- und Lohnindex sowie das Erbschaftsvolumen sind dabei jeweils im Verhältnis zum Basisjahr 2004 dargestellt. Der Zinssatz, die Beitragssätze zu den Sozialversicherungssystemen und der Konsumsteuersatz sind wegen der besseren Aussagekraft als absolute Größen in Prozent dargestellt. Obwohl die Gesamtbevölkerung mittelfristig sinkt, steigt aufgrund des technologischen Fortschritts der (in Effizienzeinheiten gemessene) Beschäftigungsindex im Modell. Im Jahr 2040 ist die (effektive) Beschäftigung deshalb um 25 % höher als im Basisjahr 2004. Ohne technologischen Fortschritt würde die Beschäftigung bis zum Jahre 2040 um 16 % sinken. Sowohl die Alterung als auch das Wachstum des Arbeitseinkommens beeinflussen die Kapitalakkumulation. Die steigende Lohn-

Tabelle 2.5: Der Basispfad des Modells

Jahr	Volks-eink.-index	Kapi-tal-stock-index	Be-schäf-ti-gungs-index	Kapi-tal-preis-index	Lohn-index	Zins-satz	Beitragssätze GRV	GKV	GPV	Kon-sum-steu-er
2004	1,00	1,00	1,00	1,00	1,00	6,8	19,5	14,3	1,7	16,0
2010	1,07	1,05	1,08	1,01	0,99	6,3	19,3	14,9	2,0	15,6
2020	1,14	1,14	1,14	1,00	1,00	5,9	20,9	16,5	2,5	16,5
2030	1,18	1,21	1,17	0,97	1,01	5,8	23,9	18,1	3,0	17,7
2040	1,25	1,25	1,25	0,95	1,00	6,4	24,1	19,6	4,0	18,7
2050	1,29	1,27	1,30	0,95	0,99	6,7	25,0	20,1	4,5	19,8
2075	1,44	1,36	1,47	0,96	0,98	7,1	24,7	20,3	4,4	21,6
2100	1,70	1,52	1,76	0,98	0,96	7,3	23,4	20,3	4,2	23,4

summe fördert natürlich auch die Ersparnisbildung der jüngeren Generationen. Mit dem Altersquotienten wächst jedoch die Steuer- und Beitragsbelastung der Einkommen, entsprechend wird die Ersparnisbildung abgedämpft. In Tabelle 2.5 fällt deshalb die Entwicklung des Kapitalstocks ab dem Jahr 2040 schwächer aus als die des Beschäftigungsindexes. Da in Deutschland die Sparquote vergleichsweise hoch ist (vgl. Tabelle 2.3), hängt die Entwicklung des Kapitalstocks stark von der Bevölkerungsentwicklung ab. In den ersten Jahren übersteigen die Ersparnisse (und damit die Nachfrage nach Finanzanlagen) der jungen Generation die von den älteren Generationen aufgelösten Ersparnisse, darum erhöht sich der Kapitalgüterpreis in den ersten 10 Jahren der Übergangsphase leicht. Bei unverändertem Grenzprodukt vermindert sich tendentiell die Rendite des Kapitals, so dass das Zinsniveau sinkt. Das Lohnniveau (pro Effizienzeinheit) bleibt in dieser ersten Phase nahezu unverändert. Mittelfristig wird jedoch die Ersparnisbildung der Jungen gedämpft und gleichzeitig steigen die aufgelösten Ersparnisse der älteren Generationen. Der Kapitalgüterpreis sinkt und umgekehrt erhöht sich die Rendite des Kapitals. Gleichzeitig sinkt das Lohnniveau. Die Entwicklung der Kapitalmarktrendite verläuft damit ganz ähnlich wie in der geschlossenen Version des Modells von BÖRSCH-SUPAN, LUDWIG und WINTER (2002).

Der rechte Teil von Tabelle 2.5 zeigt, dass im Modell die Beiträge zu den Sozialversicherungssystemen und der endogene Konsumsteuersatz vor allem mittelfristig kräftig ansteigen. Mit der im Jahr 2004 gültigen Anpassungsformel in der gesetzlichen Rentenversicherung würde deren Beitragssatz bis zum Jahre 2050 auf 25 % anwachsen, obwohl gleichzeitig das Nettorentenniveau von gegenwärtig 71 % auf knapp 60 % abgeschmolzen wird. In den ersten 20 Jahren der Transition bleibt der

Beitragssatz allerdings vergleichsweise stabil, erst nach 2020 setzt der drastische Anstieg ein. Der Spitzenwert von 26,4 % wird im Jahr 2064 erreicht. Danach sinkt der Beitragssatz wieder deutlich ab, weil sich nach 2050 die Geburtenrate endogen erhöht und die zusätzlich Geborenen ab 2071 auf den Arbeitsmarkt kommen. In ähnlicher Weise entwickeln sich auch die Beiträge zur gesetzlichen Kranken- und Pflegeversicherung. Allerdings setzt dort die Entspannung erst später (ab dem Jahr 2074) ein, weil bei den verwendeten Kostenprofilen die Ausgaben mit dem Alter überproportional anwachsen. Der Kapitalstock der Pflegeversicherung reicht im Modell bereits im Jahr 2007 nicht mehr aus, um den Beitragssatz bei 1,7 % zu halten und ist im Jahr 2008 komplett aufgebraucht. Wie die gesetzlichen Beiträge steigen auch die (in der Tabelle nicht ausgewiesenen) umlagefinanzierten Pauschalbeiträge zur privaten Kranken- und Pflegeversicherung an, weil das Modell Rückstellungen der privaten Sicherungssysteme nicht berücksichtigt. In der Praxis werden die Beiträge zu den privaten Systemen vermutlich schwächer wachsen. Die letzte Spalte von Tabelle 2.5 zeigt schließlich, dass auch der Konsumsteuersatz bis 2050 um fast 4 Prozentpunkte angehoben werden muss, um das Budget auszugleichen. Dieser Zusammenhang wird in vielen Studien entweder ganz ausgeblendet oder kann (z.B. bei Generationenbilanzen) mit den verwendeten Modellansätzen nicht isoliert werden. Wenn jedoch die Gesellschaft altert, sinkt die Bemessungsgrundlage für das steuerpflichtige Einkommen, ohne dass sich der Umfang der öffentlichen Güter entsprechend verändert. Als Folge ergibt sich eine Budgetlücke, welche beispielsweise – wie in unserem Modell unterstellt – durch höhere Konsumsteuersätze geschlossen wird. Möglicherweise wird der Anstieg des Konsumsteuersatzes im Modell sogar zu gering ausgewiesen, weil wir altersabhängige Ausgaben, wie z.B. Bildungsleistungen, als variable Kosten behandeln, was in der Realität nicht unbedingt gegeben ist. So reduzieren sich bei vielen öffentlichen Einrichtungen, wie z.B. Schulen, die Unterhaltskosten (Heizung, Personal etc.) auch bei deutlich sinkender Auslastung nur unwesentlich. Man spricht hier von Kostenremanenz.

Die Dramatik der staatlichen Ausgabenentwicklung im Basispfad wird erst richtig deutlich anhand der marginalen Belastungsquote ($MBLQ$) für das Lohneinkommen. Diese gibt den Steueranteil an, den ein Arbeitnehmer an den Staat abführt, wenn er einen Euro zusätzlich verdient. Wir berechnen diesen Anteil mittels der Differenz zwischen den marginalen Arbeitgeberkosten, die hier auf einen Euro normiert sind, und dem marginalen Nettolohn des Arbeitnehmers (gemessen in Konsumeinheiten) und beziehen diese Differenz auf den marginalen Bruttolohn des Arbeitnehmers. Dieser ergibt sich durch Subtraktion der hälftigen marginalen Sozialbeiträge $1/(1+0,5\tau^{ss})$ von den Arbeitgeberkosten. Für die marginalen

Tabelle 2.6: Belastungsquote und Staatsquote im Basispfad (in Prozent)

	2004	2010	2020	2030	2040	2050
Marginale Belastungsquote	60,1	60,4	63,4	67,6	69,9	71,5
Staatlicher Ausgabenanteil	37,3	37,2	39,5	42,8	43,9	45,1

Steuer- und Beitragssätze τ^w und τ^{ss} ziehen wir hier jeweils den Durchschnitt der individuellen marginalen Beitragssätze aller Mitglieder der mittleren Einkommensklasse heran. Die marginale Belastungsquote errechnet sich dann wie folgt:

$$MBLQ(i) = \frac{1 - \frac{1-\tau^w(\cdot)-0,5\tau^{ss}(\cdot)}{[1+0,5\tau^{ss}(\cdot)][1+\tau^c(\cdot)]}}{1/[1+0,5\tau^{ss}(\cdot)]}. \qquad (110)$$

Tabelle 2.6 zeigt die Entwicklung der marginalen Belastungsquote für einen durchschnittlichen Arbeitnehmer aus der mittleren Einkommensklasse. Man erkennt, dass dieser Haushaltstyp bereits im Basisjahr mehr als 60 % seines zusätzlichen Einkommens an den Staat abführen muss. Bei Beibehaltung des gegenwärtigen staatlichen Leistungsumfangs steigt der Abgabenkeil bis zum Jahre 2050 auf über 71 % an. Wie schon eingangs problematisiert, wird aber bereits heute die marginale Belastung des Arbeitseinkommens vielfach als entscheidendes Hemmnis für mehr Beschäftigung gesehen. Die aufgezeigte Entwicklung ist daher umso alarmierender.[78]

Ergänzend zeigt Tabelle 2.6 auch die Entwicklung des staatlichen Ausgabenanteils am Sozialprodukt. Die staatlichen Ausgaben sind hier definiert als Summe der Ausgaben für öffentliche Güter, Bildung, Kranken- und Pflegeversicherung $G(i)$ (siehe Gleichung (62)), der Schuldzinsen $rB(i)$ sowie der aggregierten Rentenleistungen $PB(i)$. Im Basisjahr des Modells liegt dieser Anteil mit 37,3 % deutlich unter der tatsächlichen Staatsausgabenquote (2003: 48,9 %, vgl. INSTITUT DER DEUTSCHEN WIRTSCHAFT 2004, S. 67), weil verschiedene Transfersysteme (Sozialhilfe etc.) im Modell nicht berücksichtigt werden. Relevant ist jedoch weniger das Niveau, sondern vielmehr der zu erwartende Anstieg der Staatsausgabenquote. Im Basispfad des Modells beträgt dieser bis zum Jahr 2050 fast 8 Prozentpunkte. Ziel der Bundesregierung ist es jedoch seit langem, den Staatsanteil am Sozialprodukt dauerhaft zurückzuführen. Teilweise ist dies in den letzten Jahren

[78] Allerdings ist die Entwicklung für Haushalte in der obersten Einkommensklasse nicht ganz so dramatisch. Deren Einkommen liegt in den produktivsten Jahren ihres Erwerbslebens, also i.d.R. zwischen Alter 32 und 54, über der Beitragsbemessungsgrenze. Damit ist ihr marginaler Sozialbeitrag in dieser Erwerbsphase stets null.

schon gelungen. Die Projektion zeigt aber, dass schnelle und wirksame Reformen nötig sind, um einen weiteren Anstieg der Staatsquote zu vermeiden.

Um die inter- und intragenerativen Belastungswirkungen des Steuer- und Transfersystems zu verdeutlichen, zeigt Abbildung 2.6 die Barwerte der Netto-Abgabenbelastung über den verbleibenden Lebenszyklus für die unterschiedlichen Alterskohorten und Einkommensklassen im Basisjahr. Im Durchschnitt aller Einkommensklassen ergibt sich die in Abbildung 2.7 dargestellte durchgezogene Linie. Die Netto-Abgabenbelastungen messen die Differenz zwischen den Barwerten der generationen- und klassenspezifischen Steuer- und Beitragszahlungen und dem Barwert der zurechenbaren staatlichen Ausgaben. Analog zum Vorgehen in

Abbildung 2.6: Klassenspezifische Generationenkonten (Inländer) bei statischer Betrachtung

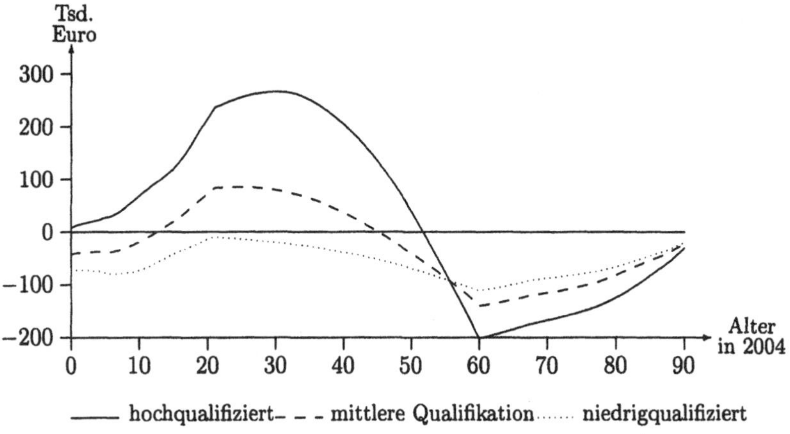

der Literatur wurden sie durchgängig mit den Daten des Basisjahres berechnet. Sie weisen nicht nur den üblichen sinusförmigen Verlauf auf, sondern stimmen auch in den Extrempunkten recht gut mit den aktuellen Generationenbilanzen überein. So ergeben die Berechnungen im Jahresgutachten des SACHVERSTÄNDIGENRATS (2003, S. 275) für die Neugeborenen im Jahr 2002 einen negativen Barwert, während die 25-jährigen und 65-jährigen Personen in 2002 die höchsten Belastungen bzw. Zuweisungen über die verbleibende Lebenszeit ausweisen. Unter der Annahme, dass das in Tabelle 2.3 dargestellte Gleichgewicht über den gesamten Lebenszyklus eines Haushalts bestehen bleibt, erhält ein Neugeborener im Modell (im Durchschnitt aller Einkommensklassen) über sein gesamtes Leben

Abbildung 2.7: Generationenkonten Inländer im Durchschnitt aller Einkommensklassen (statische vs. dynamische Betrachtung)

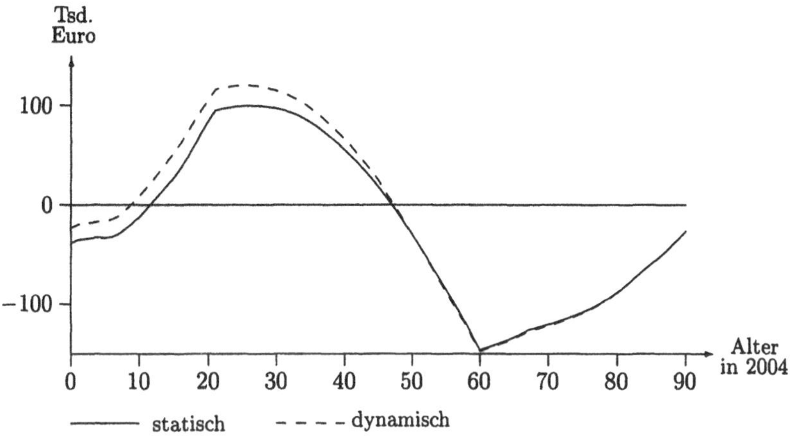

rund 40.000 Euro (netto) mehr Leistungen vom Staat, als er Abgaben abführt. Eine im Basisjahr 25-jährige Person führt über die verbleibende Restlebenszeit durchschnittlich etwa 100.000 Euro an den Staat ab. Dagegen kann ein im Basisjahr 65-jähriger Rentner in den ihm noch verbleibenden 25 Jahren mit einer Nettozuweisung von 130.000 Euro rechnen. Diese Barwerte sind wesentlich geringer als die vom SACHVERSTÄNDIGENRAT berechneten Nettozahlungen. Im Wesentlichen dürfte dies an den unterschiedlichen Zinssätzen liegen.[79] Im Vergleich zu den üblichen Generationenbilanzen macht Abbildung 2.6 aber auch wichtige Unterschiede zwischen den Einkommensklassen deutlich. Aufgrund des progressiven Steuersystems und der beitragsorientierten Rentenleistung verstärken sich die Ausprägungen der Generationenkonten mit dem Einkommensniveau. Weil ein Großteil der staatlichen Ausgaben unabhängig vom Einkommensniveau der Empfänger anfällt, sind alle im Jahr 2004 existierenden Generationen in der untersten Einkommensklasse über ihr verbleibendes Leben Nettoempfänger von staatlichen Leistungen. Umgekehrt ist ein Großteil der Generationen (bis zum Alter von etwa 50 Jahren, d.h. bis zum Jahrgang 1954) in der obersten Einkommensklasse über ihr verbleibendes Leben Nettozahler. Im Durchschnitt aller Einkommensklassen werden erst die Generationen ab einem Alter von etwa 47 Jahren (Jahrgang 1957) zu Nettoempfängern.

---

[79] Der Sachverständigenrat unterstellt einen Zinssatz von 3 %. Die Werte aus Abbildung 2.6 wurden hingegen mit dem Gleichgewichtszins von 6,8 % berechnet.

Ähnlich wie BONIN (2002) könnte man auch die Generationenkonten von Einheimischen und Zuwanderern vergleichen. Im Unterschied zu BONIN (2002) leisten in unserem Modell die Kohorten der Zuwanderer im Erwerbsalter im Durchschnitt aber höhere Nettozahlungen an den Staat als die gleichaltrigen Einheimischen. Dies liegt vor allem daran, dass sich im Modell Zuwanderer und Einheimische in ihrer durchschnittlichen Produktivität nicht unterscheiden und gleichzeitig die im höheren Alter Zugewanderten mehr arbeiten, um bestehende Vermögensrückstände im Vergleich zu den Einheimischen auszugleichen. Ähnlich wie bei BONIN (2002) erhalten die Kohorten der Zuwanderer im Rentenalter geringere Nettoleistungen, was vor allem auf die geringeren Rentenansprüche wegen der fehlenden Beitragszeiten zurückzuführen sein dürfte.

Aussagekräftiger als die statische Querschnittsbetrachtung in Abbildung 2.6 (bzw. die durchgezogene Linie in Abbildung 2.7) ist die Berechnung von Generationenkonten im Längsschnitt, d.h. unter Berücksichtigung der veränderten Steuer- und Beitragssätze sowie der individuellen Anpassungsreaktionen entlang des Basispfades. Bei im Zeitablauf ansteigenden Zahlungen an den Staat unterschätzen nämlich die statischen Generationenkonten aus Abbildung 2.6 die tatsächlichen Nettolasten der einzelnen Generationen, weil sie den künftigen Anstieg der Sozialversicherungsbeiträge nicht berücksichtigen. Mit einer dynamischen Analyse lässt sich das Ausmaß der Unterschätzung quantifizieren. Abbildung 2.7 vergleicht deshalb die durchschnittlichen Generationenkonten der Inländer bei statischer (also berechnet wie in Abbildung 2.6) und dynamischer Betrachtung (berechnet mit den Daten des Basispfades, vgl. Tabelle 2.5).[80] Die Berücksichtigung der künftigen Entwicklung wirkt sich nur signifikant auf die Nettozahlungen der Arbeitnehmer jüngeren und mittleren Alters aus. Bei einem 25-jährigen Arbeitnehmer unterschätzen statische Generationenkonten die tatsächliche Nettozahlung um etwa 18 %, Neugeborene erhalten dagegen tatsächlich nur rund 60 % der in den herkömmlichen Generationenkonten ausgewiesenen Nettotransfers. Mit dem in diesem Kapitel beschriebenen Modell wurde ein Instrumentarium entwickelt, das dazu dient, in den folgenden Kapiteln Veränderungen der ökonomischen und demographischen Rahmenbedingungen sowie verschiedene finanz- und sozialpolitische Reformen zu untersuchen.

[80] FEHR und KOTLIKOFF (1996) berechnen die Veränderung der dynamischen Generationenkonten nach Politikreformen. BÖRSTINGHAUS und HIRTE (2001) vergleichen den dynamischen und den statischen Ansatz.

3 Veränderungen der gesamtwirtschaftlichen und demographischen Rahmenbedingungen

Der in Abschnitt 2.2.6 beschriebene Basispfad der Ökonomie hängt maßgeblich von den Annahmen bezüglich der ökonomischen und demographischen Rahmenbedingungen ab. Die im Modell gesetzten Annahmen stellen natürlich nur ein Szenario aus einem Spektrum alternativ denkbarer Möglichkeiten dar. Interessant ist nun, ob die bisherigen Ergebnisse robust sind oder ob eine Variation der Modellparameter dazu führt, dass die Ergebnisse signifikant von denen des Basispfads abweichen. In diesem Kapitel wird daher untersucht, wie der Anpassungspfad auf verschiedene Veränderungen der Annahmen reagiert. Dazu wird zunächst das demographische Basisszenario für den Fall einer kleinen offenen Volkswirtschaft (Abschnitt 3.1) sowie mit einer höheren Wachstumsrate (Abschnitt 3.2) durchgespielt. Danach werden verschiedene Szenarien mit alternativen Sterberaten (Abschnitt 3.3) sowie Reformen der Zuwanderungs- und Geburtenpolitik (Abschnitte 3.4 und 3.5) betrachtet.[81] Mit letzteren Simulationsrechnungen werden nicht demographieorientierte oder -begleitende Politikmaßnahmen untersucht, sondern vielmehr Demographiepolitik in dem Sinne, dass Einfluss auf die demographische Entwicklung selbst genommen wird.

Von Interesse sind dabei die makroökonomischen Effekte, insbesondere aber auch die Wohlfahrtswirkungen für die einzelnen Generationen und Einkommensklassen.[82] BEETSMA, BETTENDORF und BROER (2003) vergleichen die Nutzen verschiedener Jahrgänge entlang des Basispfads, um Aussagen über die Verteilung der demographisch bedingten Belastungen abzuleiten. Im Basispfad unseres Modells wäre dieses Vorgehen allerdings problematisch, da man den Einfluss der sich verändernden Sterbewahrscheinlichkeiten auf den individuellen Nutzen nicht neutralisieren kann. In diesem und dem folgenden Kapitel werden Wohlfahrtsberechnungen deshalb nur für geeignete Simulationen angestellt.

Weil ein solcher Vergleich von Nutzenniveaus vor und nach einer Reform – aufgrund der veränderten Preise – nicht ohne weiteres möglich ist, bedarf es eines Geldmaßes. Wir arbeiten dazu mit der „Hicksschen Äquivalenten Variation" (EV) (engl. *equivalent variation*). Diese gibt an, wie viel Geld das betrachtete Individuum beim Übergang vom Referenz- zum Reformszenario zusätzlich ausgibt, wenn man annimmt, dass sich die Preise nicht verändern. Man berechnet sie als Differenz zwischen den intertemporalen Auszahlungsfunktionen EF, die

[81] Die in diesem Kapitel durchgeführten Simulationen basieren auf FEHR und HALDER (2005).

[82] Die rein demographischen Auswirkungen alternativer Fertilitäts-, Mortalitäts- und Migrationsszenarien untersuchen beispielsweise BOMSDORF und BABEL (2005).

mit den jeweiligen Nutzenniveaus nach der Reform U^1 und vor der Reform U^0 verbunden sind. Ausgedrückt wird die Hickssche Äquivalente Variation in Preisen des Referenzszenarios π^0. Für eine Generation der Einkommensklasse k und Elternaltersklasse s, die in einem Jahr t j Jahre alt ist, ergibt sich die EV als

$$\begin{aligned} EV(j,t,s,k,l) &= EF[\pi^0(\cdot),U^1(\cdot)] - EF[\pi^0(\cdot),U^0(\cdot)] \\ &= EF[\pi^0(\cdot),U^1(\cdot)] - \mathcal{W}(\cdot), \end{aligned} \tag{111}$$

mit dem Lebenszeiteinkommen $\mathcal{W}(j,t,s,k,l)$ (siehe Gleichung (A.2.7) im Anhang). Für die Herleitung der Äquivalenten Variation vgl. Anhang A.4. Ist die Hickssche Äquivalente Variation positiv, hat das Individuum einen Nutzengewinn durch die Reform, umgekehrt bedeuten negative Werte eine Verschlechterung.[83]

3.1 Alterung in einer offenen Volkswirtschaft

Der Basispfad des Modells wurde für den Fall einer geschlossenen Volkswirtschaft kalibriert. Der demographische Wandel in Deutschland führt in diesem Szenario dazu, dass das Zinsniveau kurzfristig sinkt, mittelfristig ansteigt und langfristig über dem Ausgangsniveau liegt. Nun ist Deutschland jedoch in die internationalen Kapitalmärkte integriert. Die Modellierung der geschlossenen Volkswirtschaft lässt sich eigentlich nur unter Hinweis auf die ganz ähnlichen Bevölkerungsentwicklungen in den anderen Industrienationen rechtfertigen. Dies ist nicht ganz unproblematisch, wenn man die unterschiedliche Entwicklung in Europa, Japan und den USA betrachtet (vgl. FEHR, JOKISCH und KOTLIKOFF 2005, 2004). In diesem Abschnitt zeigt sich jedoch, dass die Spezifizierung unseres Modells für den Fall einer kleinen offenen Volkswirtschaft zu ähnlichen Aussagen wie in der geschlossenen Volkswirtschaft führt.

Dabei wird angenommen, dass die heimische Ökonomie keinen Einfluss auf den Weltkapitalmarkt hat und damit den Zinssatz $r(i)$ als exogen gegeben annimmt. Die im Ausgangsjahr 2004 resultierenden maßgeblichen makroökonomischen Indikatoren, wie Staatsausgabenquote, Steuereinnahmenquote, Kapitalintensität etc., entsprechen weitgehend den Werten bei geschlossener Volkswirtschaft (Tabelle 2.3). Aufgrund des leicht gesunkenen Lohnsatzes und der geringfügig veränderten Beschäftigung ergeben sich jedoch höhere Rentenversicherungs- und Krankenver-

[83] Wenn ein Haushalt nach der Reform mehr Geld ausgibt, obwohl die Preise nicht gestiegen sind, bedeutet das, dass er im Vergleich zum Referenzfall mehr Güter kauft und damit einen höheren Nutzen realisiert.

Tabelle 3.1: Der Basispfad in der offenen Volkswirtschaft

Jahr	Volkseink.-index	Kapitalstockindex	Beschäftigungsindex	Kapitalpreisindex	Lohnindex	Zinssatz	Beitragssätze GRV	GKV	GPV	Konsumsteuer
2004	1,00	1,00	1,00	1,00	1,00	6,8	19,8	14,4	1,7	16,0
2010	1,06	1,02	1,07	1,01	0,99	6,8	19,8	15,2	2,0	16,1
2020	1,10	1,06	1,12	1,01	0,99	6,8	21,5	17,3	2,6	17,2
2030	1,13	1,10	1,14	1,01	0,99	6,8	24,5	19,3	3,1	18,1
2040	1,21	1,15	1,22	1,02	0,99	6,8	24,6	20,6	4,2	18,7
2050	1,27	1,21	1,29	1,02	0,98	6,8	25,5	20,6	4,6	19,3
2075	1,46	1,39	1,49	1,03	0,98	6,8	24,5	20,2	4,4	21,2
2100	1,75	1,65	1,79	1,05	0,98	6,8	22,7	19,7	4,1	22,7

sicherungsbeiträge im Ausgangsjahr. Auch resultiert ein neuer, veränderter Basispfad, der in Tabelle 3.1 wiedergegeben ist. Die Indizes für Volkseinkommen, Kapitalstock, Beschäftigung, Kapitalpreis und Lohn beziehen sich jeweils auf das Jahr 2004 des Basispfads der offenen Volkswirtschaft. Preise, Beitrags- und Steuersätze sind als absolute Größen angegeben. In einer offenen Volkswirtschaft wird ein Teil der inländischen Ersparnisse im Ausland angelegt. Im Modell fällt die Kapitalakkumulation daher kurz- und mittelfristig etwas schwächer aus als in der geschlossenen Volkswirtschaft. In der Folge sinkt das Lohnniveau, während gleichzeitig Sozialversicherungs-beiträge und endogene Konsumsteuer gegenüber der geschlossenen Volkswirtschaft leicht steigen. Ab dem Jahr 2040 steigt der Kapitalstock jedoch wesentlich stärker, was im Wesentlichen auf Kapitalzuflüsse aus dem Ausland zurückzuführen ist. Langfristig erhöht sich damit auch das Lohnniveau im Vergleich zum Basisfall. Dies dämpft wiederum den Anstieg der Sozialbeiträge und des Konsumsteuersatzes. Insgesamt sind die Unterschiede zwischen den Basispfaden bei offener und geschlossener Volkswirtschaft im Modell jedoch relativ gering. Die Annahme einer geschlossenen Ökonomie als Referenzszenario für alle folgenden Simulationsrechnungen ist daher ohne weiteres zu rechtfertigen, zumal die Effekte dieser Rechnungen im Rahmen einer geschlossenen Volkswirtschaft deutlicher hervortreten.

3.2 Demographischer Wandel und Wirtschaftswachstum

Wie schon in der Einleitung erwähnt, wird immer wieder argumentiert, dass die ökonomischen Probleme einer alternden Gesellschaft mit einem stärkeren Wachstum leichter gelöst werden könnten (vgl. etwa BUTTERWEGGE 2004, MÜLLER 2004 oder BOFINGER 1999). Um Aussagen dieser Art zu untersuchen, wird in diesem Abschnitt dem Zusammenhang zwischen Demographie und Wachstum nachgegangen, zwei Entwicklungen, die sich gegenseitig beeinflussen.

Aus Sicht der Wachstumstheorie scheint der Zusammenhang zwischen Bevölkerungsentwicklung und Wachstum eindeutig. Dies gilt zumindest im neoklassischen Wachstumsmodell nach SOLOW (1956), in dem die Wachstumsrate des Outputs vom Bevölkerungswachstum und dem technologischen Fortschritt abhängt. Eine schrumpfende Bevölkerung erhöht in diesem Modell unmittelbar die Pro-Kopf-Produktion. Die Wachstumsrate erhöht sich jedoch ausschließlich in der Übergangsphase vom alten zum neuen *steady state*.[84] Im neuen Gleichgewicht entspricht sie wieder der Wachstumsrate des Ausgangsgleichgewichts. Die neue (endogene) Wachstumstheorie stellt dagegen mehr auf die Bestimmungsfaktoren des Wachstums ab (z.B. LUCAS 1988, REBELO 1991, GROSSMAN und HELPMAN 1991) und zeigt, dass Niveau und Wachstum des Bruttoinlandsprodukts entscheidend von der Entwicklung der Produktionsfaktoren, also Arbeit bzw. Humankapital und Kapital, also Investitionen und technologischer Fortschritt, bestimmt werden.

Die Entwicklung der Produktionsfaktoren Arbeit und Kapital sind wiederum eng miteinander verbunden. Die erwarteten Wirkungen der Bevölkerungsalterung auf die Kapitalmärkte wurden bereits in Abschnitt 1.3 diskutiert. Der Zusammenhang zwischen demographischem Wandel und Arbeitsmarkt scheint auf den ersten Blick einfacher, da der Faktor Arbeit im Vergleich zum Kapital international weniger mobil ist. Dennoch sind die Auswirkungen auf den Arbeitsmarkt keineswegs eindeutig abzuschätzen, da sie auch schon kurz- und mittelfristig von den Annahmen über die Entwicklung der Erwerbstätigkeit, z.B. von der weiblichen Erwerbsbeteiligung, abhängen. Auf der einen Seite kann mit einer sinkenden Anzahl an Erwerbsfähigen weniger produziert werden, so dass bereits kurz- und mittelfristig ein Mangel an Arbeitskräften, insbesondere an gut ausgebildeten, als wahrscheinlich gilt (vgl. BÖRSCH-SUPAN 2004). Auf der anderen Seite ist nicht nur die rein quantitative Veränderung des Erwerbspersonenpotentials von Bedeutung, sondern auch die sich verändernde Altersstruktur der Beschäftigten. Dies ist insbesondere relevant, als davon auszugehen ist, dass sich bis zur Mitte der 20er Jahre dieses Jahrhunderts das Durchschnittsalter der Erwerbstätigen von derzeit 39 Jahren auf 42,5 Jahre erhöhen wird (BÖRSCH-SUPAN 2004, S.

[84] Das Outputniveau wird jedoch davon bestimmt, inwieweit der technologische Fortschritt die Abnahme der Bevölkerung kompensieren kann (GRÖMLING 2004).

5).[85] Die weit verbreitete Sicht, dass die Arbeitsproduktivität im Alter nachlässt, weil z.B. gemäß der „Defizit-Hypothese" mit dem Alter zunehmende geistige und körperliche Defizite auftreten, ist empirisch allerdings nicht eindeutig belegt, wie BÖRSCH-SUPAN, DÜZGÜN und WEISS (2006) in einem Überblick über den aktuellen Stand der medizinischen, arbeitswissenschaftlichen und volkswirtschaftlichen Forschung zeigen. Zwar lassen physische und kognitive Fähigkeiten zum Teil im Alter nach (z.B. Muskelkraft, Sehstärke oder Orientierungfähigkeit in neuen Situationen). Dagegen bleiben jedoch Kompetenzen, die Allgemein- und Erfahrungswissen, Sprachverständnis und dergleichen voraussetzen, sehr lange erhalten (BÖRSCH-SUPAN, DÜZGÜN und WEISS 2006). Daneben findet in der Regel eine Anpassung der Tätigkeit und des Arbeitsfeldes an individuelle Erfahrungen, Fähigkeiten und die physische Leistungsfähigkeit statt (BÖRSCH-SUPAN 2004). Darüber hinaus führen die Autoren an, dass sich Produktivität nicht allein am einzelnen Individuum festmachen lässt, sondern vielmehr an dessen Zusammenwirken mit Kollegen und somit das Gesamtergebnis eher von der Zusammensetzung der Arbeitsteams abhängt.

Möglicherweise kann auch die volkswirtschaftliche Innovationstätigkeit (und damit die Humankapitalbildung) durch eine alternde Erwerbsbevölkerung beeinträchigt werden, beispielsweise durch eine mit dem Alter nachlassende Innovationsaktivität oder Technikakzeptanz, was sich wachstumsdämpfend auswirken dürfte. Ein Hinweis hierauf findet sich etwa bei SINN (2003c, S. 349), der anführt, dass sowohl das durchschnittliche Alter der Unternehmensgründer in Deutschland als auch das Alter maximaler Leistungsfähigkeit von Wissenschaftlern bei rund 35 Jahren liegt. In anderen Studien wird dieses Alter - gemessen an großen Erfindungen oder nobelpreisgekrönten Arbeiten - eher bei 40 Jahren verortet (JONES 2005) oder - gemessen an der Anzahl wissenschaftlicher Veröffentlichungen - zwischen 40 und 50 Jahren (OSTER und HAMERMESH 1998). SINN (2003c) zieht aus seinen Überlegungen den Schluss, dass im Zuge der gesellschaftlichen Alterung (relativ zu den Arbeitnehmern) immer mehr Unternehmer fehlen werden, was die Arbeitslosigkeit eher noch verschärfen als erleichtern dürfe. Es erscheint jedoch auch durchaus möglich, dass das Alter der maximalen Produktivität, das sich in den letzten 100 Jahren um 6 Jahre erhöhte (BÖRSCH-SUPAN, DÜZGÜN und WEISS 2006), weiterhin ansteigt. Dazu beitragen könnte der Umstand, dass die heute Erwerbstätigen sehr viel stärker mit technologischen Neuerungen in allen Lebensbereichen konfrontiert werden als frühere Generationen. Auch für viele Ru-

[85] BÖRSCH-SUPAN (2004) weist darauf hin, dass die Erhöhung des durchschnittlichen Erwerbstätigenalters keine vorübergehende Erscheinung ist, sondern sich (nach einer Stagnationsphase) ab 2050 fortsetzen wird.

heständler ist schon heute der Umgang mit Computer, Internet, Mobiltelefonie etc. selbstverständlich geworden. So hat sich beispielsweise der Anteil der über 60-Jährigen, die das Internet nutzen, zwischen 2002 und 2006 vervierfacht und beträgt mittlerweile 35 % (FORSCHUNGSGRUPPE WAHLEN ONLINE 2006). Kinder und Jugendliche – also die Erwerbstätigen von morgen – treten ohnehin schon (spätestens) vom Schulalter an mit ständigen neuen technologischen Entwicklungen in Kontakt und werden somit vermutlich auch im späteren Leben Innovationen aufgeschlossen gegenübertreten. Insgesamt dürfte klar sein, dass Bildung – insbesondere permanente Weiterqualifizierung (Stichwort „Lebenslanges Lernen") – unabdingbar ist, um einer dauerhaften Wachstumsschwäche entgegenzuwirken. Dies wird seit einigen Jahren von den Tarifparteien erkannt und schlägt sich in der tarifpolitischen Diskussion beispielsweise unter dem Begriff „Qualifizierungstarifverträge" nieder (BAHNMÜLLER, FISCHBACH und JENTGENS 2005).

Im folgenden Teil dieses Abschnitts geht es aber nicht um die Auswirkungen der Alterung auf das Wachstum – wie in der neoklassischen Wachstumstheorie ist die Wachstumsrate in unserem Modell exogen gegeben –, sondern gerade umgekehrt um die Frage, ob ein stärkeres Wirtschaftswachstum die Folgen der Alterung für die deutsche Volkswirtschaft abschwächen oder gar kompensieren kann. Dazu entwickeln wir ein Szenario, in dem die Zeitausstattung der Haushalte um einen halben Prozentpunkt stärker wächst als im Basispfad (hier 1,5 %, im Basispfad 1 %). Es handelt sich also um „arbeitsvermehrenden technologischen Fortschritt", den sogenannten Hicks-Fortschritt.

Vorab sei darauf hingewiesen, dass Prognosen über das Wirtschaftswachstum der nächsten Dekaden naturgemäß äußerst unsicher sind, zumal es sich bereits regelmäßig als sehr schwierig erweist, auch nur das Wachstum für das laufende Jahr abzuschätzen. Darauf weist auch GRÖMLING (2005) hin und wagt lediglich eine vorsichtige Projektion der Trend-Wachstumsraten (ohne zyklische Schwankungen) für die Dekaden bis 2050 auf der Basis der Bevölkerungsentwicklung in diesem Zeitraum. Die projizierten jährlichen Wachstumsraten bewegen sich zwischen 0,3 % im Jahrzehnt zwischen 2020 und 2030 und 0,9 % von 2010 bis 2020 (GRÖMLING 2005, S. 82f.). Dagegen scheint unsere Annahme eines Wachstums von 1,5 % recht hoch gegriffen. Orientiert man sich jedoch an der tatsächlichen durchschnittlichen Wachstumsrate der letzten 2 Dekaden (rund 1,5 %), ist die Modellannahme von 1 % im Basispfad, aber auch von 1,5 % in der Simulation dieses Abschnitts ohne weiteres zu rechtfertigen. Der WISSENSCHAFTLICHE BEIRAT BEIM BUNDESMINISTERIUM FÜR WIRTSCHAFT UND ARBEIT (2005, S. 5) erwartet dagegen für die Zukunft keine weitere Erhöhung des Wachstums, sondern rechnet damit, dass sich der Rückgang der Erwerbstätigenquote (jährlich

0,5 % in den nächsten 30 Jahren) in einer Verringerung des jährlichen Pro-Kopf-BIP-Wachstums von rund einem Drittel niederschlagen könnte.

Natürlich wird sich mit einer höheren Wachstumsrate das Ausgangsgleichgewicht verändern, sofern man alle anderen Parameter konstant hält. Aber hier interessiert vor allem der neue (Basis-)Entwicklungspfad der Ökonomie, der in Tabelle 3.2 angegeben wird. Im Zeitablauf steigen nun die Beschäftigung, der Kapitalstock, der Kapitalgüterpreis und das Volkseinkommen beträchtlich stärker an als im Basispfad. Infolge der stärkeren Kapitalakkumulation nimmt auch das Erbschaftsvolumen zu (vgl. Tabelle 3.3). So liegt es beispielsweise im Jahr 2030 um 6 % über dem Ausgangsjahr des Basispfades, während es dort um 3 % gesunken war. Die Produktion im Jahr 2050 liegt um 56 % höher als im Jahr 2004. Dagegen war sie im selben Zeitraum des Basisfalls nur um 29 % gestiegen (vgl. Tabelle 2.5). Auf der anderen Seite nimmt das Bruttolohnniveau nun deutlich stärker ab

Tabelle 3.2: Basispfad bei höherem Wirtschaftswachstum

Jahr	Volkseink.-index	Kapitalstockindex	Beschäftigungsindex	Kapitalpreisindex	Lohnindex	Zinssatz	Beitragssätze GRV	GKV	GPV	Konsumsteuer
2004	1,00	1,00	1,00	1,00	1,00	6,8	16,6	14,0	1,7	17,5
2010	1,09	1,04	1,11	1,02	0,98	6,2	17,1	14,5	1,7	17,6
2020	1,21	1,13	1,24	1,03	0,98	5,9	18,5	16,0	2,2	19,3
2030	1,31	1,21	1,34	1,01	0,97	6,0	21,3	17,6	2,6	21,4
2040	1,44	1,28	1,50	1,00	0,96	6,6	21,3	19,0	3,5	23,0
2050	1,56	1,34	1,64	1,01	0,95	6,9	22,1	19,5	3,9	24,3
2075	1,96	1,60	2,10	1,03	0,93	7,2	21,9	19,9	3,8	26,8
2100	2,62	2,02	2,86	1,05	0,92	7,4	20,7	19,9	3,6	29,0

als bisher. Maßgeblich ist jedoch, dass ein höherer technologischer Fortschritt im Modell nicht substanziell zur Entspannung der öffentlichen und privaten Haushalte beiträgt. Wie im Basispfad steigt der Beitrag zur Rentenversicherung um 5,5 Prozentpunkte, was zum einen auf den Rückgang des Lohnniveaus zurückzuführen sein dürfte.[86] Auf der anderen Seite verwenden die Haushalte ihre gestiegene Zeitausstattung aber für Mehrarbeit - auch um den Lohnausfall zu kompensieren - und erwerben somit höhere Rentenansprüche, was sich ebenfalls rentenbei-

[86] Zu beachten ist, dass das Ausgangsniveau der Renten- und Krankenversicherungsbeiträge im hier resultierenden neuen Basispfad deutlich niedriger ist. Dies liegt daran, dass die Haushalte bereits im Basisjahr 2004 über eine höhere Zeitausstattung verfügen, mehr arbeiten und damit den Sozialversicherungen eine höhere Bemessungsgrundlage zur Verfügung steht.

Tabelle 3.3: Erbschaftsteuerindex

Jahr	Basis-pfad	höheres Wachstum
2004	1,00	1,00
2010	0,88	0,90
2020	1,00	1,07
2030	0,97	1,06
2040	1,01	1,12
2050	0,83	0,94
2075	0,92	1,18
2100	1,02	1,47

tragssatzsteigernd auswirkt. Auch der Krankenkassenbeitrag übersteigt im Jahr 2050 den Beitrag des Jahres 2004 um 5,5 Punkte und bringt damit nur eine geringe Entlastung (0,3 Prozentpunkte) gegenüber dem Basisfall. Die Pflegeversicherung wird ebenfalls (leicht) entlastet, der Beitragssatz liegt um 2,2 Punkte über dem Niveau des Jahres 2004 (im Basispfad um 2,8 Punkte). Eine deutliche Mehrbelastung ergibt sich beim endogen angepassten Konsumsteuersatz, der um rund 6,8 Punkte steigt, während er im Basisfall lediglich um 3,8 Prozentpunkte zunimmt. Hier schlägt sich das niedrigere Lohnniveau und das infolgedessen gesunkene Lohnsteueraufkommen nieder.

Alles in allem zeigt sich, dass ein höheres Wirtschaftswachstum - zumindest in der hier gewählten Modellierung - die Auswirkungen des demographischen Wandels auf die Ökonomie nicht in allen Bereichen entschärfen kann. Natürlich können im Modell nicht alle positiven Erst- oder erst recht Zweitrundeneffekte abbgebildet werden, die ein höheres Wachstum zur Folge hat. Richtet man den Fokus hauptsächlich auf die öffentlichen Budgets, zeigt sich, dass der Anpassungsdruck auf die Steuer- und Sozialsysteme nicht verringert wird, da diese gar nicht (GRV) oder nur wenig (GKV und GPV) entlastet werden und die Belastung der Haushalte durch die Konsumsteuer sogar steigt. Die erwähnten Aussagen von BUTTERWEGGE (2004), MÜLLER (2004) oder BOFINGER (1999) können also nicht ohne weiteres stehengelassen werden. Wie schon eingangs erwähnt, steigen mit dem Produktivitätsfortschritt auch die Altersbezüge (selbst wenn wie in der obigen Simulation das Lohnniveau sinkt, da dann zur Kompensation mehr gearbeitet wird), was zu steigenden Rentenbeiträgen führt. Im Modell ergibt sich ein etwas höheres Nettohaushaltseinkommen, allerdings ist die Abgabenquote insgesamt fast gleich hoch wie im Basisfall. Auch wenn in der Realität das verbleibende Nettoeinkommen künftiger Haushalte wegen des stärkeren Wachstums deutlich höher sein sollte als heute, so ist fraglich, ob diese bereit sein werden, auf einen bedeutenden Teil ihrer erarbeiteten Produktivitätsgewinne und Lohnzuwächse wegen der demographischen Entwicklung zu verzichten, indem sie einen steigenden Anteil an den Fiskus abführen. Das Problem steigender Grenzbelastungen kann durch ein höheres Wachstum jedenfalls nicht gelöst werden. Ein weiterer Anstieg lohnbezogener Abgaben kann aber dazu führen, dass immer mehr Menschen versuchen, in sozialversicherungsfreie oder gar illegale Beschäftigungsverhältnisse zu fliehen.

Zwar bezeichnen Bosbach (SÜDDEUTSCHE ZEITUNG 2006a) oder andere Vertreter dieser Denkrichtung eine demographieorientierte Politik als Ausweichen vor aktuellen Problemen durch Höhergewichtung der zukünftigen. Dennoch haben politische Entscheidungsträger keine andere Wahl als mit wahrscheinlich eintretenden Szenarien zu planen, anstatt auf exogene Ereignisse und Produktivitätsfortschritte zu hoffen. Zudem wirken solche Ereignisse in einer globalisierten Welt anders als vergleichbare Entwicklungen im letzten Jahrhundert, auf welches beispielsweise Bosbach zur Beruhigung gerne verweist. Ein höheres Wirtschaftswachstum ersetzt jedenfalls nicht die Reformen der sozialen Sicherungssysteme, um den demographischen Wandel zu bewältigen.

Der Vollständigkeit halber ist zu erwähnen, dass die wirtschaftliche Entwicklung auch durch demographiebedingte Veränderungen auf der Nachfrageseite beeinflusst wird. Die Alterung der Gesellschaft wird voraussichtlich eine Veränderung der volkswirtschaftlichen Konsumstruktur mit sich bringen, da ältere Menschen andere Güter benötigen. LÜHRMANN (2005) untersucht in einer mikroökonomischen Analyse die Konsumstruktur im Lebenszyklus und deren Transformation in makroökonomische Nachfrageveränderungen im Zuge des demographischen Wandels. Sie findet heraus, dass mit steigendem Alter Konsumgüter im Gesundheits-, Bildungs- und Freizeitbereich voraussichtlich an Bedeutung zunehmen. Eine alternde Bevölkerung wird demnach deutlich mehr für medizinischen Bedarf ausgeben, aber weniger für Einrichtung, Kleidung oder Transport. Diese Entwicklung wird von der Wirtschaft Anpassungsbereitschaft erfordern, von manchen Branchen mehr, von manchen weniger. Viele Unternehmen stellen sich bereits seit Jahren auf den demographischen Wandel ein, indem sie ihre Produktionsstruktur entsprechend anpassen. So hat beispielsweise die Paul Hartmann AG ihr Angebot von Babywindeln auf Inkontinenzeinlagen für Senioren umgestellt oder die Firma Johnson & Johnson seit den 80er Jahren die Marke *bebe* zunehmend über Babypflegeprodukte hinaus auf Produkte für Jugendliche und junge Erwachsene ausgedehnt (FINANCIAL TIMES DEUTSCHLAND 2005). Auch der Dienstleistungssektor, insbesondere im Segment haushaltsnaher Dienstleistungen, dürfte davon profitieren, dass immer mehr Menschen auf Unterstützung im Alltag angewiesen sind, gleichzeitig aber weniger Kinder und Enkel als frühere Generationen haben, die diese Aufgaben übernehmen können oder wollen. Daneben hängt das ökonomische Wachstum natürlich auch vom institutionellen und politischen Rahmen und nicht zuletzt von der weltwirtschaftlichen Entwicklung wie etwa der EU-Osterweiterung oder dem allgemeinen Globalisierungsprozess ab.

3.3 Auswirkungen einer veränderten Lebenserwartung

Es ist davon auszugehen, dass die Lebenserwartung in den kommenden Jahren weiter ansteigt. In welchem Ausmaß dies der Fall sein wird, lässt sich heute jedoch nicht exakt abschätzen. Die RÜRUP-KOMMISSION (2003) beispielsweise unterstellt eine Steigerung der Lebenserwartung um drei Jahre bis zum Jahr 2030. Im Basisfall des Modells gehen wir für diesen Zeitraum von einer Zunahme um 2,5 Jahre aus. In diesem Abschnitt soll nun untersucht werden, wie sich eine Veränderung der Lebenserwartung auf den Anpassungspfad der Ökonomie auswirkt.

Um den Einfluss der Sterblichkeit ganz zu isolieren, unterstellen wir in einer ersten Simulation, dass sich die Lebenserwartung nach dem Jahr 2004 nicht mehr (wie im Basispfad) erhöht, sondern auf dem Niveau des Jahres 2004 verharrt. In einer weiteren Simulation lassen wir die Lebenserwartung gegenüber dem Basispfad bis 2050 um zusätzliche 1,2 Jahre ansteigen. Während also im Basispfad die durchschnittliche Lebenserwartung von 80 auf 84,4 Jahre steigt, erhöht sie sich in der zweiten Simulation auf 85,6 Jahre.

Wenn die Sterblichkeit künftig nicht mehr sinkt, d.h. die Lebenserwartung (LE) nicht steigt, dann erhöht sich der Altersabhängigkeitsquotient (auch als *dependency ratio* bezeichnet) weit weniger, wie Abbildung 3.1 zeigt. Dieser gibt das Verhältnis der Ruheständler zum Erwerbstätigenpotential an und ist in der vorliegenden Arbeit definiert als Relation der über 59-Jährigen zu den 21- bis 59-Jährigen (vgl. auch Fußnote 1). Im Basisfall steigt die *dependency ratio* von 43,5 % im Jahr 2004 auf 73,6 % in 2030. Während also heute 2,3 Menschen im erwerbsfähigen Alter einen Rentner finanzieren, müssen im Jahr 2030 1,4 Personen zwischen 20 und 59 Jahren für einen Rentner aufkommen. Bleibt die Lebenserwartung konstant, beträgt der Altersabhängigkeitsquotient in 2030 immer noch 67,6 %. Bei steigender Lebenserwartung nimmt der Quotient in diesem Zeitraum sogar auf 75,1 % zu. Dies würde bedeuten, dass 1,3 Erwerbstätige für einen Renter aufkommen müssten.

Abbildung 3.1: Entwicklung der Altersabhängigkeitsquotienten (in %) im Modell bei veränderter Lebenserwartung

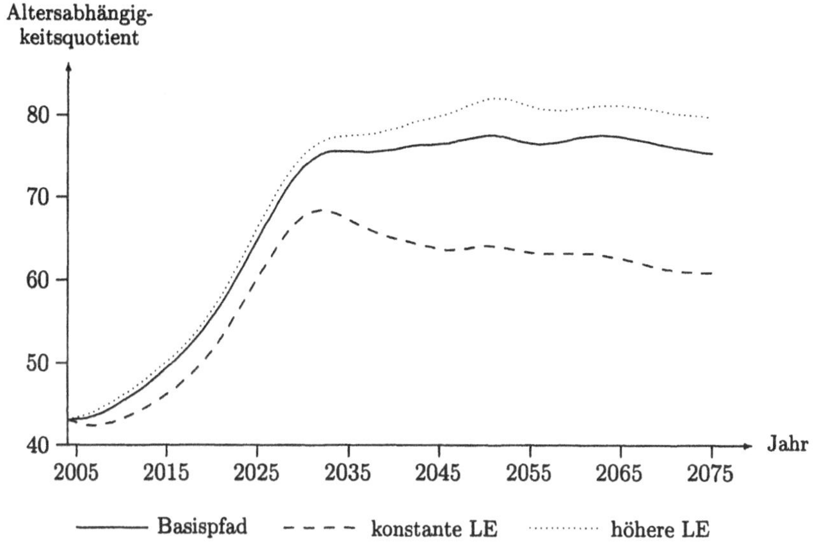

Altersabhängigkeitsquotient definiert als Anzahl der 60- bis 90-Jährigen in Relation zur Anzahl der 21- bis 59-Jährigen

Tabelle 3.4 zeigt die Entwicklung der makroökonomischen Kenngrößen in den zwei Fällen. Sie gibt in diesem und allen folgenden Abschnitten jeweils die Entwicklung der Volkseinkommens-, Kapitalstock-, Beschäftigungs-, Kapitalpreis- und Lohnindizes sowie des Erschaftsvolumens in Relation zum Basisjahr 2004 des Basispfads wieder. Wie bisher sind Zinssatz, Beitragssätze zu den Sozialversicherungen und Konsumsteuersatz als absolute Größen in Prozent dargestellt und können direkt mit den Werten in Tabelle 2.5 verglichen werden. Weil die Haushalte über vollkommene Information verfügen und sich dementsprechend antizipierend verhalten, treffen sie bereits im Jahr 2004 der Reformsimulation teilweise andere Entscheidungen als im Basisfall. Damit verändern sich einige Ausgangswerte, wie in Tabelle 3.4 zu sehen ist.[87]

[87] Dieser Effekt tritt auch in den meisten folgenden Simulationsrechnungen auf.

Tabelle 3.4: Effekte einer veränderten Lebenserwartung

	Jahr	Volkseinkommensindex	Kapitalstockindex	Beschäftigungsindex	Kapitalpreisindex	Lohnindex	Zinssatz	Beitragssätze GRV	Beitragssätze GKV	Beitragssätze GPV	Konsumsteuersatz	Erbschaftsindex
Lebenserwartung konstant	2004	0,99	1,00	0,99	0,96	1,00	6,8	19,8	14,4	1,7	16,3	0,96
	2010	1,05	1,03	1,05	0,98	0,99	6,7	18,9	14,9	1,8	16,3	1,07
	2020	1,10	1,09	1,11	0,97	0,99	6,2	20,0	16,4	2,2	17,4	1,12
	2030	1,13	1,12	1,13	0,94	1,00	6,3	22,8	18,1	2,5	19,0	1,24
	2040	1,17	1,12	1,19	0,93	0,98	7,2	22,1	19,1	3,1	20,5	1,44
	2050	1,21	1,12	1,23	0,94	0,98	7,2	22,4	19,2	3,2	21,2	1,26
	2075	1,34	1,20	1,39	0,96	0,97	7,3	21,6	19,3	3,0	22,9	1,38
	2100	1,58	1,36	1,67	0,99	0,95	7,6	20,5	19,3	2,9	24,8	1,56
Stärkerer Anstieg der Lebenserwartung	2004	1,00	1,00	1,00	1,01	1,00	6,8	19,5	14,3	1,7	16,0	1,01
	2010	1,07	1,06	1,08	1,02	1,00	6,2	19,5	15,0	2,1	15,6	0,90
	2020	1,15	1,16	1,15	1,01	1,00	5,8	21,0	16,5	2,7	16,3	1,05
	2030	1,20	1,24	1,18	0,98	1,01	5,8	24,1	18,2	3,2	17,4	1,03
	2040	1,27	1,30	1,26	0,96	1,01	6,2	24,5	19,8	4,5	18,4	1,05
	2050	1,32	1,32	1,31	0,94	1,00	6,4	25,7	20,6	5,4	19,5	0,77
	2075	1,47	1,41	1,48	0,95	0,99	6,9	25,6	20,9	5,4	21,5	0,88
	2100	1,72	1,57	1,78	0,98	0,97	7,1	24,0	20,7	5,0	23,2	0,98

Wenn wie im ersten Fall die Lebenserwartung nach dem Jahr 2004 nicht mehr steigt, nehmen die Sozialbeiträge langsamer zu. Allerdings beträgt der Anstieg der Sozialversicherungsbeitragssätze zwischen 2004 und 2030 immer noch 21 % gegenüber 27 % im Basispfad. Während der Krankenversicherungsbeitrag kaum auf die (relativ zum Basispfad) verkürzte Lebensdauer reagiert, entspannt sich die Finanzierungssituation von Renten- und Pflegeversicherung leicht, weil die Ausgaben dieser Zweige sehr viel stärker von der Anzahl Älterer abhängen als die Kosten der GKV (vgl. Abbildung 2.4).

Der einzelne Haushalt benötigt bei einer geringeren Lebenserwartung weniger Ressourcen im Alter, so dass das Arbeitsangebot leicht abnimmt, während die Ersparnisse etwas stärker sinken als im Basispfad. Letzteres erklärt die verminderte Kapitalakkumulation und das erhöhte Zinsniveau im Vergleich zum Basispfad. Weil das Lohnniveau nun etwas niedriger ist, vermindert sich auch das Lohnsteueraufkommen. Um die zurückgehenden Lohnsteuereinnahmen auszugleichen, erhöht der Staat in der Folge den Konsumsteuersatz. Dieser liegt nun stets über dem Niveau des Basispfads. Zu beachten ist außerdem, dass die Erbschaften deutlich auf die verkürzte Lebenserwartung reagieren. Während das Erbschaftsvolumen im Basispfad (bezogen auf das Nettoinlandsprodukt) nur geringfügig schwankt, steigt es bei konstanter Lebenserwartung vom Jahr 2004 bis zum Jahr 2040 um nahezu 44 % an. Die Haushalte leben nun deutlich kürzer als im Basisfall, kennen aber weiterhin nicht ihren exakten Sterbezeitpunkt, sondern nur Wahrscheinlichkeiten, und akkumulieren daher (bezogen auf die Lebensspanne) zu viele Ersparnisse. Das Intervall, in welchem der Großteil der Älteren stirbt, ist nun aber kürzer, so dass sich die Weitergabe der Ersparnisse der Elterngenerationen stärker zeitlich konzentriert.
Die Annahme einer künftig konstant bleibenden Lebenserwartung ist freilich nicht besonders realistisch. Eher erscheint ein stärkerer Anstieg als im Basisfall angenommen wahrscheinlich. Diesen Fall modellieren wir, indem wir ab dem Jahr 2005 die Lebenserwartung stärker als im Basispfad erhöhen. Während sie im Basisfall bis 2050 um durchschnittlich 4,4 Jahre steigt, erhöht sie sich nun um 5,6 Jahre. Dabei lassen wir die Lebenserwartung in der unteren Klasse etwas stärker ansteigen als in der mittleren Klasse und in dieser wiederum geringfügig mehr als in der oberen Klasse, weil wir in dieser Simulation unterstellen, es gelinge, die Gesundheitsversorgung der verschiedenen Bevölkerungsgruppen anzunähern und so vor allem die Versorgung der unteren Klassen zu verbessern.

Wie zu erwarten war, steigen mit dem steileren Verlauf des Altersabhängigkeitsquotienten (vgl. Abbildung 3.1) die Sozialbeiträge stärker an, wie Tabelle 3.4 zeigt. In den ersten Jahrzehnten verläuft der Anstieg noch relativ moderat, da die Lebenserwartung nur allmählich über das Basisniveau hinauswächst. Im Jahr 2030 sind die gesamten Beiträge bereits um einen halben Prozentpunkt höher als bei einer Entwicklung der Lebenserwartung wie im Basispfad. Bis zum Jahr 2050 erhöht sich diese Differenz sogar auf über 2,1 %. Die gesetzliche Pflegeversicherung ist hiervon in besonderer Weise betroffen. Der Beitragssatz steigt bis zum Jahr 2050 um fast einen Prozentpunkt stärker als im Basisfall, bezogen auf den Ausgangs-Beitragssatz von 1,7 % ist das also ein Anstieg um mehr als das Dreifache. Aber auch die Rentenbeiträge legen in diesem Zeitraum um 0,7 Prozentpunkte mehr zu. Dennoch erhöhen sich Beschäftigung und Kapitalstockdynamik, weil die Haushalte nun für einen längeren Zeitraum vorsorgen und daher mehr sparen müssen. Das Erbschaftsvolumen nimmt bis 2040 nur um 5 % zu und ist danach wieder rückläufig. Der Gesamteffekt einer steigenden Lebenserwartung auf die Erbschaften ist nicht eindeutig: Zwar wird bei steigender Lebenserwartung individuell mehr gespart. Gleichzeitig muss man sich über eine längere Zeitspanne versorgen und löst somit die Ersparnisse auf, die bei kürzerer Lebensdauer (zum Teil) vererbt worden wären. Da die Menschen länger leben und konsumieren, steigt der aggregierte Konsum und damit die Bemessungsgrundlage für die Konsumsteuer. Infolgedessen liegt der Konsumsteuersatz ab dem Jahr 2020 um 0,2 bis 0,3 Prozentpunkte unter dem Basisniveau.

Insgesamt lässt sich festhalten, dass die Erhöhung der Lebenserwartung zwar das Ausmaß des demographischen Wandels mitgeprägt hat und weiterhin prägt. Ökonomisch spielt die Entwicklung der Mortalität jedoch eine vergleichsweise untergeordnete Rolle, da sie die zu erwartende Situation nur in geringem Maße zusätzlich be- oder entlastet.

3.4 Wie wirken die Green Card und andere Maßnahmen zur Erleichterung der Zuwanderung?

Das Thema Zuwanderung ist – insbesondere was die Integration von Migranten anbelangt – äußerst umstritten. Dies zeigte sich nicht zuletzt an der Leitkulturdebatte, an der öffentlichen Diskussion um die Einwandererfragebögen Baden-Württembergs und Hessens oder über die Ereignisse an der Berliner Rütli-Schule, die einen Anteil an Schülern nichtdeutscher Herkunft von 83,2 % aufweist (TAGESSPIEGEL 2006, SPIEGEL ONLINE 2006). Im Mittelpunkt dieses Abschnitts steht jedoch nicht die Integrationsdiskussion, sondern die vorgelagerte Ebene – die Steuerung der Einwanderung und insbesondere die Anzahl und Qualifikationsstruktur von Migranten. Zumindest in Fachkreisen ist man sich weitgehend einig, dass eine verstärkte Zuwanderung – insbesondere von Hochqualifizierten – sinnvoll bis unabdingbar ist. Auf der politischen Ebene äußerte sich dies unter anderem in der Einführung der so genannten Green Card im Jahr 2000. Mit der deutschen Green Card (eigentlich „Sofortprogramm zur Deckung des IT-Fachkräftebedarfs“) sollte einem akuten Fachkräftemangel in der Informationstechnik-Branche begegnet werden, indem ein Kontingent von insgesamt 20.000 auf 5 Jahre befristeten Arbeitserlaubnissen bereitgestellt wurde. Davon wurden gut 17.000 tatsächlich in Anspruch genommen. Mittlerweile gibt es die Green Card nicht mehr.[88] Sie gilt jedoch als wesentlicher Impuls für das im Januar 2005 in Kraft getretene ZUWANDERUNGSGESETZ. Aktuell spricht sich beispielsweise der niedersächsische Innenminister Schünemann für einen erleichterten Zuzug ausländischer Fachkräfte aus (NETZEITUNG 2006).

Ökonomisch betrachtet kommen Zuwanderer i.d.R. als Erwachsene und damit in einem Alter, in dem zumindest die gut ausgebildeten unter ihnen über den verbleibenden Lebenszyklus positive Nettozahlungen an den öffentlichen Sektor leisten werden. Im Basispfad unseres Modells zeigt sich dies an den Lebenszeitkonten der hochqualifizierten Einkommensklasse in Abbildung 2.6. Einer der Gründe für eine pauschale Ablehnung weiterer Zuwanderung ist aber gerade die Befürchtung vieler Bürger, dass der deutsche Sozialstaat vor allem geringqualifizierte Zuwanderer anlockt, welche zu Nettoleistungsempfängern werden (vgl. SINN und OCHEL 2003). Im Folgenden unterscheiden wir daher drei Zuwanderungsszenarien. Gemeinsam ist allen drei Szenarien, dass die jährliche Zuwanderung in der Summe gegenüber dem Basispfad von 167.000 auf 250.000 Personen ansteigt. Wie auch Abbildung 1.1 zeigt, ist ein Anstieg in dieser Gesamthöhe durchaus realistisch, denn in den Jahren 2001 und 2002 betrug die Nettozuwanderung 273.000 bzw. 219.000 Personen (vgl. SOMMER und VOIT 2003). Im Modell wird dazu der Nettoimmigrationsvektor jedes Jahres mit einem fixen Faktor multipliziert.

In einer ersten Simulation unterstellen wir, dass sich die zusätzlichen Zuwanderer wie im Basispfad im Verhältnis 20:60:20 auf die drei Qualifikationsniveaus verteilen, d.h.: $\hat{\xi}(1,i) = 0,2$; $\hat{\xi}(2,i) = 0,6$; $\hat{\xi}(3,i) = 0,2$ für $i = 2004,\ldots,2050$. In den weiteren Szenarien kommen die zusätzlichen Zuwanderer entweder vollständig aus der unteren oder aus der oberen Einkommens-/Qualifikationsklasse. Das bedeutet, dass sich in diesen zwei Szenarien langfristig die Anteile der Einkommensklassen an der Gesamtbevölkerung ändern werden. Wie Tabelle 3.5 zeigt,

[88] Die Benennung der deutschen Green Card ist zwar an die US-amerikanische Einwanderungsgenehmigung angelehnt, hat jedoch einen anderen Charakter. Während in Deutschland mit dieser Maßnahme eine ganz bestimmte Gruppe von Zuwanderern attrahiert werden soll, wird die amerikanische Green Card zumindest teilweise nach dem Zufallsprinzip verlost.

Tabelle 3.5: Entwicklung der Anteile der Einkommensklassen an der Gesamtbevölkerung (in %) bei veränderter Zuwanderung

	Jahr	obere	mittlere	untere
		Einkommensklasse		
Erhöhte	2004	20,2	60,0	19,8
Zuwanderung	2020	20,0	59,1	20,9
niedrig-	2030	19,8	58,3	21,9
qualifiziert	2050	19,4	56,4	24,2
	2075	18,5	54,2	27,3
	2100	18,0	52,8	29,2
Erhöhte	2004	20,2	60,0	19,8
Zuwanderung	2020	22,0	58,8	19,1
hoch-	2030	23,3	57,9	18,8
qualifiziert	2050	26,5	55,6	17,9
	2075	30,3	52,7	17,1
	2100	32,6	50,9	16,5

steigt bei erhöhter Zuwanderung ausschließlich Geringqualifizierter der Anteil der unteren Einkommensklasse an der Bevölkerung von knapp 20 % im Jahr 2004 auf über 24 % in 2050 und langfristig auf gut 29 %. Im Gegenzug sinkt der Anteil der hochqualifizierten Klasse 1 langfristig um gut 2 Prozentpunkte. Wandern hingegen ausschließlich Hochqualifizierte zu, erhöht sich deren Bevölkerungsanteil von rund 20 % im Ausgangsjahr um über 6 Prozentpunkte bis zum Jahr 2050 und langfristig um weitere 6 Punkte.

Tabelle 3.6 zeigt, dass schon eine moderate Anhebung der **Zuwanderung in allen Qualifikationsniveaus** signifikante Wirkungen hervorruft. Bereits im Basisjahr 2004 treten (wie in der vorangegangenen Simulation) Ankündigungseffekte der kommenden demographischen Veränderungen auf, d.h., die Haushalte antizipieren die künftig höhere Zuwanderung und passen daher schon im Ausgangsjahr ihre Entscheidungen an die sich verändernde Situation an. Bis zum Jahr 2030 steigt der Beschäftigungsindex (im Vergleich zum Jahr 2004) um 24 % an gegenüber einem Anstieg von 17 % im Basispfad. Bis 2050 beträgt der Beschäftigungsanstieg sogar 43 %, während das Wachstum im Basispfad in diesem Zeitraum bei 30 % lag. Die erhöhte Zuwanderung befördert auch die Kapitalakkumulation, weshalb die Kapitalgüterpreise etwas über dem Basispfad liegen. Weil die Zuwanderer ohne eigenes Vermögen einwandern, sinkt die Kapitalintensität, d.h. das Kapital je Arbeitseinheit. Der Zuwachs an Kapital hält also nicht Schritt mit dem Zuwanderungsvolumen. Daher steigt der Zinssatz gegenüber dem Basispfad an. Auf der anderen Seite schwächt verstärkte Zuwanderung die Lohnentwicklung ab, so dass der Lohnindex im Vergleich zum Basispfad sinkt.

In Bezug auf die öffentlichen Budgets sind die Effekte der erhöhten Zuwanderung sehr unterschiedlich. Wie in Abschnitt 2.2.3.3 erläutert, können Zuwanderer die bisher in die Rentensysteme ihrer Herkunftsländer geleisteten Beiträge nur zum Teil anrechnen lassen. Neben den zusätzlichen Beiträgen tragen sie also auch durch (relativ zu den Einheimischen) geringere Renten zur Entspannung der Rentenfinanzen bei. So liegt beispielsweise im Jahr 2020 der Beitragssatz zur GRV um einen halben Prozentpunkt unter dem Niveau des Basispfads und im Jahr 2050 bereits um 1,1 Prozentpunkte unter dem Wert des Basisszenarios. Die Wirkungen der Zuwanderung auf die Kranken- und Pflegeversicherung sind allerdings weniger bedeutsam. Die Beitragssätze sinken gegenüber dem Basisfall mittel- und langfristig nur leicht ab. Im Falle der GKV beträgt der Effekt bis zum Jahr 2030 0,3 Prozentpunkte, für die GPV 0,2 Punkte. Hervorgerufen werden diese Wirkungen allein von den Migranten der mittleren Einkommensklasse, denn nur sie leisten signifikante Beiträge in die gesetzliche Kranken- und Pflegeversicherung. Die hochqualifizierten Zuwanderer tragen hierzu nicht bei, da sie sich privat kranken- und pflegeversichern. Die geringqualifizierten Migranten wiederum empfangen zwar Leistungen, erwirtschaften aber nur sehr niedrige Einkommen und leisten daher auch nur niedrige Versicherungsbeiträge. Die finanzielle Erleichterung für die Kranken- und Pflegeversicherung stellt sich folglich nur in diesem Zuwanderungsfall ein.

Die Budgets der Gebietskörperschaften sind von der Zuwanderung je nach Szenario ganz unterschiedlich betroffen, je nach Dominanz des Einnahmen- oder des Ausgabeneffektes. Denn einerseits müssen mehr öffentliche Güter und höhere Familientransfers bereitgestellt werden, andererseits entstehen zusätzliche Steuereinnahmen. Allerdings ist zu beachten, dass Zuwanderer wegen ihrer geringen Vermögensausstattung in unserem Modell signifikant mehr arbeiten als die gleichaltrigen Einheimischen. Im Falle der gleichmäßig verteilten Zuwanderung heben sich Einnahmen- und Ausgabeneffekt fast vollständig auf. In den ersten 10 Jahren liegt der Konsumsteuersatz unter dem Basisfall, dann geringfügig darüber und erst in der langen Frist (ab 2073) stellt sich ein dauerhaft niedrigerer Konsumsteuersatz ein.

In einem zweiten Szenario nehmen wir nun an, dass der **Anstieg der Zuwanderung alleine auf geringqualifizierte Migranten zurückzuführen** ist. Im Vergleich zur vorangegangenen Simulation steigt dann der (in Effizienzeinheiten gemessene) Beschäftigungsindex wesentlich schwächer an. Dadurch steigt das Lohnniveau geringfügig an, während die Zinsen sinken. Die Umverteilungsmechanismen in der gesetzlichen Rentenversicherung führen dort einerseits zu einer

Verschlechterung der Einnahmenseite.[89] Weil aber andererseits das Lohnniveau steigt, heben sich die Effekte auf die Finanzierungssituation der GRV in der kurzen Frist fast auf. Mittelfristig überwiegt der Lohnniveau-Effekt, so dass der Beitragssatz etwas geringer als im Basisfall ausfällt. Langfristig schlägt der Umverteilungseffekt stärker zu Buche, so dass der Beitragssatz ab 2067 das Niveau des Referenzszenarios übersteigt.

Eindeutig sind dagegen die Wirkungen auf die Krankenversicherung: Ihr Beitragssatz liegt kurzfristig nur geringfügig über dem entsprechenden Basiswert, langfristig aber um gut einen Prozentpunkt darüber. Demgegenüber profitiert die Pflegeversicherung leicht von niedrigqualifizierter Zuwanderung: Der Beitragssatz im Jahr 2050 beträgt 4,4 % statt 4,5 % im Basispfad. Die unterschiedliche Wirkung auf GKV und GPV ist auf die zeitliche Struktur der Leistungsinanspruchnahme zurückzuführen. Während GKV-Leistungen bis zum Alter von 60 Jahren kontinuerlich und erst dann akzelerierend zunehmen, bleiben die Ausgaben der Pflegeversicherung bis zu einem Alter von 60 Jahren konstant auf niedrigem Niveau und steigen dann exponentiell an (vgl. Abb 2.4). Die zusätzlichen (21- bis 43-jährigen) geringqualifizierten Migranten erhalten also sofort GKV-Leistungen, entrichten aber nur relativ geringe Beiträge, da sie nur ein sehr niedriges Einkommen erwirtschaften. Pflegeleistungen werden ihnen dagegen erst später im Leben zuteil, wohingegen sie sofort mit Beginn ihres Aufenthalts im Inland und über ihr ganzes Erwerbsleben hinweg Versicherungsbeiträge entrichten, wenn auch in relativ geringem Umfang. Da zudem das Lohnniveau gegenüber der vorangegangenen Simulation gestiegen ist, fallen diese Beiträge etwas höher aus. Die letzte Spalte im mittleren Teil von Tabelle 3.6 zeigt die negativen Folgen der Zuwanderung von Geringqualifizierten. Weil die staatlichen Leistungen stärker ansteigen als die Steuereinnahmen, muss der Konsumsteuersatz deutlich angehoben werden. Er liegt im Jahr 2050 um 1,7 Prozentpunkte über demjenigen des Basispfads.

Anders stellt sich die Situation dar, wenn selektiv **nur hochqualifizierte Zuwanderer** zusätzlich ins Land gelassen werden. Aufgrund der hohen Effizienz der zusätzlichen Einwanderer steigt die Beschäftigung in diesem Szenario nun deutlich kräftiger (vgl. Tabelle 3.6 unten). Dadurch werden die Löhne in höherem Maße gedämpft und das Zinsniveau steigt stärker. Die finanzielle Situation der Rentenversicherung entspannt sich noch mehr als im ersten Szenario, ihr Beitragssatz liegt nun im Jahr 2050 um 1,3 Prozentpunkte unter dem Basispfad. Auch die Steuerein-

[89] Die geringqualifizierten Migranten leisten aufgrund ihres niedrigen Einkommens relativ geringe Rentenbeiträge. Bei ihrem Renteneintritt (dieser erfolgt bei den ältesten Migranten im Modell 17 bis 19 Jahre nach Einwanderung) erhalten sie aber wie die einheimischen Geringverdiener eine Aufwertung ihrer Rente.

Tabelle 3.6: Verstärkte Zuwanderung in verschiedenen Qualifikationsniveaus

	Jahr	Volkseinkommensindex	Kapitalstockindex	Beschäftigungsindex	Kapitalpreisindex	Lohnindex	Zinssatz	Beitragssätze GRV	Beitragssätze GKV	Beitragssätze GPV	Konsumsteuersatz
Erhöhte Zuwanderung in allen Qualifikationsniveaus	2004	1,01	1,02	1,00	0,99	1,00	6,8	19,4	14,2	1,7	15,7
	2010	1,08	1,07	1,09	1,01	1,00	6,4	19,1	14,8	1,9	15,5
	2020	1,17	1,16	1,18	1,00	1,00	6,1	20,4	16,3	2,5	16,6
	2030	1,24	1,24	1,24	0,98	1,00	6,0	23,1	17,8	2,8	17,9
	2040	1,34	1,30	1,35	0,97	0,99	6,5	23,0	19,2	3,8	18,9
	2050	1,41	1,35	1,43	0,97	0,98	6,8	23,9	19,7	4,2	20,0
	2075	1,66	1,52	1,71	0,98	0,97	7,2	23,9	19,9	4,2	21,5
	2100	2,03	1,78	2,12	1,00	0,96	7,3	23,1	19,8	4,0	22,5
Erhöhte Zuwanderung niedrigqualifiziert	2004	1,01	1,02	1,00	1,00	1,00	6,8	19,4	14,2	1,7	15,8
	2010	1,08	1,07	1,08	1,01	1,00	6,3	19,2	14,9	1,9	15,6
	2020	1,16	1,16	1,16	1,00	1,00	5,9	20,6	16,5	2,5	16,9
	2030	1,21	1,24	1,20	0,97	1,01	5,8	23,4	18,2	2,9	18,5
	2040	1,29	1,29	1,28	0,96	1,00	6,3	23,5	19,8	3,9	19,9
	2050	1,34	1,32	1,34	0,95	1,00	6,7	24,4	20,5	4,4	21,5
	2075	1,52	1,43	1,54	0,96	0,98	7,0	25,1	21,3	4,4	24,6
	2100	1,80	1,60	1,87	0,98	0,96	7,3	24,7	21,6	4,3	27,1
Erhöhte Zuwanderung hochqualifiziert	2004	1,00	1,02	1,00	0,99	1,00	6,8	19,4	14,3	1,7	15,7
	2010	1,09	1,07	1,09	1,00	0,99	6,4	19,1	15,0	2,0	15,3
	2020	1,19	1,15	1,20	1,00	0,99	6,3	20,4	16,7	2,5	15,9
	2030	1,27	1,23	1,29	0,98	0,99	6,3	23,0	18,5	3,0	16,5
	2040	1,40	1,30	1,43	0,98	0,98	6,8	22,9	20,1	4,1	16,7
	2050	1,50	1,37	1,55	0,98	0,97	7,1	23,7	20,6	4,6	16,8
	2075	1,84	1,61	1,93	0,99	0,96	7,4	22,6	21,0	4,6	15,9
	2100	2,31	1,98	2,43	1,01	0,95	7,3	21,2	20,8	4,3	15,3

nahmen der Gebietskörperschaften – insbesondere aus der Lohnsteuer – steigen massiv. Daher ist der Konsumsteuersatz trotz der erhöhten Ausgaben nun im Jahr 2050 um 3 Prozentpunkte niedriger als im Basispfad. Auf den ersten Blick erstaunt der Anstieg der GKV- und GPV-Beiträge, denn die gesetzlichen Systeme sind von der veränderten Zuwanderung (ausschließlich in die obere Einkommensklasse) zumindest nicht direkt betroffen. Indirekt kommt hier jedoch das allgemein niedrigere Lohnniveau und damit die gesunkene Beitragsbasis dieser Sozialversicherungszweige zum Tragen.

Betrachten wir nun die in Tabelle 3.7 für alle drei Szenarien angegebenen Wohlfahrtseffekte einer erhöhten Zuwanderung. Diese werden, wie schon erwähnt, als Hickssche Äquivalente Variation angegeben (siehe auch Anhang A.4), also als Veränderung des Nutzenniveaus (ausgedrückt in Geldeinheiten) in Relation zum Lebenszeiteinkommen des betrachteten Haushalts. Verteilt sich – wie im ersten Szenario – der Anstieg der Zuwanderung gleichmäßig über alle Einkommensklassen, profitieren alle Haushalte davon. Die älteren Generationen gewinnen wegen der verminderten Konsumsteuer, die jüngeren und künftig lebenden Kohorten gewinnen ebenfalls, jedoch vor allem wegen der gesunkenen Beiträge zur Rentenversicherung. Im mittleren und unteren Einkommenssegment führen zudem die gesunkenen Beiträge zur Kranken- und Pflegeversicherung zu Wohlfahrtsgewinnen.

Im zweiten Szenario allerdings, in dem nur Geringqualifizierte zuwandern, müssen die jungen und künftigen Kohorten vor allem im unteren Einkommensbereich empfindliche Wohlfahrtsverluste hinnehmen. Vor allem die höhere Konsumsteuer, aber auch der langfristig steigende Rentenversicherungsbeitragssatz tragen dazu bei. Die Beitragsbemessungsgrenze bremst die Wohlfahrtsverluste für die Top-Einkommensklasse deutlich ab, während die Effekte auf die mittlere und untere Einkommensklasse voll durchschlagen.

Am interessantesten ist sicherlich der Fall der verstärkten Zuwanderung von Hochqualifizierten. Hier verbessert sich wieder die Wohlfahrt aller einheimischen Haushalte. Es fällt auf, dass nun die mittlere und untere Einkommensklasse langfristig relativ stärker profitieren als die obere. Die Ursache ist auch hier die Beitragsbemessungsgrenze der GRV, die dazu führt, dass die obere Einkommensklasse nur begrenzt vom sinkenden Rentenversicherungsbeitrag profitiert.

Gelingt es der Politik also, gezielt hochqualifizierte Zuwanderer zu attrahieren und diese sofort in den Arbeitsmarkt zu integrieren, hat dies kurz-, mittel- und langfristig deutlich positive Effekte auf Wirtschaftswachstum, Kapitalbildung und

Tabelle 3.7: Wohlfahrtseffekte einer erhöhten Zuwanderung

Geburtsjahr	in allen Qualifikationsniveaus			niedrigqualifiziert		
	obere	mittlere	untere	obere	mittlere	untere
	Einkommensklasse			Einkommensklasse		
1920	0,25	0,26	0,25	0,26	0,28	0,26
1930	0,29	0,32	0,33	0,22	0,26	0,26
1940	0,35	0,38	0,41	0,17	0,20	0,21
1950	0,43	0,46	0,55	0,12	0,17	0,21
1960	0,40	0,49	0,56	0,05	0,09	0,17
1970	0,32	0,43	0,46	0,01	0,02	0,08
1980	0,24	0,32	0,33	0,02	-0,03	-0,04
1990	0,17	0,28	0,26	0,00	-0,11	-0,20
2000	0,16	0,30	0,27	-0,04	-0,22	-0,36
2010	0,19	0,37	0,33	-0,06	-0,36	-0,48
2020	0,21	0,39	0,35	-0,13	-0,57	-0,73
2030	0,19	0,35	0,27	-0,27	-0,85	-1,17

Geburtsjahr	hochqualifiziert		
	obere	mittlere	untere
	Einkommensklasse		
1920	0,22	0,22	0,22
1930	0,38	0,37	0,39
1940	0,61	0,58	0,63
1950	0,89	0,85	0,99
1960	0,95	1,00	1,09
1970	0,82	0,92	0,94
1980	0,62	0,72	0,69
1990	0,51	0,68	0,58
2000	0,58	0,75	0,60
2010	0,78	0,91	0,76
2020	0,98	1,13	1,01
2030	1,16	1,40	1,30

Beschäftigung. In der Folge sinken die Beitragssätze zu den gesetzlichen Sozialversicherungssystemen und die Konsumsteuer. Bei durchschnittlich qualifizierter zusätzlicher Zuwanderung fallen zwar (wegen der Mitgliedschaft in den gesetzlichen Kassen) die Kranken- und Pflegeversicherungsbeiträge am niedrigsten aus, bei hochqualifizierter Migration profitiert die Rentenversicherung stärker. Auch die Wohlfahrtseffekte sind bei hochqualifizierten Migranten in allen Generationen und Einkommensklassen deutlich positiv. Diese Ergebnisse schmälern sich jedoch oder wenden sich ins Gegenteil, sobald die zusätzlichen Migranten nur eine durchschnittliche Qualifikationsstruktur aufweisen oder gar geringqualifiziert sind.

3.5 „Kinder statt Inder"? Effekte einer höheren Geburtenrate

Stoßen Vorschläge zur Verstärkung der Zuwanderung nach Deutschland in weiten Bevölkerungskreisen auf Skepsis, wird eine Erhöhung der Geburtenrate zumindest auf der politischen Ebene häufig für geeigneter gehalten, um dem demographischen Wandel zu begegnen.[90] Mit einer besonders provokanten Formulierung dieser Auffassung – „*Kinder statt Inder*" – wird der nordrhein-westfälische CDU-Vorsitzende und heutige Ministerpräsident Jürgen Rüttgers zitiert.[91]

Die relative Bevorzugung von Familien- bzw. Geburtenförderung vor einer Erhöhung der Zuwanderung mag auch damit zusammenhängen, dass sich viele von geburtenfördernden Maßnahmen eine allgemeine Verbesserung der Situation von Familien versprechen. So wird in der Diskussion um die niedrige Geburtenrate in Deutschland häufig beklagt, Eltern würden in Deutschland zu wenig unterstützt. Im Umkehrschluss wird dann meist gefordert, es müsse von staatlicher Seite mehr getan werden, um die Familiengründung zu erleichtern. Von politischer Seite steht dahinter nicht selten die Hoffnung, die Geburtenziffer ließe sich auf diesem Wege signifikant steigern. Häufig wird in diesem Zusammenhang beispielsweise auf Dänemark verwiesen, dem es gelang, seine Geburtenrate von 1,55 Kindern pro Frau im Jahr 1980 auf einen Wert von 1,77 im Jahr 2000 zu erhöhen (WISSENSCHAFTLICHER BEIRAT BEIM BUNDESMINISTERIUM FÜR WIRTSCHAFT UND ARBEIT 2005, S. 32), was u.a. auf ein verstärktes familienpolitisches Engagement von staatlicher Seite zurückgeführt wird. Auch die französische Familienpolitik wird häufig als Ursache für die besonders hohe Geburtenrate (1,88) bei gleichzeitig hoher weiblicher Erwerbsbeteiligung genannt (EGGEN 2005, S. 8). Allerdings ist der Zusammenhang zwischen Familienförderung und Geburtenrate empirisch nicht eindeutig nachweisbar, zumindest was die Art der Familienförderung betrifft. So verfolgen die Länder mit besonders hohen Geburtenraten – neben Dänemark und Frankreich auch Irland (1,89 Kinder pro Frau) – völlig unterschiedliche Strategien der Familienpolitik (EGGEN 2005, S. 8f.). Während in Dänemark

---

90 Allerdings ist eine explizite „Geburtenpolitik", d.h. eine staatlich avisierte Erhöhung der Kinderzahlen, in Deutschland insbesondere vor dem historischen Hintergrund der nationalsozialistischen Geburtenpolitik noch immer gesellschaftlich und politisch umstritten.

91 Allerdings basiert die Parole auf einem Zeitungsinterview Rüttgers' in der WESTDEUTSCHEN ALLGEMEINEN ZEITUNG (2000), in welchem er – sozusagen als Antwort auf die Green-Card-Kampagne der rot-grünen Bundesregierung – sagte „*Statt Inder an die Computer müssen unsere Kinder an die Computer*". Die Republikaner verkürzten diese Äußerung im Landtagswahlkampf 2000 zum Slogan „*Kinder statt Inder*". RÜTTGERS' dahinterstehende Idee darf also eher in der Richtung (Aus-)Bildungspolitik statt Geburtenpolitik vermutet werden.

Sachleistungen[92] etwa 70 % der staatlichen Aufwendungen für Familienförderung ausmachen, gewährt Frankreich vor allem Barleistungen (etwa Kindergeld und Familienbeihilfen) i.H.v. 73 % der gesamten Leistungen für Familien. Deutschland zahlt Barleistungen in einer anteilsmäßigen Größenordnung wie Frankreich (71 %) und gibt insgesamt mit 2,96 % sogar einen etwas höheren Anteil des Bruttoinlandsproduktes für Familienförderung aus als Frankreich (2,74 %) (EGGEN 2005, S. 8), jedoch - wie bekannt - ohne einen ähnlichen geburtenpolitischen Erfolg. Allerdings wird die Förderung in unterschiedlicher Struktur gewährt. Während in Deutschland relativ viel für die Förderung ab dem ersten Kind ausgeben wird, richtet sich die französische Familienpolitik vielmehr an kinderreichen Familien aus. Insbesondere wird die Geburt eines dritten Kindes gefördert. Dies geschieht über ein Familiensplitting, das dazu führt, dass die Eltern ab dem dritten Kind praktisch keine Steuern mehr zahlen. Irland wiederum hält sich familienpolitisch stark zurück - das Land gibt mit 1,75 % einen sehr geringen Anteil seines Bruttoinlandsprodukts für Familienförderung aus - und weist dennoch die höchste Geburtenrate Europas auf. Die extrem niedrigen Ausgaben der südeuropäischen Länder wiederum korrespondieren deutlich mit deren geringen Geburtenraten. So wenden beispielsweise Italien und Spanien 0,96 % bzw. 0,58 % ihres BIP für Bar- und Sachleistungen an Familien auf (EGGEN 2005, S. 8f.) bei sehr niedrigen Fertilitätsraten von 1,24 und 1,23 Kindern pro Frau (2002). Vergleicht man wiederum Italien mit Irland, so stellt man fest, dass sich deren Fertilitätsraten trotz sehr ähnlicher familienpolitischer Strategien stark unterscheiden. Umgekehrt können unterschiedliche Ansätze der Förderung ähnlich (gute) Ergebnisse liefern: Während beispielsweise Frankreich mit einer pro-natalistischen Familienpolitik erfolgreich ist, erzielt Dänemark gute Ergebnisse mit der Ausrichtung auf geschlechtsunabhängige Chancengleichheit bezüglich der Vereinbarkeit von Beruf und Familie. RÜRUP und GRUESCU (2003) sprechen hier vom französischen bzw. dem skandinavischen Modell. Eine Systematisierung der Einflussfaktoren auf die Fertilität findet sich in einer vom BUNDESMINISTERIUM FÜR FAMILIE, SENIOREN, FRAUEN UND JUGEND (2006b, S. 9) herausgegebenen Studie. Unterschieden werden dort zum einen soziodemographische (Alter und Bildungsstand

[92] Für internationale Vergleiche familienpolitischer Maßnahmen empfiehlt es sich, der auch von EGGEN (2005) verwendeten Abgrenzung von EUROSTAT (2003b) zu folgen. Unter Sachleistungen fallen danach die staatlichen Aufwendungen für Kinderbetreuung in Krippen und bei Tagesmüttern, die Unterbringung in Einrichtungen und Pflegefamilien, die häusliche Hilfe und für weitere Sachleistungen im Rahmen von Kultur- und Freizeitaktivitäten. Die Barleistungen umfassen Geburtsbeihilfen, Leistungen, die im Elternurlaub an den Elternteil gezahlt werden, der im Job aussetzt, um sich der Erziehung zu widmen, Familienbeihilfe wie etwa Kindergeld und sonstige Sonderbedarfs-Barleistungen für Alleinerziehende, Eltern von behinderten Kindern etc. Das in Deutschland gezahlte Kindergeld wird dazugezählt, Steuerfreibeträge jedoch nicht (EUROSTAT 2003b).

der Eltern, Anzahl und Alter der vorhandenen Kinder) und ökonomische Faktoren (Löhne der Eltern, Nichterwerbseinkommen bei Elternschaft, allgemeine wirtschaftliche Lage, soziale Sicherung und steuerliche Behandlung von Familien mit Kindern). Daneben wird den staatlichen und gesellschaftlichen Rahmenbedingungen (Elternschutzregelung, Betreuungsinfrastruktur, Flexibilität der Arbeitsorganisation, gesellschaftliches Geschlechterrollenverständnis) eine Wirkung auf die Geburtenrate zugeschrieben. Einige dieser Bestimmungsfaktoren lassen sich demnach gezielt staatlich steuern, andere nicht.

Wie u.a. die Beispiele Italiens und Irlands zeigen, scheint die Geburtenrate eines Landes aber auch zu einem nicht unerheblichen Teil von seiner kulturellen, religiösen und historischen Prägung beeinflusst zu sein, so dass die „richtige" familienpolitische Strategie nicht einfach zu finden ist. In Deutschland kann man u.a. an der Diskussion um verpflichtende Vätermonate als Voraussetzung für den über 12 Monate hinausgehenden Bezug des ab 2007 gewährten Elterngelds („Wickelvolontariat") erkennen, dass gerade auf dem Gebiet der Gleichstellung noch ein gewisser Nachholbedarf besteht.

Ungeachtet der empirischen Unsicherheit bezüglich der „richtigen" Geburtenpolitik nehmen wir im Folgenden an, es gelinge der Politik, geeignete Maßnahmen zur Erhöhung der Geburtenrate zu ergreifen. Es soll also zunächst quantifiziert werden, wie sich eine deutliche Erhöhung der Geburtenrate auf die Ökonomie und die Wohlfahrt der Haushalte auswirken würde. Mit konkreten familienpolitischen Maßnahmen befassen wir uns dann in Kapitel 4.

In Anlehnung an Berkel, Börsch-Supan, Ludwig et al. (2004) oder UNPD (2003) unterstellen wir in den folgenden Simulationsrechnungen, dass die durchschnittliche Geburtenrate ab dem Basisjahr 2004 innerhalb von 8 Jahren von 1,4 Kindern auf 1,8 Kinder pro Frau ansteigt.[93] Der Anstieg der Geburtenrate ist dabei auf den Querschnitt bezogen. Daher wird erst die Frauenkohorte, welche im Jahr 2012 das gebärfähige Alter von 23 Jahren erreicht, auch im Längsschnitt eine Fertilitätsrate von 1,8 Kindern aufweisen. Wie im vorigen Abschnitt unterscheiden wir wieder drei Szenarien. Im ersten Fall steigt die Fertilität in allen Einkommensklassen gleichermaßen auf 1,8 Kinder pro Frau, im zweiten Szenario steigt sie nur in der unteren und im dritten Fall nur in der oberen Einkommensklasse. Damit auch im zweiten und dritten Fall eine Gesamtfertilitätsrate von 1,8 Kindern pro Frau (im Durchschnitt aller Frauen) erreicht wird, muss in diesen Szenarien die Fertilität der unteren bzw. oberen Einkommensklasse auf

[93] Im Modell bedeutet das einen Anstieg der geschlechtsneutralen Fertilitätsrate $f(s,i,k)$ von 0,7 auf 0,9 Kinder pro Modellindividuum.

Tabelle 3.8: Entwicklung der Anteile der Einkommensklassen an der Gesamtbevölkerung (in %) bei erhöhter Fertilität

	Jahr	obere	mittlere	untere
		Einkommensklasse		
Erhöhte	2004	20,2	60,0	19,8
Geburtenrate	2020	19,8	58,3	21,8
gering-	2030	19,4	57,0	23,6
qualifiziert	2050	17,8	51,6	30,6
	2075	15,1	44,0	40,9
	2100	13,2	38,6	48,1
Erhöhte	2004	20,2	60,0	19,8
Geburtenrate	2020	22,6	58,4	19,0
hoch-	2030	24,3	57,1	18,5
qualifiziert	2050	31,3	51,9	16,8
	2075	41,0	44,5	14,4
	2100	48,4	39,0	12,6

3,3 Kinder angehoben werden, während die Geburtenrate der restlichen Klassen bei 1,4 bleibt. Eine Erhöhung der Geburtenrate einer Einkommensklasse auf 3,3 Kinder ist natürlich völlig unrealistisch, aber man kann diese Erhöhung auch so interpretieren, dass sich künftig das Bildungssystem verbessert bzw. verschlechtert und auf diese Weise eine Verschiebung in Richtung höherer bzw. niedrigerer Qualifikation stattfindet.

Vor diesem Hintergrund ist auch die Entwicklung der Bevölkerungsanteile der jeweils betroffenen Einkommensklassen zu sehen. Die Auswirkungen einer erhöhten Geburtenrate auf die Anteile der betroffenen Einkommensklasse wären insbesondere langfristig beträchtlich, wie Tabelle 3.8 zeigt. So erhöht sich bei ausschließlicher Fertilitätserhöhung bei den Geringqualifizierten deren Anteil an der Bevölkerung selbst in der kurzen Frist bis 2020 um zwei Prozentpunkte, langfristig stellt diese Einkommensklasse fast die Hälfte der Bevölkerung dar. Umgekehrt würde der Anteil der Hochqualifizierten langfristig um 7 Prozentpunkte abnehmen. Die in etwa umgekehrten Effekte ergäben sich im Fall einer allein auf die obere Einkommensklasse beschränkte Geburtensteigerung in der oberen Einkommensklasse. Die makroökonomische Entwicklung in den drei Szenarien ist in Tabelle 3.9 dargestellt. In der kurzen Frist bis 2020 zeigen sich in allen drei Fällen relativ ähnliche Effekte. Es wird deutlich, dass eine höhere Geburtenrate vor allem die staatlichen Ausgaben für Erziehung und Bildung steigen lässt und deshalb der endogene Konsumsteuersatz gegenüber dem Basispfad deutlich steigt. Auch die Ausgaben der gesetzlichen Krankenversicherung erhöhen sich (nur in den ersten beiden Szenarien) leicht, weil die zusätzlichen Kinder (vor allem in den Jahren nach der Geburt) Krankheitskosten verursachen, welche von allen Versicherten übernommen werden müssen. Im Unterschied zu BERKEL, BÖRSCH-SUPAN, LUDWIG et al. (2004) ergeben sich jedoch kurzfristig keine Wachstumseinbußen, denn im vorliegenden Modell werden die Kosten der Kindererziehung, insbesondere der Bildung auf die älteren Generationen überwälzt. Der Kapitalstock wächst bis 2020 sogar – wenn auch nicht signifikant – um 1 bis 2 %.

Mittel- und langfristig treten die zusätzlich Geborenen sukzessive auf den Arbeitsmarkt, so dass ab dem Jahr 2030 der Beschäftigungsindex gegenüber dem Basispfad ansteigt.[94] Das höhere Arbeitsangebot dämpft einerseits die Lohnentwicklung, andererseits steigen die Ersparnisse und der Kapitalstock. Je nach sozioökonomischer Strukur der zusätzlich auf den Arbeitsmarkt tretenden Individuen unterscheidet sich aber die Intensität der Auswirkungen auf Beschäftigung, Kapitalstock und öffentliche Budgets in den drei Szenarien.

Im (ersten) Fall einer **gleichmäßig in allen Klassen steigenden Geburtenrate** führen die zusätzlich auf den Arbeitsmarkt kommenden Erwachsenen zu einer deutlichen Entspannung der Renten- und Pflegeversicherung. Im Jahr 2050 liegen der GRV- und der GPV-Beitrag um 1,8 bzw. 0,3 Prozentpunkte niedriger als im Basispfad. Bei der Krankenversicherung steigen die Ausgaben auch mittelfristig noch an, so dass sich die GKV-Beiträge erst nach 2050 unter das Niveau des Basispfads bewegen. Langfristig sinken also alle Sozialversicherungsbeiträge gegenüber dem Basisszenario. Der Konsumsteuersatz bleibt jedoch auf seinem erhöhten Niveau, weil die infolge der Fertilitätssteigerung geborenen zusätzlichen Kinder als Erwachsene ihrerseits wieder mehr Kinder zur Welt bringen und so die Kosten der Bildung und Erziehung fortwährend über die Konsumsteuer finanziert werden müssen.

Sobald (im zweiten Szenario) **nur die Frauen im unteren Einkommensbereich mehr Kinder** bekommen, steigt der (in Produktivitätseinheiten gemessene) Beschäftigungsindex etwas schwächer an als zuvor. Die Ausgaben des Staates steigen wie im ersten Fall, da sie auf die Anzahl der Köpfe bezogen sind, aber die Einkommensteuereinnahmen durch die zusätzlichen Kinder (wenn diese mittelfristig auf den Arbeitsmarkt treten) fallen nun wesentlich schwächer aus. Der Konsumsteuersatz muss daher bis zum Jahr 2050 auf 29,1 % angehoben werden.

[94] Das Modell kommt nur langsam wieder auf den langfristigen Wachstumspfad, weil die Qualifikationsstruktur der Bevölkerung erst ab dem Jahr 2140 wieder stabil wird.

In den Folgejahren verschlechtert sich die öffentliche Einnahmesituation immer weiter.

Auch bei den einzelnen Sozialversicherungszweigen steigen mittelfristig die Beiträge, weil die Bemessungsgrundlagen von GKV und GPV im Vergleich zu den Ausgaben nur unterproportional wachsen. Zwar liegt der Beitrag zur Rentenversicherung (zumindest ab 2030) noch immer unter dem Niveau des Basispfads, aber wegen der vergleichsweise niedrigen Lohnsumme über dem Niveau bei gleichmäßiger Geburtensteigerung. Ebenso ist der Pflegeversicherungsbeitrag langfristig niedriger als im Basisfall, aber über dem Level bei gleichmäßiger Fertilitätserhöhung. Die geringere Lebenserwartung der zahlenmäßig zunehmenden Einkommensklasse kann also die niedrigere Einnahmenbasis (im Vergleich zum ersten Fall) nicht ausgleichen. Der Beitrag zur gesetzlichen Krankenversicherung übersteigt dagegen – insbesondere in der mittleren Frist – sowohl den Wert im Basispfad als auch jenen des ersten Szenarios mit gleichqualifizierter Fertilitätssteigerung. Der Grund sind die schon in jungen Jahren hohen Gesundheitskosten bei gleichzeitig niedrigen Beiträgen der unteren Einkommensklasse.

Umgekehrt verläuft die Entwicklung, wenn nun (im dritten Szenario) **nur in der Top-Einkommensklasse die Fertilität steigt**. Der Konsumsteuersatz erhöht sich wegen der zusätzlichen Bereitstellung öffentlicher Güter (Bildung) und Kindergeldtransfers zwar stärker als im Basisfall, aber deutlich schwächer als in den ersten beiden simulierten Fällen. Er liegt im Jahr 2050 mit 23,3 % deutlich unter dem Niveau der vorangegangenen Simulationen (25,3 bzw. 29,1 %), aber um 3,5 Prozentpunkte über dem Level des entsprechenden Jahres im Basispfad. Das niedrigere Niveau ist auf die deutlich höheren Einnahmen aus der progressiven Einkommensteuer zurückzuführen, wenn die zusätzlich Geborenen der oberen Einkommensklasse in den Arbeitsprozess eintreten. Der veränderte Beschäftigungsindex wirkt sich bis 2050 kaum auf den Beitragssatz der gesetzlichen Rentenversicherung aus. Das liegt daran, dass aufgrund der Beitragsbemessungsgrenze in der GRV die Bemessungsgrundlage wesentlich schwächer zunimmt als der Produktivitätsindex. Wie schon bei der erhöhten Zuwanderung (Abschnitt 3.4) steigen die Beitragssätze von GKV und GPV ab 2030 aufgrund der gedämpften Lohnentwicklung. Im Jahr 2050 liegen sie insgesamt um 1,2 Prozentpunkte höher als im Basispfad. Langfristig (also nach 2050) vergrößert sich dieser Abstand noch etwas, allerdings sinken nun bis zum Jahr 2100 sowohl der Rentenversicherungsbeitrag als auch der Konsumsteuersatz deutlich ab. Dies liegt daran, dass die gestiegene Geburtenrate mittel- und langfristig immer mehr den Anteil der oberen Einkommensklasse an der Gesamtbevölkerung erhöht (vgl. Tabelle 3.8).[95] Dadurch steigen der Beschäftigungsindex und die Lohnsumme insbesondere nach 2030 wesentlich drastischer an als bisher.

Die Wohlfahrtswirkungen der erhöhten Geburtenrate werden in Tabelle 3.10 veranschaulicht. Zwei konträre Effekte überlagern sich hier. Während nämlich der gestiegene Konsumsteuersatz das Budget der Haushalte belastet und damit deren Nutzen senkt, wirken die niedrigeren Beiträge zur Renten- und Pflegeversicherung genau umgekehrt. Außerdem steigert das als direkter Transfer ausgezahlte Kindergeld das Nutzenniveau der Elterngeneration. Schon in der kurzen Frist führt das Kindergeld zusammen mit den indirekten Transfers für Bildung zu einem Anstieg des Konsumsteuersatzes, weshalb in allen drei Szenarien sämtliche Generationen mittleren Alters verlieren.

Jüngere und künftige Generationen profitieren im ersten Szenario nur, wenn sie der unteren Einkommensklasse und den Generationen zwischen 1982 und 1991 angehören, also noch am Beginn ihrer Gebärfähigkeit stehen. Sie gewinnen dann auch bereits kurzfristig durch die höheren Transfers und mittel- und langfristig durch die gesunkenen Sozialversicherungsbeiträge. Dass unter den Jüngeren alleine die untere Einkommensklasse an Wohlfahrt gewinnt, liegt daran, dass die Kindergeldtransfers relativ zu deren Einkommen wesentlich stärker wirken. Dieselben Kohorten in der mittleren und oberen Einkommensklasse verlieren aus dem gleichen Grund in umgekehrter Richtung. Im ersten Szenario allerdings sinken die Wohlfahrtsverluste künftiger (etwa ab 2020 geborener) Generationen tendenziell, da (nur) in diesem Fall auch die Hauptbeitragszahler zu den gesetzlichen Sozialversicherungssystemen – die mittlere Einkommensklasse – eine höhere Geburtenrate aufweisen und sich folglich die stärkere Entlastung der Sozialversicherungen (relativ zu den anderen Szenarien) am stärksten niederschlägt.

Im zweiten Szenario, dem ausschließlichen Fertilitätsanstieg bei den Geringqualifizerten, wirken die zusätzlichen Kindergeldtransfers wie eine intragenerative Umverteilung zugunsten dieser Einkommensgruppe. Da das Kindergeld an die Eltern fließt, steigt vor allem die Wohlfahrt der jungen Jahrgänge in der unteren Einkommensklasse beträchtlich an. Für die künftigen Generationen sowie für die Mitglieder der mittleren und unteren Einkommensklasse dominiert dagegen der

[95] Die obere Einkommensklasse gewinnt die zusätzlichen Mitglieder modelltechnisch gesehen ausschließlich durch neu von ihr und in diese Klasse hineingeborene Kinder und nicht durch einen Wechsel aus anderen Einkommensklassen, da im Modell keine Mobilität zwischen den Einkommensklassen gegeben ist. Ökonomisch kann man den Zuwachs an gut Ausgebildeten jedoch durchaus als Bildungsexpansion und damit Mobilität zwischen Bildungsschichten interpretieren.

Tabelle 3.9: Auswirkungen einer höheren Geburtenrate

	Jahr	Volkseinkommensindex	Kapitalstockindex	Beschäftigungsindex	Kapitalpreisindex	Lohnindex	Zinssatz	Beitragssätze GRV	Beitragssätze GKV	Beitragssätze GPV	Konsumsteuersatz
Erhöhte Geburtenrate in allen Qualifikationsniveaus	2004	1,00	1,00	1,00	1,01	1,00	6,8	19,4	14,2	1,7	15,9
	2010	1,07	1,06	1,08	1,02	1,00	6,2	19,3	15,0	2,0	15,7
	2020	1,15	1,16	1,14	1,00	1,00	5,8	20,9	16,9	2,5	18,5
	2030	1,19	1,22	1,18	0,96	1,01	5,9	23,8	18,9	3,0	21,8
	2040	1,31	1,26	1,32	0,96	0,99	6,8	23,2	20,2	3,9	23,0
	2050	1,41	1,31	1,45	0,97	0,97	7,1	23,2	20,4	4,2	25,3
	2075	1,83	1,58	1,93	1,02	0,95	7,3	20,5	19,6	3,6	25,8
	2100	2,42	2,06	2,55	1,03	0,95	7,3	21,0	19,7	3,7	25,4
Erhöhte Geburtenrate gering-qualifiziert	2004	1,00	1,00	1,00	1,01	1,00	6,8	19,4	14,2	1,7	15,8
	2010	1,08	1,06	1,08	1,02	0,99	6,3	19,3	15,0	1,9	15,6
	2020	1,15	1,16	1,15	1,00	1,00	5,8	20,9	16,9	2,5	18,2
	2030	1,20	1,24	1,18	0,98	1,01	5,7	23,9	18,9	3,0	21,5
	2040	1,29	1,30	1,28	0,96	1,00	6,3	23,5	20,8	4,0	23,6
	2050	1,35	1,34	1,36	0,96	1,00	6,5	23,9	22,0	4,4	29,1
	2075	1,64	1,51	1,68	0,98	0,97	7,1	23,9	22,9	3,9	37,7
	2100	2,07	1,80	2,17	1,00	0,95	7,3	25,8	24,2	4,1	42,8
Erhöhte Geburtenrate hoch-qualifiziert	2004	1,00	1,00	1,00	1,00	1,00	6,8	19,5	14,3	1,7	15,9
	2010	1,07	1,06	1,08	1,01	0,99	6,3	19,3	14,9	2,0	15,8
	2020	1,15	1,15	1,14	0,99	1,00	5,8	20,8	16,4	2,5	18,3
	2030	1,20	1,21	1,19	0,96	1,00	6,0	23,7	18,2	3,0	21,3
	2040	1,33	1,24	1,36	0,96	0,98	7,1	22,9	20,1	4,1	21,8
	2050	1,48	1,29	1,55	0,98	0,96	7,6	23,0	21,1	4,7	23,3
	2075	2,21	1,70	2,41	1,07	0,92	8,0	16,4	22,2	4,8	17,9
	2100	3,33	2,65	3,60	1,09	0,93	7,3	15,1	21,5	4,5	12,3

Tabelle 3.10: Wohlfahrtseffekte einer erhöhten Geburtenrate

Geburtsjahr	in allen Qualifikationsniveaus obere Einkommensklasse	mittlere	untere	gering-qualifiziert obere Einkommensklasse	mittlere	untere
1920	0,13	0,14	0,15	0,18	0,20	0,21
1930	0,02	0,04	0,05	0,10	0,12	0,14
1940	-0,19	-0,19	-0,19	-0,09	-0,09	-0,07
1950	-0,36	-0,39	-0,41	-0,30	-0,30	-0,37
1960	-0,38	-0,45	-0,49	-0,46	-0,51	-0,56
1970	-0,35	-0,43	-0,46	-0,61	-0,70	-0,58
1980	-0,31	-0,32	-0,08	-0,65	-0,84	0,91
1990	-0,42	-0,36	0,08	-0,85	-1,21	2,05
2000	-0,62	-0,56	-0,19	-1,16	-1,77	1,45
2010	-0,72	-0,63	-0,35	-1,39	-2,31	0,57
2020	-0,73	-0,57	-0,34	-1,72	-3,00	-0,38
2030	-0,61	-0,33	-0,12	-2,19	-3,81	-1,41

Geburtsjahr	hoch-qualifiziert obere Einkommensklasse	mittlere	untere
1920	0,04	0,06	0,06
1930	-0,04	-0,01	-0,01
1940	-0,21	-0,19	-0,19
1950	-0,27	-0,30	-0,31
1960	-0,17	-0,22	-0,25
1970	-0,04	-0,09	-0,13
1980	-0,05	0,01	-0,02
1990	-0,17	0,05	-0,03
2000	-0,26	0,07	-0,12
2010	-0,30	0,21	-0,10
2020	-0,06	0,45	0,03
2030	0,65	1,03	0,58

langfristige Konsumsteuer- und Beitragssatzanstieg. Auf lange Sicht werden besonders die Haushalte im mittleren Einkommensbereich (zunehmend) belastet. Dies ist auf die gestiegenen GKV- und GPV-Beiträge zurückzuführen, wovon die privat versicherten Mitglieder der oberen Einkommensschicht ausgenommen sind.

Konzentriert sich schließlich der Anstieg der Geburtenrate auf die obere Einkommensklasse, fließen die erhöhten Kindergeldtransfers lediglich zu den Topverdienern. Die daraus resultierenden positiven Effekte sind wesentlich moderater als in der vorangegangenen Simulation, weil die zusätzlichen Transferzahlungen relativ zum hohen Einkommen der Empfänger nur wenig ins Gewicht fallen. Die jungen Generationen der oberen Einkommensklasse, welche künftig deutlich höhere Geburten aufweisen, zählen daher trotzdem noch zu den Verlierern. Mittelfristig werden die intragenerativen Unterschiede verstärkt durch die Beitragsbemessungsgrenze in der Rentenversicherung. Durch diese profitieren die künftigen Generationen im oberen Einkommensbereich weit weniger von der Absenkung des Beitragssatzes. Für sie dominiert der gestiegene Konsumsteuersatz. Erst langfristig gewinnen sie – wie auch die anderen Einkommensklassen – aufgrund des gesunkenen GRV-Beitragssatzes. Bezieher von mittleren Einkommen profitieren nun relativ am stärksten, weil die Beitragsentlastung relativ zu ihrem Einkommen am höchsten ausfällt. Aber auch die künftigen Kohorten der unteren Einkommensklasse haben durch den gesunkenen Rentenbeitrag in diesem Szenario einen Nutzengewinn.

Mit einer Erhöhung der Geburtenrate erzielt man insgesamt erst mittel- und langfristig eine Entlastung der Ökonomie, während die verstärkte Zuwanderung bereits kurzfristig wirkt. Dafür fallen die Effekte in der langen Frist stärker aus als bei erhöhter Zuwanderung, in der kurzen Frist aber schwächer. Eine nachhaltige Steigerung der Beschäftigung entsteht bei steigender Geburtenrate erst allmählich und nur, wenn die Geburtenrate auf ihrem erhöhten Niveau bleibt. Interpretiert man die Erhöhung der Geburtenrate als verstärkte Bildungsanstrengungen, würden diese auch den heutigen Kindern zugute kommen, so dass die beschriebenen Effekte sogar in kürzerer Zeit erzielt werden könnten.

Exkurs: Können kürzere Ausbildungszeiten die Geburtenrate erhöhen?

In Kapitel 1.1 wurde bereits dargestellt (Abbildung 1.2), dass die demographische Alterung zu einem großen Teil auf die Verminderung der Geburtenziffern der letzten Jahrzehnte – insbesondere seit der Mitte der 60er Jahre – zurückgeht. Diese Entwicklung besitzt neben der quantitativen Komponente eine qualitative Dimension, die seltener Gegenstand der öffentlichen Diskussion ist: Auch die Fertilitäts*struktur* hat sich massiv verändert, dergestalt, dass eine zunehmende Verlagerung auf ein höheres Gebäralter stattgefunden hat. Graphisch sind beide Effekte an der Entwicklung der altersspezifischen Fertilitätsraten (im Modell mit $f(\cdot)$ bezeichnet) im Zeitablauf ersichtlich (Abbildung 3.2). Diese geben an, wie viele Kinder eine Frau in einem bestimmten Alter zur Welt bringt. Die Fläche unter einer Kurve ergibt die Gesamtfertilitätsrate pro Frau. Das durchschnittliche Gebäralter ist jeweils der Erwartungswert der Dichtefunktion. Die Fertilität ist also zwischen 1952 und 1962 bei gleichbleibendem durchschnittlichen Gebäralter deutlich gestiegen. Bis in die frühen 70er Jahre hinein nahm nicht nur die Fertilität sondern auch das durchschnittliche Gebäralter ab. Seither ist die Fertilität weiter gesunken, während sich das durchschnittliche Gebäralter zunehmend erhöht hat. Das durchschnittliche Gebäralter ist zur Verdeutlichung separat in Abbildung 3.3 dargestellt: Gebar eine Frau im Jahr 1972 noch mit durchschnittlich knapp 26 Jahren, so erhöhte sich dieser Durchschnitt bis 2002 auf rund 29 Jahre.

Abbildung 3.2: Altersspezifische Fertilitätsraten seit 1952

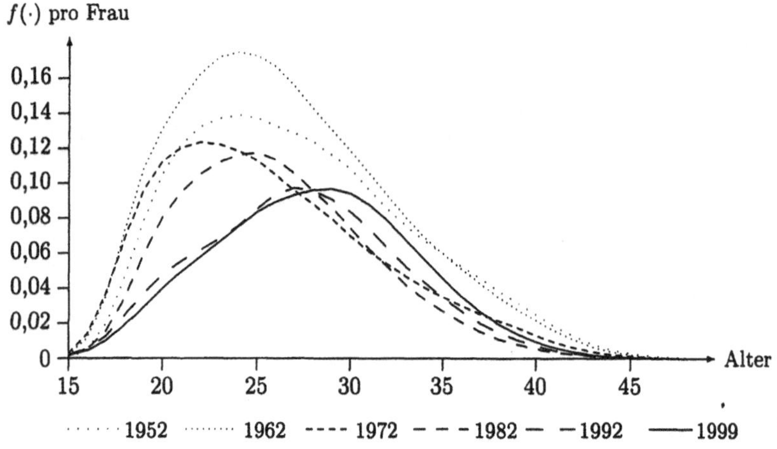

Quelle: EUROSTAT 2002

Neben der ständigen Verbesserung der medizinischen und reproduktionsgenetischen Möglichkeiten dürften zu diesem Prozess in Deutschland auch die im Ländervergleich langen Ausbildungszeiten beigetragen haben. LUTZ und SKIRBEKK (2004) vermuten daher, dass die sinkende Periodenfertilität nicht allein auf eine sinkende Kinderzahl pro Frau (Kohortenfertilität), sondern zu einem großen Teil auf die zeitliche Verschiebung der Familiengründung nach hinten, also auf ein steigendes durchschnittliches Gebäralter zurückzuführen ist. Das bedeutet, dass die Entscheidung von Frauen, ein Kind nicht im Jahr t, sondern erst im Jahr $t+x$ zu bekommen, im Aggregat zu einer sinkenden Geburtenzahl (im Vergleich zur Nicht-Aufschiebung der Geburten) im Jahr t führt, nicht aber zu einer sinkenden Kinderzahl pro Frau. Dieses Phänomen wird in der Bevölkerungswissenschaft auch als „Tempoeffekt" bezeichnet (vgl. BONGAARTS und FEENEY 1998).

Abbildung 3.3: Durchschnittliches Gebäralter seit 1952

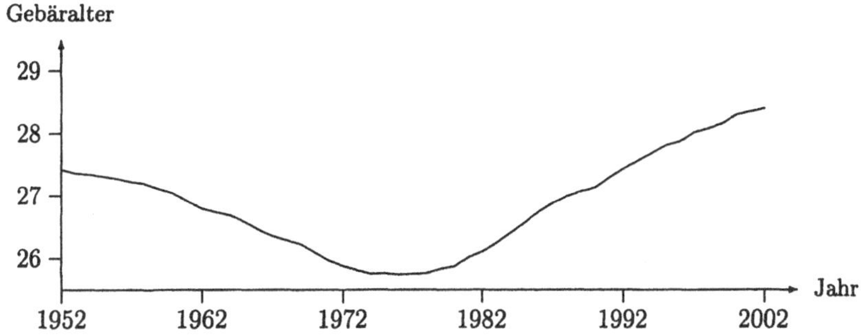

Quelle: Eigene Berechnung auf Basis von EUROSTAT 2002

Daher liegt die Idee nahe, durch eine Absenkung des durchschnittlichen Gebäralters oder zumindest durch das Verhindern eines weiteren Anstiegs eine steigende Periodenfertilität zu erreichen. LUTZ und SKIRBEKK (2004) untersuchen, ob und wie sich der „Tempoeffekt" gezielt demographiepolitisch einsetzen lässt. Als Beispiele ziehen sie einige europäische Länder sowie den Freistaat Bayern heran, die ausbildungszeitverkürzende Schulreformen durchgeführt haben (in Bayern wie den meisten anderen Bundesländern beispielsweise die Senkung der Gymnasialzeit von 9 auf 8 Jahre). Unter der Annahme, dass die eingesparte Ausbildungszeit für eine frühere Familiengründung genutzt wird, zeigen sie rechnerisch, dass sich durch eine Senkung des durchschnittlichen Gebäralters für eine gewisse Zeit die Geburtenzahlen durchaus signifikant steigern lassen. Allerdings tritt dieser Effekt nur während des Übergangs auf, also solange das Gebäralter im Sinken begriffen ist.

Der Vorschlag geht von einigen durchaus überzeugenden politischen Überlegungen aus: Zum einen ist in Deutschland Familienpolitik, die nicht primär auf eine Erhöhung der individuellen Kinderzahl zielt, möglicherweise eher erfolgversprechend als eine, die versucht, direkt in individuelle familiäre Entscheidungen einzugreifen. Zum anderen lässt sich die Senkung des Gebäralters auch sozialpolitisch begründen, da mit einem geringeren Geburtsalter sowohl das Risiko ungewollter Kinderlosigkeit als auch die gesundheitlichen Risiken für Mutter und Kind sinken. LUTZ und SKIRBEKK (2004) argumentieren weiterhin, dass sich aus diesen Gründen unter Umständen sogar die Kohortenfertilität (Geburten pro Frau im Laufe ihres Lebens) erhöhen ließe.

In dem dieser Arbeit zugrundeliegenden Bevölkerungsmodell lässt sich ein solcher „Tempoeffekt" allerdings nicht nachweisen, wie in einer kleinen Simulationsrechung im Rahmen des in Abschnitt 2.1 beschriebenen Bevölkerungsmoduls gezeigt wird. Die von LUTZ und SKIRBEKK (2004) angenommene Verkürzung der Ausbildungsdauer und die damit einhergehende (stufenweise) Absenkung des durchschnittlichen Gebäralters um 2 Jahre halten wir für eine recht extreme Annahme. Schon für ein einzelnes Bundesland scheint dies nur sehr schwierig zu erreichen zu sein. Auch wenn eine Verkürzung der Gymnasialzeit eine Reduktion der Schulzeit um ein Jahr bewirkt, ist zu bedenken, dass die Wirkung auf einen Geburtsjahrgang bezogen schwächer ausfällt, da nur etwa 40 % eines Jahrgangs die allgemeine Hochschulreife erwerben (HUBER 2005, S. 1, in einzelnen Bundesländern, z.B. Bayern liegt diese Quote deutlich niedriger). Wir nehmen daher bei der demographischen Simulationsrechnung an, es gelinge, die Ausbildungszeit so zu verkürzen, dass zwischen 2004 und 2012 eine Senkung des durchschnittlichen Gebäralters von 29 auf 28,1 Jahre resultiert, was eine noch immer sehr optimistische Annahme ist. Verschieben alle gebärfähigen Jahrgänge die Geburt ihrer Kinder auf einen früheren Zeitpunkt im Leben, verschiebt sich die Glockenkurve der altersspezifischen Fertilitätsraten[96] nach links, wobei aber die Anfangs- und Endpunkte gleichbleiben und sich auch die Fläche unter der Kurve, also die Gesamtfertilität pro Frau (bzw. im Modell pro Individuum), nicht verändert. Das bedeutet, dass die jungen Haushalte am unteren Ende der Gebärfähigkeitsphase mehr Kinder bekommen und die älteren am oberen Ende weniger Kinder zur Welt bringen. Die Verschiebung der Fertilitätskurve nach links bedeutet, dass alle gebärfähigen Frauen zur Senkung des durchschnittlichen Gebäralters beitragen. Implizit nehmen wir also an, dass selbst die im Jahr 2004 über 30-jährigen Modellhaushalte noch von einer Verkürzung der Ausbildungszeit betroffen wären, was nicht ganz unproblematisch ist.

Die demographischen Effekte dieser relativ starken Senkung des durchschnittlichen Gebäralters sind allerdings recht enttäuschend. Nicht nur fällt die resultierende anfängliche Erhöhung der Geburtenzahlen äußerst gering aus (der Anstieg bis zum Jahr 2013 – jeweils im Vergleich zum entsprechenden Jahr des Basispfads – beträgt zwischen 0,1 % und 0,6 %), die Effekte verkehren sich ab 2015 gar ins Gegenteil der beabsichtigten Richtung. Der Grund für diese Entwicklung liegt in der Bevölkerungsstruktur des Basisjahres. Wie Abbildung 3.4 zeigt, sind unter den gebärfähigen Haushalten zwischen 23 und 45 Jahren gerade die Kohorten von Mitte 30 bis 45 Jahren besonders stark besetzt und die jüngeren Haushalte

[96] Die Glockenkurve im Modell ist durch die Altersgrenzen 23 bis 45 Jahr begrenzt, verläuft aber ansonsten wie die Kurven in Abbildung 3.2.

eher schwach. Daher können die wegfallenden Geburten der älteren Jahrgänge auf Dauer nicht durch die zusätzlichen Geburten jüngerer Kohorten kompensiert werden, so dass die Anzahl der Neugeborenen sinkt.

Abbildung 3.4: Bevölkerung nach Einzelaltern im Jahr 2004 (in Tsd.)

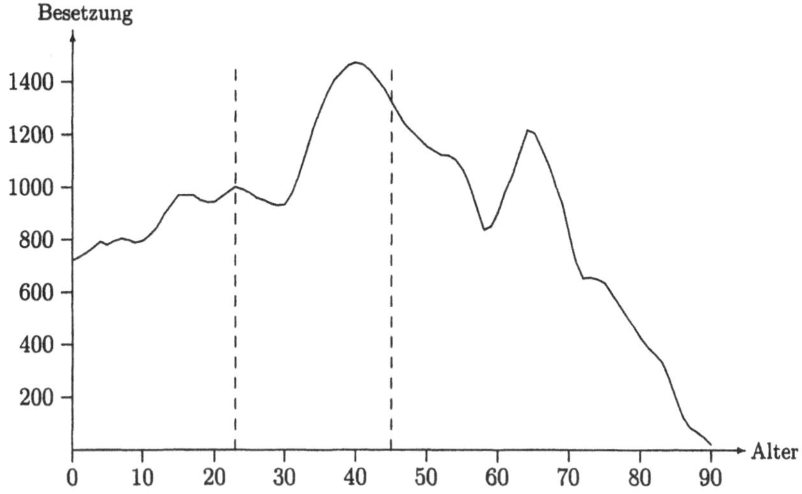

Quellen: An die Modellstruktur angepasste Daten auf Basis von EUROSTAT 2002

Ein „Tempoeffekt" lässt sich in unserem Modell also nicht nachweisen. Stattdessen resultiert ab dem Jahr 2015 sogar ein gegenläufiger Effekt. Dennoch kann ein „Tempoeffekt" in der Praxis durchaus existieren. Mit dem Simulationsbeispiel dieses Abschnitts wurde vor allem gezeigt, dass die Existenz eines „Tempoeffekts" stark von der Bevölkerungsstruktur in der Ausgangssituation sowie von den Annahmen bezüglich der Wirksamkeit und Struktur gebäraltersenkender Maßnahmen abhängt.

Neben dem unsicheren Wirkungsgrad einer solchen Politik ist auch zu bedenken, dass Maßnahmen zur Ausbildungszeitverkürzung häufig auf gesellschaftlichen Widerstand stoßen und daher politisch nicht einfach durchzusetzen sind. Setzen die Maßnahmen im Schulbereich und hier insbesondere im Gymnasialzweig an, können immerhin diejenigen erreicht werden, die die Hochschulreife erwerben (rund zwei Fünftel eines Geburtenjahrgangs, vgl. HUBER 2005, S. 1). In Anbetracht der Proteste, die beispielsweise die Einführung des 8-jährigen Gymnasiums in Bayern auslöste, ist zu vermuten, dass Ausbildungszeitverkürzungen im Hochschulbereich etwas leichter durchzusetzen sein dürften. Möglicherweise tragen auch die aktuellen Entwicklungen wie etwa die Einführung von Bachelor-Studiengängen oder die Straffung von Studienplänen hierzu bei. Auch die Einführung von Studiengebühren wird häufig mit dem Ausbildungszeitverkürzungsargument begründet, hier sind jedoch – wie die Erfahrung zeigt – ebenfalls erhebliche Proteste zu erwarten. Da außerdem nur etwa ein Drittel eines Geburtenjahrgangs ein Hochschulstudium aufnimmt (HUBER 2005, S. 1), würde sich eine signifikante Verkürzung der Studiendauer vermutlich ohnehin nur marginal auf das durchschnittliche Gebäralter des Gesamtjahrgangs niederschlagen.

3.6 Zusammenfassung

In diesem Kapitel wurde untersucht, wie die Modellergebnisse auf Veränderungen des makroökonomischen und demographischen Settings reagieren und ob sich durch hierauf zielende politische Maßnahmen signifikante Veränderungen der ökonomischen und politischen Rahmenbedingungen ergeben.

Da die Klassifikation Deutschlands als geschlossene Volkswirtschaft – wie im Basispfad des Modells vorgenommen – nicht unmittelbar nahe liegt, wurde in einer ersten Simulation (Abschnitt 3.1) getestet, wie sich der Basispfad statt in der geschlossenen in der **offenen Volkswirtschaft** entwickelt. Die Haushalte legen dann einen Teil ihrer Ersparnisse im Ausland an, so dass der inländische Kapitalstock etwas niedriger ausfällt als im Basispfad. Mittel- und langfristig fließt zunehmend Kapital aus dem Ausland ins Inland, so dass in der langen Frist Kapitalstock und Produktion über dem Basispfadniveau liegen. Abhängig von der damit einhergehenden Lohnentwicklung liegen die Sozialversicherungsbeiträge zunächst über dem Basisniveau, mittel- und langfristig jedoch darunter. Wie im Basispfad steigen die Sozialversicherungsbeiträge und die Konsumsteuer mit zunehmender Alterung auch in der offenen Volkswirtschaft deutlich an. Insgesamt unterscheiden sich aber das Ausgangsgleichgewicht und die makroökonomische Entwicklung in der offenen Volkswirtschaft nur wenig vom Szenario der geschlossenen Volkswirtschaft. Daher kann auch in den weiteren Simulationsrechnungen der vorliegenden Arbeit von einer geschlossenen Ökonomie ausgegangen werden. Dies ist insofern auch von Vorteil, als in diesem Rahmen die Auswirkungen der Reformsimulationen deutlicher hervortreten, da sie nicht durch Kapitaltransaktionen mit dem Ausland abgeschwächt werden.

Ein **höheres Wirtschaftswachstum** bringt dagegen deutlich stärkere makroökonomische Auswirkungen mit sich. Abschnitt 3.2 zeigte, dass das Volkseinkommen in diesem Fall langfristig um gut 50 % über dem langfristigen Niveau des Basispfads liegt. Auch Kapitalstock und Beschäftigung steigen infolge der gesteigerten Zeitausstattung der Haushalte deutlich an. Von Interesse ist jedoch, ob sich hierdurch auch wesentliche Verbesserungen für die öffentlichen Budgets und für die privaten Haushalte ergeben. Die Simulation machte deutlich, dass dies nicht der Fall ist. Wegen der erhöhten Zeitausstattung der Haushalte bei ansonsten gleichbleibender Kalibrierung (aktuelle Rentenwerte etc.) ergaben sich zwar ein anderes Ausgangsgleichgewicht und ein veränderter Basispfad mit einem niedrigeren Niveau der Sozialversicherungsbeiträge. Entscheidend ist aber die Entwicklung dieser Beiträge im Zeitablauf, weil sich ein höheres Wirtschaftswachstum in der Realität nicht rückwirkend in einer anderen Ausgangssituation niederschlagen würde, sondern in der langfristigen Entwicklung der ökonomischen Variablen. Da die Beiträge zu Renten-, Kranken- und Pflegeversicherung in einer ganz ähnlichen Größenordnung steigen wie im Basispfad, resultiert aus einem höheren Wirtschaftswachstum keineswegs eine Entlastung der Haushalte. Im Falle der GRV ergibt sich zwischen 2004 und 2050 sogar ein relativ stärkerer Anstieg des Beitragssatzes, weil die Haushalte infolge der gestiegenen Zeitausstattung auch ihr Arbeitsangebot erhöhen und damit höhere Rentenansprüche erwerben. Darüber hinaus liegt der Konsumsteuersatz auch in absoluten Größen deutlich über dem Basispfadniveau. Der demographische Wandel schlägt sich also auch in diesem Fall deutlich – insbesondere zwischen 2020 und 2050 – nieder. Damit dürften sich die eingangs zitierten Hoffnungen von MÜLLER (2004), BUTTERWEGGE (2004) oder anderen Wachstumsoptimisten zerschlagen, man könne aus den Auswirkungen des demographischen Wandels gleichsam „herauswachsen".

Die in Kapitel 1.1 diskutierte Unsicherheit bezüglich der Exaktheit von Bevölkerungsvorausberechnungen war der Ausgangspunkt für die Analyse alternativer demographischer Entwicklungspfade. Obwohl sich die in Erwägung gezogenen Varianten verlässlicher Bevölkerungsprojektionen in einem durchaus überschaubaren Spektrum bewegen (vgl. z.B. STATISTISCHES BUNDESAMT 2003a, 2006a), simulierten wir in den Abschnitten 3.3 bis 3.5 bewusst teilweise unwahrscheinliche Szenarien, um zu zeigen, dass auch starke Veränderungen der demographischen Rahmenbedingungen den in der heutigen Bevölkerungsstruktur angelegten demographischen Wandel nicht auflösen können. Dieser manifestiert sich in dem bereits seit Jahrzehnten anhaltenden Geburtenmangel in Kombination mit einer gestiegenen (und möglicherweise weiter steigenden) Lebenserwartung und insbesondere der ab etwa 2030 zu erwartenden Verrentungswelle der Babyboomer.

In Abschnitt 3.3 wurden **alternative Entwicklungen der Lebenserwartung** diskutiert. Während wir in einem ersten Szenario unterstellten, dass die Lebenserwartung nach dem Jahr 2004 nicht mehr weiter zunimmt, nahmen wir in einer zweiten Simulation an, dass sie etwas stärker ansteigt als im Basispfad. Ein weiterer Anstieg der Lebenserwartung scheint insgesamt – zumindest in dem von uns angenommenen, relativ geringen Ausmaß (plus 1,6 Jahre) – aber keinen allzu drastischen Einfluss auf die öffentlichen Budgets auszuüben. Jedenfalls liegt die Schwankungsbreite von Steuern und Beitragssätzen verglichen mit dem Basispfad jeweils unter einem Prozentpunkt. Ebensowenig führt aber eine Stagnation der Lebenserwartung zu einer bedeutenden Entlastung. Die fernere Entwicklung der Lebenserwartung kann den demographischen Wandel lediglich verschärfen, stellt aber nicht seine Ursache und damit auch keinen Problemlösungsansatz dar.

Eine direkter und kurzfristiger wirkende Möglichkeit, die demographische Entwicklung zu beeinflussen, ist die **gezielte Attrahierung von Zuwanderern**. Um die Effekte verschiedener migrationspolitischer Maßnahmen abzuschätzen, wurden in Abschnitt 3.4 drei Szenarien mit zusätzlicher, unterschiedlich qualifizierter Migration (durchschnittlich ausgebildete, nur hochqualifizierte und nur geringqualifizierte Zuwanderer) untersucht. Die Ergebnisse dieser Simulationen deuten darauf hin, dass eine verstärkte Zuwanderung in allen drei Fällen bereits kurzfristig Wachstums- und Beschäftigungseffekte hervorruft, die auch langfristig bestehen bleiben. Am stärksten sind diese natürlich bei ausschließlich hochqualifizierter Zuwanderung. In diesem Szenario kann daher auch am erfolgreichsten der Anstieg des Rentenbeitragssatzes eingedämmt werden. Im Fall der gleichmäßigen Zuwanderung aller Qualifikationsniveaus liegt der GRV-Beitragssatz zwar über dem Wert bei hochqualifizierter Migration, aber immer noch etwas unter dem Basispfadniveau. Im gemischten Zuwanderungsfall werden dagegen Kranken- und Pflegeversicherung am stärksten entlastet. Insgesamt wird der Anstieg der Beitragssätze in der Sozialversicherung nur in relativ geringem Umfang abgeschwächt. Während die erhöhte Einwanderung von ausschließlich Geringqualifizierten die Wohlfahrt tendenziell senkt, kann der Zuzug von Hochqualifizierten jedoch auch schon kurzfristig deutliche Wohlfahrtsgewinne hervorrufen. Eine verstärkte Zuwanderung ist also vor allem dann zu empfehlen, wenn sie ein hohes Qualifikationsniveau aufweist. Voraussetzung für die Realisierung der beschriebenen Gewinne ist eine erfolgreiche Integration aller Zuwanderer. Im Modell äußert sich diese in einem sofortigen Arbeitsmarkteintritt der Migranten.

Auch die **Erhöhung der Geburtenrate** kann eine Möglichkeit sein, Einfluss auf den demographischen Wandel zu nehmen, wenn auch nur mit Blick auf die mittlere und lange Frist. Die Analyse in Abschnitt 3.5 ging in drei Szenarien davon aus, dass die Geburtenrate einmal quer über alle Einkommensklassen steigt, einmal nur bei den Hochqualifizierten und einmal ausschließlich bei der geringqualifizierten Einkommensklasse. Als Resultat dieser Simulationen ergab sich, dass von einer Erhöhung der Geburtenrate nicht die große Entlastungswirkung ausgeht, die man sich allgemein von ihr verspricht. Der Beschäftigungsindex steigt kurz- und mittelfristig nicht ganz so stark an wie bei einer erhöhten Zuwanderung, langfristig liegt er jedoch darüber. Dies liegt daran, dass die Wirkungen von Fertilitätsveränderungen erst allmählich einsetzen, jedoch über viele Generationen fortdauern und daher einen nachhaltigen Beschäftigungszuwachs bewirken. Mittel- und langfristig führt eine Geburtensteigerung deshalb sogar zu einer stärkeren Entlastung der Sozialversicherungssysteme als ein Migrationsschub. Allerdings werden die Gebietskörperschaften infolge des Geburtenanstiegs zum Teil massiv mit den Kosten für Kindergeld, Gesundheit sowie Bildung und Erziehung belastet.

Insgesamt führt eine erhöhte Geburtenrate - vor allem langfristig - zu höheren Beschäftigungs- und damit Wachstumseffekten als eine verstärkte Zuwanderung und schneidet daher auch besser ab, insbesondere, wenn die zusätzlichen Kinder in der hochqualifizierten Einkommensklasse geboren werden. Dagegen erzielt eine gezielte Zuwanderungspolitik - vor allem bei Attrahierung gutqualifizierter Migranten - kurzfristig bessere Wirkungen bei der Entlastung der Sozialsysteme, da die Migranten sofort dem Arbeitsmarkt zur Verfügung stehen.

Interpretiert man die Fertilitätserhöhung in der oberen Einkommensklasse als gezielte Bildungspolitik, die den Anteil gut Ausgebildeter an der Bevölkerung erhöht und auch den unteren Einkommensschichten zugute käme, scheinen die Effekte auch realistischer und eher realisierbar. Gerade durch eine deutlich verbesserte Ausbildung der unteren Einkommensklassen bereits im schulischen und vorschulischen Bereich könnte auch ein derzeit zu einem nicht unerheblichen Teil brachliegendes Potential an zukünftigen, dringend benötigten qualifizierten Arbeitnehmern aktiviert werden. Ein positiver Nebeneffekt einer solchen Politik könnte eine verbesserte Integration von Kindern und Jugendlichen mit Migrationshintergrund sein.

Die kurz- und mittelfristig eher enttäuschenden Wirkungen auf die Sozialsysteme und insbesondere die Konsumsteuern sollten daher nicht als Argument gegen eine Politik interpretiert werden, die darauf zielt, Familiengründungen zu erleichtern. Es muss lediglich bedacht werden, dass eine solche Politik unter Umständen sehr viel Zeit braucht, um - wenn überhaupt - eine geburtensteigernde Wirkung zu entfalten. Diesbezüglich wurde bereits darauf hingewiesen, dass das Fertilitätsverhalten sehr stark kulturell, historisch und religiös bedingt ist und es daher äußerst schwierig sein dürfte, den Kinderwunsch politisch zu beeinflussen. Ökonomisch sinnvoll und erfolgversprechend scheint es dennoch, auf familiäre Entscheidungen für Kinder durch finanzielle Anreize einzuwirken, wie es aktuell mit der Einführung des Elterngeldes geschieht (BUNDESMINISTERIUM FÜR FAMILIE, SENIOREN, FRAUEN UND JUGEND 2006). Ob es hierüber gelingt, indirekt auch wieder eine höhere Geburtenrate zu erreichen, sei dahingestellt. Im folgenden Kapitel soll unter anderem versucht werden, den Begriff Familienpolitik in einem weiteren Zusammenhang zu sehen, d.h., sich von der Vorstellung zu lösen, Familienpolitik allein als Geburtenpolitik zu verstehen.

Betrachtet man demographieorientierte Politik also in einem breiteren Kontext, so ist diese nicht als eine Politik zu sehen, die sich alleine darauf beschränkt, Einfluss auf den demographischen Rahmen selbst zu nehmen. Schließlich zeigten gerade die Analysen in diesem Kapitel, wie träge demographische Prozesse sind. Insbesondere wurde deutlich, dass der in der heutigen Bevölkerungsstruktur angelegte demographische Wandel allenfalls marginal beeinflussbar ist, seine Konsequenzen aber kaum aufzuhalten sind. Geboten scheint daher vielmehr eine politische Strategie, die zwar flankierend versucht, den demographischen Wandel durch Einflussnahme auf das demographische Setting selbst zu gestalten, ihre Aufgabe aber in erster Linie darin sieht, den Wandel innerhalb wahrscheinlicher Grenzen zu antizipieren und seine Auswirkungen auf anderen Politikfeldern vorausschauend abzufedern. Dies erfordert eine politische Strategie, deren zeitliche Dimension weit über Haushalts- und Finanzplanungszeiträume hinausgeht. Welche Reformen auf welchen Politikfeldern diesem Ziel möglicherweise Rechnung tragen können (und welche weniger) bzw. wie solche Maßnahmen wirken, ist Gegenstand von Kapitel 4.

4 Aktuelle Reformoptionen der Familien-, Sozial- und Steuerpolitik

Die Simulationen in Kapitel 3 haben gezeigt, dass Veränderungen der demographischen und makroökomischen Rahmenbedingungen, sofern diese überhaupt möglich sind, den demographischen Wandel selbst nicht aufhalten können. Allenfalls können sie seine Auswirkungen – teils mehr, teils weniger – abmildern. Diese Erkenntnisse legen nahe, dass die Auswirkungen des demographischen Wandels auf die Sozialversicherungszweige und das Steuersystem – zumindest flankierend – auf andere Weise aufgefangen werden müssen. Daneben stellt sich die Frage, ob und wie die Leistungen derer angemessen honoriert werden, die sich in einer alternden Gesellschaft für Kinder entscheiden und damit die weitere demographische Basis schaffen. Ziel dieses Kapitels ist es daher, zu untersuchen wie mit politisch angestoßenen Reformen auf den gegebenen demographischen Rahmen und seine Auswirkungen reagiert werden kann.

Die vorstellbaren Reformmaßnahmen sind äußerst vielfältig. Es kann und soll im Folgenden nicht auf alle Politikbereiche gleichermaßen eingegangen werden. In diesem Kapitel wird ein Schwerpunkt auf einige in der Politik in jüngerer Zeit diskutierte, in der Literatur aber noch wenig untersuchte Politikbereiche gesetzt, sofern sie in unserem Modell abbildbar sind. Neben familienpolitischen Maßnahmen (Abschnitt 4.1) sind Reformen der Pflegeversicherung (Abschnitt 4.2) besonders interessant, da in diesem noch jungen Sozialversicherungszweig größere Reformen oder gar ein Systemwechsel durchaus noch möglich sind. Im Bereich der gesetzlichen Rentenversicherung wurden in den letzten Jahren bereits größere Reformen durchgeführt, so dass derzeit eher Einzelmaßnahmen, wie beispielsweise die Erhöhung des gesetzlichen Renteneintrittsalters, auf der politischen Agenda stehen. Diese werden in Abschnitt 4.3 beleuchtet. Daneben wird untersucht, wie sich der eingeführte Nachhaltigkeitsfaktor in der gesetzlichen Rentenversicherung auswirkt.

Eine Verbindung zwischen Renten- und Steuersystem stellt die Besteuerung von Altersbezügen dar, deren Umstellung auf die Methode der nachgelagerten Besteuerung im Januar 2005 begonnen hat. Dieser Wechsel wird in Abschnitt 4.4 untersucht. Es geht dabei vor allem um die Frage, wie ein Steuersystem demographieresistent(er) ausgebaut werden kann. In diesem Zusammenhang wird daneben auch eine im Rahmen der Koalitionsverhandlungen 2005 beschlossene (kleinere) steuerliche Maßnahme diskutiert: die Variation des Sparerfreibetrags. Ausschlaggebend für die Auswahl der untersuchten Maßnahmen war insbesondere deren intergenerative, aber auch intragenerative Relevanz.

4.1 Familienpolitik

Wie schon in Abschnitt 3.5 angeklungen war, wird in Deutschland vielerseits eine unzureichende staatliche Familienunterstützung konstatiert (z.B. SÜDDEUTSCHE ZEITUNG 2005b). Wie weit diese Ansicht verbreitet ist, verdeutlicht unter anderem die Tatsache, dass das „Armutsrisiko Kind" mittlerweile fast zu einem feststehenden und kaum mehr inhaltlich hinterfragten Begriff geworden ist. Aber auch in der wissenschaftlichen Literatur wird häufig die Ansicht vertreten, Familien würden in Deutschland von der Politik vernachlässigt (vgl. z.B. JANS, HABISCH und STUTZER 2000, LAMPERT 1996). Dies mutet auf den ersten Blick insofern erstaunlich an, als Deutschland jährlich fast 3 % seines Bruttoinlandsproduktes, d.h. rund 60 Mrd. Euro, für Familienförderung ausgibt (EGGEN 2005). Wählt man nicht wie EGGEN die enge Abgrenzung nach EUROSTAT (2003b), sondern die weite Definition der DEUTSCHEN BUNDESBANK (2002), die auch die Kinderfreibeträge im Familienleistungsausgleich sowie die Schul- und Hochschulausgaben und andere Maßnahmen umfasst, summiert sich der Umfang staatlicher Leistungen für Familien mit Kindern im Jahr 2000 sogar auf rund 150 Mrd. Euro, also 7,3 % des Bruttoinlandsproduktes. Die Bundesregierung selbst beziffert die Leistungen der öffentlichen Hand für Familien auf 100 Mrd. Euro jährlich (DEUTSCHER BUNDESTAG 2006b). ROSENSCHON (2001, 2006) untersucht äußerst umfassend und detailliert die sich durch praktisch alle Bereiche der Sozial- und Steuerpolitik ziehenden staatlichen finanzpolitischen Maßnahmen zugunsten von Familien in Deutschland. In der Summe errechnet sie (ohne Hochschulausgaben) für das Jahr 2005 ein Volumen von 234 Mrd. Euro (ROSENSCHON 2006, S. 71), was 10,4 % des Bruttoinlandsproduktes entspricht. Sie gelangt auch zu dem Ergebnis, dass der Anteil staatlicher Maßnahmen zur Familienförderung über 45 % der Kinderkosten abdeckt (2001, S. 42 f). Auf ähnliche Ergebnisse - rund 34 bis 45 % - kommt WERDING (2001), je nachdem, ob die Eltern verheiratet oder alleinerziehend sind und wie viele Kinder unter 18 Jahren dem Haushalt angehören. Diese Größenordnung ist beträchtlich, selbst wenn man berücksichtigt, dass Eltern einen gewissen Anteil dieser Förderung über ihre Steuerzahlungen selbst tragen. Es verbleibt dann immer noch eine Nettoförderung von etwa einem Drittel der Kinderkosten (ROSENSCHON 2001).

Das Manko deutscher Familienpolitik scheint also weniger im unzureichenden Finanzvolumen als vielmehr in der mangelhaften Ausgestaltung familienpolitischer Maßnahmen zu liegen. Die Kritik an der staatlichen Familienpolitik muss daher differenzierter gesehen werden. Der Vergleich von Ausgaben und Struktur der Familienpolitik in einigen europäischen Ländern wurde vor dem Hintergrund des Zusammenhangs von Familienpolitik und Geburtenrate bereits in Abschnitt 3.5 angestellt und führte zu dem Schluss, dass die finanzielle Förderung in Deutschland relativ üppig ausfällt. Dagegen stellt – zumindest im Westen Deutschlands – vor allem die Betreuungssituation einen Engpass dar (BUNDESMINISTERIUM FÜR FAMILIE, SENIOREN, FRAUEN UND JUGEND 2005). Insbesondere Mütter mit dem Wunsch nach schneller Wiederaufnahme der Berufstätigkeit nach der Geburt bemängeln die weitgehend fehlenden Betreuungseinrichtungen für unter Dreijährige (Kinderkrippen, Tagesmütter), wohingegen die Ausstattung mit Kindergartenplätzen für Drei- bis Sechsjährige als ausreichend beurteilt wird (TODT, REIMANN und LILL 2006). Da die Bereitstellung von Betreuungsinfrastruktur in der Verantwortung der Bundesländer und Kommunen liegt, variiert die Versorgungslage nicht nur zwischen Ost und West, sondern auch innerhalb der Länder sowie zwischen Flächenländern und Stadtstaaten. Insbesondere die westdeutschen Flächenländer liegen in der Ausstattung mit Betreuungsinfrastruktur deutlich hinter den neuen Bundesländern, welche zu einem guten Teil noch von der in der DDR herschenden Kinderbetreuungstradition profitieren. Dies mag auch daran liegen, dass bei deutschen Eltern (v.a. in den alten Bundesländern) die Rollen häufig noch traditionell verteilt sind und die Mütter – bis zu drei Jahren – Erziehungsurlaub nehmen. Dagegen ist es beispielsweise in Frankreich üblich, nach einer dreimonatigen Pause wieder voll in die Erwerbstätigkeit einzusteigen (SICKINGER 2005). Die französische Familienforscherin Jeanne Fagnani stellt diesbezüglich fest, dass gerade deutsche Frauen der Betreuung ihrer Kinder außerhalb des eigenen Hauses ein ausgeprägtes Misstrauen entgegenbringen (SÜDDEUTSCHE ZEITUNG 2003).

Im politischen Diskurs zeichnet sich allerdings in den letzten Jahren ein gewisser Paradigmenwechsel ab. So hat jüngst die große Koalition das Elterngeld ins Leben gerufen und den Kinderbetreuungsfreibetrag ausgeweitet. Überdies wird neuerdings auch von Seiten der Union vereinzelt die Forderung nach einem steuerlichen Familiensplitting geäußert, das allerdings das traditionelle Ehegattensplitting nicht gänzlich ersetzen soll. Anhand der aktuellen familienpolitischen Diskussion wird deutlich, dass sich allgemein immer mehr das wirtschaftliche Erfordernis einer höheren Frauenerwerbsquote (und damit der Vereinbarkeit von Beruf und Familie) durchsetzt.

Die in Deutschland vorherrschende Struktur familienpolitischer Leistungen ist über einen längeren Zeitraum gewachsen und war in den letzten Jahrzehnten insbesondere mit dem Wechsel von Regierungen, wirtschaftlichen Veränderungen und gesellschaftlichen Strömungen, aber auch Urteilen des Bundesverfassungsgerichts, einem steten Wandel unterworfen. Dieser äußerte sich weniger in grundsätzlichen Veränderungen der familienpolitischen Stoßrichtung, sondern vielmehr in einer Vielzahl einzelner Regelungen und Maßnahmen. Dies hängt auch damit zusammen, dass das deutsche System der Familienpolitik stark zergliedert ist. Die Leistungen sind bei verschiedenen Gebietskörperschaften, Ministerien und sonstigen Institutionen auf unterschiedlichen Ebenen angesiedelt. Auch ihre rechtlichen Regelungen verteilen sich auf mehrere Bereiche und unterschiedliche Institutionen (BUNDESMINISTERIUM FÜR FAMILIE, SENIOREN, FRAUEN UND JUGEND 2005, ROSENSCHON 2001, 2006, FASSHAUER 2006a). Das hat zur Folge, dass z.B. zwischen den Bundesländern teilweise verschiedene Anspruchsvoraussetzungen, Leistungsvolumina und Finanzierungswege herrschen (ALTHAMMER und ROMAHN 2005).

Diese organisatorische Zersplitterung trägt zu der von HOMBURG und SCHNABEL (2005) bemängelten Intransparenz der finanziellen Förderung von Kindern bei. In der Undurchschaubarkeit und Komplexität, aber auch mangelnden Formulierung klarer Ziele und Werte der deutschen Familienpolitik sehen HOMBURG und SCHNABEL einen Grund dafür, dass die Menschen die Maßnahmen trotz des großen Volumens nicht als wirkliche Unterstützung wahrnehmen, was möglicherweise zu einer Nicht-Realisierung von Kinderwünschen beitragen könne. Auch kritisieren HOMBURG und SCHNABEL (2005, S. 8) die in der deutschen Familienpolitik gesetzten Anreize: „*Eltern werden nicht durch Kinder arm, sondern Arme haben mehr Kinder, weil die Anreize durch die Familienpolitik so gesetzt sind*“. Der Maßnahmenkatalog familienbezogener Leistungen in Deutschland ist auch deshalb schwierig zu erfassen, weil einige Leistungen nicht explizit als solche ausgewiesen sind. U.a. wegen dieser Intransparenz plädieren ALTHAMMER und ROMAHN (2005) für die Zusammenfassung aller monetären familienpolitischen Leistungen in einer einheitlichen Familienkasse. Eine Voraussetzung hierfür wäre nach den Autoren die Zuordnung der verschiedenen familienbezogenen Leistungen zu den familienpolitischen Zielsetzungen. Sie unterscheiden dabei drei Hauptziele der Familienpolitik: erstens die Gewährleistung horizontaler Steuergerechtigkeit, zweitens die Kompensation der von Familien für die Gesellschaft erbrachten Leistungen (Familien*leistungs*ausgleich) und drittens der Ausgleich von bestimmten, den Familien durch die Kindererziehung entstehenden Lasten (Familien*lasten*ausgleich).

Die Herstellung horizontaler Steuergerechtigkeit, d.h. einer an der individuellen Leistungsfähigkeit orientierten Besteuerung, soll vor allem eine übermäßige Besteuerung und damit Schlechterstellung von Familien im Vergleich zu Kinderlosen vermeiden. Kinderfreibeträge stellen also lediglich sicher, dass das Existenzminimum von Kindern ebenso unbesteuert bleibt wie das eines Erwachsenen. Sie sind daher nicht zweifelsfrei als familienpolitische Leistung des Staates zu werten. Hintergrund des Familienleistungsausgleichs ist dagegen die Absicht, die von Familien generierten externen Effekte (vgl. hierzu beispielsweise SPIESS 1987) wenigstens teilweise zu internalisieren. Dazu wird im Allgemeinen die „Produktion nachwachsender Generationen" als Grundlage für den Fortbestand der umlagefinanzierten sozialen Sicherungssysteme gezählt. Aber auch Leistungen wie die Weitergabe von Sozialkompetenz, gesellschaftlichen Normen und Werten werden als familiengenerierte Externalitäten genannt (RÜRUP und GRUESCU 2003). Die beabsichtigte Nivellierung familiärer Belastungen im Rahmen des Familienlastenausgleichs entspringt wiederum den Kriterien Bedarfsgerechtigkeit und Lebensstandardsicherung.

HOMBURG und SCHNABEL (2005) setzen andere Schwerpunkte als ALTHAMMER und ROMAHN (2005). Sie plädieren für eine quantitativ und qualitativ nachhaltige Familienpolitik, die überdies transparent und wachstumsfreundlich sein soll und den Familien mehr Freiheit ermöglicht. Unter quantitativer Nachhaltigkeit ist dabei eine langfristige Sicherung von Bestand und Altersstruktur der Bevölkerung zu verstehen. Qualitative Nachhaltigkeit zielt dagegen auf die Verbesserung des Humankapitals nachwachsender Generationen ab. Der Familienleistungsausgleich trägt dem Nachhaltigkeitsziel durchaus Rechnung, indem er den familiären Beitrag zur gesellschaftlichen Zukunftssicherung zu honorieren versucht. Einen Familienlastenausgleich sehen HOMBURG und SCHNABEL (2005) dagegen eher kritisch, weil damit zum einen ungewollt Kinderlose mit einer „Strafsteuer" belegt würden. Zum anderen stören sie sich an der negativen Konnotation des Begriff „Familienlasten". Eine aktuelle Übersicht über derzeit politisch diskutierte Vorschläge findet sich bei EHLER und LANGELÜDDEKE (2006).

Die in Deutschland bisher gewählten familienpolitischen Maßnahmen sind überwiegend umverteilungsorientiert. WERDING (2001) spricht sich deshalb dafür aus, neben den Verteilungszielen stärker Allokationsgesichtspunkte zu berücksichtigen. Er plädiert für eine effizienzorientierte, phasenspezifische Familienpolitik, die neben einer Kompensation von externen Effekten auch die Kreditmarkt-Restriktionen entschärfen sollte, denen Eltern ausgesetzt sind. Somit könne Eltern die Möglichkeit eröffnet werden, den Konsum der Familienmitglieder über den Lebenszyklus zu glätten. Die höchsten Kosten fallen etwa in den ersten sieben

Lebensjahren der Kinder an, weil hier die Opportunitätskosten (v.a. Zeitkosten) besonders zu Buche schlagen, und gehen dann sukzessive zurück.[97] Zwar sind am Anfang - zumindest in den ersten drei Lebensjahren - auch die staatlichen Ausgaben[98] am höchsten, sie liegen jedoch deutlich unter den von den Eltern getragenen Ausgaben. Danach nehmen die Kosten etwas ab und stellen bis zum Ende der Schulpflicht einen relativ dominanten - im Volumen etwa gleichbleibenden - Anteil an den gesamten Kinderkosten dar (WERDING 2001). Um diesem *mismatch* zu begegnen, schlagen verschiedene Studien vor, die Opportunitätskosten der Eltern von Kleinkindern abzumildern (z.B. durch monetäre Transfers oder Familienkredite) und gleichzeitig die Betreuungsinfrastruktur für unter Dreijährige auszubauen, um so den Eltern eine weitere Partizipation am Erwerbsleben zu ermöglichen (vgl. WERDING 2001, RÜRUP und GRUESCU 2003). In eine ähnliche Richtung geht auch der Vorschlag des WISSENSCHAFTLICHEN BEIRATS BEIM BUNDESMINISTERIUM FÜR WIRTSCHAFT UND ARBEIT (2005), Eltern von unter dreijährigen Kindern zweckgebundene Betreuungs-Gutscheine auszustellen, so dass diese selbst entscheiden könnten, ob, von wem und zu welchen Zeiten sie ihre Kinder betreuen lassen wollen. Dies entspräche einer Umstellung von der Objekt- auf die Subjektförderung. Die Maßnahmen im Rahmen des TAGESBETREUUNGSAUSBAUGESETZES (2004) seit Januar 2005 (aber auch schon davor) und das ab Januar 2007 gewährte Elterngeld (GESETZ ZUR EINFÜHRUNG DES ELTERNGELDES 2006) spiegeln also politische Richtungsentscheidungen wider, die den wissenschaftlichen Handlungsempfehlungen entsprechen. So soll mit dem TAGESBETREUUNGSAUSBAUGESETZ (2004) die Betreuungssituation für Kinder unter drei Jahren im Westen Deutschlands quantitativ, aber auch qualitativ ausgebaut werden und im Osten stabilisiert werden. Das Elterngeld kompensiert 67 % des Einkommensausfalls, den berufstätige Eltern bei geburts- und erziehungsbedingten Auszeiten erleiden, bis zu einer Obergrenze von 1.800 Euro.

Die Kosten des staatlichen Elterngelds werden mit rund 3,9 Mrd. Euro pro Jahr veranschlagt (BUNDESMINISTERIUM FÜR FAMILIE, SENIOREN, FRAUEN UND JUGEND 2006), so dass die Maßnahme zu den größeren familienpolitischen Reformen zählt. Eine Simulationsrechnung zu den Auswirkungen des Elterngelds wäre in unserer Modellstruktur indes wenig sinnvoll, da zum einen die Fertilitätsentscheidung nicht nur exogen gegeben ist, sondern auch in allen Einkommensklassen gleich ist. Darüber hinaus sind alle Modellhaushalte erwerbstätig,

[97] WERDING (2001) betrachtet die Kinderkosten und staatlichen Kinderausgaben bis zum Alter von 18 Jahren.

[98] Dazu zählt WERDING (2001) die Familienmitversicherung in der GKV, die Erziehungszeiten in der GRV, öffentliche Kinderbetreuungseinrichtungen, Schulbildung und durch familienspezifische Regelungen entgangenes Steueraufkommen.

so dass sich individuelle Elternzeit-Entscheidungen nicht berücksichtigen lassen. Auch staatliche Investitionen in den Ausbau der Betreuungsinfrastruktur sind im Modell nicht sinnvoll umzusetzen, da öffentliche Güter nur additiv-separabel in die Nutzenfunktion eingehen und damit keine Auswirkung auf die Haushaltsentscheidungen haben. Eine Modellierung dieser Infrastruktur über eine Erhöhung öffentlicher Kindererziehungsausgaben würde die Haushalte lediglich über höhere Konsumsteuern treffen, deren Arbeitsangebot aber nicht erhöhen, da dieses im Modell – im Gegensatz zur Realität – nicht durch die Kinderbetreuung restringiert wird. Wir beschränken uns in den folgenden Simulationen daher auf andere familienpolitische Maßnahmen im Steuer- und Rentensystem. Eine nähere Beschreibung der in diesen Bereichen gewährten familienpolitischen Leistungen folgt in den Unterabschnitten 4.1.1 und 4.1.2.

4.1.1 Familienpolitische Maßnahmen im Rahmen des allgemeinen Steuer- und Transfersystems

Ein zentrales Element der Familienpolitik in Deutschland ist der (duale) Familienleistungsausgleich. Bis zum Jahre 1996 existierten Kindergeld und Kinderfreibetrag parallel. Mit dem Systemwechsel zum „Optionsmodell“ wurden die gesetzlichen Konsequenzen aus zwei Entscheidungen des BUNDESVERFASSUNGSGERICHTS (1990a, 1990b) gezogen. Das Gericht stellte fest, dass Familien bis dahin verfassungswidrig hoch besteuert worden waren, weil der Freibetrag unter dem Existenzminimum lag. In dem im Jahr 1996 eingeführten Optionsmodell kann zwischen Freibetrag und Kindergeld gewählt werden. Im Rahmen der Veranlagung prüft das Finanzamt, was für den Steuerpflichtigen finanziell günstiger ist. Der Freibetrag (derzeit bei 1.824 Euro für allein Veranlagte bzw. 3.648 Euro für Zusammenveranlagte) kommt dann zur Anwendung, wenn die resultierende Steuerentlastung höher ist als der Anspruch auf Kindergeld (ROSENSCHON 2001). Die Wahl des Freibetrags ist dann günstiger, wenn Eltern mit einem Kind über ein zu versteuerndes Jahreseinkommen von rund 55.000 Euro verfügen (dies trifft auf ca. 20 % der Ehepaare zu) bzw. wenn das zu versteuernde Einkommen von Eltern mit zwei Kindern rund 60.000 Euro beträgt (ca. 14 % der Ehepaare) (STRANTZ und STUTZER 2006, S. 20).

Im Zuge der Erhöhung des Kindergelds wurde im Jahr 2001 im Rahmen des ZWEITEN GESETZES ZUR FAMILIENFÖRDERUNG ein Betreuungs-, Erziehungs- oder Ausbildungsfreibetrag für Erziehende von Kindern bis zu 16 Jahren oder von Kindern mit Behinderungen eingeführt (1.080 Euro für allein Veranlagte bzw. 2.160 Euro für Zusammenveranlagte).[99] Der Betreuungsfreibetrag geht zurück auf weitere Urteile des BUNDESVERFASSUNGSGERICHTS im Laufe der 90er Jahre (1998a, 1998b, 1998c, 1999). Damit wurde die bis dahin nur Alleinerziehenden zugestandene steuerliche Abzugsfähigkeit von Kinderbetreuungskosten auch auf verheiratete Berufstätige ausgeweitet. In einer weiteren Stufe wurde im Jahr 2002 der Steuerfreibetrag zur Deckung des sachlichen Mindestbedarfs angehoben. Ein zusätzlicher Freibetrag steht seit 2004 Alleinerziehenden für die im Vergleich zu Paaren höheren Kosten der eigenen Lebensführung zu (DEUTSCHER BUNDESTAG 2005). Insgesamt können kinderbezogene Freibeträge von jährlich 5.808 Euro geltend gemacht werden, deren tatsächliche Entlastungswirkung vom individuellen Steuersatz eines Steuerpflichtigen abhängt. Dagegen ist das Kindergeld von jährlich 1.848 Euro pro Kind (monatlich 154 Euro) für das erste, zweite und dritte Kind, bzw. jährlich 2.148 Euro (monatlich 179 Euro) ab dem vierten Kind ein einkommensunabhängig ausbezahlter Betrag. Neben dem Kindergeld und den genannten Freibeträgen kommen Familien in bestimmten Fällen außerdem Haushalts-, Heimunterbringungs- und Unterhaltsfreibeträge sowie Freibeträge für Haushaltshilfen zur Unterstützung von Eltern behinderter Kinder zugute. Auch die (ab 2006 Neufällen nicht mehr gewährte) Eigenheimzulage besitzt eine eigene Kinderkomponente.[100]

In einer weiter gefassten Definition von Familienpolitik werden auch (wie etwa in den Sozialberichten der Bundesregierung) Steuerausfälle infolge des Ehegatten- und Realsplittings der staatlichen Familienförderung zugerechnet (BUNDESMINISTERIUM FÜR FAMILIE, SENIOREN, FRAUEN UND JUGEND 2005, DEUTSCHE BUNDESBANK 2002). Wie schon erwähnt, ist es allerdings in der Literatur umstritten, ob die genannten Maßnahmen als staatliche Familienförderung anzusehen sind oder ob sie nicht vielmehr aus der verfassungsmäßig gebotenen Steuergerechtigkeit im Sinne einer Besteuerung nach der Leistungsfähigkeit resultieren (vgl. ROSENSCHON 2001, 2006, LAMPERT 1996, RÜRUP und GRUESCU 2003). Was die steuerliche Förderung sowohl von Ehepaaren als auch Alleinerziehenden mit zwei Kindern anbelangt, liegt Deutschland im Vergleich der OECD-Länder jeweils im Spitzenfeld und deutlich vor Frankreich, wo die deutliche steuerliche

---

[99] Der Betreuungsfreibetrag wird im Rahmen des Optionsmodells zum Kinderfreibetrag hinzugezählt und mit dem Kindergeld verrechnet, er kommt also nur dann zur Anwendung, wenn die Freibetragslösung günstiger ist als das Kindergeld.

[100] Daneben kennt auch die über das Veranlagungsverfahren abgewickelte Altersvermögenszulage eine Kinderzulage. Diese Maßnahme soll Familien die Ersparnis in der kapitalgedeckten Säule der Rentenversicherung (Riester-Rente) erleichtern und gehört damit zu den familienpolitischen Maßnahmen im Sozialbereich.

Familienförderung erst mit dem dritten Kind beginnt (MEISTER und OCHEL 2003).[101]

Im Folgenden werden nun zwei familienpolitische Elemente aus dem Steuerbereich gegenübergestellt. Zum einen ein erhöhter steuerlicher Freibetrag und zum anderen eine steuerfinanzierte Erhöhung des Kindergelds. Da unsere Modellstruktur nur Haushalte kennt, in denen beide Elternteile erwerbstätig sind, kann dabei nicht die Frage der innerfamiliären Berufstätigkeitsentscheidung im Zentrum stehen. Es geht vielmehr um die verteilungspolitischen Wirkungen, die von der Finanzierungsart familienpolitisch motivierter Steuerpolitik ausgehen. Um die Effekte trennen zu können, müssen die beiden Finanzierungswege gesondert untersucht werden und können nicht – wie in der Praxis – koexistieren. Damit ähneln die untersuchten Maßnahmen strukturell den von HOMBURG und SCHNABEL (2005) vorgeschlagenen Reformelementen. Deren Gesamtreformvorschlag bündelt die monetären familienpolitischen Leistungen in die drei Instrumente Kindergeld, Familiengeld und steuerliche Absetzbarkeit von Kinderbetreuungskosten. Konkret soll danach das Kindergeld für jedes Kind auf 200 Euro monatlich festgesetzt werden und zwar unabhängig vom Erwerbstätigkeitsstatus und dem Einkommen der Eltern. Als zweites Instrument wird ein Familiengeld vorgeschlagen, das in den Grundzügen dem jüngst verabschiedeten Elterngeld ähnelt, jedoch nach HOMBURG und SCHNABEL (2005) unabhängig vom gewählten Betreuungsmodell gewährt werden soll, also beispielsweise auch bei Betreuung durch Dritte bei Berufstätigkeit beider Elternteile. Dahinter steht das Ziel, Opportunitätskosten auszugleichen, ohne Verzerrungen der elterlichen Entscheidung durch den staatlichen Eingriff hervorzurufen. Die dritte von HOMBURG und SCHNABEL (2005) vorgeschlagene Maßnahme ist die Einführung der steuerlichen Absetzbarkeit von Kinderbetreuungskosten in Höhe von jährlich 3.000 Euro pro Kind zwischen einem und sechs Jahren, solange mindestens ein Elternteil berufstätig ist. Zur Gegenfinanzierung wird vorgeschlagen, eine Reihe bisheriger Vergünstigungen allgemeiner und familienpolitischer Art zu streichen.[102]

---

[101] MEISTER und OCHEL (2003) betrachten einen Haushalt, der im Fall des Alleinerziehens zwei Drittel des Durchschnittseinkommens im verarbeitenden Gewerbe verdient. Im Fall des Ehepaares werden zwei Einkommen unterstellt, die einmal genau dem Durchschnittsverdienst und einmal einem Drittel des Durchschnittsverdienstes im verarbeitenden Gewerbe entsprechen.

[102] Dazu sollen beispielsweise das bisherige Kindergeld, der Kinderfreibetrag, der Entlastungbetrag für Alleinerziehende, der Ausbildungfreibetrag, die bisherige einkommensteuerliche Abzugsfähigkeit von Betreuungskosten u.a. Maßnahmen gehören, so dass die Reform insgesamt aufkommensneutral wäre.

Steuerliche Freistellung von Kinderbetreuungskosten

An den jüngsten Diskursen um die künftige familienpolitische Stoßrichtung der großen Koalition offenbarte sich ein Dissens, der keineswegs nur zwischen den großen Volksparteien, sondern auch innerhalb der jeweiligen Parteien zu bestehen scheint. Dies zeigte sich beispielsweise Anfang des Jahres 2006, als Familienministerin von der Leyen (CDU) vorschlug, Eltern nur dann eine erhöhte steuerliche Abzugsfähigkeit der Kinderbetreuungskosten zu gewähren, wenn beide Elternteile berufstätig sind oder wenn es sich bei den Steuerpflichtigen um Alleinerziehende handelt. Die zugrundeliegende Idee war, auf diese Weise Anreize für Eltern zu schaffen, relativ bald nach der Geburt ihres Kindes wieder dem Arbeitsmarkt zur Verfügung zu stehen und sie bei der Finanzierung der zu diesem Zweck in Anspruch genommenen externen Betreuungseinrichtungen zu unterstützen. Der Vorstoß der Ministerin rief zunächst scharfe Kritik sowohl vom Koalitionspartner als auch innerhalb der Union hervor. Schließlich einigte man sich auf einen Kompromiss, in welchem die SPD ihre Forderung nach Absetzbarkeit der Betreuungskosten bereits ab dem ersten Euro (und nicht erst ab einem 1.000 Euro übersteigenden Betrag) durchsetzte. Sind beide Eltern berufstätig, können sie nun zwei Drittel der Betreuungskosten ihrer bis zu 13 Jahre alten Kinder bis zu einer Obergrenze von 4.000 Euro absetzen.[103] Im Gegenzug erreichte die Union, dass im Falle nur eines berufstätigen Elternteils zumindest die Betreuungskosten vier- bis sechsjähriger Kinder absetzbar sind. Die Regelung wurde im Rahmen des GESETZES ZUR STEUERLICHEN FÖRDERUNG VON WACHSTUM UND BESCHÄFTIGUNG (2006) umgesetzt und gilt rückwirkend zum 1. Januar 2006.

Eine ähnliche Maßnahme, d.h. eine familienbezogene Freibetragsregelung, wird im Folgenden mit einer Simulationsrechnung untersucht. Im Modell werden die Kinderbetreuungskosten nicht gesondert ausgewiesen, sondern unter den gesamten Kinderkosten (in der Variable Kinderkonsum $c_K(\cdot)$) subsumiert. Sie hängen somit von der Anzahl der Kinder ab. Wie im GESETZ ZUR STEUERLICHEN FÖRDERUNG VON WACHSTUM UND BESCHÄFTIGUNG (2006) vorgesehen, führen wir nun im Modell einen steuerlichen Freibetrag β_2 in Höhe von 4.000 Euro für jedes Kind, das das 14. Lebensjahr noch nicht vollendet hat, ein. Die Anzahl der in einem Haushalt lebenden Kinder unter 14 Jahren wird mit der Variable $KID13$

[103] Die Beschränkung der steuerlichen Berücksichtigung der Betreuungskosten von Kindern bis zur Vollendung des 14. Lebensjahres geht zurück auf die entsprechende Altersgrenze für Kinder- und Jugendhilfe im Achten Buch Sozialgesetzbuch (DEUTSCHER BUNDESTAG 2006a, S. 1).

bezeichnet. Maximal können jedoch 2.000 Euro pro Elternteil geltend gemacht werden, so dass sich der Kinderbetreuungsfreibetrag $Akc(\cdot)$ als

$$\dot{A}kc(a,i,s,k,l) = \min[\beta_2\ KID13(a,i,k);\ 2.000] \tag{112}$$

ergibt, wobei

$$KID13(a,i,k) = \sum_{q=u}^{v} \frac{N(q,i,a-j,k)}{N(a,i,22,k)+M(a,i,20,k)} \quad \text{für } 23 \leq a \leq 58 \tag{113}$$

mit $u = \max(0; a-45)$ und $v = \min(13; a-23)$. Da ein Modellhaushalt mit 45 Jahren seine letzten Kinder zur Welt bringt, hat er maximal bis zum Alter von 58 Jahren Kinder unter 14 Jahren, so dass in Gleichung (112) eine Unterscheidung zwischen Erwerbstätigen und Rentnern entfällt, d.h., der Freibetrag kann nur bei Erwerbstätigen in Abzug gebracht werden. Das zu versteuernde Einkommen (im Basisfall Gleichung (66)) fällt nun für Eltern von unter 14-Jährigen mit

$$zvE(a,i,s,k,l) = W(\cdot) - Aic(\cdot) - Aip(\cdot) - Akc(\cdot) \tag{114}$$

wegen des neuen Freibetrags niedriger aus.

Ergebnisse

Wie bei den Tabellen zur makroökonomischen Entwicklung in Kapitel 3 sind auch in diesem Kapitel Zinssatz, Beitragssätze zu den Sozialversicherungssystemen und Konsumsteuersatz als absolute Größen in Prozent dargestellt und können unmittelbar mit den Werten in Tabelle 2.5 verglichen werden. Dagegen ist die Entwicklung der Volkseinkommens-, Kapitalstock-, Beschäftigungs-, Kapitalpreis- und Lohnindizes sowie des Erschaftsvolumens (ebenfalls wie in Kapitel 3) in Relation zum Jahr 2004 des Basispfads angegeben. Wie der obere Teil von Tabelle 4.1 zeigt, beschränken sich die makroökonomischen Effekte in erster Linie auf eine Erhöhung des Kapitalstocks und des Konsumsteuersatzes. Der Anstieg des Kapitalstocks im Vergleich zum Jahr 2004 liegt stets um etwa einen bis zwei Prozentpunkte über der Entwicklung im Basispfad. Durch die Einführung des Kinderbetreuungsfreibetrags sinken die Grenzsteuersätze der Erwerbstätigen im Alter von 23 bis 58 Jahren, d.h. Eltern von Kindern unter 14 Jahren, merklich. Der Grenzsteuersatz (inkl. Solidaritätszuschlag) eines 40-Jährigen der mittleren Einkommensklasse beträgt nach der Reform beispielsweise im Jahr 2010 nunmehr 27,2 %, während er im entsprechenden Jahr des Basispfads bei 28,1 % liegt. Auch für einen Topverdiener sinkt der marginale Steuersatz um fast einen Prozentpunkt (von 42,7 auf 41,9 %). Die erhöhten Arbeitsanreize führen allerdings anfangs nur in geringem Umfang zu Mehrarbeit, weil der entlastende Effekt eines Freibetrags mit zunehmendem Arbeitsangebot und steigendem Einkommen abnimmt. Mittel- und langfristig fällt die Beschäftigungsentwicklung (gegenüber dem Basispfad) sogar zurück. Die Haushalte erhöhen infolge der Steuererleichterung also vor allem ihre Ersparnis.[104] Da die älteren Jahrgänge gleichzeitig stärker entsparen, fällt im Aggregat die Zunahme des Kapitalstocks relativ gering aus, so dass sich Kapitalrendite und Zinssatz kaum ändern. Angesichts der marginalen Beschäftigungseffekte ergibt sich keine Rückwirkung auf die Sozialversicherungsbeiträge. Die Spartätigkeit und damit Kapitalakkumulation wird auch durch eine Abnahme der Konsumquote (Konsum im Verhältnis zum Volkseinkommen) gefördert, die wiederum auf die deutliche Zunahme des Konsumsteuersatzes zurückzuführen ist. Die Erhöhung der Konsumsteuer ist jedoch nötig, damit der Staat die infolge des neuen Freibetrags wegbrechenden Steuereinnahmen kompensieren kann. Weil dieser Effekt im Modell mit einem Minus von rund 9 Mrd. Euro ganz beträchtlich ist, ist bereits im Basisjahr 2004 eine Mehrwertsteuererhöhung von einem Prozentpunkt erforderlich. Die fiskalischen Auswirkungen fallen im Modell relativ groß aus, weil erstens alle Erwerbsfähigen einer regulären Beschäftigung nachgehen und zweitens alle Einkommensteuerzahler den Freibetrag in Anspruch nehmen und zwar vom ersten Lebensjahr eines Kindes an bis zur Obergrenze von 13 Jahren. Davon kann in der Realität natürlich nicht ausgegangen werden, da zum einen Arbeitslosigkeit herrscht und zum anderen nur ein bestimmter Teil der Eltern (i.d.R. auch nur für eine gewisse Zeit) durch Fremdbetreuung oder Alleinerziehen Anspruch auf Gewährung eines Kinderbetreuungsfreibetrags erwirbt. Daneben ist zu berücksichtigen, dass im Basisfall des Modells (überhaupt) kein Kinder(betreuungs)freibetrag gewährt wird. Die finanzielle Auswirkung der Simulationsrechnung dieses Abschnitts beziffert also das Volumen einer kompletten Neueinführung der steuerlichen Absetzbarkeit von Kinderbetreuungskosten, während diese in der Realität auch schon vor dem Jahr 2006 teilweise absetzbar waren. So rechnet die Bundesregierung auch nur mit einer vollen Jahreswirkung der Maßnahme von 460 Mio. Euro (DEUTSCHER BUNDESTAG 2006e, S. 7).

Für einen individuellen Haushalt ist die Gewährung eines an das Vorhandensein von Kindern unter 14 Jahren geknüpften Freibetrags nur während einer bestimmten Zeitspanne relevant. So hat beispielsweise ein 25-jähriges Modellelternpaar 0,33 Kinder unter 14 Jahren (ein Elternteil also 0,17 Kinder), ein 30-jähriges Modellelternpaar hat 1 unter 14-jähriges Kind, ein 40-jähriges Paar 0,76 und 50-

[104] So besitzt beispielsweise ein 40-jähriger Haushalt der mittleren Einkommensklasse im Jahr 2010 eine um 3,3 % höhere Ersparnis als im Basisszenario, ein Mitglied der oberen Einkommensklasse erhöht sein Vermögen sogar um 4,4 %. Allerdings sparen die Haushalte der unteren Einkommensklasse in jungen Jahren weniger als im Basispfad.

jährige Eltern haben nur noch 0,07 Kinder in dieser Altersgruppe, so dass der mit der Kinderzahl zu multiplizierende Freibetrag während des Erwerbslebens erst zu- und dann wieder abnimmt.

Wegen der phasenspezifischen Gewährung des Betreuungsfreibetrags sind in diesem Simulationsbeispiel die Wohlfahrtseffekte interessanter als die makroökonomischen Effekte. Die linke Seite von Tabelle 4.2 zeigt, dass unter den heutigen und zukünftigen Elterngenerationen nur die mittlere und obere Einkommensklasse von dem Freibetrag profitieren. Dies ist nicht erstaunlich, da nur diese ein Einkommen erzielen, das über dem Grundfreibetrag liegt, und daher Steuern zahlen. Für die später geborenen Generationen nehmen die Wohlfahrtsgewinne sogar noch zu, weil der Freibetrag über die ganze Zeitspanne, d.h. im Alter von 23 bis 58 Jahren, in Anspruch genommen werden kann und das Lohnniveau langfristig über dem Basispfad liegt. Auffällig ist auch, dass die Haushalte der mittleren Einkommensklasse deutlich stärkere Wohlfahrtsgewinne aufweisen als die Topverdiener. Dies ist auch darauf zurückzuführen, dass die Steuerersparnis bei der mittleren Einkommensklasse hier relativ stärker ins Gewicht fällt als bei den Topverdienern.[105] Zu den Verlierern der Reform gehören alle älteren Generationen. Je weniger diese selbst von dem Freibetrag profitieren und je länger sie diesen andererseits über die Konsumsteuer mitfinanzieren, desto höher sind die Verluste. Die untere Einkommensklasse gehört sogar durchgängig zu den Verlierern der Reform, da sie nie von ihr profitiert, aber dauerhaft zu ihrer Finanzierung herangezogen wird.

Steuerfinanzierte Erhöhung des Kindergelds

Eine andere Möglichkeit, Familien finanziell besserzustellen, besteht in der Gewährung eines direkten monetären Transfers an die Haushalte, also beispielsweise durch eine steuerfinanzierte Erhöhung des Kindergelds. In der jüngeren Vergangenheit wurde das Kindergeld mehrfach erhöht. Im Jahr 1996 wurde es für das erste und zweite Kind von monatlich 200 auf 220 DM angehoben, wobei die Beträge für das dritte und die weiteren Kinder (300 bzw. 350 DM) nicht erhöht wurden. Weitere Erhöhungen wurden in den Jahren 1999 (auf 250 DM für das erste und zweite Kind) und 2000 (auf 270 DM für das erste und zweite Kind) vorgenommen, wobei das Kindergeld für dritte und weitere Kinder weiterhin auf

[105] Bei Topverdienern, die vor der Reform sogar deutlich im Spitzensteuersatzbereich liegen, ändert sich daran durch die Freibetragsanhebung – ceteris paribus – nichts. Ihr Durchschnittssteuersatz sinkt durch die Reform umso weniger, je höher ihr Einkommen ist.

dem Niveau von 1996 konstant gehalten wurde. Seit 2002 beträgt es 154 Euro für das erste, zweite und dritte Kind bzw. 179 Euro ab dem vierten Kind.

Der oben simulierten Freibetragslösung wird im Folgenden eine fiktive Kindergelderhöhung ab dem Jahr 2004 gegenübergestellt. Die Erhöhung wird - im Gegensatz zur vorangegangenen Simulation - für Kinder jeden Alters gewährt, d.h., wir bleiben bei der praxisnahen Annahme des Basispfads.[106] Die in der Praxis angewandte optionale Gewährung von Freibetrag oder Kindergeld wird also ausgeblendet. Es soll in diesem Abschnitt vor allem gezeigt werden, welche unterschiedlichen Wirkungen eine direkt an die Haushalte ausgezahlte Barleistung im Gegensatz zur Besserstellung über die Einkommensteuer zur Folge hat.

Das Volumen der Kindergelderhöhung bestimmt sich in dieser Simulation aus der vorangegangenen Simulationsrechnung. Dort ergab sich durch die Gewährung des Freibetrags ein um etwa 9 Mrd. Euro geringeres Lohnsteueraufkommen im Jahr 2004. Um Vergleichbarkeit zwischen den beiden Maßnahmen zu gewährleisten, sollte sich eine Kindergelderhöhung bezüglich ihrer Wirkung auf das staatliche Budget in einer ähnlichen Größenordnung bewegen. Indem das Kindergeld um 30 % aufgestockt wird, ergeben sich in der folgenden Simulation im Vergleich zum Basispfad zusätzliche staatliche Ausgaben von etwa 8 Mrd. Euro und ein durch Verhaltensanpassungen bedingter Lohnsteuerausfall von etwa einer Mrd. Euro, so dass beide Varianten eine ähnliche Wirkung auf das staatliche Budget im Jahr 2004 erzeugen. Zu beachten ist, dass (wie im Basisfall) das erhöhte Kindergeld für alle in einem Haushalt lebenden Kinder unter 21 Jahren gezahlt wird (vgl. Gleichung (63) in Abschnitt 2.2.3.1), während der oben betrachtete Betreuungsfreibetrag nur für unter 14-jährige Kinder gewährt wurde. Ein Haushalt erhält also Kindergeld bis zum Alter von 65 Jahren, danach sind seine Kinder erwachsen.

Ergebnisse

Die makroökonomischen Effekte der Kindergelderhöhung sind trotz des großen Umverteilungsvolumens wie jene der Freibetragslösung relativ gering und unterscheiden sich strukturell und quantitativ nur wenig von diesen (vgl. den unteren Teil der Tabelle 4.1). Der Kapitalstock steigt gegenüber dem Basispfad zwar

[106] Im Modell gelten nur Individuen bis zu einem Alter von 20 Jahren als Kinder. Daher ist die in der Praxis gültige Obergrenze der Kindergeldgewährung bis zur Vollendung des 27. Lebensjahres (bzw. des 25. Lebensjahres ab dem Jahr 2007, vgl. STEUERÄNDERUNGSGESETZ 2007) hier nicht relevant.

Tabelle 4.1: Makroökonomische Wirkungen familienpolitischer Maßnahmen im Steuer- und Transfersystem

	Jahr	Volkseinkommensindex	Kapitalstockindex	Beschäftigungsindex	Kapitalpreisindex	Lohnindex	Zinssatz	Beitrag zur GRV	Beitrag zur GKV	Beitrag zur GPV	Konsumsteuersatz
Kinderbetreuungsfreibetrag	2004	1,00	1,00	1,00	1,00	1,00	6,8	19,5	14,3	1,7	17,0
	2010	1,07	1,06	1,08	1,01	1,00	6,2	19,3	14,9	2,0	16,5
	2020	1,14	1,15	1,14	1,00	1,00	5,9	20,9	16,5	2,5	17,4
	2030	1,18	1,22	1,17	0,97	1,01	5,8	23,9	18,1	3,0	18,6
	2040	1,25	1,26	1,25	0,95	1,00	6,3	24,1	19,6	4,0	19,6
	2050	1,29	1,29	1,29	0,95	1,00	6,7	25,0	20,1	4,5	20,6
	2075	1,44	1,38	1,46	0,96	0,99	7,0	24,8	20,3	4,4	22,5
	2100	1,70	1,54	1,75	0,98	0,97	7,2	23,4	20,2	4,2	24,3
Erhöhung des Kindergelds	2004	1,00	1,00	0,99	1,00	1,00	6,8	19,6	14,4	1,7	17,0
	2010	1,07	1,06	1,07	1,01	1,00	6,2	19,3	15,0	2,0	16,6
	2020	1,14	1,15	1,13	1,00	1,00	5,9	20,9	16,6	2,5	17,5
	2030	1,18	1,22	1,17	0,97	1,01	5,8	23,9	18,2	3,0	18,6
	2040	1,25	1,26	1,24	0,95	1,00	6,3	24,1	19,7	4,0	19,6
	2050	1,29	1,28	1,29	0,95	1,00	6,7	25,0	20,2	4,5	20,7
	2075	1,44	1,37	1,46	0,96	0,98	7,0	24,8	20,5	4,5	22,7
	2100	1,69	1,53	1,75	0,98	0,97	7,2	23,4	20,4	4,2	24,5

Tabelle 4.2: Wohlfahrtseffekte familienpolitischer Maßnahmen im Steuer- und Transfersystem

	Kinderbetreuungs-freibetrag			Kindergeld-erhöhung		
	obere	mittlere	untere	obere	mittlere	untere
Geburtsjahr	Einkommensklasse			Einkommensklasse		
1920	-0,18	-0,21	-0,26	-0,28	-0,33	-0,41
1930	-0,20	-0,22	-0,26	-0,29	-0,32	-0,38
1940	-0,24	-0,26	-0,30	-0,31	-0,35	-0,41
1950	-0,28	-0,29	-0,34	-0,32	-0,36	-0,46
1960	-0,24	-0,27	-0,36	-0,22	-0,21	-0,01
1970	0,03	0,12	-0,36	-0,08	0,04	0,61
1980	0,16	0,31	-0,33	-0,04	0,10	0,70
1990	0,16	0,29	-0,31	-0,03	0,09	0,67
2000	0,19	0,34	-0,30	-0,01	0,12	0,75
2010	0,22	0,38	-0,28	-0,01	0,13	0,77
2020	0,23	0,40	-0,27	-0,01	0,13	0,78
2030	0,25	0,42	-0,27	0,00	0,14	0,85

an, jedoch in etwas geringerem Ausmaß als bei der Einführung eines Kinderfreibetrages. Die Beschäftigungsentwicklung fällt durchgängig schlechter aus als im Basispfad und kurz- und mittelfristig auch etwas schwächer als im ersten Fall. In der sehr langen Frist führt die im Vergleich zum Basisfall gesunkene Beschäftigung hier trotz der Kapitalausweitung zu einem geringeren Volkseinkommen. Die ähnliche makroökonomische Entwicklung in den beiden Fällen ist insofern beabsichtigt, als das Ausmaß der Kindergelderhöhung auch danach bemessen wurde, dass sich eine ähnliche fiskalische Wirkung wie in obiger Simulation ergibt. Der Beschäftigungseffekt ist hier geringer als im Freibetragsfall und im Basisszenario. Während die Freibetragslösung also wenigstens in geringem Ausmaß Anreizeffekte auf das Arbeitsangebot auslöst, stellt ein exogener Kindergeldtransfer einen Einkommensbestandteil dar, dessen Erhöhung auf Haushaltsebene zum Teil Einkommen aus Arbeit ersetzt. Die schwächere Beschäftigung führt gegenüber dem Kinderbetreuungsfreibetrag und dem Basisfall außerdem zu höheren Beitragssätzen der gesetzlichen Kranken- und teilweise auch der Renten- und Pflegeversicherung. Interessanter sind aber auch hier wieder die Wohlfahrtseffekte, die auf der rechten Seite der Tabelle 4.2 wiedergegeben sind. Die Wohlfahrtseffekte stellen sich im Vergleich zur Freibetragslösung nun zum Teil gerade umgekehrt dar. Während von der Freibetragslösung die mittlere Einkommensklasse am stärksten profitierte, hat nun die untere Einkommensschicht die höchsten Wohlfahrtsgewinne zu verzeichnen. Dies gilt allerdings nur für die jungen und zukünftigen Generationen. Während in diesen Altersklassen auch noch die Haushalte der mittleren

Verdienstklasse zu den Gewinnern der Reform gehören, zählt die Topverdienerschicht durchgängig zu den Reformverlierern. Wegen ihrer höheren Konsumquote schlägt die gestiegene Konsumsteuer bei dieser Klasse stärker zu Buche als ihr Nutzen aus dem höheren Kindergeld. Für die Generationen bis zum Jahrgang 1944 nehmen die Verluste zunächst zu, schwächen sich für ältere Generationen jedoch wieder ab. Die Dominanz von positiven bzw. negativen Effekten auf die individuelle Wohlfahrtsbilanz bestimmt sich insgesamt vor allem nach der Bezugsdauer des Kindergelds, dem Gewicht dieses Transfers relativ zum Einkommen und dem individuellen Beitrag zur Finanzierung der Kindergelderhöhung. Je jünger und je näher ein Haushalt im Reformjahr 2004 dem Beginn der Gebärfähigkeit ist, desto länger bezieht er das erhöhte Kindergeld, maximal aber bis zum Alter von 65 Jahren. Der Transfer für alle in einem Haushalt lebenden Kinder erreicht die maximale Höhe, wenn die Eltern 43 Jahre alt sind, weil in diesem Alter am meisten unter 21-jährige Kinder im Haushalt leben (1,4 Kinder pro Elternpaar). [107] Die Generationen, die vor 1939 geboren sind, haben im Jahr 2004 bereits keine unter 21-jährigen Kinder mehr. Sie gehören damit nur zu den Financiers, nicht aber zu den Begünstigten des erhöhten Kindergelds. Da nur die jüngeren und zukünftigen Kohorten wegen der Altersstruktur ihrer Kinder noch hinreichend lange in den Genuss des erhöhten Kindergelds kommen, können auch nur bei ihnen die positiven Effekte die negativen Wirkungen in Form der Konsumsteuererhöhung überkompensieren.

Während sich die makroökonomischen Effekte von Kindergeld bzw. -freibetragserhöhung weitgehend entsprechen, weisen die beiden Alternativen völlig unterschiedliche Wohlfahrtswirkungen auf. Die Kindergelderhöhung kommt vor allem der unteren Einkommensklasse zugute, wohingegen der Freibetrag die Bezieher mittlerer und hoher Einkommen begünstigt. Bei einer intergenerativen Betrachtung zeigt sich, dass allgemein die Jahrgänge profitieren, denen die familienpolitischen Maßnahmem zugutekommen, während die älteren Generationen zur Finanzierung herangezogen werden.

4.1.2 Familienpolitik in der Sozialversicherung

Noch vielfältiger als in der Steuergesetzgebung ist das familienpolitische Instrumentarium in den verschiedenen Zweigen der Sozialversicherung. Dies ist inso-

[107] Im Alter von 25 Jahren hat ein Elternpaar 0,33 Kinder unter 21 Jahren, mit 30 Jahren gerade 1 Kind, mit 40 sind es 1,3 Kinder und in einem 50-jährigen Haushalt leben 0,5 Kinder bis zu 20 Jahren.

fern problematisch, als diese organisatorische Zergliederung mit sich bringt, dass originäre Versicherungsziele neben familienpolitischen Zielen und sonstigen Verteilungszielen stehen und sich somit teilweise überlagern oder gar konterkarieren (ALTHAMMER und ROMAHN 2005, BUNDESMINISTERIUM FÜR FAMILIE, SENIOREN, FRAUEN UND JUGEND 2006a).

Insbesondere in der gesetzlichen Krankenversicherung existieren – neben der risikoorientierten Umverteilung von Gesunden zu Kranken, der Umverteilung von reicheren zu ärmeren Versicherten über die einkommensorientierte Beitragsbemessung und der Redistribution von Aktiven zu Rentnern – Umverteilungsmechanismen zugunsten von Eheleuten und Familien. Darunter fällt vor allem die beitragsfreie Mitversicherung nicht erwerbstätiger Ehegatten und Kinder. Das Volumen dieser Umverteilung wird beispielsweise für das Jahr 2000 auf rund 21 Mrd. Euro geschätzt (DRÄTHER und ROTHGANG 2004). Allerdings können solche Schätzungen nicht ohne weiteres als reine Umverteilung zugunsten von Familien betrachtet werden. Hierzu wären korrekterweise die Überschneidungen verschiedener Umverteilungsmechanismen sowie das Verhältnis von individueller Beitragszahlung und risikoäquivalenter Prämie zu berücksichtigen, so dass das Umverteilungsvolumen im Rahmen des Familienlastenausgleichs in der gesetzlichen Krankenversicherung möglicherweise geringer ist als allgemein angenommen (WENZEL 1999). Zusätzlich zur Familienmitversicherung existiert eine ganze Reihe weiterer familienbezogener Leistungen wie etwa die beitragsfreien Versicherungszeiten während des Erziehungsurlaubs, die Leistungen für Schwangere und Mütter sowie die monetären Leistungen Mutterschafts-, Entbindungs- und Krankengeld.

Wie in der gesetzlichen Krankenversicherung sind auch in der sozialen Pflegeversicherung Ehegatten und Kinder beitragsfrei mitversichert. Insgesamt aber bleiben die Umverteilungsmaßnahmen weit hinter jenen der GKV zurück. Dabei lassen sich diese in der GPV zum Teil durchaus durch die Gegenleistungen von Versicherten mit Familien begründen. So verursachen beispielsweise pflegebedürftige Versicherte ohne Kinder um 10 % höhere ambulante Pflegekosten als jene mit Kindern (BUNDESVERFASSUNGSGERICHT 2001b), was damit zusammenhängt, dass viele Pflegefälle von ihren eigenen Kindern gepflegt werden oder diese zumindest dazu beitragen. Als Folge eines Urteils des BUNDESVERFASSUNGSGERICHTS (2001a) müssen Kinderlose seit dem Jahr 2005 einen um 0,25 Prozentpunkte höheren Pflegeversicherungsbeitrag entrichten, wodurch Eltern relativ bessergestellt werden.

In der gesetzlichen Rentenversicherung werden familienpolitisch motivierte Boni vor allem in Form einer rentenrechtlichen Anerkennung von Kindererziehungszeiten zugestanden. Bei ihrer Einführung im Jahr 1986 wurden diese nur honoriert, wenn nicht gleichzeitig auf andere Art vergleichbare Rentenleistungen erworben worden waren. Bei ausschließlicher Erziehungstätigkeit konnte pro Kind ein Jahr Erziehungszeit angerechnet werden, das mit 0,75 Entgeltpunkten veranschlagt wurde, d.h., die Erziehung wurde rentenrechtlich mit drei Vierteln des Durchschnittseinkommens veranschlagt. Im Laufe der 1990er Jahre wurden die Zeiten der Kindererziehung, meist durch Verfassungsgerichtsurteile angestoßen, rentenrechtlich deutlich aufgewertet (ROSENSCHON 2001). So wurde die angerechnete Kindererziehungszeit (bei ab 1992 geborenen Kindern) auf drei Jahre ausgedehnt. Infolge eines weiteren Bundesverfassungsgerichtsurteils (BUNDESVERFASSUNGSGERICHT 1996) werden Kindererziehungszeiten seit 1998 auch dann gewährt, wenn gleichzeitig Anwartschaften durch eigene Beiträge erworben werden. Mit dem RENTENREFORMGESETZ 1992 wurde zudem beschlossen, die pro Kind angerechneten Entgeltpunkte stufenweise (mit voller Wirkung ab Juli 2000) von einem Dreiviertelpunkt auf einen ganzen Punkt anzuheben.

Die Rentenreform 2001 (ALTERSVERMÖGENSERGÄNZUNGSGESETZ 2001, ALTERSVERMÖGENSGESETZ 2001) verfolgte u.a. das Ziel, Erziehende zu einer baldigen Wiederaufnahme der Berufstätigkeit nach der Geburt zu bewegen bzw. erwerbstätige Eltern rentenrechtlich besserzustellen. Daher werden mittlerweile die durch Erwerbstätigkeit erworbenen Entgeltpunkte von Eltern mit bis zu 10-jährigen Kindern rechnerisch aufgewertet. Dieser Zuschlag wirkt sich jedoch erst ab dem vierten Lebensjahr des Kindes aus, da die ersten drei Jahre ohnehin im Rahmen der Kindererziehungszeit mit einem durchschnittlichen Einkommen bewertet werden. Im folgenden Abschnitt soll nun mit einem kleinen Simulationsbeispiel beleuchtet werden, wie eine höhere (zusätzliche) kindbezogene Bewertung von Beitragszeiten wirkt und wem diese zugutekommt.

Zusätzliche Höherbewertung kindbezogener Beitragszeiten in der gesetzlichen Rentenversicherung

Wie in Abschnitt 2.2.3.3 beschrieben, werden im Basisfall des Modells die Entgeltpunkte erwerbstätiger Eltern von Kindern unter 11 Jahren, bezeichnet mit $KID10(a,i,k)$, um den Faktor $\varrho_3(i) = 50\%$ aufgewertet, maximal jedoch um 1/6 Entgeltpunkt. Da wir im Modell die allgemeinen Kindererziehungszeiten für Kinder bis zu drei Jahren nicht gesondert berücksichtigen, wird die Aufwertung der von den erwerbstätigen Eltern erworbenen Entgeltpunkte so modelliert, dass sie bereits ab dem 1. (und nicht erst ab dem 4.) Lebensjahr greift.

In der folgenden Reformsimulation heben wir nun den Aufwertungsfaktor $\varrho_3(i)$ für alle Rentenzugänge ab 2004 auf 100 % an und erhöhen entsprechend die maximale kindbezogene Entgeltpunktezahl auf 1/3. In der hier vorliegenden Variation der Gleichung (82) erwirbt ein a-jähriger Haushalt der Einkommensklasse k, dessen Eltern bei seiner Geburt s Jahre alt waren und der den staatsbürgerschaftlichen Status l aufweist, in einem Jahr i seines Erwerbslebens nun also kindbezogene Entgeltpunkte gemäß

$$EP^c(a,i,s,k,l) = \min[\varrho_3(i)KID10(a,i,k)EP(\cdot);1/3]. \tag{115}$$

Ergebnisse

Bei der verdoppelten Höherbewertung kindbezogener Beitragszeiten handelt es sich um eine Maßnahme relativ geringen finanziellen Ausmaßes, deren Begünstigungs- und Finanzierungswirkungen sich im Modell größtenteils innerhalb der gesetzlichen Rentenversicherung abspielen. Die in der Realität zur Finanzierung familienpolitischer Leistungen gewährten Zuschüsse des Bundes an die Rentenversicherung werden im Modell also ausgeblendet. Die makroökonomischen Effekte beschränken sich daher weitgehend auf den Beitragssatz zur Rentenversicherung. Wie der Blick auf Tabelle 4.3 zeigt, steigt der Rentenversicherungsbeitrag gegenüber dem Basispfad bis 2020 um zusätzliche 0,2 Prozentpunkte an, bis 2030 um weitere 0,2 Prozentpunkte und bleibt auch langfristig auf dem erhöhten Niveau. Der Grund sind die durch die Höherbewertung der Beitragszeiten gestiegenen Rentenansprüche, denen keine entsprechenden Mehreinnahmen gegenüberstehen. Infolge der dämpfenden Wirkung der erhöhten Sozialabgaben auf die Beschäftigung und des damit sinkenden Lohnsteueraufkommens muss auch die Konsumsteuer (um 0,1 Prozentpunkte) angehoben werden. Ebenso wie die Rentenbeitragssatzwirkung bleibt auch dieser Effekt langfristig bestehen.

Wie bei den bisher untersuchten sozialpolitischen Maßnahmen sind vor allem die intra- und intergenerativen Umverteilungswirkungen von Interesse. Die unterschiedliche Wirkung der Maßnahme auf die von den verschiedenen Einkommensklassen erworbenen Entgeltpunkte spiegelt sich in den Wohlfahrtseffekten wider, welche in Tabelle 4.4 aufgeführt sind.

Fast alle zum Zeitpunkt der Reform Berufstätigen profitieren von der Reform und zwar umso stärker, je älter eine Generation ist. Dies gilt allerdings nur, wenn

Tabelle 4.3: Makroökonomische Entwicklung bei Höherbewertung kindbezogener Beitragszeiten

Jahr	Volks-eink.-index	Kapi-tal-stock-index	Be-schäf-ti-gungs-index	Kapi-tal-preis-index	Lohn-index	Zins-satz	Beitragssätze GRV	GKV	GPV	Kon-sum-steu-er
2004	1,00	1,00	1,00	1,00	1,00	6,8	19,5	14,3	1,7	16,0
2010	1,07	1,05	1,08	1,01	0,99	6,3	19,4	14,9	2,0	15,7
2020	1,14	1,14	1,14	0,99	1,00	5,9	21,1	16,5	2,5	16,6
2030	1,18	1,21	1,17	0,97	1,01	5,8	24,3	18,1	3,0	17,7
2040	1,25	1,25	1,25	0,95	1,00	6,4	24,5	19,6	4,0	18,8
2050	1,29	1,27	1,30	0,94	0,99	6,8	25,4	20,1	4,5	19,9
2075	1,44	1,35	1,47	0,96	0,98	7,1	25,1	20,4	4,4	21,8
2100	1,70	1,51	1,76	0,98	0,96	7,3	23,8	20,3	4,2	23,5

für einen Haushalt die aus den aufgewerteten Kinderentgeltpunkten resultierende Rentensteigerung höher ist als die Wirkung des zur Gegenfinanzierung erhöhten Rentenbeitrags. In der unteren Einkommensklasse ist dies offensichtlich nicht der Fall. Sie erwirbt wegen ihres geringen Einkommens bereits im Basisfall nur sehr wenig Entgeltpunkte: für ein Mitglied der Kohorte 1950, die im Jahr 2010 in Rente geht, beispielsweise 21,2 Entgeltpunkte – davon 2,1 kinderbezogene Punkte. Folglich steigen die kinderbezogenen Entgeltpunkte durch die Höherbewertung nur in geringem Maße (um 0,03 Punkte) an. Durch die Gesamtwirkung der Reform steigen die kumulierten Entgeltpunkte des Haushalts um weitere 0,04 Punkte (auf insgesamt 21,27) an. Stärker als die Entgeltpunkte schlägt in dieser Gruppe aber der erhöhte Rentenbeitragssatz zu Buche. Zusammen mit dem erhöhten Konsumsteuersatz wird die Gesamtwirkung der Reform für diese Einkommensklasse durchgängig negativ.

Bei den darüber angesiedelten Einkommensklassen wirkt sich die verdoppelte Höherbewertung der kinderbezogenen Beitragszeiten deutlich stärker auf die Entgeltpunkte aus. Hat beispielsweise ein Haushalt des Jahrgangs 1950 aus der obersten Einkommensklasse zum Renteneintritt im Jahr 2010 im Basispfad 3,4 kinderbezogene Entgeltpunkte gesammelt (von insgesamt 72,8 Entgeltpunkten), so erhöhen sich diese durch die höhere Beitragszeitenbewertung auf 5,5 (und insgesamt auf 74,8) Punkte. In der mittleren Einkommensklasse steigen durch die Reform die erworbenen Kinderentgeltpunkte von 2,8 Punkten (von insgesamt fast 36,9 Punkten) auf 3,5 Entgeltpunkte (insgesamt auf 37,7). Für die um das Jahr 1950 geborenen Kohorten sind die positiven Wirkungen am stärksten, weil der Renteneintritt zum Zeitpunkt der Reform unmittelbar bevorsteht. Die positive

Tabelle 4.4: Wohlfahrtseffekte einer Höherbewertung kindbezogener Beitragszeiten

	Wohlfahrtseffekte		
	obere	mittlere	untere
Geburtsjahr	Einkommensklasse		
1920	-0,03	-0,04	-0,05
1930	-0,04	-0,04	-0,06
1940	-0,05	-0,05	-0,06
1950	0,17	0,11	-0,03
1960	0,07	0,05	-0,03
1970	0,03	0,01	-0,04
1980	-0,02	-0,03	-0,06
1990	-0,07	-0,07	-0,10
2000	-0,10	-0,11	-0,13
2010	-0,12	-0,13	-0,15
2020	-0,13	-0,14	-0,16
2030	-0,13	-0,13	-0,17

Wirkung wird also kaum mehr diskontiert und dominiert überdies den Effekt des erhöhten Rentenbeitrags (der ohnehin nur für die Erwerbstätigen relevant ist) und der erhöhten Konsumsteuer. Die direkte Wirkung der Reform, die Höherbewertung der Beitragszeiten, fällt also umso stärker aus, je mehr Entgeltpunkte jemand erworben hat, und begünstigt damit die höheren Einkommensklassen zunächst stärker. Allerdings sind diese auch stärker von der verzerrenden Wirkung des gestiegenen Rentenbeitragssatzes betroffen, wobei dieser Effekt durch die Beitragsbemessungsgrenze für die obere Einkommensklasse begrenzt wird.

Alles in allem wird die untere Einkommensklasse entgegen der anfänglichen Intuition von der Reform negativ betroffen, während in der mittleren und oberen Einkommensklasse zumindest die heute Erwerbstätigen profitieren. Die älteren Jahrgänge sowie die jungen und zukünftigen Generationen verschlechtern sich jedoch durch einen steigenden Rentenbeitrag. Die im Gegenzug (im Vergleich zum Basispfad) steigenden Entgeltpunkte können dies nicht kompensieren, zumal deren Wert in der Zukunft - auch aufgrund jüngerer Rentenreformen (vgl. auch Abschnitt 4.3) - im Verhältnis zur Lohnentwicklung sinkt.

4.2 Reformen der Pflegeversicherung

Wie in der Modellbeschreibung in Abschnitt 2.2.3.5 ausgeführt, basiert die soziale Pflegeversicherung (GPV) auf dem Umlageverfahren und ist damit - wie alle umlagefinanzierten Sozialversicherungszweige – demographiesensibel. Dies gilt für die Einnahmen- wie für die Ausgabenseite. Während die fehlenden Beitragszahler die Einnahmen zurückgehen lassen, kommen auf der Ausgabenseite mehrere Faktoren zum Tragen. Der zunehmende Anteil älterer Personen führt aufgrund der mit dem Alter zunehmenden Pflegehäufigkeiten zu einer absoluten Zunahme Pflegebedürftiger (vgl. Tabelle 2.1). Wenn die Anzahl pflegebedürftiger Personen steigt, während gleichzeitig der Erwerbstätigenanteil sinkt, verändert sich auch die Pflegestruktur, d.h., es ist zu erwarten, dass eine weitere Verschiebung hin zu professionellen Pflegearrangements stattfindet (vgl. ROTHGANG 2005). Es ist also wahrscheinlich, dass die in Abbildung 2.4 dargestellten Pflegekosten pro Versicherten weiter zunehmen.

Die mit einem Defizit von rund 360 Mio. Euro im Jahr 2005 (BUNDESMINISTERIUM FÜR GESUNDHEIT 2006c) schon heute prekäre Situation der Pflegeversicherung wird sich daher in den kommenden Jahren voraussichtlich noch ganz erheblich verschärfen. Dabei konnte das Defizit im Jahr 2005 hauptsächlich wegen des Beitragssatzanstiegs für Kinderlose relativ gering gehalten werden, während es 2004 noch bei etwa 820 Mio. Euro gelegen hatte (SOZIALPOLITIK AKTUELL 2005). Wie in Tabelle 2.1 dargestellt, steigt schon seit der Einführung der sozialen Pflegeversicherung im Jahr 1995 die Anzahl der Pflegebedürftigen kontinuierlich an. Während Ende 2002 1,9 Mio. Versicherte Pflegeleistungen in Anspruch nahmen, rechnen SCHULZ, LEIDL und KÖNIG (2001) mit einem Anstieg auf 2,9 Mio. Pflegebedürftige in 2020, auf 3,5 Mio. im Jahr 2030 und auf 4,7 Mio. im Jahr 2050. Da zusätzlich eine Kostensteigerung für Pflegeleistungen zu erwarten ist, kann davon ausgegangen werden, dass die Ausgaben der Pflegeversicherung deutlich zunehmen werden (vgl. Tabelle 2.1). Eine kontinuierliche Anhebung des Beitragssatzes würde damit unvermeidlich. Im Basispfad unseres Modells ergibt sich – unter eher konservativen Annahmen bezüglich des Kostenwachstums – für das Jahr 2020 ein Beitragssatz von 2,5 %, für das Jahr 2030 3 % und für 2040 bereits 4 %. Zwar können bislang die Defizite noch aus dem bestehenden Kapitalstock von 3,05 Mrd. Euro (Ende 2005)[108] (BUNDESMINISTERIUM FÜR GESUNDHEIT 2006c) ausgeglichen werden, dieser wird jedoch aller Voraussicht nach bereits in den nächsten Jahren aufgezehrt sein. Die diesbezügliche Einschätzung von SENDLER (2004) oder des KRONBERGER KREISES (2005) bestätigt sich im Basispfad unseres Modells, in welchem daher ab 2008 der Beitragssatz angehoben werden muss.[109]

[108] Zum Jahresende 2004 wies der Mittelbestand noch eine Höhe von 3,42 Mrd. Euro auf.

[109] Nicht berücksichtigt ist hier das im Jahr 2006 erfolgte Vorziehen des Fälligkeitstermins der Gesamtsozialversicherungsbeiträge, das der Pflegeversicherung in 2006 sogar einen Überschuss einbrachte.

Eine grundlegende Reformierung der GPV scheint daher ebenso alternativlos wie eilig. Die Notwendigkeit einer Reform wird sowohl auf wissenschaftlicher als auch politischer Ebene gesehen. Über Zeitplan und insbesondere Ausgestaltung einer Pflegereform wird seit längerem jedoch heftig diskutiert. Sozialministerin Ulla Schmidt unternahm Ende 2003 einen Vorstoß, der in einigen Punkten auf den Empfehlungen der RÜRUP-KOMMISSION (2003) beruhte und neben einer Strukturreform der Pflegeversicherung[110] auch die Umsetzung des Urteils des Bundesverfassungsgerichts zum Familienlastenausgleich vorsah. Aufgrund zahlreicher anderer „Reform-Baustellen" im Sozialbereich (Renten- und Krankenversicherung, Arbeitsmarkt), für welche die Akzeptanz der Bevölkerung erst errungen werden musste, wurde das Vorhaben Pflegereform auf einen späteren Zeitpunkt verschoben. Die Umsetzung des Bundesverfassungsgerichtsurteils wurde daher vom restlichen Reformvorhaben abgetrennt. Sie trat mit dem KINDER-BERÜCKSICHTIGUNGSGESETZ (2003) am 1. Januar 2005 in Kraft und beinhaltet im Wesentlichen einen Zuschlag von 0,25 Prozentpunkten auf den Pflegeversicherungsbeitrag von Kinderlosen.

Die eigentliche Reformdiskussion ist nach wie vor offen. Auf der parteipolitischen Ebene existieren derzeit etliche Vorschläge. So schlug im März 2005 der gesundheitspolitische Berater der rot-grünen Bundesregierung, Karl Lauterbach, vor, die Pflegeversicherung in eine Bürgerversicherung umzuwandeln (SÜDDEUTSCHE ZEITUNG 2005a). Analog zu seinem Reformvorschlag für die Krankenversicherung würde dies eine Ausweitung des Versichertenkreises um Beamte und Selbständige bedeuten sowie die Erweiterung der Bemessungsgrundlage um Zinserträge, was aber bei den Regierungsparteien nur teilweise Zustimmung fand. Noch vor dem Amtsantritt der großen Koalition präsentierten CDU – im Rahmen der HERZOG-KOMMISSION (September 2003) – und CSU (Dezember 2004) getrennte Reformmodelle. Im Koalitionsvertrag wurde schließlich die Absicht genannt, „*die Ergänzung des Umlageverfahrens durch kapitalgedeckte Elemente*" vorzunehmen (KOALITIONSVERTRAG ZWISCHEN CDU, CSU und SPD 2005, S. 91). Der ursprüngliche Plan, noch im Jahr 2006 einen Reformentwurf vorzulegen, wurde allerdings nicht realisiert. Nach dem gegenwärtigen Stand soll eine Pflegever-

[110] Konkret beinhaltete dieser Vorschlag eine Angleichung der ambulanten und stationären Pflegesachleistungen in den drei Pflegestufen. Dies würde insbesondere eine (geringe) Leistungsausweitung für die Pflegestufen I bis III bei der ambulanten Pflege und für die Stufe III bei der stationären Pflege bedeuten. Demgegenüber wurden jedoch relativ starke Leistungskürzungen bei den Stufen I und II in der stationären Pflege avisiert, so dass insgesamt 2 Mrd. Euro eingespart werden sollten. Rechnet man die Ausweitung der Leistungen im Bereich Altersdemenz gegen, so ergeben sich geplante Einsparungen von 1,25 Mrd. Euro. Im Zeitablauf sollten die Leistungen mit 1,75 % dynamisiert werden (HÄCKER, HÖFER und RAFFELHÜSCHEN 2004).

sicherungsreform frühestens im Frühjahr 2008 in Kraft treten (FRANKFURTER ALLGEMEINE ZEITUNG 2007).

Die in Politik und Wissenschaft diskutierten Modelle reichen von moderaten Änderungen im gegenwärtigen System bis zu seiner völligen Abschaffung.[111] Aus dem Spektrum der Reformvorschläge werden im Folgenden vier Typen von Reformen herausgegriffen und untersucht (siehe hierzu auch - in einer etwas veränderten Modellierung für eine kleine offene Volkswirtschaft - FEHR und HALDER 2006): zum einen ein - vom SACHVERSTÄNDIGENRAT (2004) in die Diskussion gebrachtes - Konzept einer umlagefinanzierten Kopfpauschale, zweitens ein Privatisierungsmodell, das dem an der Universität Freiburg entwickelten „Auslaufmodell" (HÄCKER, HÖFER und RAFFELHÜSCHEN 2004, HÄCKER und RAFFELHÜSCHEN 2004) ähnelt, drittens ein Modell einer Teilkapitalisierung mit langfristigem Übergang zur Kapitaldeckung, wie es etwa von der HERZOG-KOMMISSION (2003) vorgeschlagen wurde, und viertens ein sofortiger Wechsel zu einem reinen Kapitaldeckungsverfahren, eine Option, für die z.B. der KRONBERGER KREIS (2005) plädiert.

Das Modell einer Bürgerversicherung lässt sich in unserem Modell nicht sinnvoll umsetzen, da wir Selbständige, Angestellte und Beamte nicht unterscheiden und somit ein Hauptcharakteristikum dieses Vorschlags nicht abbilden können. [112] Auch der Vorschlag der RÜRUP-KOMMISSION (2003) wird nicht gesondert untersucht. Dieser hatte vorgesehen, die Rentner stärker an der Finanzierung zu beteiligen, indem sie zusätzlich zum allgemeinen GPV-Beitragssatz einen von ihnen allein aufzubringenden Ausgleichsbetrag in Höhe von 2 % ihres versicherungspflichtigen Einkommens zu leisten hätten. Dieser Beitrag sollte vor allem der Finanzierung der Leistungs-Dynamisierung dienen, da insbesondere diese Altersgruppe in den Genuss der dynamisierten Pflegeleistungen kommt. Da eine solche Reform vor allem die Rentner belasten würde, diese aber durch die Übernahme des vollen Pflegebeitrags seit April 2004 bereits eine zusätzliche Belastung erfahren, scheint eine Umsetzung dieses Vorschlags der RÜRUP-KOMMISSION (2003) derzeit nicht sehr wahrscheinlich.

Die bisher in der Literatur existierenden Untersuchungen verschiedener Pflegereformoptionen basieren größtenteils auf der Generationenbilanzierung und quantifizieren die Nachhaltigkeitslücken verschiedener Reformmodelle (vgl. etwa FET-

---

[111] Für einen Überblick über verschiedene Reformoptionen vgl. ROTHGANG 2005, 2004.

[112] Eine Untersuchung eines Bürgerversicherungsmodells findet sich für die Pflegeversicherung (im Rahmen der Generationenbilanzierung) bei HÄCKER und RAFFELHÜSCHEN (2006) bzw. für die Krankenversicherung (in einem allgemeinen Gleichgewichtsmodell mit verschiedenen Berufsstandsgruppen) bei FEHR und JESS (2006).

ZER, MOOG und RAFFELHÜSCHEN 2003, FETZER, HÄCKER und HAGIST 2005, HÄCKER, HÖFER und RAFFELHÜSCHEN 2004, HÄCKER und RAFFELHÜSCHEN 2004, 2006, HOF 2001). Die Arbeiten dieses Modelltyps zu einer Reform der Pflegeversicherung sollen in den folgenden Abschnitten um eine dynamische Gleichgewichtsanalyse ergänzt werden.

4.2.1 Eine Bürgerpauschale für die Pflegeversicherung

Gegenstand dieses Abschnitts ist ein Vorschlag, den der SACHVERSTÄNDIGENRAT (2004) in seinem Jahresgutachten 2004/2005 unterbreitet.[113] Ziel des Vorschlags ist die Umstellung der sozialen Pflegeversicherung auf ein Kopfpauschalensystem unter Beibehaltung der Umlagefinanzierung. Der Vorschlag ähnelt der „Bürgerpauschale", die vom SACHVERSTÄNDIGENRAT für die gesetzliche Krankenversicherung empfohlen wird, weswegen wir das vorgeschlagene Reformmodell für die Pflegeversicherung im Folgenden analog bezeichnen.[114] Eines der drei wesentlichen Charakteristika dieses Vorschlags ist, dass der bisherige Arbeitgeberbeitrag zur GPV nun an den Arbeitnehmer ausbezahlt wird und der Einkommensteuer unterliegt. Zum zweiten werden die Beiträge nicht mehr proportional zum Einkommen erhoben, sondern als Pro-Kopf-Prämie, die für alle Versicherten gleich hoch ist. Bei Erweiterung des Versichertenkreises auf alle Bürger ab einem Alter von 20 Jahren errechnet der SACHVERSTÄNDIGENRAT (2004) im Startjahr der Reform (der Vorschlag wird im Gutachten ab dem Jahr 2005 berechnet) eine jährliche Prämie von 300 Euro, die bis zum Jahr 2050 auf 600 Euro (jeweils in heutigen Preisen) und damit real um 1,6 % p.a. ansteigt. Das dritte Merkmal des Sachverständigenratsvorschlags ist die steuerfinanzierte soziale Flankierung der Reform, welche die Prämie eines Versicherten auf maximal 2 % seines Jahreseinkommens begrenzt. In diesem Fall wird die Differenz zwischen der Einheitsprämie und der individuellen Obergrenze vom Staat übernommen. Der SACHVERSTÄNDIGENRAT (2004) geht davon aus, dass sich durch die Versteuerung des nun ausbezahlten Arbeitgeberanteils ein Teil des sozialen Ausgleichs selbst finanziert. BUCHHOLZ (2005) weist (in Bezug auf Reformen des Gesundheitssystems) darauf hin, dass

[113] Der SACHVERSTÄNDIGENRAT stellt im Jahresgutachten 2004/05 zwei Reformvorschläge vor. Der erste Vorschlag, das so genannte Kohortenmodell ähnelt stark dem in Abschnitt 4.2.3 beschriebenen „Auslaufmodell" (Umstieg zur Kapitaldeckung), so dass ein gesondertes Simulationsszenario hier nicht nötig ist.

[114] Als zusätzliche Option zieht der SACHVERSTÄNDIGENRAT (2004) die Erweiterung des umlagefinanzierten Pauschalsystems um eine Kapitalbildungskomponente in Betracht. Er erwähnt hierbei sowohl die Möglichkeit einer kollektiven als auch einer individuellen Kapitalstockbildung.

man die Vorteile einer Kopfpauschalenlösung nicht überbewerten solle, weil ein erheblicher Teil der Entzerrungswirkung durch die Hintertür im Rahmen des Sozialausgleichs wieder abgeschwächt wird.

Darüher hinaus spricht sich der SACHVERSTÄNDIGENRAT (2004) für eine Erweiterung des Versichertenkreises auf alle Bürger aus. Neben den bisher gesetzlich Versicherten würden also auch alle Privatversicherten ins Bürgerpauschalensystem wechseln. Die privaten Kassen sollten dann ebenso wie die gesetzlichen die neue Bürgerpauschale anbieten und mit diesen im Wettbewerb um die Versicherten stehen.[115]

Modellierung der Bürgerpauschalenreform

Ein umlagefinanziertes Kopfpauschalensystem existiert im Basisfall unseres Modells bereits für die obere Einkommensklasse. Zur Analyse der Bürgerpauschale wird das bisher nur auf Einkommensklasse 1 angewandte System auf die mittlere und untere Einkommensklasse ausgeweitet. Insofern können wir die graduelle Abschaffung des bisherigen kapitalgedeckten privaten Pflegeversicherungssystems bei gleichzeitiger Ausweitung des Versichertenkreises auf alle Bürger nur partiell erfassen. Wir nehmen an, dass der Umstieg zum Pauschalsystem ohne Anpassungsphase im Jahr 2004 beginnt. Der zu Beginn des Jahres 2004 bestehende Kapitalstock der bisherigen sozialen Pflegeversicherung bleibt pro Kopf konstant. Die Zinserträge, die er abwirft, gehen in das staatliche Budget ein und tragen somit zur Finanzierung des Sozialausgleichs bei.

Wir berechnen zunächst die Pauschale ohne Sozialausgleich $\tilde{z}^{lc,BP}(i)$ (Index BP für „Bürgerpauschale"). Dazu werden die Ausgaben der gesetzlichen und privaten Pflegeversicherungen aggregiert (Gleichungen (102) und (103)) und auf alle Haushalte verteilt:

$$\tilde{z}^{lc,BP}(i)\sum_{k=1}^{3}\sum_{a=21}^{90}[N(a,i,k)+M(a,i,k)] = LCB^{p}(i)+LCB^{g}(i). \qquad (116)$$

[115] Allerdings sieht der Reformvorschlag des SACHVERSTÄNDIGENRATS (2004) vor, den Pauschalbeitrag als Wettbewerbsparameter durch einige sozialpolitische Vorgaben einzuschränken. So soll den Versicherungsunternehmen eine Differenzierung der Beiträge nach individuellem Risiko, Geschlecht oder Alter der Versicherten untersagt werden. Ferner sollen die Versicherer der Kontrahierungspflicht unterliegen. Kinder wären zwar weiterhin beitragsfrei mitzuversichern, nicht jedoch Ehegatten. Um zu verhindern, dass die Kassen versuchen, über eine indirekte Risikoselektion eine bessere Wettbewerbsposition zu erreichen, schlägt der Sachverständigenrat einen Risikostrukturausgleich zwischen den Pflegekassen vor.

Im Gegensatz zur bisherigen Kalkulation der Pflegeausgaben wird die Mitversicherung von Kindern nun über das Steuersystem finanziert. Die Kompensationszahlung im Rahmen des Sozialausgleichs implementieren wir – wie vom SACHVERSTÄNDIGENRAT (2004) angedacht – so, dass kein Individuum mehr als 2 % seines Bruttoeinkommens für die Absicherung des Pflegerisikos aufwenden muss. [116] Dann wird im Jahr i die individuelle Prämie $z^{lc,BP}(a,i,k)$ eines a-jährigen Haushalts in Einkommensklasse k folgendermaßen berechnet:

$$z^{lc,BP}(a,i,k) = \begin{cases} \tilde{z}^{lc,BP}(i) & \text{falls} \quad \tilde{z}^{lc,BP}(i) < 0,02\,[W(\cdot) + Pen(\cdot)] \\ 0,02\,[W(\cdot) + Pen(\cdot)] & \text{sonst.} \end{cases} \tag{117}$$

Zur Berechnung des Sozialausgleichs werden nur Arbeits- und Renteneinkommen herangezogen, jedoch keine Kapitaleinkünfte.

Ergebnisse

Wie Tabelle 4.5 zeigt, sind die Effekte auf der makroökonomischen Ebene eher gering. Durch die Abkopplung der Pflegebeiträge vom Lohn nimmt die Verzerrung der Arbeitsangebotsentscheidung ab. Dadurch steigen Beschäftigung und Output in der kurzen und mittleren Frist etwas an, der Lohnsatz sinkt geringfügig gegenüber dem Basispfad. Durch die Versteuerung des ausgezahlten Arbeitgeberbeitrags steigen die Lohnsteuereinnahmen leicht an, so dass in der kurzen Frist der Konsumsteuersatz gegenüber dem Basispfad gesenkt werden kann. Allerdings wird dieser Effekt durch den steuerfinanzierten sozialen Ausgleich schnell mehr als überkompensiert, so dass der Konsumsteuersatz ab dem Jahr 2013 über dem Niveau des Basispfads liegt. Im Jahr 2030 ist er bereits 0,5 Prozentpunkte höher als im Basispfad und 2050 liegt er um 1,8 Prozentpunkte darüber. Die geringere Verzerrung des Arbeitsangebots spiegelt sich auch in dem geringeren Anstieg von Renten- und Krankenversicherungsbeitrag wider. Während jedoch der Effekt auf Ersteren nur von kurzer Dauer ist, bleibt er beim GKV-Beitrag auch langfristig bestehen. Die Ursache ist darin zu sehen, dass die Gruppe der GKV-Versicherten gerade jener der von der Pflegereform unmittelbar Betroffenen entspricht (mittlere und untere Einkommensklasse) und die Arbeitsangebotseffekte innerhalb dieser Gruppe stärker durchschlagen als auf die größere Gruppe der Rentenversicherungspflichtigen bezogen.

[116] Technisch wird die Verzerrung modelliert, indem der marginale Pflegeversicherungsbeitrag eines Haushalts, der eine Kompensation erhält, auf 2 % gesetzt wird.

Tabelle 4.5: Makroökonomische Effekte des Bürgerpauschalenmodells

Jahr	Volks-eink.-index	Kapi-tal-stock-index	Be-schäfti-gungs-index	Lohn-index	Beitragssätze GRV	GKV	Konsumsteuersatz mit Kompen-sation	ohne Kompen-sation
2004	1,00	1,00	1,01	1,00	19,3	14,1	15,9	15,8
2010	1,08	1,05	1,08	0,99	19,3	14,6	15,6	15,4
2020	1,15	1,14	1,15	1,00	20,8	16,2	16,8	16,2
2030	1,19	1,22	1,18	1,01	23,9	17,8	18,2	17,3
2040	1,25	1,25	1,24	1,00	24,1	19,4	20,1	18,2
2050	1,29	1,27	1,29	1,00	25,0	19,8	21,6	19,1
2075	1,44	1,36	1,46	0,98	24,8	20,1	23,4	20,9
2100	1,69	1,52	1,75	0,97	23,5	20,0	25,0	22,6

Der beschriebene Anstieg des Konsumsteuersatzes resultiert zu einem großen Teil aus der Finanzierung der sozialen Kompensation einkommensschwacher Haushalte. Um diesen Effekt nun zu isolieren, führen wir die Reform zum Vergleich auch ohne den Sozialausgleich durch. Die Makroeffekte ähneln stark denen des obigen Falles. Von Interesse ist aber vor allem die Entwicklung des Konsumsteuersatzes, die in der letzten Spalte der Tabelle dargestellt ist. Dieser liegt nicht nur deutlich unter dem Niveau der vorangegangenen Simulation, sondern auch durchgängig unter jenem des Basispfads. Interessant ist nun, welche Wohlfahrtseffekte die beiden Varianten der Bürgerpauschalenreform hervorrufen. Für deren Verständnis ist es hilfreich, zunächst Struktur und Entwicklung der Pflegepauschalen zu betrachten.

Wie der linke Teil von Tabelle 4.6 zeigt, steigt die Pflegepauschale im Fall der sozialen Kompensation in allen drei Klassen zunächst (infolge der demographischen Alterung) an. Sie bleibt jedoch deutlich unter dem entsprechenden Wert der oberen Einkommensklasse im Basispfad. Diese – und nur diese – Klasse ist bereits im Basispfad über eine umlagefinanzierte Pauschale pflegeversichert; die daraus resultierenden Prämien sind in der rechten Spalte von Tabelle 4.6 wiedergegeben. Der Grund für die Abweichung zwischen den Prämien liegt zum einen darin, dass die durchschnittliche Lebenserwartung der Gesamtbevölkerung geringer ist als die der oberen Einkommensklasse. Durch den Eintritt der mittleren und unteren Einkommensklassen in das Pauschalsystem sinkt die durchschnittliche Lebenserwartung aller Pauschalversicherten. Zudem wird das Pflegeversicherungssystem durch die Reform entlastet, indem der Staat die Pflegekosten von Kindern übernimmt. Dies gilt auch im Fall ohne soziale Flankierung. Die in diesem Szenario resultierenden, für alle Einkommensklassen einheitlichen Prämien sind im mitt-

Tabelle 4.6: Jährliche Prämien bei der Bürgerpauschalenreform

Jahr	Bürgerpauschale mit Kompensation			Bürgerpauschale ohne Kompensation	zum Vergleich: Basispfad
	obere	mittlere	untere		obere Einkommensklasse
	Einkommensklasse				
2004	248	248	180	248	286
2010	280	280	184	280	339
2020	351	351	186	351	430
2030	400	400	185	400	489
2040	533	457	183	533	648
2050	604	452	180	604	756
2075	590	446	178	590	733
2100	554	437	175	554	686

leren Teil von Tabelle 4.6 angegeben. Zum Vergleich ist in der rechten Spalte die im Basispfad resultierende, nur von der (privatversicherten) oberen Einkommensklasse zu entrichtende Pauschalprämie angegeben.

In Tabelle 4.7 sind schließlich die Wohlfahrtseffekte der Reform dargestellt. Von der Reform mit Kompensation profitieren hauptsächlich die Haushalte der unteren Einkommensklasse, insbesondere die ganz jungen und die zukünftigen Generationen. Trotz des Sozialausgleichs gibt es aber auch in dieser Einkommensklasse Verlierer, insbesondere unter den heute Erwerbstätigen, deren Arbeitsangebot um 2 % verzerrt wird, sobald sie von der Kompensation profitieren. Die Wohlfahrtsverluste dieser Generationen rühren vor allem daher, dass trotz der Kompensation ihr Pflegeversicherungsbeitrag im Basisfall niedriger war und sie außerdem den Sozialausgleich über Konsumsteuern mitfinanzieren. In der mittleren Einkommensklasse erzielen alle Haushalte leichte Wohlfahrtsgewinne durch die Bürgerpauschale. Verglichen mit ihrem lohnabhängigen Beitrag zum gesetzlichen System entrichten sie jetzt zwar i.d.R. einen höheren Betrag und müssen die Kompensation der Geringverdiener über die gestiegene Konsumsteuer mittragen. Die geringere Verzerrung ihres Arbeitsangebots kann diese Effekte jedoch überkompensieren, insbesondere aufgrund der niedrigeren Beiträge zur Renten- und Krankenversicherung. Der Beitrag der oberen Einkommensklasse zur Finanzierung des Sozialausgleichs übersteigt dagegen deren Nutzengewinne aus der verringerten Pflegeprämie. Dies gilt insbesondere für die jüngeren und zukünftigen Generationen. Dagegen profitieren die Haushalte der Generation 1958 und älter – am stärksten die untere Einkommensklasse – vor allem aufgrund der geringeren Verzerrungen.

Tabelle 4.7: Wohlfahrtseffekte des Bürgerpauschalen-Modells

	mit Kompensation			ohne Kompensation		
Geburtsjahr	obere	mittlere Einkommensklasse	untere	obere	mittlere Einkommensklasse	untere
1920	0,16	0,14	0,19	0,22	0,14	-0,32
1930	0,15	0,14	0,20	0,24	0,16	-0,19
1940	0,15	0,15	0,20	0,29	0,19	-0,17
1950	0,07	0,17	0,00	0,28	0,21	-0,17
1960	-0,02	0,08	-0,02	0,23	0,20	-0,37
1970	-0,07	0,08	-0,04	0,17	0,27	-0,44
1980	-0,07	0,05	-0,04	0,15	0,28	-0,63
1990	-0,10	0,00	0,02	0,15	0,30	-0,82
2000	-0,15	0,01	0,10	0,15	0,38	-0,98
2010	-0,22	0,09	0,18	0,17	0,45	-1,20
2020	-0,26	0,13	0,22	0,21	0,46	-1,40
2030	-0,27	0,10	0,19	0,21	0,45	-1,44

Der Vergleich der Reformen mit und ohne Kompensation belegt, dass eine Bürgerpauschalenreform ohne Sozialausgleich von den armen zu den reichen Haushalten umverteilen würde, weil Letztere bei signifikant höherer Lebenserwartung dieselbe Prämie zahlen müssten wie die Haushalte der unteren Einkommensklasse. Durch die demographische Alterung und den darüber hinaus (wegen der geringeren Sterblichkeit) zunehmenden Anteil der oberen Einkommensklasse an der Gesamtbevölkerung würde sich diese Umverteilung im Zeitablauf sogar verstärken. Durch die Kompensation kehren sich die Effekte jedoch langfristig um, so dass von der oberen zur mittleren und unteren Einkommensklasse umverteilt wird.

4.2.2 Teilkapitaldeckung und Übergang zur Kapital deckung ab 2030

Während der SACHVERSTÄNDIGENRAT (2004) mit dem oben diskutierten Vorschlag von einer Beibehaltung des Umlageverfahrens ausgeht, zielt die HERZOG-KOMMISSION (2003) auf die Überführung des Umlagesystems in ein Kapitaldeckungsverfahren. Der eigentliche Übergang soll nach diesem Konzept erst im Jahr 2030 stattfinden. Auf der ersten Stufe soll mit dem Aufbau des benötigten Kapitalstocks begonnen werden. Zu diesem Zweck schlägt die Kommission vor, unter Beibehaltung der paritätischen Finanzierung den Beitragssatz zur sozialen Pflegeversicherung von 1,7 auf 3,2 % zu erhöhen und die Differenz zwischen Ausgaben und Einnahmen am Kapitalmarkt anzulegen.

Der so entstehende kollektive Kapitalstock soll auf der zweiten Stufe der Umstellung auf das Kapitaldeckungsverfahren im Jahr 2030 dazu verwendet werden, älteren Versicherten einen Zuschuss zur neuen Pflegeversicherungsprämie zu zahlen. Jüngere Versicherte sollen ab dem Jahr 2030 eine versicherungsmathematisch korrekte Präme leisten, die von der HERZOG-KOMMISSION (2003) für einen 20-jährigen neu eintretenden Versicherten mit jährlich 624 Euro veranschlagt wird. Aus sozialen Gründen soll nach dem Vorschlag allerdings die Prämie der Generationen im Alter von 45 Jahren und älter nach oben gedeckelt werden, so dass deren jährliche Belastung 792 Euro nicht übersteigt. Dies soll dadurch erreicht werden, dass den betreffenden Versicherten der kollektive Kapitalstock individuell, also als fiktive Altersrückstellung, zugerechnet wird.[117]

Modellierung der Teilkapitaldeckung mit langfristigem Übergang zur vollen Kapitaldeckung

Der allgemeine Beitragssatz zur sozialen Pflegeversicherung $\hat{\tau}^{lc}(i)$ wird nun nicht mehr endogen bestimmt, sondern exogen vorgegeben und hat damit eher den Charakter einer Pflegesteuer. Anstatt diesen – wie von der HERZOG-KOMMISSION vorgeschlagen – auf 3,2 % anzuheben, erhöhen wir ihn im Modell nur auf 2,54 %. Dies genügt, um einen neuen, separaten Kapitalstock aufzubauen, der (annähernd) ausreicht, um die soziale Kompensation ab 2030 so lange wie nötig zu finanzieren. Da im Umstellungsjahr 2030 die meisten von der Reform betroffenen Haushalte ab einem Alter von 55 Jahren und älter, d.h. die Jahrgänge ab 1975, eine solche Kompensation erhalten und diese maximal bis zum Jahr 2065 leben, laufen zu diesem Zeitpunkt auch die aggregierten Kompensationszahlungen aus. Ein Sozialausgleich ist (spätestens) dann nicht mehr erforderlich, wenn jede Generation vom Eintritt in das Erwerbsleben an kapitalgedeckt versichert ist und ihre jährliche Prämie niedriger ausfällt als bei Eintritt im höheren Alter. Wie in allen Pflegereformsimulationen werden auch hier die Kosten der Kindermitversicherung ab dem Jahr 2004 vom Staat übernommen.

[117] Die HERZOG-KOMMISSION (2003) plädiert außerdem für eine Kontrahierungspflicht der Versicherer, für eine beitragsfreie Mitversicherung von Kindern und Ehepartnern (sofern sie Kinder erziehen oder Angehörige pflegen) und fordert ein Verbot risiko- und geschlechtsdifferenzierender Prämien. Die Zuschüsse für die beitragsfrei Mitversicherten sollen nach Ansicht der HERZOG-KOMMISSION (2003) über Steuern finanziert werden. Sie empfiehlt außerdem, die Bemessungsgrundlage auf sämtliche Einkünfte zu erweitern, also Elemente einer Bürgerversicherung einzubauen, konkretisiert dies im Kommissionsbericht jedoch nicht näher.

Der ab 2030 resultierende Überschuss der Einnahmen über die Ausgaben wird fortan in den Kapitalstock der sozialen Pflegeversicherung $AP(i)$ investiert. Wie im Basisfall fließen auch die Zinserträge des Kapitalstocks in das Budget der Pflegeversicherung.[118] Mit dem Systemwechsel im Jahr 2030 werden für alle bisher gesetzlich Versicherten, also die mittlere und untere Einkommensklasse, die Prämien neu kalkuliert, während die obere Einkommensklasse im System der umlagefinanzierten Privatversicherung verbleibt. Dazu wird der Barwert aller künftig zu erwartenden Pflegeleistungen berechnet und dieser auf die noch vor dem Versicherten liegenden Beitragsjahre verteilt. Falls die so errechnete jährliche Prämie eines Haushalts das im Modell auf 600 Euro p.a. gesetzte Maximum übersteigt, so muss er selbst die Prämie nur bis zu dieser Höhe tragen, während der Rest vom Staat übernommen wird.[119] Der jährliche Beitrag zum Kapitaldeckungssystem $z^{lc,TK}(j,t,k)$ („TK" für Teilkapitaldeckung) berechnet sich für einen j-jährigen Haushalt der Einkommensklasse k ab dem Jahr t so, dass er über seine Lebensspanne konstant bleibt:[120]

$$z^{lc,TK}(j,t,k) = \min\left[\frac{\sum_{a=j}^{90} P(a,i,k)\; lc(a,i)R(i,t)}{\sum_{a=j}^{90} P(a,i,k)R(i,t)};\; 600\text{ €}\right] \qquad (118)$$

für $k = 2,3, \quad t \geq 2030$ und $j = 21,\ldots,90$. Wie die Vorsorgebeiträge im Basisfall ist auch die Pflegeprämie (eingeschränkt) steuerlich abzugsfähig.

Ergebnisse

Während im Basispfad der Pflegeversicherungskapitalstock bereits im Jahr 2007 aufgebraucht ist, wird dieser nun bis zum Jahr 2030 auf eine beträchtliche Höhe von 12 % des Outputs akkumuliert (vgl. Tabelle 4.8). Ab dem Systemwechsel wird der Kapitalstock sukzessive abgebaut, bis er schließlich im Jahr 2050 aufgezehrt ist.

[118] Wegen des hohen Zinssatzes im Modell reichen die Zinserträge des Kapitalstocks aus, um die Defizite der Pflegeversicherung zu kompensieren.

[119] Das von der HERZOG-KOMMISSION vorgeschlagene Maximum von 792 Euro reduzieren wir im Modell auf 600 Euro, um Vergleichbarkeit mit den anderen Reformsimulationen zu gewährleisten.

[120] Im Jahr 2030 wird die Prämie für alle Generationen im Alter von 21 bis 90 Jahre errechnet. In den Folgejahren muss sie nur noch für die neu Eintretenden ermittelt werden, d.h. im Alter von $j = 21$ Jahren bei Einheimischen und im jeweiligen Einwanderungsalter $j = s$ bei Immigranten.

Wie Tabelle 4.8 außerdem zeigt, verzerrt der auf der ersten Reformstufe erhöhte Pflegesteuersatz in der Übergangsphase bis 2030 die Arbeitsangebotsentscheidung. Wegen des sinkenden Arbeitsangebots müssen die Renten- und Krankenversicherungsbeiträge angehoben werden. Das zurückgehende Lohnsteueraufkommen wird durch steigende Konsumsteuern ausgeglichen. In der ersten Reformphase bis 2030 übersteigt der Konsumsteuersatz stets das Niveau der Basispfads (und der Bürgerpauschalenreform), langfristig (insbesondere wenn der Sozialausgleich ausläuft) liegt er jedoch darunter. Mit dem Inkrafttreten der Kapitaldeckung und der gleichzeitigen Abschaffung der sozialen Pflegeversicherung ab 2030 setzt die Entlastung der umlagefinanzierten Sozialversicherungszweige GRV und GKV ein, weil die Verzerrung des Arbeitsangebots schlagartig reduziert wird. In der Folge nehmen Arbeitsangebot, Produktion und Kapitalstock wieder zu und übersteigen sogar deutlich das Niveau des Basispfads. Es dauert eine Erwerbstätigengeneration lang (vom Eintritt in das Arbeitsleben bis zum Tod, d.h. 69 Jahre und damit bis zum Jahr 2099), bis alle Versicherten von Beginn an im Kapitaldeckungssystem versichert sind.

Wie schon in Abschnitt 4.2.1 betrachten wir auch hier wieder alternativ die Reform ohne sozialen Ausgleich, um die originären Wirkungen der Reform ohne die Umverteilungseffekte ausmachen zu können. Eine solche Reform wäre natürlich in der Realität rechtlich und politisch nicht umsetzbar. Der mit Hilfe des erhöhten Pflegeversicherungsbeitragssatzes aufgebaute Kapitalstock wird nun nicht zur Finanzierung der Kompensation abgebaut, sondern es werden lediglich die Zinserträge entnommen und dem staatlichen Budget zugeführt. Daher fällt der Konsumsteuersatz in der letzten Spalte von Tabelle 4.8 jetzt wesentlich geringer aus als im vorhergehenden Fall und dem Basisszenario. Da die Haushalte wissen, dass sie ab 2030 statt des Beitrags zum Umlagesystem eine Prämie zur kapitalgedeckten Pflegeversicherung leisten müssen, die insbesondere für die älteren Haushalte sehr hoch ausfällt, sparen die Haushalte wesentlich mehr als in der Simulation mit sozialem Ausgleich. Daher steigt der gesamtwirtschaftliche Kapitalstock extrem an (in Tabelle 4.8 nicht ausgewiesen).

Die von den Haushalten der mittleren und unteren Einkommensklasse ab 2030 zu entrichtenden jährlichen Pauschalprämien zum kapitalgedeckten System (im relevanten Fall mit sozialer Kompensation) werden in Tabelle 4.9 für einige Generationen quantifiziert. Für die älteren Jahrgänge liegen die originär resultierenden Prämien so hoch, dass sie auf das sozialpolitisch vorgegebene Maximum von 600 Euro gekürzt werden und die Differenz vom Staat getragen wird. Für die späteren Generationen gilt, dass deren Prämie umso geringer ausfällt, je jünger sie sind, je kürzer ihre Lebenswartung ist und je höher der Diskontzinssatz ist. Weil

Tabelle 4.8: Makroökonomische Effekte der Teilkapitaldeckung mit langfristigem Übergang zur vollen Kapitaldeckung

Jahr	Volks-eink.-index	Kapi-tal-stock-index	Be-schäfti-gungs-index	Zins-satz	Kapi-tal GPV in % d. Out-puts	Beitragssätze GRV	GKV	GPV
2004	1,00	1,00	1,00	6,8	0,1	19,7	14,4	2,6
2010	1,07	1,05	1,07	6,3	2,7	19,3	15,0	2,6
2020	1,14	1,15	1,14	5,9	7,3	20,8	16,5	2,6
2030	1,20	1,22	1,19	7,1	12,0	23,3	17,6	0,0
2040	1,27	1,27	1,27	6,3	3,2	23,9	18,8	0,0
2050	1,31	1,30	1,31	6,6	0,0	24,9	19,3	0,0
2075	1,47	1,42	1,48	6,8	0,0	24,7	19,5	0,0
2100	1,73	1,60	1,77	7,0	0,0	23,4	19,5	0,0

Jahr	Konsumsteuer mit Kompensation	ohne Kompensation
2004	16,2	16,2
2010	15,8	15,8
2020	16,6	16,6
2030	17,8	16,4
2040	18,2	16,9
2050	19,4	17,9
2075	20,7	19,5
2100	22,3	21,3

die Mitglieder der unteren Einkommensklasse kürzer leben als die der mittleren Schicht, resultiert für sie also eine geringere Prämie.

Die Wohlfahrtseffekte in Tabelle 4.10 spiegeln die verzerrenden Effekte der in der ersten Reformphase zusätzlich erhobenen Pflegeversicherungsbeiträge wider. Insbesondere für die älteren Haushalte hat der erhöhte Beitrag zur sozialen Pflegeversicherung Steuercharakter, da sie nie vom neuen System profitieren. Obwohl nur die mittlere und untere Einkommensklasse den zusätzlichen Pflegebeitrag zahlen, sind auch in der Topeinkommensklasse einige ältere Generationen indirekt von der Verzerrung betroffen. Dies liegt hauptsächlich am Konsumsteueranstieg sowie an den leicht sinkenden Altersrenten. Insgesamt profitiert die obere Einkommensklasse jedoch in den meisten Altersklassen von der Reform, während in der mittleren und unteren Klasse hauptsächlich die jungen und zukünftigen Generationen einen Vorteil daraus ziehen.

Tabelle 4.9: Jährliche Prämien im ab 2030 kapitalgedeckten System

Geburtsjahr	mittlere Einkommensklasse	untere Einkommensklasse
1920	-	-
1930	-	-
1940	600	600
1950	600	600
1960	600	600
1970	600	600
1980	473	421
1990	249	221
2000	136	121
2010	83	75
2020	81	73
2030	79	72

Tabelle 4.10: Wohlfahrtseffekte der Teilkapitaldeckung mit langfristigem Übergang zur vollen Kapitaldeckung

	mit Kompensation			ohne Kompensation		
Geburtsjahr	obere Einkommensklasse	mittlere Einkommensklasse	untere Einkommensklasse	obere Einkommensklasse	mittlere Einkommensklasse	untere Einkommensklasse
1920	-0,10	-0,26	-0,37	-0,05	-0,21	-0,32
1930	-0,08	-0,16	-0,22	-0,05	-0,13	-0,18
1940	-0,07	-0,14	-0,20	-0,07	-0,26	-0,50
1950	0,01	-0,13	-0,25	0,02	-0,76	-1,72
1960	0,07	-0,14	-0,32	0,08	-0,50	-1,08
1970	0,08	-0,16	-0,36	0,11	-0,02	0,06
1980	0,04	-0,10	-0,22	0,10	0,22	0,64
1990	0,00	0,21	0,15	0,13	0,45	0,70
2000	-0,02	0,72	0,68	0,20	0,99	1,10
2010	0,04	1,33	1,28	0,35	1,69	1,73
2020	0,11	1,50	1,44	0,42	1,86	1,88
2030	0,14	1,53	1,47	0,45	1,88	1,88

Die rechte Seite von Tabelle 4.10 legt offen, dass junge und zukünftige Generationen von einer Reform ohne Kompensation sogar stärker profitieren würden als im Fall mit Kompensation, weil die Zeitspanne, in der diese Generationen den Sozialausgleich finanzieren, größer ist, als die, in welcher sie selbst davon profitieren. Für die älteren Haushalte der mittleren und unteren Einkommensklasse zeigt sich jedoch deutlich, dass die Kompensation einen großen Teil des durch die Reform entstehenden Wohlfahrtsverlustes auffangen kann.

4.2.3 Privatisierung mit gradueller Abschaffung der sozialen Pflegeversicherung („Auslaufmodell“)

Die bisher untersuchten Reformoptionen gehen von einer Beibehaltung des Umlagesystems oder seiner nur sehr langfristigen Abschaffung aus. Der in diesem Abschnitt diskutierte Ansatz geht zurück auf ein an der Universität Freiburg entwickeltes Modell von HÄCKER und RAFFELHÜSCHEN (2004) bzw. HÄCKER, HÖFER und RAFFELHÜSCHEN (2004). Er sieht – ähnlich wie die HERZOG-KOMMISSION (2003) – die Einführung eines Kapitaldeckungsverfahrens vor, mit dem Unterschied, dass bereits in der kurzen Frist auf ein kapitalgedecktes System umgestellt werden soll. Weil mit der graduellen Umstellung auf die Kapitaldeckung das gesetzliche Pflegeversicherungssystem sukzessive ausläuft, wird der Vorschlag von den Autoren als „Auslaufmodell“ bezeichnet.

Von der Umstellung auf die Kapitaldeckung betroffen sind in diesem Reformvorschlag alle Geburtsjahrgänge ab 1946, d.h. die Generationen, die im vorgeschlagenen Startjahr der Reform (2005) jünger als 60 Jahre sind, sowie alle zukünftigen Jahrgänge. Diese sollen in die kapitalgedeckte (private) Pflegeversicherung wechseln und folglich keine Leistungen mehr aus der GPV erhalten. Sie sollen aber weiterhin einen lohnabhängigen Beitrag in die noch übergangsweise weiterexistierende GPV zahlen, der deutlich unter dem derzeitigen gesetzlichen Pflegebeitrag von 1,7 % liegen soll. HÄCKER, HÖFER und RAFFELHÜSCHEN (2004, S. 13) geben hierfür einen Wert von 0,7 % an. Dieser von den Erwerbstätigen während der Übergangsphase zu leistende Zusatzbeitrag in die soziale Pflegeversicherung stellt – ähnlich wie im oben diskutierten Vorschlag – eine Art Pflegesteuer dar.

Für die älteren Generationen wäre ein versicherungsmathematisch adäquater Beitrag in ein Kapitaldeckungssystem sehr teuer. Sie genießen außerdem Vertrauensschutz, so dass sie in der GPV verbleiben sollen, allerdings ohne Dynamisierung ihrer Leistungen. HÄCKER, HÖFER und RAFFELHÜSCHEN schlagen vor, dass sie zur Finanzierung ihrer Kosten einen wesentlich höheren Beitrag als bisher zahlen sollen. Konkret nennen die Autoren einen jährlichen pauschalen „Solidarbeitrag“ von 600 Euro pro Jahr. Durch diese zusätzlichen Einnahmen soll die Senkung des Beitragssatzes auf die erwähnten 0,7 % ermöglicht werden.

Die im Vergleich zu den bisher diskutierten Vorschlägen weitreichendere Reform wird vor allem mit relativ pessimistischen Annahmen bezüglich der Kostenentwicklung begründet. Während beispielsweise im Bericht der RÜRUP-KOMMISSION (2003, S. 193) von einer Kostensteigerung in Höhe des allgemeinen Produktivitätsfortschritts von 1,5 % ausgegangen wird[121], rechnen HÄCKER, HÖFER und RAFFELHÜSCHEN (2004, S. 5) im Pflegesektor mit einem deutlich höheren Kostenwachstum (2,5 %). Sie begründen diese Annahme mit Daten aus der jüngeren Vergangenheit, wonach beispielsweise im Zeitraum zwischen September 2000 und September 2003 die Kosten für stationäre Betreuung im Pflegewohnheim um 15,3 % gestiegen sind, während die allgemeine Inflation im selben Zeitraum bei 4,2 % lag (HÄCKER, HÖFER und RAFFELHÜSCHEN 2004, S. 4). Zudem schlage sich der zukünftige Arbeitskräftemangel auf die arbeitsintensive Pflegebranche noch stärker nieder. Wenn die erwartete Kostensteigerung nicht zu einer Rationierung der Pflegeleistungen führen soll, müssten, so die Autoren, die Leistungen dynamisiert werden.[122]

Auch der SACHVERSTÄNDIGENRAT (2004) schlägt – neben der in Abschnitt 4.2.1 diskutierten Reform – ein „Kohortenmodell“ vor, das im Wesentlichen dem hier untersuchten „Auslaufmodell“ entspricht. Ein Unterschied besteht darin, dass beim „Kohortenmodell“ während der Übergangszeit zum Kapitaldeckungsverfahren die von den Erwerbstätigen noch in die soziale Pflegeversicherung zu leistenden Beiträge nicht mehr einkommensabhängig, sondern als Pauschale erhoben werden.

Des Weiteren unterscheiden sich die Modelle geringfügig in der Altersgrenze, bis zu welcher man in die kapitalgedeckte Pflegeversicherung wechseln muss: Während beim „Auslaufmodell“ alle Geburtenjahrgänge ab 1946 betroffen wären, fällt der Sachverständigenratsvorschlag mit der Jahrgangsgrenze 1951 und jünger etwas moderater aus.

Modellierung des „Auslaufmodells“

In unserer Simulation des „Auslaufmodells“ beginnt die Reform – wie auch alle anderen Reformen – im Startjahr der Transition (2004). Für alle Individuen, die im Jahr 2004 59 Jahre oder jünger sind, d.h. die Geburtsjahrgänge ab 1945, wird die individuelle jährliche Pauschale zur privaten Pflegeversicherung – wie beim Modell des vorangegangenen Abschnitts – so berechnet, dass sie den Barwert

[121] Die RÜRUP-KOMMISSION (2003, S. 193) geht außerdem von einer allgemeinen Lohnsteigerung in Höhe von 3 % aus und plädiert daher für eine Leistungsdynamisierung in der GPV von 2,25 %.

[122] Um das Maß der nötigen Dynamisierung abschätzen zu können, rechnen sie neben einem Modell „ohne Kostendruck“ mit einem Szenario „mit Kostendruck“, wobei im ersten Fall eine Kostensteigerung in Höhe des angenommenen Produktivitätsfortschritts (1,5 %) und im zweiten Szenario ein Anstieg von 2,5 % unterstellt wird.

der zukünftig erwarteten Pflegeleistungen genau deckt. Unterschiede zum oben diskutierten Vorschlag bestehen lediglich im Startjahr und in der Definition der Altersgrenzen. Diejenigen, die im Jahr 2004 60 Jahre alt oder älter sind, d.h. die Geburtsjahrgänge 1944 und älter, wechseln nicht mehr in das kapitalgedeckte System, sondern zahlen die vorgeschlagene Pauschale von 600 Euro jährlich. Damit ergibt sich die Prämie $z^{lc,Pg}(j, 2004, k)$ (Index Pg für graduelle Privatisierung) der im Jahr 2004 lebenden Haushalte folgendermaßen:

$$z^{lc,Pg}(j, 2004, k) = \begin{cases} \frac{\sum_{a=j}^{90} P(a,i,k)\ lc(a,i)R(i,t)}{\sum_{a=j}^{90} P(a,i,k)R(i,t)} & \text{für} \quad j = 21, \ldots, 59 \\ 600 \text{ €} & \text{für} \quad j = 60, \ldots, 90. \end{cases} \tag{119}$$

Die so für das Startjahr 2004 errechnete Prämie eines Individuums bleibt bis an sein Lebensende konstant. Der Pflegeversicherungsbeitrag der nach 2004 neu (regulär mit Alter 21 bzw. im Alter der Zuwanderung) in die Versicherung Eintretenden berechnet sich analog zum Beitrag der 21- bis 59-Jährigen in Gleichung (119).

Den sich bei HÄCKER, HÖFER und RAFFELHÜSCHEN (2004) ergebende Beitragssatz von 0,7 % wird in unserem Modell exogen gesetzt. Die Kopfpauschale kann – wie bisher die anderen Sozialversicherungsbeiträge – über den Vorsorgeaufwendungsabzug bei der Einkommensteuer (in gewissem Umfang) geltend gemacht werden. Die Forderung der Autoren, Familienbegünstigungen grundsätzlich über das Steuersystem abzuwickeln, setzen wir um, indem wir (wie in allen Pflegereformsimulationen) die Pflegekosten für Kinder über das Steuersystem finanzieren.

Ergebnisse

Ab dem Reformjahr 2004 nimmt die Anzahl der Leistungsempfänger der Pflegeversicherung mit jedem Jahr ab, so dass die Leistungsausgaben der GPV sinken. Auf der anderen Seite tragen die verringerten Pflichtbeiträge (0,7 statt 1,7 %) weniger zur Ausgabendeckung bei. Im Ergebnis kann die Pflegeversicherung drei Jahre länger von ihrem Kapitalstock zehren, d.h., er ist im Jahr 2010 vollständig aufgebraucht, während er im Basispfad schon 2007 auf null gesunken war. Bereits im Jahr 2009 reicht er jedoch nicht mehr ganz aus, um den Beitragssatz zur sozialen Pflegeversicherung bei den exogen gesetzten 0,7 % zu halten, so dass dieser auf 0,8 % steigt. Danach nimmt er weiter zu, erreicht im Jahr 2019 sein Maximum von knapp 1,4 % und sinkt danach, bis schließlich 2035 mit dem Tod der letzten Mitglieder des Geburtsjahrganges 1944 die soziale Pflegeversicherung komplett ausgelaufen ist.[123]

Wegen der geringeren Belastung der Arbeitseinkommen durch den um einen Prozentpunkt gesunkenen Pflegeversicherungsbeitrag steigt das Arbeitsvolumen im Jahr 2004 gegenüber dem Basispfad bereits kurzfristig, aber auch nachhaltig um 1 bis 2 Prozentpunkte an (vgl. Tabelle 4.11). Dadurch sinken die Beitragssätze zur GRV bzw. GKV um 0,1 bis 0,2 bzw. um 0,1 bis zu 0,8 Prozentpunkte ab. Kurz- und mittelfristig sind die Beschäftigungs- und Kapitalakkumulationseffekte im „Auslaufmodell" etwas größer als im Teilkapitalisierungsmodell des vorangegangenen Abschnitts, weswegen auch die Sozialversicherungsbeiträge hier niedriger ausfallen. Langfristig ähneln die ökonomischen Effekte aber stark denen des Teilkapitalisierungsmodells. Auf der rechten Seite von Tabelle 4.12 sind die jähr-

Tabelle 4.11: Makroökonomische Effekte des „Auslaufmodells"

Jahr	Volkseink.-index	Kapitalstockindex	Beschäftigungsindex	Kapitalpreisindex	Lohnindex	Zinssatz	Beitragssätze GRV	GKV	GPV
2004	1,00	1,00	1,01	1,01	1,00	6,8	19,3	14,1	0,7
2010	1,07	1,06	1,08	1,02	0,99	6,2	19,3	14,7	1,0
2020	1,15	1,15	1,14	1,00	1,00	5,9	20,8	16,3	1,4
2030	1,20	1,23	1,18	0,97	1,01	5,8	23,8	17,6	0,3
2040	1,27	1,28	1,27	0,96	1,00	6,3	24,0	18,8	0,0
2050	1,31	1,31	1,31	0,95	1,00	6,6	24,9	19,3	0,0
2075	1,47	1,42	1,48	0,96	0,99	6,8	24,7	19,5	0,0
2100	1,73	1,60	1,77	0,98	0,97	7,0	23,4	19,5	0,0

Jahr	Konsumsteuersatz
2004	15,9
2010	15,5
2020	16,3
2030	17,1
2040	18,0
2050	18,9
2075	20,5
2100	22,2

123 Wegen des späteren Reformbeginns und einer anderen Modellspezifikation, steigt der Beitragssatz bei Häcker, Höfer und Raffelhüschen (2004) erst ab dem Jahr 2018 an, nimmt ab 2028 wieder ab und erreicht erst im Jahr 2045 den Nullpunkt.

lichen Prämien verschiedener Kohorten aufgeführt. Sie lassen sich nur bedingt mit den generationenspezifischen Prämien in Tabelle 4.9 vergleichen, weil diese erst ab dem Jahr 2030 zu zahlen sind, während die Prämien in Tabelle 4.12 bereits ab 2004 entrichtet werden müssen. Ein 60-Jähriger zahlt nun die exogene Pauschale von 600 Euro in das alte System, die Kopfpauschale eines 59-jährigen Systemwechslers der Einkommensklasse 2 im Jahr 2004 beträgt 747 Euro und in Einkommensklasse 3 (wegen der geringeren Lebenserwartung) 651 Euro. Ein im Jahr 2004 ins Berufsleben einsteigender 21-Jähriger (Jahrgang 1983, nicht in der Tabelle wiedergegeben) hat wesentlich mehr Zeit, einen individuellen Kapitalstock aufzubauen und muss daher eine niedrigere Pauschale von 90 Euro in Einkommensklasse 2 bzw. 81 Euro in Klasse 3 leisten. Für junge und zukünftige Generationen ergeben sich sehr niedrige Prämien, was vor allem am sehr hohen Modell-Zinssatz liegt. Realistischere Prämien erhält man, indem man das Modell für eine kleine offene Volkswirtschaft spezifiziert und einen geringeren Zinssatz vorgibt sowie durch die Annahme eines höheren Kostenwachstums (vgl. FEHR und HALDER 2006).

Die Wohlfahrtswirkungen sind auf der linken Seite von Tabelle 4.12 aufgeführt. Im Vergleich mit den (in Tabelle 4.10 quantifizierten) Wohlfahrtseffekten der Teilkapitaldeckung fallen drei zentrale Unterschiede ins Auge. Zum einen gehört bei der Privatisierung nach der Idee des „Auslaufmodells" die Topeinkommensklasse durchgängig zu den Gewinnern der Reform. Dies liegt daran, dass nun der Pflegeversicherungsbeitrag nicht steigt, sondern um mehr als die Hälfte sinkt, und sich somit die Verzerrung des Arbeitsangebotes der mittleren und unteren Einkommensklasse reduziert, wovon indirekt auch die obere Einkommensklasse wegen des gesunkenen Konsumsteuersatzes profitiert. Zum Zweiten fällt auf, dass die mittlere und die untere Einkommensklasse – zumindest bei den Jahrgängen um 1950 bzw. 1960 und älter – wesentlich höhere Wohlfahrtsverluste erleiden. Der Grund sind die beim „Auslaufmodell" deutlich höheren Pflegeversicherungsbeiträge dieser Jahrgänge. Dies gilt sowohl für den Festbetrag von 600 Euro in der auslaufenden GPV für die Generationen bis 1944 als auch für die Prämien im neuen kapitalgedeckten Zweig. Drittens schlagen sich die niedrigeren Beiträge zur auslaufenden, umlagefinanzierten sozialen Pflegeversicherung sowie die v.a. langfristig leicht gestiegenen Löhne in einer vergleichsweise höheren Wohlfahrt jüngerer und zukünftiger Generationen nieder.

Die Jahrgänge 1944 und 1945 sind in Tabelle 4.12 zusätzlich aufgeführt, weil zwischen ihnen die „Systemwechselgrenze" zwischen dem Verbleib in der GPV und dem Wechsel zum Kapitaldeckungssystem verläuft. So ist ersichtlich, dass der Jahrgang 1945, der als älteste Generation in das kapitalgedeckte System gezwungen wird und signifikant höhere Prämien zu zahlen hat, besonders starke Wohlfahrtseffekte erleidet, während die in der gesetzlichen Versicherung verbleibende Generation 1944 zwar negativ, aber deutlich besser abschneidet.

Tabelle 4.12: Wohlfahrtseffekte des „Auslaufmodells"

Geburtsjahr	Wohlfahrtseffekte obere Einkommensklasse	Wohlfahrtseffekte mittlere Einkommensklasse	Wohlfahrtseffekte untere Einkommensklasse	Prämie mittlere Einkommensklasse	Prämie untere Einkommensklasse
1920	0,19	-0,40	-1,85	600	600
1930	0,15	-0,25	-1,25	600	600
1940	0,14	-0,27	-1,21	600	600
1944	0,09	-0,22	-0,95	600	600
1945	0,10	-0,53	-1,37	747	651
1950	0,10	-0,38	-1,13	548	476
1960	0,08	-0,08	-0,52	311	272
1970	0,05	0,16	-0,08	179	158
1980	0,05	0,34	0,16	106	95
1990	0,05	0,55	0,38	88	79
2000	0,06	0,96	0,81	85	76
2010	0,11	1,39	1,28	82	74
2020	0,17	1,58	1,51	79	72
2030	0,19	1,61	1,55	78	70

4.2.4 Vollständige und sofortige Privatisierung

Die in den beiden vorangegangenen Abschnitten diskutierten Modelle (nach den Ideen der HERZOG-KOMMISION (2003) bzw. von HÄCKER, HÖFER und RAFFELHÜSCHEN (2004)) sehen eine relativ lange Übergangsphase zur vollständigen Kapitaldeckung vor. Dagegen schlägt der KRONBERGER KREIS (2005) einen weitaus radikaleren Umstieg vor, indem alle Versicherten verpflichtet werden sollen, ab einem bestimmten, baldigen Zeitpunkt in eine kapitalgedeckte private Pflegeversicherung umzusteigen.

Die Versicherungsprämie soll von den Versicherten alleine zu tragen sein, so dass der Arbeitgeberanteil entfiele. Da die versicherungsmathematisch fairen Prämien mit zunehmendem Einstiegsalter in die private Versicherung immer höher werden, räumt der KRONBERGER KREIS eine Höchstgrenze von 600 Euro pro Jahr für die zumutbare Versicherungsprämie ein. Versicherte, deren Prämie rechnerisch über dieser Grenze liegen würde, sollen nach der Idee des KRONBERGER KREISES nur den Höchstbetrag zahlen, dafür aber lediglich eine Teilabsicherung erhalten. Benötigen sie mehr Pflegeleistungen, so sollen sie (bzw. ihre Kinder) eigene Ersparnisse aufzehren oder auf die Sozialhilfe zurückgreifen. Die Umsetzung einer solch radikalen Kürzung in einem sensiblen sozialpolitischen Bereich dürfte in der Praxis äußerst unrealistisch sein.

Unabhängig von der Ausgestaltung soll nach dem Vorschlag des KRONBERGER KREISES grundsätzlich stets der Barwert der Beiträge dem Barwert der zu erwartenden individuellen Kosten entsprechen. Wie das „Auslaufmodell" sieht auch der KRONBERGER-KREIS-Vorschlag eine individuelle Zuordnung der Altersrückstellungen auf die Versicherten vor. Damit sollen diese einfacher als bisher die Versicherung wechseln können, wodurch der Wettbewerb zwischen den Versicherern intensiviert würde. Der Anreiz, die Pflegeversicherung in Anspruch zu nehmen, soll durch einen Selbstbehalt abgeschwächt werden.[124]

Modellierung einer sofortigen Privatisierung

Eine eher radikale Reform der Pflegeversicherung in Anlehnung an die Idee des KRONBERGER KREISES (2005) lässt sich grundsätzlich ähnlich modellieren wie die Teilkapitaldeckung mit langfristigem Übergang zur vollständigen Kapitaldeckung nach dem Vorschlag der HERZOG-KOMMISION (2003) oder das „Auslaufmodell", mit dem Unterschied, dass es keine Übergangs- oder Auslaufphase für die soziale Pflegeversicherung gibt. Sie wird stattdessen mit der Einführung der Kapitaldeckung im Startjahr der Reform ersatzlos abgeschafft.

Wie vom KRONBERGER KREIS vorgeschlagen, soll auch im Modell die höchstens zumutbare Versicherungsprämie 600 Euro betragen. Allerdings ist eine diesem Höchstbeitrag entsprechende Beschränkung von Pflegeleistungen für ältere Menschen in der Realität völlig unrealistisch. Die 600 Euro übersteigenden Versicherungsbeiträge werden im Modell daher für alle von der Reform betroffenen Haushalte – unabhängig von deren Alter – vom Staat übernommen. Wie schon bei der Herzog-Reform, wird zur Finanzierung des Sozialausgleichs wieder der Kapitalstock der sozialen Pflegeversicherung verwendet. Außerdem werden, wie bei den bisherigen Reformen, die Pflegeversicherungskosten der Kinder aller Einkommensklassen vom Staat übernommen. Die risikoäquivalenten Versicherungsbeiträge $z^{lc,Ps}(j,t,k)$ (Index Ps für sofortige Privatisierung) berechnen sich prin-

[124] Auch der Selbstbehalt soll nach dem Vorschlag des KRONBERGER KREISES bei einkommensschwachen Versicherten vom Staat übernommen werden.

zipiell wie bei der Teilkapitaldeckung (Gleichung (118)), allerdings schon ab dem Jahr 2004, also

$$z^{lc,Ps}(j,t,k) = \min\left[\frac{\sum_{a=j}^{90} P(a,i,k)\ lc(a,i)R(i,t)}{\sum_{a=j}^{90} P(a,i,k)R(i,t)};\ 600\ €\right] \qquad (120)$$

für $k = 2,3, \quad t \geq 2004$ und $j = 21,\ldots,90$.

Ergebnisse

Aufgrund der systematischen Nähe dieser Reformoption zum Modell des vorherigen Abschnitts resultieren ganz ähnliche, langfristig identische makroökonomische Effekte, weshalb sie hier nicht gesondert aufgeführt werden. Lediglich die Beiträge zur sozialen Pflegeversicherung entfallen vollständig. Die dadurch verminderte Verzerrung des Arbeitsangebotes der mittleren und unteren Einkommensklasse schlägt sich in kurzfristig niedrigeren Beiträgen zu der (nur diese beiden Klassen umfassenden) gesetzlichen Krankenversicherung nieder. Da in diesem Modell alle Haushalte - auch die Rentner - Mitglieder der privaten Pflegeversicherung sind, fällt die von staatlicher Seite zu leistende Kompensation wesentlich höher aus. Daher übersteigt der Konsumsteuersatz kurzfristig das Niveau beim „Auslaufmodell“ um rund einen Prozentpunkt. Ab dem Jahr 2020 jedoch sind die Effekte weitgehend identisch. Wie die rechte Seite von Tabelle 4.13 zeigt, resultieren fast

Tabelle 4.13: Wohlfahrtseffekte einer sofortigen Privatisierung

Geburtsjahr	Wohlfahrtseffekte obere Einkommensklasse	Wohlfahrtseffekte mittlere Einkommensklasse	Wohlfahrtseffekte untere Einkommensklasse	Prämie mittlere Einkommensklasse	Prämie untere Einkommensklasse
1920	-0,04	-0,68	-2,17	600	600
1930	0,04	-0,40	-1,40	600	600
1940	0,08	-0,35	-1,30	600	600
1950	0,03	-0,34	-1,06	550	478
1960	-0,03	-0,05	-0,47	313	273
1970	-0,07	0,25	0,01	180	159
1980	-0,05	0,51	0,35	107	95
1990	0,04	0,81	0,67	88	79
2000	0,09	1,11	0,99	85	76
2010	0,14	1,41	1,32	82	74
2020	0,20	1,60	1,55	80	72
2030	0,22	1,63	1,58	78	70

exakt dieselben Versicherungsprämien wie beim „Auslaufmodell". Der geringfügige Unterschied ist auf eine leichte Differenz der Zinssätze und damit eine unterschiedliche Diskontierungswirkung in den beiden Modellen zurückzuführen. Die Wohlfahrtseffekte (linke Seite von Tabelle 4.13) weisen jedoch – insbesondere für die älteren Generationen – einige Unterschiede auf. Gerade die Jahrgänge 1944 und älter haben im Vergleich zum „Auslaufmodell" (bei welchem die Generationen ab 1944 nicht mehr in das kapitalgedeckte System wechseln müssen) durchgängig Wohlfahrtseinbußen hinzunehmen, was vor allem auf den bereits kurzfristig sprunghaft ansteigenden Konsumsteuersatz zurückzuführen ist. Wegen des Konsumsteuereffektes stellt sich auch die obere Einkommensklasse schlechter, die in keinem der Modelle direkt vom Systemwechsel betroffen ist. Die nach 1944 geborenen Haushalte der mittleren und unteren Einkommensklasse erzielen mit der radikalen Privatisierung im Vergleich zum „Auslaufmodell" jedoch eine höhere Wohlfahrt, da sie hier keine Beiträge zur sozialen Pflegeversicherung mehr zu leisten haben, so dass ihre Arbeitsangebotsentscheidung geringer verzerrt wird. Insgesamt gehören wieder (wie beim „Auslaufmodell") die jüngeren und zukünftigen Generationen aufgrund der gestiegenen Löhne und einer geringeren Verzerrung ihrer Arbeitsangebotsentscheidung zu den Gewinnern der Reform.

Ein alternatives Reformszenario dieses Vorschlags ohne einen Sozialausgleich lässt sich nicht in Reinform simulieren, so dass hier darauf verzichtet wird. Die Ursache liegt in den extrem hohen Pflegeprämien (wegen der hohen Kosten im Alter), die für Personen im Alter 60 und älter resultieren würden. Da die Reform bereits im Startjahr der Transition beginnt, konnten ältere Haushalte keine ausreichende Rücklage hierfür bilden und müssen starken Konsumverzicht leisten, ihre Ersparnisse auflösen oder sich verschulden. Es käme zwar zu durchgängig positiven Wohlfahrtseffekten für die obere Einkommensklasse, aber zu extremen Wohlfahrtsverlusten bei den älteren Haushalten der mittleren und insbesondere unteren Einkommensklasse.

4.3 Reformen in der gesetzlichen Rentenversicherung

In Abschnitt 2.2.3.3 wurden bereits die jüngeren Reformen der GRV beschrieben. In den folgenden Unterabschnitten wird die gesetzliche Rentenversicherung insbesondere vor dem Hintergrund der jüngsten, vor kurzem implementierten oder noch umzusetzenden Reformbausteine beleuchtet. Untersucht werden zwei von der RÜRUP-KOMMISSION (2003) vorgeschlagene Elemente: der Nachhaltigkeitsfaktor und die Anhebung des Renteneintrittsalters auf 67 Jahre. Dabei sollen

Wirkungsweise und Wirksamkeit dieser Maßnahmen veranschaulicht werden und soll vor allem überprüft werden, ob sie zur Sicherung einer nachhaltigen Finanzierung der gesetzlichen Rentenversicherung beitragen.

4.3.1 Rürup-Kommissionsvorschlag I – Was bringt der Nachhaltigkeitsfaktor?

Die Implementierung des „Nachhaltigkeitsfaktors" im Zuge des RENTENVERSICHERUNGS-NACHHALTIGKEITSGESETZES (2004) mit Wirkung ab Januar 2005 wurde in der Öffentlichkeit teilweise recht spöttisch kommentiert, galt dieser Reformschritt doch als Wiedereinführung des von derselben Regierung nur fünf Jahre zuvor ausgesetzten und dann abgeschafften „Demographischen Faktors". Dieser war von der unionsgeführten Vorgängerregierung verabschiedet worden, aber noch nicht in Kraft getreten. Zwischen den beiden Faktoren existieren jedoch erhebliche Unterschiede. Während der „Demographische Faktor" an der reinen Veränderung der ferneren Lebenserwartung anknüpfte, berücksichtigt der von der RÜRUP-KOMMISSION (2003) vorgeschlagene „Nachhaltigkeitsfaktor" die Entwicklung des Verhältnisses von Rentnern zu Beitragszahlern. Die jährliche Anpassung des aktuellen Rentenwerts richtet sich damit nach einer gesellschaftlichen Größe, welche die Entwicklung des Arbeitsmarktes und damit auch beispielsweise der Frauenerwerbsquote umfasst und somit den Erfordernissen des umlagefinanzierten Rentensystems eher gerecht wird als ein rein an der Altersstruktur der Bevölkerung orientiertes Kriterium. Die unterschiedlichen Wirkungsweisen der Faktoren analysieren beispielsweise BÖRSCH-SUPAN, REIL-HELD und WILKE (2004) sowie FEHR und HABERMANN (2006).

In der (in untenstehender Tabelle 4.14 wiedergegebenen) bis zum Jahr 2019 reichenden Projektion der Bundesregierung (BUNDESMINISTERIUM FÜR ARBEIT UND SOZIALES 2006, S. 61) steigt der Nachhaltigkeitsfaktor bis 2011 leicht an, bewegt sich dann mit Schwankungen um den erreichten Wert herum und pendelt sich schließlich auf einem etwas niedrigeren Wert (rund 0,998) ein. Aufgrund der unterschiedlichen Berechnungsweise der Rentnerquotienten in Modell und Realität (siehe Erläuterung zu den Gleichungen (87) und (88) in Abschnitt 2.2.3.3 sowie die Ausführungen hierzu am Ende des Abschnitts 4.3.2) ergeben sich im Basispfad des Modells eine trendmäßig ähnliche, aber (bis auf wenige Ausreißer) glatter verlaufende Entwicklung und eine stärkere Absenkung des Nachhaltigkeitsfaktors, wie die linke Spalte von Tabelle 4.14 zeigt. Bis zum Jahr 2026 sinkt der Nachhaltigkeitsfaktor im Modell ab (auf rund 0,992) und steigt dann stetig an, bis er ab 2036 wieder nahe bei eins liegt.

Tabelle 4.14: Entwicklung des Nachhaltigkeitsfaktors im Modell und im Rentenversicherungsbericht der Bundesregierung

	Basispfad des Modells	Projektion der Bundesregierung
2005	1,0009	0,9939
2006	0,9992	0,9958
2007	0,9996	0,9993
2008	0,9984	0,9998
2009	0,9973	0,9998
2010	0,9966	0,9971
2011	0,9963	1,0008
2012	0,9961	1,0005
2013	0,9960	0,9960
2014	0,9957	0,9989
2015	0,9955	0,9983
2016	0,9951	0,9982
2017	0,9948	0,9984
2018	0,9946	0,9979
2019	0,9942	0,9982
2026	0,9917	-
2036	0,9995	-

Quelle: BUNDESMINISTERIUM FÜR ARBEIT UND SOZIALES 2006, S. 61.

Langfristig soll der Nachhaltigkeitsfaktor zu einem sinkenden Rentenniveau führen und den Anstieg des Rentenversicherungsbeitragssatzes dämpfen. Konkret wurde mit dem RENTENVERSICHERUNGS-NACHHALTIGKEITSGESETZ (2004) beabsichtigt und als ein Ziel vorgegeben, dass der Beitragssatz zur GRV bis zum Jahr 2020 maximal 20 % und bis 2030 höchstens 22 % betragen sollte. Als weiteres Ziel war vereinbart worden, dass das „Sicherungsniveau vor Steuern" bis 2020 nicht unter 46 % und bis 2030 nicht unter 43 % fallen dürfe.

Ob die Einführung des Nachhaltigkeitsfaktors zur Einhaltung dieser Ziele ausreicht und in welcher Weise er wirkt, soll mit der folgenden Simulationsrechnung gezeigt werden. Dazu wird in diesem Abschnitt die im Basispfad und allen anderen Simulationsrechnungen berücksichtigte Einführung des Nachhaltigkeitsfaktors rückgängig gemacht, es wird also unterstellt, der Nachhaltigkeitsfaktor würde abgeschafft oder wäre nie eingeführt worden. Das Szenario, das sich in diesem Fall ergibt, vergleichen wir mit dem Basispfad. In der bekannten Anpassungsformel für den aktuellen Rentenwert (Gleichung (86)) setzen wir dazu den Parameter χ

auf 0, so dass der Nachhaltigkeitsfaktor NF eins beträgt, also unwirksam wird. Die Anpassungsformel für den aktuellen Rentenwert lautet damit

$$APV(i) = APV(i-1)\ \frac{\bar{W}(i-1)\ [1-\tau^{pp}(i-1)-\hat{\tau}^{p}(i-1)]}{\bar{W}(i-2)\ [1-\tau^{pp}(i-2)-\hat{\tau}^{p}(i-2)]}. \tag{121}$$

Ergebnisse

Kurzfristig würde der Beitragssatz zur GRV auch ohne Nachhaltigkeitsfaktor nur geringfügig steigen (um 0,2 Prozentpunkte bis zum Jahr 2010), weil bis zu diesem Zeitpunkt eine „demographische Atempause" besteht, in der die Bevölkerung noch relativ langsam altert. Je stärker jedoch der Altersabhängigkeitsquotient steigt (vgl. Abbildung 3.1), desto mehr bremst der Nachhaltigkeitsfaktor den Beitragssatzanstieg in der GRV. Abbildung 4.1 veranschaulicht diesen Zusammenhang graphisch.[125] Die Differenz zwischen dem GRV-Beitrag im Basisfall und ohne Nachhaltigkeitsfaktor wächst besonders in jenen Jahren, in denen die Alterung rapide zunimmt (etwa zwischen 2010 und 2035), da hier die Generation der Babyboomer sukzessive in Rente geht. Während der Rentenbeitrag im Basispfad bis zum Jahr 2030 auf 23,9 % steigt, wächst er in der vorliegenden Simulation ohne den Nachhaltigkeitsfaktor auf 26 % an. Nach 2030 erhöht sich der Altersabhängigkeitsquotient (vgl. Abbildung 3.1) jedoch kaum mehr, so dass der Nachhaltigkeitsfaktor seine beitragssatzdämpfende Wirkung verliert. Der Beitragssatz ohne Nachhaltigkeitsfaktor entwickelt sich daher weiter wie im Basispfad, jedoch auf einem um gut 2 Prozentpunkte höheren Niveau. Zurückzuführen ist die Differenz zwischen den GRV-Beitragssätzen auf die dämpfende Wirkung, die der Nachhaltigkeitsfaktor auf den aktuellen Rentenwert ausübt: Wie Tabelle 4.15 zeigt, liegt der monatliche aktuelle Rentenwert im Modell ohne den Nachhaltigkeitsfaktor in der Zeit ab 2020 um 1 bis 1,70 Euro höher (also um 4 bis knapp 8 %). Weil sich ab 2030 der Rentnerquotient nicht mehr merklich verändert, stabilisiert sich auch die Differenz zwischen den aktuellen Rentenwerten mit und ohne Nachhaltigkeitsfaktor. Anzumerken ist bereits an dieser Stelle, dass die hier wiedergegebene, aus der Modellrechnung resultierende deutliche nominale Abnahme des aktuellen Rentenwertes in der Realität eher nicht zu erwarten ist, da Politik und gegebenenfalls Rechtsprechung dies abzuwenden versuchen werden (siehe dazu die Ausführungen zu Sicherungsklausel und Nachholfaktor am Ende dieses

[125] Die Brüche zwischen 2019 und 2025 sowie zwischen 2031 und 2035 sind auf den (modelltechnisch begründeten) klassenweise versetzten, sprunghaften Anstieg des tatsächlichen Renteneintrittsalters um jeweils eim Jahr zurückzuführen (vgl. Abschnitt 2.2.3.3).

Abbildung 4.1: Entwicklung des GRV-Beitragssatzes im Basispfad (mit Nachhaltigkeitsfaktor) und ohne Nachhaltigkeitsfaktor

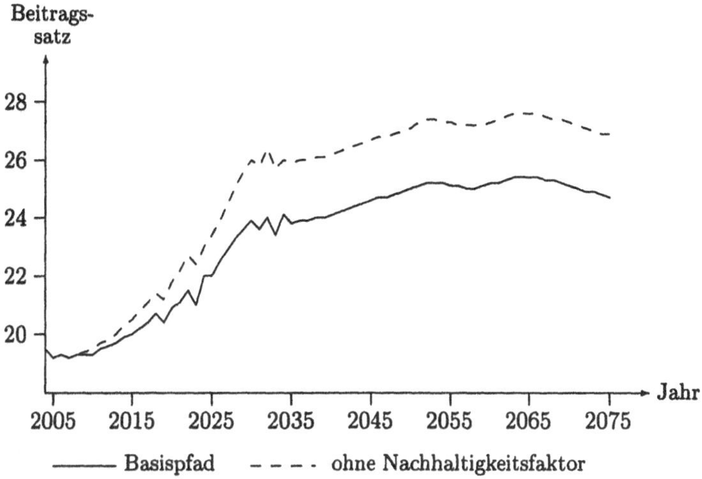

Abschnitts). Im Rechenmodell wird die Entwicklung dagegen (automatisch) mittelfristig vor allem durch den Anstieg des Rentenbeitragssatzes und langfristig durch das sinkende Lohnniveau verursacht.

Tabelle 4.15: Monatliche aktuelle Rentenwerte (in Euro) im Modell mit und ohne Nachhaltigkeitsfaktor

Jahr	Basispfad	ohne Nachhaltigkeitsfaktor	Differenz
2004	26,6	26,6	0,00
2010	25,2	25,4	0,20
2020	23,8	24,8	1,00
2030	21,9	23,6	1,70
2040	21,3	22,8	1,50
2050	20,8	22,3	1,50
2075	20,8	22,3	1,50

Der Abstand zwischen den aktuellen Rentenwerten ginge ohne den Nachhaltigkeitsfaktor über den höheren Rentenbeitragssatz in vollem Umfang zu Lasten der Erwerbstätigen. Durch den Nachhaltigkeitsfaktor ist zumindest ein Viertel des Rentnerquotientenanstiegs von den Rentnern zu tragen. Tabelle 4.16 zeigt die makroökonomischen Wirkungen einer Abschaffung bzw. fiktiven Nichteinführung des Nachhaltigkeitsfaktors. Die von dem gestiegenen Rentenbeitragssatz ausgehenden negativen Beschäftigungsanreize dämpfen die Kapitalstock- und Outputentwicklung. Da außerdem die Haushalte nun (im Vergleich zum Basispfad) höhere Renten erhalten, sparen sie weniger, was die Kapitalstockbildung zusätzlich bremst. In der Folge sinkt der Kapitalpreis und steigt der Zinssatz. Der Beschäftigungseffekt ist jedoch (im Vergleich zum Spareffekt) relativ gering, was sich u.a. darin zeigt, dass die Beitragssätze zu Kranken- und Pflegeversicherung fast unverändert bleiben. Da infolge der rückläufigen Beschäftigungs-, Spar- und Produktionstätigkeit das Steueraufkommen aus Lohn-, Kapitalertrag- und Körperschaftsteuer abnimmt, muss die Regierung die Konsumsteuer um 0,1 bis 0,6 Prozentpunkte anheben.

Tabelle 4.16: Makroökonomische Entwicklung ohne Nachhaltigkeitsfaktor

Jahr	Volks-eink.-index	Kapi-tal-stock-index	Kapi-tal-preis-index	Lohn-index	Zins-satz	Beitragssätze GRV	GKV	GPV	Kon-sum-steuer
2004	1,00	1,00	1,00	1,00	6,8	19,5	14,3	1,7	16,0
2010	1,07	1,05	1,01	0,99	6,3	19,5	14,9	2,0	15,7
2020	1,14	1,13	0,99	1,00	6,0	21,8	16,5	2,5	16,8
2030	1,18	1,20	0,96	1,00	5,9	26,0	18,1	3,0	18,1
2040	1,25	1,23	0,95	0,99	6,5	26,2	19,5	4,0	19,2
2050	1,29	1,24	0,94	0,99	6,9	27,1	20,1	4,5	20,3
2075	1,44	1,32	0,96	0,97	7,3	26,9	20,3	4,4	22,2
2100	1,69	1,48	0,98	0,96	7,4	25,4	20,2	4,2	24,0

Tabelle 4.17 dokumentiert die Wohlfahrtswirkungen, die eine Abschaffung bzw. Nichteinführung des Nachhaltigkeitsfaktors im Modell bewirkt. Auf einen Blick wird ersichtlich, dass hiervon die heutigen Generationen zwischen 30 und 80 Jahren profitieren, bzw. umgekehrt durch die Einführung des Nachhaltigkeitsfaktors verlieren. Das sind jene Haushalte, die das (wegen des Nachhaltigkeitsfaktors) sinkende Rentenniveau im Basisszenario während der sich beschleunigenden Alterung bis etwa 2035 besonders trifft. Die durch die Abschaffung des Nachhaltigkeitsfaktors bedingten Wohlfahrtsgewinne nehmen mit sinkendem Alter jedoch ab und wenden sich ins Negative. Der noch am Anfang seines Arbeitslebens stehende Jahrgang 1980 beispielsweise geht erst im Jahr 2042 in Rente. Für ihn überkompensiert der ohne Nachhaltigkeitsfaktor höhere und im Zeitablauf stärker steigende Rentenbeitragssatz die – zeitlich noch fern liegende und daher stark

zu diskontierende – höhere Rente. Dieser Effekt verstärkt sich, je später eine Generation geboren ist. Die ältesten Generationen sind im Basispfad kaum noch von der Rentenabsenkung durch den Nachhaltigkeitsfaktor betroffen, da er erst nach 2010 richtig wirkt. Sie bekommen kurzfristig durch seine Abschaffung vor allem die Konsumsteuererhöhung zu spüren, wodurch sie an Nutzen verlieren.

Bei der intragenerativen Betrachtung fällt auf, dass die Wohlfahrtseffekte in der Regel bei der unteren Einkommensklasse am stärksten ausfallen und zwar in der positiven wie negativen Richtung. Dies liegt vor allem daran, dass die gestiegenen Renten den mittleren Generationen in der untersten Einkommensklasse den größten Nutzen bringen. Umgekehrt werden die jungen und künftigen Jahrgänge dieser Klasse stärker durch den steigenden GRV-Beitrag belastet, weil sie diesen Effekt wegen ihres niedrigen Lohnniveaus weniger durch Mehrarbeit ausgleichen können als die besser Qualifizierten. Die älteren und mittleren Generationen in der Topeinkommensklasse profitieren zwar schwächer als die untere Klasse, aber (geringfügig) stärker als die der mittleren Einkommensklasse. Der höhere Nutzengewinn ist darauf zurückzuführen, dass die gestiegenen Rentenwerte wegen der hohen Entgeltpunktezahl in dieser Klasse besonders stark zu Buche schlagen.[126] Zwar hat auch die mittlere Klasse einen deutlichen Entgeltpunktevorsprung zur unteren Klasse. Die obere Klasse hat jedoch den zusätzlichen Vorteil, dass bei ihr der nun spürbar höhere GRV-Beitragssatz durch die Beitragsbemessungsgrenze aufgefangen wird. Auf der anderen Seite fallen bei den jüngeren und künftigen Generationen der Topeinkommensklasse auch die Verluste tendenziell höher aus als die der mittleren Klasse. Die höhere Rente verliert also hier (wie bei allen Klassen) aufgrund der stärkeren Diskontierung an Bedeutung. Im Gegenzug wird die obere Klasse stärker durch den im Zeitablauf steigenden Konsumsteuersatz belastet, da sie hohe Konsumquoten aufweist.

Nachhaltigkeitsfaktor, Sicherungsklausel und Nachholfaktor

Die Abschaffung des Nachhaltigkeitsfaktors in der Simulationsrechnung dieses Abschnitts zeigt im Vergleich zum Basisfall (mit Nachhaltigkeitsfaktor), dass der Faktor die mit ihm verbundenen Erwartungen zu einem großen Teil erfüllt, indem er den Anstieg des Rentenversicherungsbeitragssatzes deutlich dämpft. Wie der Basisfall zeigte (vgl. Tabelle 2.5), werden trotz des Nachhaltigkeitsfaktors die

[126] Die obere Einkommensklasse erwirbt im Schnitt fast doppelt so viele Entgeltpunkte wie die mittlere Klasse. Die Entgeltpunktezahl der mittleren Klasse liegt um rund 70 % über jener der niedrigqualifizierten. Hier ist der Abstand also nicht ganz so stark, aber immer noch beträchtlich.

Tabelle 4.17: Wohlfahrtseffekte ohne Nachhaltigkeitsfaktor

Geburtsjahr	obere	mittlere	untere
	Einkommensklasse		
1920	-0,06	-0,06	-0,05
1930	0,04	0,03	0,08
1940	0,16	0,14	0,21
1950	0,28	0,25	0,34
1960	0,24	0,23	0,31
1970	0,07	0,08	0,09
1980	-0,10	-0,09	-0,13
1990	-0,31	-0,28	-0,37
2000	-0,52	-0,50	-0,63
2010	-0,65	-0,63	-0,77
2020	-0,70	-0,67	-0,83
2030	-0,73	-0,71	-0,88

Beitragssatzziele mehr oder weniger knapp verfehlt: Statt des gesetzten Maximal-Beitragssatzes von 20 % im Jahr 2020 ergeben sich im Modell 20,9 %, statt der avisierten Obergrenze von 22 % im Jahr 2030 resultieren 23,0 %. Das Bruttorentenniveau wird im Basisfall im Jahr 2020 mit 46 % genau erreicht, im Jahr 2030 wird das Ziel von 43 % um einen Prozentpunkt etwas unterschritten. Ohne den Nachhaltigkeitsfaktor wäre das Rentenniveau bereits im Jahr 2020 mit 48,2 % deutlich überschritten, im Jahr 2030 würde es mit 45,7 % das avisierte Ziel bereits um 2,7 Prozentpunkte übersteigen.

Zu beachten ist, dass das Simulationsergebnis nicht ohne weiteres auf die Realität übertragen werden kann. Dies liegt neben der Berechnungsweise des Nachhaltigkeitsfaktors auch an seinem Zusammenspiel mit der Lohnentwicklung und den damit zusammenhängenden zusätzlichen gesetzlichen Regelungen, insbesondere der so genannten Sicherungsklausel: Steigen in der Praxis beispielsweise – wie im Falle der Rentenanpassung 2006 – die Bruttoeinkommen um 0,7 % und müsste andererseits ein durch den Nachhaltigkeitsfaktor induzierter Rentenabschlag von 1,5 % vorgenommen werden[127], so würde dies insgesamt eine Rentenkürzung um 0,8 % bedeuten (FASSHAUER 2006b). Um eine nominale Rentensenkung zu verhindern und damit diesen Mechanismus auszuhebeln, wurde zusammen mit dem Nachhaltigkeitsfaktor eine Sicherungsklausel verabschiedet, die eine absolute Rentenkürzung zumindest dann verhindert, solange der nominale Durchschnittslohn zunimmt. Daneben existiert eine weitere Schutzklausel, die dafür sorgt, dass

[127] Zu diesem rechnerischen Rentenabschlag trägt der Nachhaltigkeitsfaktor mit –0,5 Prozentpunkten bei und der Altersvorsorgeanteil (in der Rentenformel mit $\tau^{pp}(\cdot)$ bezeichnet) mit –0,6 Punkten. Daneben muss im Jahr 2006 eine Korrektur um die beitragspflichtige Lohnentwicklung von –0,4 Prozentpunkten berücksichtigt werden (FASSHAUER 2006b).

die Ost-Rentenanpassung mindestens der im Westen entsprechen muss. Im Jahr 2006 resultiert aufgrund der Sicherungsklausel statt einer Senkung des aktuellen Rentenwerts eine Nullrunde für die Rentner, d.h., der aktuelle Rentenwert des Jahres 2005 wird auch in 2006 beibehalten (DEUTSCHER BUNDESTAG 2006d). Eine Modellrechnung des BUNDESMINISTERIUMS FÜR ARBEIT UND SOZIALES (2006) geht sogar von einer Beibehaltung dieses Rentenwertes bis inklusive 2008 aus. Mit anderen Worten: Zum Schutz der Rentner vor nominalen Rentenkürzungen wurde gleichzeitig mit dem Nachhaltigkeitsfaktor eine „Nachhaltigkeitsfaktor-Bremse" eingeführt.

Mittlerweile hat sich jedoch herausgestellt, dass unter anderem aufgrund dieser Schutzklausel die Sicherungs- und Beitragssatzziele der Rentenversicherung kaum zu erreichen sind. Aus diesem Grunde wurde nach einer Möglichkeit gesucht, die (wegen der Sicherungsklausel) im vergangenen Jahr und in den kommenden Jahren nicht realisierte bzw. nicht zu realisierende Dämpfung der Rentenanpassung nachzuholen. Diesen Zweck soll der so genannte Nachholfaktor bzw. die „Vervollständigung der Schutzklausel" erfüllen, die ab dem Jahr 2011 für fünf Jahre eine positive Rentenanpassung jeweils halbiert, bis die ausgefallenen Dämpfungen „nachgeholt" sind (BUNDESMINISTERIUM FÜR ARBEIT UND SOZIALES 2006).

Am Beispiel des Weges des Nachhaltigkeitsfaktors über Entwurf, Diskussion, Implementierung mit gleichzeitiger Abschwächung und späterer (rückwirkender) erneuter Stärkung zeigt sich besonders deutlich, dass die Politik anderen Maßgaben folgt, als den ökonomisch postulierten. Ökonomen setzen auf die durch die Rentenformel vorgegebenen und erforderlichen Automatismen, die eben auch eine Rentenkürzung implizieren können (und müssen), aber zu einer relativ vorausschaubaren Entwicklung von Rentenniveau und Beitragssatz führen. Die Politik sieht sich darüber hinaus auch in der Verantwortung gegenüber den heutigen Rentnern und damit zahlreichen Wahlbürgern: Eine Nullrunde ist dabei äußerst unbeliebt und eine nominale Rentenkürzung ist nahezu unvermittelbar.

4.3.2 Rürup-Kommissionsvorschlag II – Anhebung des gesetzlichen Rentenalters auf 67 Jahre

Wohl kaum eine Reformidee der jüngsten Zeit stieß auf ähnliche Ablehnung in der Bevölkerung wie das – im Koalitionsvertrag der großen Koalition festgehaltene – Ziel, das gesetzliche Renteneintrittsalter auf 67 Jahre zu erhöhen (KOALITIONSVERTRAG ZWISCHEN CDU, CSU und SPD 2005). So sprechen sich nicht nur 74 % der Erwerbstätigen, sondern auch 66 % der Ruheständler gegen einen solchen Schritt aus (AXA 2006). Die geplante Erhöhung des Renteneintrittsalters geht auf einen Vorschlag der RÜRUP-KOMMISSION zurück, den diese in ihrem Abschlussbericht im Jahr 2003 präsentiert hatte. Die seinerzeitige rot-grüne Bundesregierung lehnte dies jedoch – wohl auch mit Blick auf die Unpopularität der Maßnahme – entschieden ab. Begründet wurde dies u.a. mit dem Argument, es müsse – mit vermeintlich äquivalenter Wirkung – zunächst das tatsächliche Renteneintrittsalter erhöht werden. Das Projekt „Rente mit 67“ wurde daraufhin vorerst auf Eis gelegt.[128] Von den größeren Reformvorschlägen der RÜRUP-KOMMISSION wurde im RENTENVERSICHERUNGS-NACHHALTIGKEITSGESETZ (2004) zunächst „nur“ der Nachhaltigkeitsfaktor umgesetzt, der wegen seiner höheren Wirksamkeit auch im Mittelpunkt des Reformentwurfs gestanden hatte. Angesichts dessen kann man den Eindruck gewinnen, dass manche Reformen umso einfacher durchsetzbar sind, je komplexer und undurchschaubarer sie für die Bevölkerung sind. Es ist aber auch nicht unwahrscheinlich, dass der im voherigen Abschnitt diskutierte Nachhaltigkeitsfaktor, der faktisch die größere Rentenkürzung bedeutet, gerade deshalb ohne einen Sturm der Entrüstung durchgesetzt werden konnte, weil sich die öffentliche Empörung überwiegend auf die „Rente mit 67“ konzentrierte und der Nachhaltigkeitsfaktor somit von der Öffentlichkeit relativ unbemerkt das Gesetzgebungsverfahren passierte.

Das Ziel einer Anhebung des Renteneintrittsalters auf 67 Jahre wurde jedoch nicht völlig aufgegeben. Stattdessen wurde vereinbart, im Jahr 2008 eine Überprüfung der (im Rahmen der Riester-Reform im Jahr 2001 aufgestellten) Zielvorgaben vorzunehmen und – falls erforderlich – das gesetzliche Renteneintrittsalter doch anzuheben.

Es war allerdings bereits seinerzeit klar, dass eine Heraufsetzung des Renteneintrittsalters unvermeidlich sein wird, um die demographischen Folgen für die gesetzliche Rentenversicherung wenigstens teilweise abzufedern (vgl. EHRENTRAUT und RAFFELHÜSCHEN 2003b, RULAND und VON DER HEIDE 2003). So zeigen etwa Modellrechnungen von BÖRSCH-SUPAN, REIL-HELD und WILKE (2004), dass der Rentenbeitragssatz im Jahr 2020 bereits höher als 21 % liegen wird und im Jahr 2030 rund 24 % betragen wird. Es erstaunt daher nur wenig, dass schon – deutlich vor dem Überprüfungsjahr 2008 – kurz nach der Bundestagswahl im Jahr 2005 die Politiker der schwarz-roten Koalition die „Rente mit 67“ im Koaliti-

[128] In einem Teilbereich wurden jedoch schon im RENTENVERSICHERUNGS-NACHHALTIGKEITSGESETZ die Altersgrenzen für den Rentenbezug erhöht: Für den vorzeitigen Bezug einer Altersrente wegen Arbeitslosigkeit oder im Anschluss an die Altersteilzeit beträgt die Grenze nun 63 statt 60 Jahre.

onsvertrag verankerten, obwohl sie noch vor der Wahl einhellig abgelehnt worden war.[129]

Die weitgehende Missbilligung der „Rente mit 67" mag zum einen darauf zurückzuführen sein, dass der Vorschlag von politischer Seite ungenügend kommuniziert wurde und so bei vielen Bürgern der Eindruck entstand, alle heute rentenversicherungspflichtig Beschäftigten müssten ohne jeden Übergang bis zum Alter von 67 Jahren arbeiten. Darüber hinaus behaupteten auch hochrangige Politiker, eine solche Maßnahme würde wenig bringen; vielmehr gelte es, das tatsächliche Renteneintrittsalter, das bei den Altersrenten derzeit bei etwa 63,5 Jahren liegt (KWASNIEWSKI 2006, S. 76), dem gesetzlichen Renteneintrittsalter von 65 Jahren anzunähern. Da diese Argumente hauptsächlich im Wahlkampf (2005) zu hören waren, darf vermutet werden, dass sie vor allem mit dem Ziel Stimmen zu gewinnen und teilweise wider besseren Wissens verbreitet wurden. Ein weiterer Grund für die geringe Popularität der „Rente mit 67" ist sicher die aktuelle Lage auf dem Arbeitsmarkt und insbesondere die Beschäftigungsaussichten für die ab 50-Jährigen. Wer befürchtet, seine Arbeit zu verlieren oder schon heute arbeitslos ist, empfindet es als ungerecht, neben den schlechten Beschäftigungsmöglichkeiten zusätzlich in Form einer Rentenkürzung bestraft zu werden.

Was immer auch ausschlaggebend für die überraschend schnelle Wiederbelebung der Anhebung des gesetzlichen Renteneintrittsalters gewesen sein mag, die angeführten Kontra-Argumente fußen – jedenfalls zu einem gewissen Teil – auf Missverständnissen: Zum einen sah die RÜRUP-KOMMISSION (2003) keinen schlagartigen, sondern einen sehr langsamen Übergang vor. Beginnend mit dem Jahr 2011 sollte das Renteneintrittsalter jedes Jahr um einen Monat steigen, so dass erst für eine 24 Jahre später (also im Jahr 2035) in Rente gehende Person erstmals das gesetzliche Renteneintrittsalter bei 67 Jahren gelegen hätte. Im Koalitionsvertrag der großen Koalition wurde dieser Vorschlag grundsätzlich übernommen: „*Wir werden im Jahr 2007 die gesetzlichen Regelungen für eine 2012 beginnende Anhebung der Regelaltersgrenze auf 67 Jahre treffen. Sie soll in Abhängigkeit vom Geburtsjahrgang schrittweise erfolgen und vollständig für den ersten Jahrgang bis spätestens 2035 abgeschlossen sein*" (KOALITIONSVERTRAG ZWISCHEN CDU, CSU und SPD 2005, S. 82). Im Januar 2006 überraschte allerdings Arbeits- und Sozialminister Müntefering mit einem Vorstoß, das Renteneintrittsalter nicht, wie vereinbart, über 24 Jahre hinweg anzuheben, sondern in nur 18 Jahren.[130] Dieser Vorschlag stieß auf heftigen Widerstand in der Bevölkerung,

[129] Anfang März 2007 wurde die „Rente mit 67" vom Bundestag beschlossen.

[130] Die HERZOG-KOMMISSION (2003) hatte sich seinerzeit sogar für einen 12-jährigen Übergang ausgesprochen.

insbesondere von Seiten der Gewerkschaften, zum Teil aber auch von der eigenen Fraktion und dem Koalitionspartner (SÜDDEUTSCHE ZEITUNG 2006b). Ein Grund für die von Minister Müntefering vorgeschlagene Verschärfung dürfte unter anderem der von diesem kurze Zeit später vorzulegende Rentenversicherungsbericht (BUNDESMINISTERIUM FÜR ARBEIT UND SOZIALES 2006) gewesen sein, in dem mittelfristige Modellrechnungen vorgenommen werden und in dem man vermutlich möglichst positive Szenarien für Beitragssatz und Leistungsniveau in Aussicht stellen wollte.[131] In dem im Februar 2006 vom Kabinett beschlossenen Gesetzentwurf einigte man sich schließlich auf eine 18-jährige Übergangszeit. Das gesetzliche Renteneintrittsalter soll demnach bis zum Jahr 2023 (wie auch im Koalitionsvertrag vorgesehen) um einen Monat pro Jahr steigen, ab 2024 jedoch um zwei Monate pro Jahr, bis im Jahr 2029 das Renteneintrittsalter von 67 erreicht ist. Das bedeutet zunächst, dass die Jahrgänge 1946 und älter von der Reform überhaupt nicht betroffen sind. Für den ersten betroffenen Jahrgang (1947) erhöht sich das gesetzliche Renteneintrittsalter um einen Monat. Geht ein 1947 geborener Haushalt also trotzdem mit 65 Jahren in Rente (anstatt mit 65 Jahren und einem Monat), so beträgt sein Rentenabschlag gerade 0,3 % (1/12 × 3,6 %). Erst für die Geburtsjahrgänge 1964 und jünger ist die Reform vollständig wirksam. Geht ein 1964 oder später geborener Haushalt bereits mit 65 Jahren in Rente (statt mit 67 Jahren), so beträgt sein Abschlag 7,2 % (2 × 3,6 %).

Auch das zweite Argument, nur eine Anhebung des effektiven Renteneintrittsalters sei wirkungsvoll, kann so nicht ohne weiteres stehen gelassen werden. Entscheidend ist, dass die Anhebung des gesetzlichen Renteneintrittsalters auch dann wirkt, wenn die Menschen weiterhin vor Erreichen des gesetzlichen Renteneintrittsalters in Rente gehen, weil sie dann entsprechend höhere Abschläge in Kauf nehmen müssen. Geht man davon aus, dass der Abschlagssatz von 3,6 % pro Jahr versicherungsmathematisch korrekt ist, wird die Rentenversicherung langfristig weder be- noch entlastet. Von einem versicherungsmathematisch korrekten oder fairen Abschlag spricht man dann, wenn der Barwert der – um den Abschlag verminderten – Rentenzahlungen bei vorgezogenem Renteneintritt übereinstimmt mit dem Gegenwartswert der Rentenzahlungen bei regulärem (oder späterem) Renteneintritt abzüglich der noch zu leistenden Rentenbeiträge. Aller-

[131] Die im Rentenversicherungsbericht (BUNDESMINISTERIUM FÜR ARBEIT UND SOZIALES (Hrsg.) 2006) veröffentlichten Modellrechnungen reichen bis zum Jahr 2019. Für den – letztendlich umgesetzten – Vorschlag einer 18-jährigen Übergangszeit, bei dem das Regelalter erst ab 2024 schneller steigt als beim ursprünglichen Vorschlag der RÜRUP-KOMMISSION (2003) mit 24-jährigem Übergang, hätte sich in den Modellrechnungen des Rentenversicherungsberichts nichts geändert. Nur das schnellste der vorgeschlagenen Übergangsszenarien (12 Jahre, d.h. Erreichen der gesetzlichen Regelaltersgrenze von 67 Jahren im Jahr 2023) hätte – je nach konkreter Ausgestaltung – eine Auswirkung auf die Modellrechnungen.

dings besteht bezüglich der fiskalischen Neutralität der Abschläge keineswegs Einigkeit: Während die Abschläge in der GRV beispielsweise von CLEMENS (2006, S. 164) als „tendenziell versicherungsmathematisch adäquat" oder von der RÜRUP-KOMMISSION als „näherungsweise angemessen" (2003, S. 86) bezeichnet werden, zweifeln EHRENTRAUT und RAFFELHÜSCHEN (2003a) oder auch BÖRSCH-SUPAN (2002b) dies stark an. Die unterschiedlichen Einschätzungen sind darin begründet, dass verschiedene Anforderungen an die Wirkung von Rentenabschlägen gestellt werden. Steht die Vermeidung von Anreizen zur Frühverrentung im Vordergrund, müssen die Rentenzahlungen bei der Barwert-Ermittlung mit dem Kapitalmarktzins (also einer Approximation der Zeitpräferenzrate) diskontiert werden, da es um die Beeinflussung der individuellen Haushaltsentscheidung geht. Sollen die Abschläge dagegen verhindern, dass ein früherer Renteneintritt Druck auf den GRV-Beitragssatz ausübt, so müssen die Rentenzahlungen mit ihrer Wachstumsrate abgezinst werden, da hier die Finanzierungsneutralität der GRV im Mittelpunkt steht. Zur Verhinderung des Frühverrentungsanreizes sind die geltenden Abschläge daher auch nach Ansicht der RÜRUP-KOMMISSION (2003) deutlich zu niedrig bemessen. Dienen sie aber der Beitragssatzneutralität, werden sie als vertretbar eingestuft (RÜRUP-KOMMISSION 2003).

Dem teilweise geäußerten Vorwurf, es handle sich bei der „Rente mit 67" um eine „versteckte Rentenkürzung" kann daher insofern widersprochen werden, als es sich nicht um eine versteckte, sondern um eine offene und durchaus beabsichtigte Rentenkürzung handelt. Gleichwohl wäre es natürlich wünschenswert, wieder ein höheres tatsächliches durchschnittliches Renteneintrittsalter zu erreichen. Dass dieser Wunsch nicht unrealistisch ist, zeigt sich darin, dass es bereits gelungen ist, das durchschnittliche Verrentungsalter von 62,5 Jahren im Jahr 2000 auf heute 63,5 Jahre anzuheben (KWASNIEWSKI 2006, S. 76). Dies gilt umso mehr, als das durchschnittliche Renteneintrittsalter im Jahr 1970 sogar bei 65,3 Jahren lag (DEUTSCHE RENTENVERSICHERUNG BUND 2005). Eine weitere Entwicklung in diese Richtung erfordert eine deutlich höhere Beschäftigung älterer Arbeitnehmer. Da dies in der gegenwärtigen Arbeitsmarktsituation kurzfristig nicht zu erwarten ist, aber mittelfristig – auch aus demographisch bedingtem Facharbeitskräftemangel – notwendig sein wird, plädiert die RÜRUP-KOMMISSION (2003) für einen relativ späten Reformbeginn und eine lange Übergangsphase.

Aber auch aus rein demographischen Gründen könnte eine Renteneintrittsaltersanpassung zu rechtfertigen sein. Als die gesetzliche Invaliditäts- und Alterssicherung im Jahr 1889/91 gegründet wurde, setzte man die Altersgrenze für den Bezug einer Rente auf 70 Jahre fest. Dabei konnten die Menschen nur eine Lebensdauer von durchschnittlich 42 Jahren erwarten (DEUTSCHE RENTENVERSICHERUNG

BUND 2005, S. 256). Auch als im Jahr 1916 im Rahmen der (fünf Jahre zuvor gegründeten) Angestelltenversicherung Altersrenten eingeführt wurden, lag die Altersgrenze für den Bezug der Regelaltersrente bei 65 Jahren, obwohl die Lebenserwartung eines in diesem Jahr Neugeborenen im Durchschnitt immer noch nur rund 49 Jahre betrug. Lediglich 43 % der Lebendgeborenen erreichten überhaupt das gesetzliche Renteneintrittsalter. Heute dagegen erreichen – bei der gleichen Regelaltersgrenze – mehr als 86 % das Alter 65, also doppelt so viele Menschen. Auch liegt die heutige Lebenserwartung mit durchschnittlich rund 79 Jahren ganz beträchtlich über der seinerzeitigen (DEUTSCHE RENTENVERSICHERUNG BUND 2005, S. 256). Bis zum Jahr 2030 wird zudem eine weitere Zunahme der Lebenserwartung um drei Jahre erwartet (RÜRUP-KOMMISSION 2003, S. 82), so dass eine Anpassung des gesetzlichen Renteneintrittsalters um zwei Jahre im demographisch-historischen Zusammenhang eher moderat erscheint.[132] Mit dem Anstieg der Lebenserwartung, aber auch einer zunehmenden Frühverrentung hat sich auch die durchschnittliche Rentenbezugsdauer in der GRV ausgeweitet: In den alten Bundesländern ist diese allein seit 1980 von 12,1 Jahren auf 16,8 Jahre in 2004 – also um 4,7 Jahre – gestiegen (DEUTSCHE RENTENVERSICHERUNG BUND 2005). Im gleichen Zeitraum haben jedoch die durchschnittlichen Versicherungsjahre in der Rentenversicherung lediglich von 35,7 Jahren auf 39,2 Jahre (+3,5) bei Männern und von 24,4 Jahren auf 25 Jahre bei Frauen (+0,6) zugenommen.[133] Eine Erhöhung des Renteneintrittsalters hat eine beidseitig entlastende Wirkung auf die Rentenversicherung: Sie verlängert die Erwerbsphase und damit die Zeit, in der Beiträge zur GRV zu leisten sind, und verkürzt gleichzeitig die Rentenbezugsdauer.

Natürlich ist die unter Finanzierungsgesichtspunkten gesehene Unumstößlichkeit einer Erhöhung des Renteneintrittsalters nicht unbedingt ein Kriterium für die Betroffenen, die Maßnahme zu akzeptieren. Dennoch erstaunt die vehemente Ablehnung, der sie in der Bevölkerung begegnet, insbesondere, wenn man sich einige Fakten zum Befinden von Rentnern im Vergleich zu den Erwerbstätigen vor Augen führt. So fühlen sich gemäß einer Umfrage für den AXA-Ruhestandsbarometer 75 % der Ruheständler recht oder sogar sehr gesund (unter den Erwerbstätigen trifft dies für 90 % zu) (AXA 2006). Interessant an dieser

---

[132] Die von der Bundesregierung im Rentenversicherungsbericht 2005 (BUNDESMINISTERIUM FÜR ARBEIT UND SOZIALES 2006) angenommene Steigerung der Lebenserwartung zwischen 2002 und 2030 liegt mit 2,5 Jahren etwas unter der Annahme der RÜRUP-KOMMISSION (2003).

[133] Die durchschnittlichen Versicherungsjahre beinhalten bis 1991 die Versicherungsjahre und ab 1992 die Summe aus Beitrags- und beitragsfreien Zeiten (DEUTSCHE RENTENVERSICHERUNG BUND 2005).

Umfrage ist, dass Ruheständler zwar ihre Gesundheit nicht besser einschätzen als Erwerbstätige, sich aber offensichtlich in gewisser Weise jünger oder fitter fühlen, als von den Erwerbstätigen angenommen. So sind 71 % der Erwerbstätigen der Ansicht, „alt“ sei man mit 71 Jahren. Dagegen beginnt „Altsein“ bei den befragten Rentnern mit 75 Jahren.[134] Dementsprechend fühlen sich Erwerbstätige auch kürzer in der Lage zu arbeiten als Ruheständler: Erstere geben auf die Frage „Bis zu welchem Alter werden Sie nach Ihrer Ansicht nach in der Lage sein, zu arbeiten?“ ein Alter von durchschnittlich 62 Jahren an. Dagegen beantworten Rentner die entsprechende Frage „Bis zu welchem Alter wären Sie Ihrer Ansicht nach in der Lage gewesen zu arbeiten?“ im Durchschnitt mit einer Angabe von 64 Jahren. Nimmt man die Information hinzu, dass eine Mehrheit von Erwerbstätigen und Ruheständlern plant, ihre Zeit im Ruhestand vor allem mit Freizeitaktivitäten, Urlaub, Reisen, Sport, Familienkontakten etc. zu verbringen (AXA 2006), kann vermutet werden, dass sich die Ablehnung der „Rente mit 67“ weniger darauf gründet, dass sich ältere Menschen physisch nicht mehr in der Lage sehen, Qualitätsarbeit zu leisten. Vielmehr scheint es so zu sein, dass der Ruhestand als aktiver Lebensabschnitt wahrgenommen wird, in welchem man seine Energie und Zeit auf Tätigkeiten und Unternehmungen verwendet, für die man während des Erwerbslebens zu wenig Zeit hatte. Gleichzeitig ist die Frage berechtigt, ob für diese an sich verständlichen Wünsche die derzeitigen und künftigen Beitragszahler aufkommen müssen.

Modellierung der „Rente mit 67“

Im Folgenden wollen wir nun modellhaft untersuchen, ob eine Anhebung der Regelaltersgrenze auf 67 Jahre den im Basisfall projizierten Beitragssatzanstieg der gesetzlichen Rentenversicherung verhindern oder abschwächen kann und welche Generationen besonders von einer solchen Reform betroffen wären. Da das tatsächliche Renteneintrittsalter $\bar{a}(i,k)$ in unserem Modell exogen gesetzt wird, könnten wir die in der Realität auftretenden Effekte der Reform auf die individuelle Ruhestandsentscheidung allenfalls über eine Variation der Annahmen modellieren. Im Interesse der besseren Interpretierbarkeit der Ergebnisse und einer methodisch sauberen Lösung beschränken wir uns jedoch auf die rein finanzielle

[134] Erstaunlich ist in diesem Zusammenhang, dass sich US-amerikanische Rentner erst ab einem Alter von 81 Jahren alt fühlen. In Japan dagegen, dem Land mit einer der weltweit höchsten Lebenserwartungen, beginnt das Altsein nach Ansicht der befragten Ruheständler schon mit 68 Jahren. Gemeinsam ist allen betrachteten Industrieländern jedoch, dass Erwerbstätige die gefühlte „Altersgrenze“ deutlich niedriger angeben als Ruheständler (AXA 2006).

Wirkung der Erhöhung des gesetzlichen Renteneintrittsalters. D.h., wir behalten die Ruhestandsentscheidung des Basisfalls bei und beobachten die Effekte, die allein über erhöhte Rentenabschläge resultieren. Wie im Basisfall unterstellen wir also auch hier, dass ein Rentenabschlag für jedes Jahr, das man früher in Rente geht, hinzunehmen ist. Wir heben die in der Realität angewandte Beschränkung auf maximal fünf Jahre bzw. 18 % Rentenabschlag auf, da unsere Modellindividuen ihre individuelle Renteneintrittsentscheidung nicht variieren können und somit die Rentenwirkung nur über den Abschlag erzielt werden kann.

Wir heben ab 2012 das gesetzliche Renteneintrittsalter $\tilde{a}(z)$, das im Jahr 2011 des Basisfalls 65 Jahre beträgt, jedes Jahr um einen Monat an, bis es im Jahr 2023 zunächst bei 66 Jahren liegt. Ab 2024 steigt das Renteneintrittsalter jedes Jahr um zwei Monate, so dass es schließlich im Jahr 2029 67 Jahre beträgt. Die gesetzlichen Renteneintrittsaltersstufen im Basisfall, im ursprünglichen Vorschlag der RÜRUP-KOMMISSION und bei der tatsächlich beschlossenen Reform, sind in Tabelle 4.18 dargestellt. Der Zugangsfaktor und damit die Rentenabschläge berechnen sich wie in Formel (77), also $AF(z,k) = 1 - 0,036\ [\tilde{a}(z) - \bar{a}(z,k)]$.

Tabelle 4.18: Gesetzliches Renteneintrittsalter

Jahr	Basisfall	Urspr. Vorschlag RÜRUP-KOMMISSION (24 Jahre)	Modellsimulation bzw. umgesetzte Reform (18 Jahre)
2004	62,00	-	-
2010	64,33	-	-
2011	65,00	65,08	65,00
2012	65,00	65,17	65,08
2015	65,00	65,42	65,33
2020	65,00	65,83	65,75
2025	65,00	66,25	66,33
2030	65,00	66,67	67,00
2035	65,00	67,00	67,00

Ergebnisse

Schon bald nach dem Start der Reform beginnt diese zu wirken (etwa ab 2020). Die Haushalte antizipieren, dass sie länger arbeiten müssen bzw. einen Rentenabschlag hinzunehmen haben. Folglich erhöhen sie tendenziell ihr Arbeitsangebot (da die Effekte nur gering sind, werden sie in Tabelle 4.19 nicht ausgewiesen) und bilden mehr Ersparnisse für den Ruhestand, um ihr Konsumniveau aufrechterhalten zu können bzw. sich nicht zu sehr einschränken zu müssen. Durch die erhöhte Spartätigkeit – die Sparquote liegt zwischen 2004 und 2030 um 0,1 bis 0,3 Prozentpunkte über der des Basispfads – steigen mittelfristig Kapitalstock und Produktion. Während die Produktion in der langen Frist wieder auf das Niveau des Basispfads zurückgeht, bleibt der höhere Kapitalstock auch langfristig bestehen. Zwar bleibt der Kapitalpreis weitgehend unverändert (nicht in der Tabelle ausgewiesen), die sinkende Kapitalproduktivität schlägt sich jedoch mittel- und langfristig in einem 0,1 bis 0,2 Prozentpunkte geringeren Zinssatz nieder. Dadurch vermindern sich die Zinszahlungen auf den staatlichen Schuldenstand, so dass der öffentliche Haushalt entlastet wird und die Konsumsteuer gesenkt werden kann. Dazu tragen auch die infolge der zunehmenden Produktion steigenden Steuereinnahmen bei. Gleichzeitig sinken die Ausgaben der Rentenversicherung durch die steigenden Rentenabschläge, was sich zunehmend in einem niedrigeren GRV-Beitrag niederschlägt. Im Jahr 2020 liegt dieser um 0,2 Prozentpunkte unter dem Basisniveau, bis 2050 verstärkt sich die Differenz deutlich auf 1,5 Prozenpunkte und bleibt auch langfristig bestehen. Dagegen kommt es bei der gesetzlichen Kranken- und Pflegeversicherung langfristig sogar zu (geringen) Beitragssatzerhöhungen, weil das Arbeitsangebot der gesetzlich versicherten Einkommensklassen ab 2050 etwas zurückgeht, der gestiegene Lohnsatz diesen Effekt auf die Bemessungsgrundlage aber nicht kompensieren kann.

Tabelle 4.19: Makroökonomische Effekte der „Rente mit 67“

Jahr	Volkseink.-index	Kapitalstock-index	Lohnindex	Zinssatz	Beitragssätze GRV	GKV	GPV	Konsumsteuer	Erbsch.-index
2004	1,00	1,00	1,00	6,8	19,5	14,3	1,7	15,9	1,00
2010	1,07	1,05	0,99	6,3	19,3	14,9	2,0	15,6	0,88
2020	1,14	1,15	1,00	5,9	20,7	16,5	2,5	16,4	1,00
2030	1,19	1,22	1,01	5,8	23,2	18,1	3,0	17,5	0,96
2040	1,25	1,26	1,00	6,3	22,9	19,6	4,0	18,5	1,01
2050	1,30	1,29	1,00	6,6	23,5	20,2	4,5	19,5	0,84
2075	1,45	1,39	0,99	6,9	23,2	20,4	4,5	21,2	0,94
2100	1,70	1,56	0,97	7,1	21,9	20,3	4,2	22,9	1,04

Nach der Betrachtung der Makroeffekte wenden wir uns wieder den Wohlfahrtseffekten der Reform zu (Tabelle 4.20). Die älteren, zumeist schon in Rente befindlichen Jahrgänge profitieren durchgängig von der Reform (bzw. deren Ankündigungswirkungen), insbesondere von der gesunkenen Konsumsteuer. Aber auch die

Generationen 1947 bis 1955, die selbst schon eine Erhöhung des Renteneintrittsalters hinnnehmen müssen, gewinnen, weil die niedrigeren Rentenbeiträge und Konsumsteuern die (relativ geringen) negativen Wirkungen der Rentenabschläge überkompensieren. Bei den später Geborenen überwiegen dagegen (bis zum Jahrgang 1985) die Nachteile durch steigende Rentenabschläge. Erst die jüngeren und zukünftigen Generationen verzeichnen wieder Wohlfahrtsgewinne, die mit der Zeit sogar zunehmen. Dies ist auf das langfristig (ab 2050) im Vergleich zum Basisfall leicht steigende Lohnniveau und die dauerhaft sinkenden Rentenbeiträge zurückzuführen, ebenso wie auf den niedrigeren Konsumsteuersatz.

Tabelle 4.20: Wohlfahrtseffekte der „Rente mit 67"

	Wohlfahrtseffekte		
	obere	mittlere	untere
Geburtsjahr	Einkommensklasse		
1920	0,04	0,04	0,05
1930	0,05	0,05	0,06
1940	0,06	0,06	0,08
1950	0,07	0,08	0,10
1960	-0,09	-0,07	-0,10
1970	-0,14	-0,15	-0,20
1980	-0,05	-0,05	-0,07
1990	0,05	0,04	0,05
2000	0,20	0,19	0,25
2010	0,34	0,33	0,42
2020	0,45	0,43	0,54
2030	0,51	0,49	0,60

Die Wohlfahrtseffekte in der oberen und mittleren Einkommensklasse unterscheiden sich nur geringfügig, während sie bei der unteren Einkommensklasse durchgehend stärker ausfallen. Dies liegt daran, dass die Haushalte dieser Klasse aufgrund ihrer geringen beruflichen Qualifikation nur einen sehr niedrigen Lohn erzielen und daher die Rentenabschläge nur in geringem Maße durch Mehrarbeit während des Erwerbslebens ausgleichen können.[135] Die Wohlfahrtsverluste durch die deutlich geschmälerte Rente (z.B. bezieht ein 1969 Geborener der niedrigqualifizierten Klasse im Jahr 2030 nach der Reform nur noch 4.729 Euro Jahresrente statt 5.079 Euro im Basislauf) können auch durch den geringeren Rentenversicherungsbeitrag nicht ausgeglichen werden.

[135] Zwar erleiden beispielsweise alle Mitglieder des Jahrgangs 1969 im Jahr 2030 eine Renteneinbuße von rund 7 % (verglichen mit dem gleichen Jahr im Basisfall). Um dieser Kürzung annähernd entgegenzuwirken, arbeitet allerdings ein Haushalt dieses Jahrgangs im Jahr 2010 0,34 % mehr, wenn er zur unteren Klasse gehört, 0,27 % mehr als Mitglied der mittleren Klasse und nur 0,25 % zusätzlich, wenn er zur Topeinkommensklasse gehört.

Das Simulationsergebnis legt also den Schluss nahe, dass die Anhebung des Renteneintrittsalters (zusammen mit dem bereits im Basisfall eingeführten und daher auch in dieser Reform enthaltenen Nachhaltigkeitsfaktor) zur Verbesserung der langfristigen Finanzierbarkeit der gesetzlichen Rentenversicherung beiträgt. Zwar werden in der Modellrechnung beide Zielvorgaben des RENTENVERSICHERUNGS-NACHHALTIGKEITSGESETZES (2004) knapp verfehlt: Der Beitragssatz übersteigt im Jahr 2020 das Ziel von 20 % um 0,7 Prozentpunkte und im Jahr 2030 das Ziel von 22 % um 1,2 Prozentpunkte. Daneben wird das angestrebte Nettorentenniveau von 46 % im Modell im Jahr 2020 um 0,3 Prozentpunkte unterschritten und im Jahr 2030 (Ziel 43 %) um 2,2 Prozentpunkte. Während im Modell die Effekte der „Rente mit 67" ausschließlich über die Inkaufnahme höherer Abschläge erfasst werden, ist in der Realität aber zu erwarten, dass ein Teil der Menschen tatsächlich länger arbeitet. Für die öffentlichen Budgets ergäbe sich dann während der verlängerten Erwerbsphase auch ein positiver Effekt auf die Steuereinnahmen sowie auf die gesetzliche Kranken- und Pflegeversicherung, da Erwerbseinkommen eines Haushalts und folglich die absoluten Abgaben darauf in aller Regel höher sind als die Renteneinkommen.

An dieser Stelle ist einzuräumen, dass die hier vorliegende Modellierung einen – in der Realität existierenden - Zusammenhang zwischen der Anhebung der Regelaltersgrenze und dem Nachhaltigkeitsfaktor ausblendet. Wie in Abschnitt 2.2.3.3 in der Erläuterung zur Gleichung (88) erwähnt, werden die Rentnerquotienten in der Praxis aus dem Verhältnis von „Äquivalenz-Rentnern" zu „Äquivalenz-Beitragszahlern" ermittelt. Diese bestimmen sich nicht nicht aus den realen Besetzungen der Rentner- und Erwerbstätigengenerationen, sondern über ein Ausgaben-Einkommens-Konstrukt, indem man die Rentenausgaben durch die Standardrente teilt. Die Äquivalenz-Beitragszahler stellt man fest durch Division der gesamten verbeitragten Einkommen durch das durchschnittliche Versichertenentgelt. Dabei errechnen sich die verbeitragten Einkommen aus den Beiträgen der versicherungspflichtig Beschäftigten, der geringfügig Beschäftigten und der Bezieher von Arbeitslosengeld, geteilt durch den Rentenbeitragssatz (BUNDESMINISTERIUM FÜR ARBEIT UND SOZIALES 2006). Im Modell dagegen werden die in den Rentnerquotienten eingehenden Erwerbstätigen und Rentner aus der Besetzung der Altersklassen von 21 Jahren bis zum tatsächlichen Renteneintrittsalter bzw. ab dem Renteneintrittsalter bis zum Alter von 90 Jahren ermittelt. Diese Vorgehensweise wurde gewählt, damit sich der Nachhaltigkeitsfaktor in allen Simulationen (außer bei Veränderungen der demographischen Struktur) gleich entwickelt und die Wirkungen verschiedener Reformen auf Lohnsatz und Beschäftigung nicht durch den Nachhaltigkeitsfaktor „verwässert" werden.

Kommen nun in der Realität infolge einer Erhöhung des gesetzlichen Renteneintrittsalters weniger (Äquivalenz-)Rentner auf mehr (Äquivalenz-)Beitragszahler und zwar unabhängig davon, ob die Individuen tatsächlich länger arbeiten oder Abschläge in Kauf nehmen, verbessert dies den Rentnerquotienten tendenziell. Die tatsächlich länger arbeitenden Haushalte sammeln mehr Entgeltpunkte und erwerben somit höhere Rentenansprüche als ohne eine Erhöhung der Regelaltersgrenze. Der Nachhaltigkeitsfaktor würde in der Folge weniger bremsend wirken. Damit dürfte in der Realität der Beitragssatz nach einer Anhebung des Renteneintrittsalters höher liegen, als in Tabelle 4.19 ausgewiesen. Berechnungen des SOZIALBEIRATS (2006, S. 8) ergeben, dass sich die Beitragssatzentlastung der Rente mit 67 nur auf etwa 0,5 Prozentpunkte beläuft, d.h. etwa die Hälfte der Beitragssatzminderung durch den Nachhaltigkeitsfaktor wieder kompensiert wird. Auch WERDING weist auf diesen Zusammenhang hin, wenngleich die Beitragssatzdifferenz der Szenarien ohne und mit Erhöhung des Renteneintrittsalters (mit Nachhaltigkeitsfaktor) in seiner Projektion größer ist (2006, S. 49).

Während die in der vorliegenden Arbeit gewählte Modellierung des Nachhaltigkeitsfaktors den GRV-Beitragssatz etwas zu stark dämpft, führt die Nichtberücksichtigung der Leistungen des Bundes an die GRV zu einem umgekehrten Effekt. Tatsächlich betragen diese etwa ein Drittel der Rentenausgaben (BUNDESMINISTERIUM DER FINANZEN 2006a, S. 19, DEUTSCHE RENTENVERSICHERUNG BUND 2006, S. 20) und tragen somit maßgeblich zur Stabilisierung des Beitragssatzes bei.

4.4 Wie kann ein Steuersystem demographiefest ausgestaltet werden?

Wie sich in den Kapiteln 2 (vgl. Abbildung 2.3), 3 und den vorangegangenen Analysen in Kapitel 4 zeigte, betrifft der demographische Wandel nicht nur – wenn auch in besonderem Maße – die Systeme der sozialen Sicherung, sondern auch das Steuersystem. Etwas weniger als die Hälfte des Steueraufkommens resultiert aus direkten Steuern (BUNDESMINISTERIUM DER FINANZEN 2006b, S. 112). Da die Bemessungsgrundlage auf dem Einkommen und damit einer Pro-Kopf-Größe basiert, wird die Entwicklung der Steuerquote durch eine schrumpfende Bevölkerung beeinflusst. Allerdings kann dies durch Produktivitätsfortschritte kompensiert werden. Die Entwicklung des Steueraufkommens sieht beispielsweise LOEFFELHOLZ (2003) daher weniger durch das Niveau als vielmehr durch die sich ungünstig entwickelnde Altersstruktur der Steuerzahler beeinflusst. Dies wird unmittelbar klar, wenn man die Steuerzahlungen eines Individuums über seinen Lebenszyklus betrachtet. Während Einkommensteuern – insbesondere die Lohnsteuer – vorwiegend während der Erwerbsphase entrichtet werden und in dieser Zeit die quantitativ bedeutendsten Steuern eines Haushalts sind, verteilen sich die Verbrauch- und Umsatzsteuerzahlungen wesentlich gleichmäßiger über die Lebenszeit und dominieren im Alter. Bei abnehmendem Anteil der Erwerbstätigen und Zunahme der Rentner wird damit tendenziell das Aufkommen aus der (direkten) Lohn- bzw. Einkommensteuer zurückgehen, während die (indirekten) Umsatz- und Verbrauchsteuern an Bedeutung gewinnen (vgl. Abschnitt 2.2.3).

Demographieorientierte Steuerpolitik sollte daher frühzeitig das Steuersystem so umgestalten, dass ein Wegbrechen des Steueraufkommens infolge der demographischen Veränderungen in der Gesellschaft verhindert wird. Wie dies geschehen soll, ist indes nicht ohne weiteres zu beantworten. So kann es sich einerseits empfehlen, bei abnehmenden Erwerbstätigenanteilen die Besteuerung mehr auf die indirekten Steuern zu konzentrieren und damit automatisch verstärkt Ruheständler steuerlich heranzuziehen. In einer solchen Verlagerung des Steueraufkommens hin zu den indirekten Steuern sieht auch LOEFFELHOLZ (2003) einen wesentlichen Baustein eines demographiefesten Steuersystems. Dieses Ziel könnte man aber auch gerade zu erreichen suchen, indem Ruheständler verstärkt der Einkommensteuer und damit einer direkten Besteuerung unterworfen werden. Gleichzeitig ist aus dem fiskalischen Interesse einer Aufkommensstabilisierung eine zu starke Konzentration auf einzelne Steuerarten und Steuerzahlergruppen zu vermeiden. Auch ist zu berücksichtigen, dass direkte Steuern als die „gerechteren“ Steuern gelten, da sie sich auf die individuellen Einkommensverhältnisse beziehen, während Konsumsteuern an der Art und dem Volumen des persönlichen Konsums anknüpfen. Eine steuerliche Überbelastung von Einkommen kann zu adversen Beschäftigungsanreizen – und damit Aufkommenseffekten führen. Auf der anderen Seite trifft ein Übergewicht der Verbrauchsteuern und der Umsatzsteuer vor allem untere Einkommensgruppen, die einen hohen Anteil ihres Einkommens für Konsum ausgeben. Andererseits sind Konsumsteuern wiederum allokationstheoretisch zu bevorzugen, da sie weniger Verzerrungen hervorrufen. „*Ein tragfähiges steuerpolitisches Konzept muss deshalb auf eine Ausgewogenheit der beiden Steuergruppen achten*“ (ARBEITSGEMEINSCHAFT JUGEND UND BILDUNG und BUNDESMINISTERIUM DER FINANZEN 2006, S. 15).

Auch in den politischen Begründungen der Umsatzsteuererhöhung ab 2007 wurde teilweise der Hintergrund eines demographiefesteren Steuersystems angeführt (vgl. etwa FRANKFURTER ALLGEMEINE ZEITUNG 2006b). Eine Verlagerung auf die Konsumsteuer hat zudem den Vorteil, dass sie die intertemporalen Entscheidungen der Haushalte nicht verzerrt (vgl. FEHR 1999, S. 125 ff). Allerdings handelt es sich bei der aktuellen Erhöhung des Regelsatzes der Umsatzsteuer nicht um eine Verlagerung innerhalb des Steuersystems, d.h. die Erhöhung einer Steuer zugunsten der Senkung einer anderen. Stattdessen kommt das aus zwei zusätzlichen Prozentpunkten resultierende Aufkommen den Haushalten von Bund und Ländern zugute, während der dritte Prozentpunkt der Steuererhöhung für eine Senkung des Beitrags zur Arbeitslosenversicherung um zwei Prozentpunkte verwendet wird.

Ebenso wurde die im Jahr 2005 in Kraft getretene sukzessive Umstellung der Besteuerung von Alterseinkünften zu einem System der nachgelagerten Besteuerung unter anderem demographiepolitisch begründet, da in diesem System verstärkt die (Alters-)Einkünfte einer zunehmenden Bevölkerungsgruppe steuerlich belangt werden. Neben dieser Reform, die in Abschnitt 4.4.1 behandelt wird, untersuchen wir in Abschnitt 4.4.2 mit einer Reduzierung des Sparerfreibetrags eine kleinere steuerliche Maßnahme, die ebenfalls – wenn auch nicht unbedingt intendiert – eine demographierelevante Dimension besitzt.

4.4.1 Übergang zur nachgelagerten Besteuerung von Alterseinkünften

Bis zum Jahr 2004 galt eine unterschiedliche Besteuerung für Renten aus der gesetzlichen Rentenversicherung, berufsständischen Versorgungswerken und der landwirtschaftlichen Alterssicherung einerseits und Beamtenpensionen andererseits. Während Erstere nur mit dem (altersabhängigen) Ertragsanteil besteuert wurden, waren Letztere – abzüglich eines speziellen Versorgungsfreibetrags – in voller Höhe zu versteuern. Ein Übergang zu einer nachgelagerten Rentenbesteuerung war – teilweise wegen der steuerlichen Ungleichbehandlung von Alterseinkünften, aber auch aus steuersystematischen Gründen – von Wissenschaftlern schon seit langem gefordert worden (vgl. ANDEL 1997, LITTMANN 1993, ROSE 1999, BÖRSCH-SUPAN und LÜHRMANN 2000). Vor dem Hintergrund einer einheitlichen Steuersystematik lässt sich der Übergang zur nachgelagerten Besteuerung allerdings nicht eindeutig begründen, auch wenn diese Motivation häufig als Begründung angeführt wird. Denn wie WIEGARD (2000) oder auch SCHELLHORN (2000) zeigen, entspricht die nachgelagerte Besteuerung von Altersbezügen bei gleichzeitiger steuerlicher Freistellung der Rentenbeiträge einer zinsbereinigten Einkommensteuer. Diese zeichnet sich dadurch aus, dass Lohneinkommen vollumfänglich besteuert werden, während Zinseinkünfte steuerfrei bleiben. Sie ist im

Barwert wiederum äquivalent zu einer Konsumbesteuerung, weil die steuerliche Behandlung eines Einkommenszuflusses von dessen Verwendung abhängt (WIEGARD 2000). Da sich die deutsche Einkommensbesteuerung aber klassischerweise am Reinvermögenszugang orientiert, weicht eine nachgelagerte Besteuerung steuersystematisch vom traditionellen (synthetischen) System ab (WIEGARD 2000).

Wenn sich die nachgelagerte Besteuerung auch nicht ohne weiteres in das zuflussorientierte deutsche Steuersystem einfügt, so gibt es dennoch gute Gründe für sie: BÖRSCH-SUPAN und LÜHRMANN (2000) weisen darauf hin, dass die nachgelagerte Besteuerung von Ruhestandsbezügen deshalb eine adäquate Besteuerungsart ist, weil sie keine Verzerrung zwischen heutigem und zukünftigem Konsum hervorruft, also entscheidungsneutral ist. Als praktischen Vorteil führen sie die relativ unkomplizierte Erhebung an. Ein weiterer Grund für die Umstellung dürfte auch die Hoffnung von Entscheidungsträgern gewesen sein, das Steuersystem hierdurch demographiefester zu machen (vgl. etwa KLÖS und KROKER 2005). Der Übergang zur nachgelagerten Besteuerung bedeutet für den Fiskus nun den Verzicht auf einen Teil des Steueraufkommens aus Erwerbstätigkeit zugunsten eines höheren Aufkommens aus Bezügen der Ruhestandsphase. Es kann daher vermutet werden, dass eine Steuerpflicht der Ruheständler bei einem gleichzeitigen Anstieg ihres Anteils an der Bevölkerung möglicherweise zu einer Verstetigung des Steueraufkommens beiträgt.

Die mittlerweile auf den Weg gebrachte Reform der Besteuerung von Alterseinkünften wurde trotz vielseitiger Befürwortung von Wissenschaft und Politik letztlich erst durch ein Urteil des Bundesverfassungsgerichts im März 2002 angestoßen (BUNDESVERFASSUNGSGERICHT 2002). Das Gericht hatte befunden, dass die ungleiche Besteuerung gegen das Gleichheitsgebot nach Art. 3 des Grundgesetzes verstoße, und verpflichtete den Gesetzgeber zu einer verfassungskonformen Neuregelung. Daraufhin setzte die Bundesregierung die „Sachverständigenkommission zur Neuordnung der steuerrechtlichen Behandlung von Altersvorsorgeaufwendungen und Altersbezügen“ ein. Diese sollte Vorschläge für die Ausgestaltung eines neuen Systems unterbreiten, das die Vorgaben des Gerichts berücksichtigen sollte. Die Kommission legte im März 2003 ihren Abschlussbericht vor (SACHVERSTÄNDIGENKOMMISSION 2003). Das im Jahr 2005 in Kraft getretene ALTERSEINKÜNFTEGESETZ (2004) basiert maßgeblich auf den Kommissionsvorschlägen. Durch die im ALTERSEINKÜNFTEGESETZ vorgesehene nachgelagerte Besteuerung soll langfristig eine gleiche steuerliche Behandlung von Renten, Pensionen und anderen Altersbezügen erreicht werden. Nach vollständiger Implementierung der Reform werden Alterseinkünfte in Zukunft voll besteuert, während Altersvorsorgebeiträge steuerfrei bleiben. Die Umsetzung erfolgt schrittweise bis zum Jahr 2040. Dazu werden seit Januar 2005, dem ersten Jahr der Reform, Beiträge von Erwerbstätigen zur Altersvorsorge zu 60 % von der Einkommensteuer befreit. Da auf den Arbeitgeberanteil schon bisher keine Steuern zu entrichten waren, ist dabei der Arbeitnehmeranteil an den Altersvorsorgebeiträgen nur noch soweit steuerlich zu entlasten, dass insgesamt 60 % der Beiträge steuerfrei gestellt werden. Daher werden 20 % der Arbeitnehmerbeiträge von der Bemessungsgrundlage abgezogen. In den folgenden Jahren wird der steuerfreie Anteil der Arbeitnehmerbeiträge jährlich um 4 Prozentpunkte angehoben (bzw. der Gesamtbeitrag um 2 Prozentpunkte), bis schließlich im Jahr 2025 die Beiträge zur Altersvorsorge vollständig von der Einkommensteuer befreit sind.

Das systematische Pendant zur schrittweisen Steuerentlastung während der Erwerbstätigkeit ist die zunehmende Belastung der Alterseinkünfte. Im Jahr 2005 wird der (bisher rein altersabhängige) zu versteuernde Ertragsanteil einer Rente ersetzt durch einen Besteuerungsanteil von 50 %. Dies gilt sowohl für Rentenzugänge als auch für Bestandsrentner. Der bisherige Ertragsanteil betrug beim Renteneintritt im Alter von 65 Jahren 27 % und nahm mit sinkendem Renteneintrittsalter zu. Ein Ertragsanteil von 50 % war allerdings nur bei einem Renteneintritt mit 43 Jahren, also in den seltensten Fällen, zu entrichten. Im neuen System steigt der zu versteuernde Anteil der Altersbezüge bis zum Jahr 2020 um jährlich 2 Prozentpunkte und von 2021 bis 2040 um jährlich einen Prozentpunkt, so dass die Rentenbezüge ab dem Jahr 2040 zu 100 % steuerpflichtig sind. Der steuerfreie Teil der Alterseinkünfte für Zugangsrentner und Bestandsrentner wird im Reformjahr in einen Freibetrag umgerechnet und über die gesamte Rentenbezugsdauer individuell konstant gehalten. Gleiches gilt, jeweils mit einem höhereren Besteuerungsanteil, für die Rentenzugänge der Folgejahre. Bei steigenden Renten sinkt damit der steuerfreie Anteil im Verlauf des Rentenbezugebs.

Bevor wir uns der konkreten Modellierung der Reform zuwenden, sei angemerkt, dass wir in unserem Modell nicht die Wirkungen auf unterschiedliche Berufsstandsgruppen untersuchen können, weil nur Arbeitnehmer betrachtet werden. Eine Analyse der Reformwirkungen differenziert nach Arbeitnehmern, Beamten und Selbständigen findet sich aber beispielsweise bei FEHR und JESS (2007). Sie untersuchen in einem ähnlichen Modellrahmen wie dem hier verwendeten verschiedene Übergangsvarianten zur nachgelagerten Besteuerung und zeigen, dass sich (insbesondere die besserverdienenden) Arbeitnehmer durch die Reform tendenziell besserstellen, während Beamte und – noch stärker – Selbständige zu den Verlierern gehören. Wir beschäftigen uns hier jedoch ausschließlich mit den Verteilungswirkungen, die der Übergang zur nachgelagerten Besteuerung in der Analyse der Arbeitnehmerhaushalte zwischen den verschiedenen Einkommensklassen sowie zwischen den Generationen auslöst.

Modellierung des Übergangs zur nachgelagerten Besteuerung

Aus Gründen der Vergleichbarkeit und zur Eliminierung von Ankündigungseffekten starten wir die Reform - wie bei allen anderen Reformsimulationen - bereits im Jahr 2004. Arbeitnehmer können daher in diesem Jahr 20 % ihrer Altersvorsorgebeiträge steuerfrei stellen, im Jahr 2005 24 % etc., bis die Beiträge ab dem Jahr 2024 zu 100 % abzugsfähig sind. Die sonstigen Vorsorgeaufwendungen für Kranken- und Pflegeversicherung werden - getrennt von den Altersvorsorgeaufwendungen - auf 1.500 Euro begrenzt. Für Arbeitnehmer sind von den tatsächlichen Vorsorgeaufwendungen $IP(\cdot)$ (im Basisfall mit Gleichung (68) beschrieben) nun im Rahmen der nachgelagerten Besteuerung (Index NB) steuerlich abzugsfähig:

$$\begin{aligned} Aip^{NB}(a,i,s,k,l) &= min\{[\tau^h(i,k)+\tau^{lc}(i,k)]\ W(\cdot)+z^{hc}(a,i,k);\ 1.500\}\ + \\ & \quad z^{lc}(i,k)+min[(i-1999)\ 0,04;\ 1]\ \tau^p(\cdot)\ W(\cdot). \qquad (122) \end{aligned}$$

Um zu verhindern, dass sich Haushalte mittelfristig durch die Reform wesentlich schlechterstellen, gewährt das ALTERSEINKÜNFTEGESETZ bis zum Jahr 2015 eine Günstigerprüfung. Hätte also ein Erwerbstätiger im Basisfall (nach Gleichung (72)) einen höheren Vorsorgebeitrag steuerlich absetzen können als nach der Reform, darf er die nach altem Recht abzugsfähigen Beiträge absetzen. Weil die Reform im Modell schon in 2004 startet, lassen wir auch die Günstigerprüfung bereits nach 2014 auslaufen. Die rechnerisch nach Gleichung (122) ermittelten steuerlich abzugsfähigen Vorsorgeaufwendungen sind daher zeitlich zu differenzieren:

$$Aip^{NB}(a,i,s,k,l)=\begin{cases} max[Aip(\cdot);Aip^{NB}] & \text{falls} \quad i<2014 \\ Aip^{NB}(\cdot) & \text{falls} \quad i\geq 2014. \end{cases} \qquad (123)$$

Rentner dagegen haben nun ihre Altersbezüge mit einem Anteil zu versteuern, der von 50 % im Jahr 2004 auf 80 % im Jahr 2019 und auf 100 % im Jahr 2039 steigt. Wir verwenden für den zu versteuernden Anteil die Variable $\varsigma(z)$, welche im Basisfall den (steuerpflichtigen) Ertragsanteil angibt und sich für Zugangsrentner im Jahr z bzw. für Bestandsrentner im Jahr 2004 folgendermaßen bestimmt:

$$\varsigma(z) = \begin{cases} 0,5 + 0,02(z - 2004) & \text{für} \quad z < 2020 \\ 0,8 + 0,01(z - 2019) & \text{für} \quad 2020 \leq z < 2040 \\ 1 & \text{sonst.} \end{cases} \tag{124}$$

Zu beachten ist dabei, wie erwähnt, dass der steuerfreie Teil individuell in einen Freibetrag umgewandelt wird, der bis ans Lebensende konstant bleibt.

Ergebnisse

Durch die zunehmende steuerliche Freistellung von Vorsorgeaufwendungen sinkt der Lohnsteuersatz. Man würde zunächst vermuten, dass die Haushalte nun einen Anreiz haben, ihr Arbeitsangebot auszuweiten. Allerdings nimmt im Zeitablauf (bis 2025) die Steuerentlastung weiterhin zu, so dass es sich für junge Haushalte lohnt, ihr Arbeitsangebot intertemporal zu verlagern, d.h. statt in jungen eher in späteren Jahren mehr zu arbeiten. Dies gilt aber nur für besserverdienende Haushalte, da nur für diese die verbesserte steuerliche Absetzbarkeit von Vorsorgeaufwendungen spürbar wird. Insgesamt sind die Effekte auf das Arbeitsangebot nur gering. Im Zusammenspiel mit den gesunkenen Lohnsteuersätzen sinkt daher das Lohnsteueraufkommen deutlich ab. Zum Ausgleich des staatlichen Budgets wird daher die Konsumsteuer auch schon kurzfristig deutlich angehoben. Bereits im Jahr 2010 liegt diese um 0,6 Prozentpunkte über dem Wert des Basisfalls, im Jahr 2020 beträgt die Differenz bereits 1,5 Prozentpunkte und 2030 sogar 2 Prozentpunkte. Die Haushalte versuchen, die steigende Steuerbelastung im Alter über eine erhöhte Spartätigkeit in früheren Jahren abzufangen, was durch den Konsumsteueranstieg allerdings erschwert wird. Es resultieren eine verstärkte Kapitalakkumulation und ein höherer Output. Auch die geringere Belastung der Arbeitseinkommen wirkt sich positiv auf die Ersparnisbildung aus. Folglich steigt mittelfristig (ab 2030) der Kapitalpreisindex leicht an, so dass der Zinssatz sinkt (auch langfristig). Da Kapitalstock und Output (v.a. mittel- und langfristig) ausgeweitet werden, wird mehr Arbeit nachgefragt, was (bei nur sehr geringem Beschäftigungsanstieg) zu leicht steigenden Löhnen führt. Diese makroökonomischen Entwicklungen ziehen aber nur sehr geringe Entlastungen der Sozialversicherungen nach sich: Der Beitragssatz zur gesetzlichen Rentenversicherung sinkt erst sehr langfristig, der Krankenversicherungsbeitrag bereits in der mittleren Frist. Interessant ist nun, ob die Reform tatsächlich den Anspruch erfül-

Tabelle 4.21: Makroökonomische Effekte des Übergangs zur nachgelagerten Besteuerung

Jahr	Volks-eink.-index	Kapi-tal-stock-index	Be-schäfti-gungs-index	Kapi-tal-preis-index	Lohn-index	Zins-satz	Beitragssätze GRV	GKV	GPV
2004	1,00	1,00	1,00	1,00	1,00	6,8	19,5	14,3	1,7
2010	1,07	1,05	1,08	1,01	1,00	6,3	19,3	14,9	2,0
2020	1,14	1,15	1,14	1,00	1,00	6,0	20,9	16,5	2,5
2030	1,19	1,22	1,17	0,98	1,01	5,8	23,9	18,1	3,0
2040	1,26	1,27	1,25	0,96	1,00	6,3	24,1	19,5	4,0
2050	1,30	1,30	1,30	0,95	1,00	6,6	25,0	20,0	4,5
2075	1,45	1,40	1,47	0,96	0,99	6,9	24,7	20,1	4,4
2100	1,71	1,57	1,75	0,98	0,97	7,1	23,3	20,0	4,2

Jahr	Konsum-steuer-satz	Erb-schafts-index
2004	16,0	1,00
2010	16,2	0,88
2020	18,0	1,01
2030	19,7	0,97
2040	20,5	1,02
2050	21,4	0,83
2075	22,9	0,94
2100	24,4	1,04

len kann, zu einer Verstetigung des Steueraufkommens im Zeitablauf beizutragen und so das Steuersystem demographieresistenter zu machen. Dazu vergleichen wir die Steueraufkommensquoten vor und nach der Reform. Abbildung 4.2 zeigt zunächst die Gesamt-Steuerquote, also das Steueraufkommen zum Bruttoinlandsprodukt. Wie auch im Basisfall nimmt die Steuerquote nach der Reform im Zeitablauf zu, sie bleibt jedoch fast durchgängig hinter dem Basislauf zurück. Lediglich in einigen Anfangsjahren generiert die Reform ein höheres Steueraufkommen. Dies ist vor allem auf die in diesem Zeitfenster teilweise höheren Löhne zurückzuführen. Disaggregiert man das Steueraufkommen in direkte (Lohnsteuer, Kapitaleinkommensteuer, Körperschaftsteuer und Erbschaftsteuer) und indirekte Steuern (Konsumsteuer) und stellt sie graphisch dar (Abbildungen 4.3 und 4.4), wird die drastische Erhöhung der Konsumsteuer sichtbar, die nötig ist um das Wegbrechen der direkten Steuern aufzufangen. Gerade der starke Rückgang der direkten Steuern überrascht zunächst – würde man doch intuitiv vermuten, dass die zunehmende Steuerpflicht der (zahlreicher werdenden) Rentner das Gegenteil bewirkt. Die Ursache für diese Entwicklung liegt allerdings in der ansteigen-

Abbildung 4.2: Steuerquote (Gesamtsteueraufkommen zum Volkseinkommen in %)

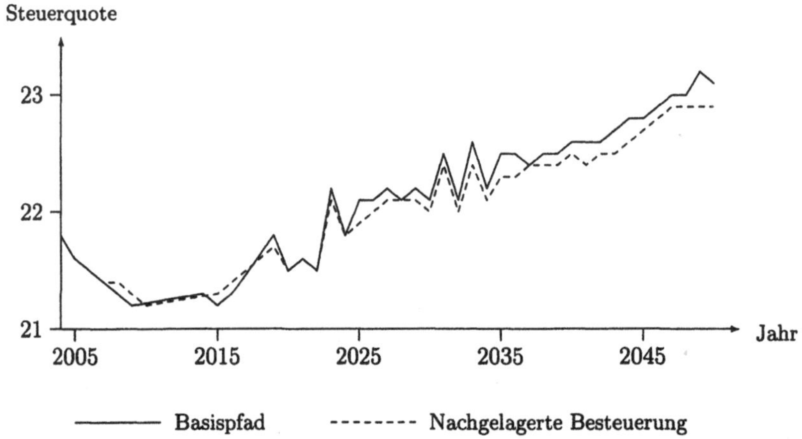

den Abzugsfähigkeit von Altersvorsorgeaufwendungen in Kombination mit den demographiebedingt stark anschwellenden Rentenbeitragssätzen. Damit können die Haushalte die Belastung teilweise über das Rentensystem auf das Steuersystem abwälzen. Natürlich tragen sie einen Teil dessen über den massiv steigenden Konsumsteuersatz selbst. Dies erklärt auch den in Abbildung 4.4 veranschaulichten steigenden Anteil der indirekten Steuern am Bruttoinlandsprodukt. Besonders deutlich wird die Veränderung der Steueraufkommensstruktur bei Betrachtung der Anteile direkter und indirekter Steuern am gesamten Steueraufkommen. Analog zur Darstellungsweise in Abbildung 2.3 ergibt sich die in Abbildung 4.5 gezeigte zukünftige Entwicklung der Steuerstruktur vor und nach der Reform der Alterseinkünftebesteuerung. In Abbildung 2.3 hatte sich am aktuellen statistischen Rand bzw. in den Schätzungen des Arbeitskreises „Steuerschätzungen" (vgl. BUNDESMINISTERIUM DER FINANZEN 2006a, S. 141) für die Jahre 2006 und 2007 ein Bedeutungszuwachs der indirekten Steuern am Steueraufkommen angedeutet. Wie die Abbildung 4.5 deutlich macht, wird diese Tendenz durch die Modellergebnisse nicht nur bestätigt, sondern in der Zukunft (bereits im Basisfall des Modells) noch deutlich verstärkt. Durch den Übergang zur nachgelagerten Besteuerung von Alterseinkünften wird die Spreizung der Steuerstruktur sogar noch ganz erheblich intensiviert.

Von einer zunehmenden Verstetigung des Steueraufkommens im Sinne einer gleichmäßigeren Verteilung des Aufkommens auf direkte und indirekte Steuern im Zuge

Abbildung 4.3: Anteil der direkten Steuern am Bruttoinlandsprodukt (in %) vor und nach dem Übergang zur nachgelagerten Besteuerung

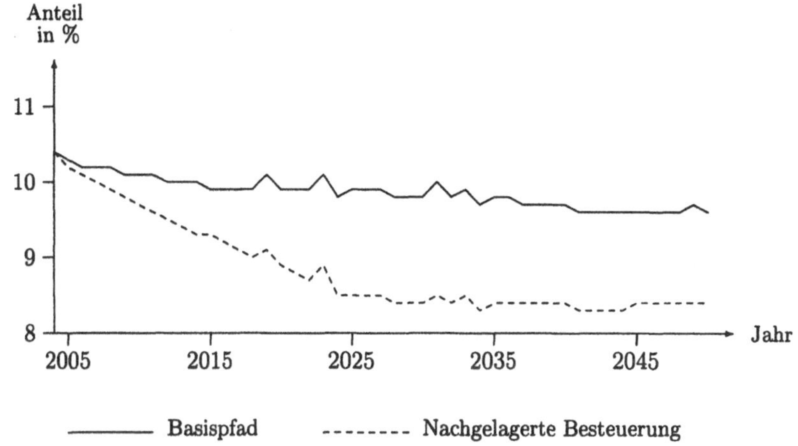

der Reform der Alterseinkünftebesteuerung kann also nicht gesprochen werden. Die absolute Aufkommensentwicklung wird durch die nachgelagerte Besteuerung aber auch nicht besonders gefährdet. Die Beurteilung dieser Steuerreform hängt letztlich aber entscheidend von der Finanzierungsform ab. Zu prüfen wären daher also auch alternative Finanzierungsformen.

Anzumerken ist, dass der starke Rückgang des Aufkommens aus direkten Steuern bzw. der Anstieg der indirekten Steuern auch modellbedingt überzeichnet ist. Da in unserem Modell Kapital- und Lohneinkommen bzw. Altersrenten getrennt besteuert werden, werden die Effekte der nachgelagerten Besteuerung nicht vollständig erfasst. Gerade über Einkünfte aus Immobilien- und Kapitalvermögen, aber auch aus Betriebsrenten, ist ein erheblicher Aufkommenseffekt zu erwarten, der hier nicht abgebildet werden kann. Eine Untersuchung des DIW im Rahmen eines Mikrosimulationsmodells ergibt, dass die Aufkommenseffekte erheblich von der zu erwartenden Bevölkerungs- und Einkommensentwicklung abhängen (BUSLEI, STEINER 2006). In der Übergangszeit werden aber in jedem Fall deutliche Aufkommenseinbußen erwartet. Bereits im Jahr 2005 werden die Steuerausfälle durch die Reform mit 1,2 Mrd. Euro angegeben (BUSLEI, STEINER 2006). Bis zur vollständigen Freistellung der Vorsorgeaufwendungen im Jahr 2025 steigen die Ausfälle sogar auf rund 11 Mrd. Euro an. Erst danach kommt es zu einer leichten Erholung. Ein positiver Aufkommenseffekt (rd. 2 Mrd. Euro) stellt sich demnach erst um das Jahr 2050 ein (BUSLEI, STEINER 2006).

Abbildung 4.4: Anteil der indirekten Steuern am Bruttoinlandsprodukt (in %) vor und nach dem Übergang zur nachgelagerten Besteuerung

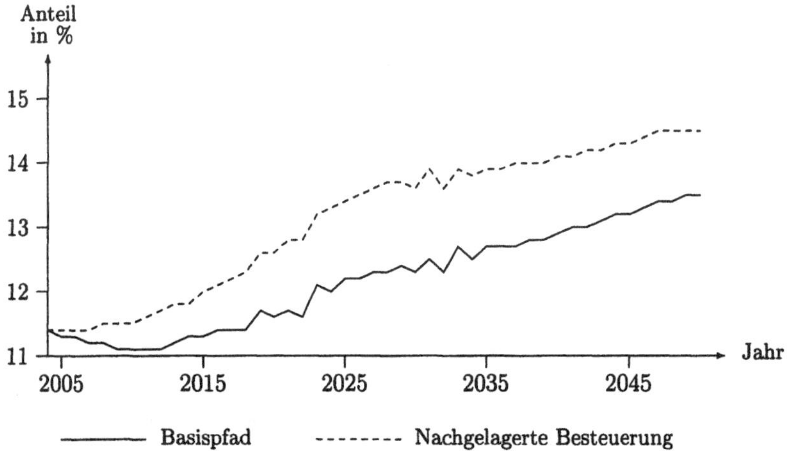

Wenden wir uns nun den – in Tabelle 4.22 wiedergegebenen – Wohlfahrtseffekten der Reform zu. Wie zu erwarten war, sind Rentner aufgrund der stärkeren Besteuerung durchgängig negativ von der Reform betroffen. Dies gilt auch dann, wenn – wie im Fall der unteren Einkommensklasse – die steuerpflichtige Rente auch nach der Reform unter dem Grundfreibetrag liegt, d.h. keine Steuer im Alter zu entrichten ist. Die höhere Konsumsteuer belastet diese Haushalte dennoch. Auch ein Teil der noch Erwerbstätigen, aber nicht mehr weit vom Ruhestand entfernten Haushalte gehört zu den Verlierern, weil sie von der Rentenbesteuerung betroffen sind, jedoch nicht mehr ausreichend die Freistellung ihrer Vorsorgebeiträge ausschöpfen können. Von der Freistellung profitieren die jüngeren und zukünftigen Jahrgänge der mittleren und oberen Einkommensklassen. Deren hohe Wohlfahrtsgewinne sind darauf zurückzuführen, dass die im Zeitablauf steigenden Rentenbeiträge nun steuerlich absetzbar sind und damit der Grenzsteuersatz dieser Einkommensgruppe erheblich sinkt. So liegt beispielsweise der marginale Steuersatz eines 45-jährigen Mitglieds der oberen Einkommensklasse im Jahr 2030 mit 41,6 % um gut 2 Prozentpunkte unter dem entsprechenden Wert im Basispfad (43,7 %). Dieser Effekt überkompensiert die gestiegene Steuerbelastung im Alter. Insgesamt lässt sich konstatieren, dass die Wohlfahrsgewinne umso höher ausfallen, je jünger und je reicher ein Individuum ist.

Die untere Einkommensklasse gehört dagegen durchgängig zu den Verlierern. Da das Einkommen dieser Klasse stets unter dem Grundfreibetrag liegt, zahlt sie we-

Abbildung 4.5: Anteil direkter und indirekter Steuern am Steueraufkommen im Basispfad und bei Übergang zur nachgelagerten Besteuerung

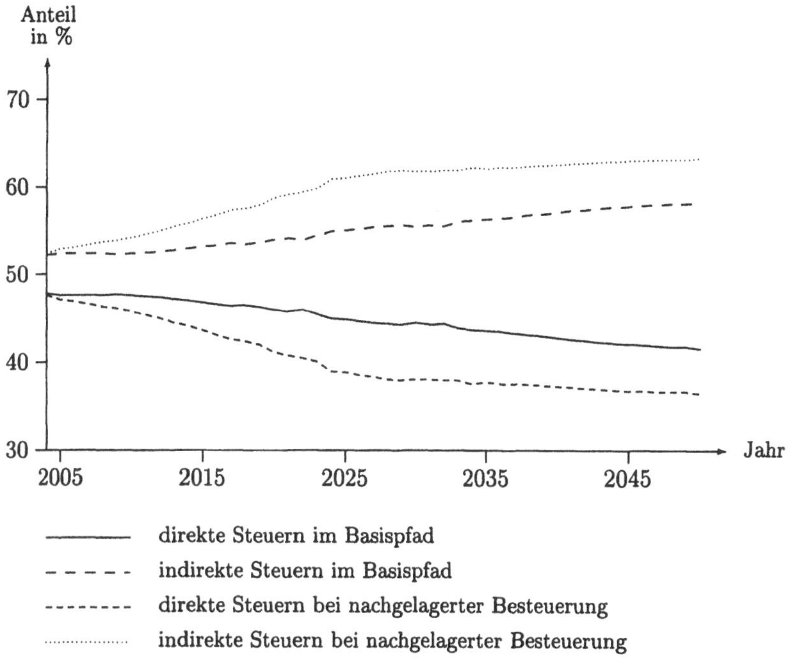

der im Basispfad noch nach der Reform Lohnsteuer und hat damit auch keinen Nutzen von der steuerlichen Freistellung der Altersvorsorgebeiträge. Sie partizipiert damit nicht an den Vorteilen der Reform, hat jedoch deren Auswirkungen in Form höherer Konsumsteuern zu tragen. Letztlich spiegeln die Wohlfahrtseffekte auch den deutschen Einkommensteuertarif wider, der in weiten Teilen mit zunehmendem Einkommen steigende Grenzsteuersätze impliziert. Im Umkehrschluss fällt die Entlastung einer Reform, die höhere steuerliche Abzugsbeträge gewährt, natürlich am stärksten bei jenen Haushalten aus, die besonders hohe Grenzsteuersätze aufweisen.

Die Günstigerprüfung in der Übergangszeit ist insbesondere für die Klassen 2 und 3 relevant, da diese unter dem alten System mehr Vorsorgeaufwendungen steuerlich absetzen konnten. Die Topeinkommensklasse profitiert von dieser Regelung jedoch nur in ganz wenigen Fällen. Eine vergleichende Simulation ohne Günstigerprüfung zeigt, dass der Konsumsteuersatz zwar sinken würde, weil das

Tabelle 4.22: Wohlfahrtseffekte eines Übergangs zur nachgelagerten Besteuerung

Geburtsjahr	Wohlfahrtseffekte obere Einkommensklasse	Wohlfahrtseffekte mittlere Einkommensklasse	Wohlfahrtseffekte untere Einkommensklasse
1920	-0,09	-0,07	-0,08
1930	-0,15	-0,14	-0,16
1940	-0,22	-0,22	-0,24
1950	-0,28	-0,27	-0,26
1960	-0,21	-0,31	-0,30
1970	0,04	-0,16	-0,33
1980	0,31	0,01	-0,38
1990	0,58	0,10	-0,51
2000	0,83	0,25	-0,59
2010	0,98	0,38	-0,51
2020	1,10	0,48	-0,43
2030	1,17	0,55	-0,37

Lohnsteueraufkommen steigt. Da aber infolge der höheren Lohnsteuer die Arbeitsanreize gedämpft werden, liegt auch der Beitrag zur GRV über dem Niveau der Simulation mit Günstigerprüfung. Da sich die Effekte teilweise aufheben, wäre auch weder für die obere noch für die anderen Einkommensklassen ein System ohne Günstigerprüfung unter Wohlfahrtsgesichtspunkten überlegen. In der Realität federt die Günstigerprüfung vor allem die systemwechselbedingten Härten bei den Beamten ab, weil besonders diese Gruppe sich durch den verminderten Vorsorgeabzug von Krankheits- und Pflegebeiträgen verschlechtern würde.

4.4.2 Variierung des Sparerfreibetrags

Das Vorhaben der großen Koalition, ab Januar 2007 den Sparerfreibetrag zu halbieren, stieß auf unterschiedliche Resonanz. Verschiedene Ökonomen und Steuerrechtler weisen seit langem darauf hin, dass der Freibetrag steuersystematisch einen Fremdkörper im System der weitgehend synthetischen Einkommensbesteuerung darstellt, da für seine Inanspruchnahme die Herkunft des Einkommens relevant ist (vgl. SCHINDLER 2000, BACH und WIEGARD 2002). Gegen eine Reduktion oder Abschaffung des Sparerfreibetrags wird vorgebracht, dass er eine inflationsausgleichende Funktion hat, die private Altersvorsorge stärken soll und den Aufwand der Steuerpflichtigen bei der Steuererklärung vermindert (vgl. DEUTSCHER BUNDESTAG 2006f). Da die Kapitaleinkommensbesteuerung anhand des Nennwerts einer Anlage in Verbindung mit dem Nominalzins erfolgt, unterliegt auch ein inflationsbedingter Anstieg der Bemessungsgrundlage der Steuer. Der

Freibetrag hat daher auch eine inflationsausgleichende Funktion, die mit abnehmendem Volumen des Freibetrags immer weniger erfüllt ist. Mit dem Zinsbesteuerungsurteil (BUNDESVERFASSUNGSGERICHT 1991) wurde dem Gesetzgeber daher auferlegt, die Inflationssensibilität von Kapitaleinkünften zu berücksichtigen. Nicht zuletzt aus diesem Grund wird auch von Seiten der Sparer die Reduktion des Sparerfreibetrags heftig kritisiert.

Von politischer Seite ist der Sparerfreibetrag seit jeher umstritten. Dabei hat er der Höhe nach – verglichen mit seinen früheren Dimensionen – mittlerweile eher Symbolcharakter. Unter der Kohl-Regierung war der Freibetrag infolge des Urteils des BUNDESVERFASSUNGSGERICHTES (1991) zur umfassenden Neuregelung der Besteuerung von Kapitaleinkünften im Jahr 1993 verzehnfacht worden und betrug von 1993 bis 1999 für allein Veranlagte umgerechnet etwas über 3.000 Euro. Unter dem SPD-Finanzminister Lafontaine wurde eine Halbierung des Freibetrags zum 1. Januar 2000 beschlossen. Dies war möglich, weil gleichzeitig weitere Freibeträge gestrichen bzw. abgesenkt wurden und somit das Gebot der gleichmäßigen Besteuerung verschiedener Einkunftsarten nach wie vor als erfüllt angesehen werden konnte. Mit der damaligen Halbierung des Sparerfreibetrags wurde (neben anderen Maßnahmen zur Verbreiterung der Bemessungsgrundlage) eine deutliche Absenkung des Einkommensteuertarifs finanziert. Vier Jahre später wurde der Sparerfreibetrag im Rahmen des HAUSHALTSBEGLEITGESETZES (2004) auf den bis Ende 2006 geltenden Betrag von 1.370 Euro (bei allein veranlagten Steuerpflichtigen) gesenkt. Die aktuell anstehende Reduktion des Sparerfreibetrags um gut 45 % auf nunmehr 750 Euro wurde im Jahr 2006 von der großen Koalition im Rahmen des STEUERÄNDERUNGSGESETZES 2007 beschlossen.

Die Kritik an der beschlossenen Freibetragssenkung hat verschiedene Gründe. Bemängelt wird neben dem erwähnten geringeren Inflationsschutz etwa, dass die Absenkung des Sparerfreibetrags die Anreize für die Ersparnisbildung der Haushalte mindere (DEUTSCHES AKTIENINSTITUT 2004). Die Bildung von privaten Rücklagen sei aber zur Kompensation des künftig sinkenden gesetzlichen Rentenniveaus notwendig und wird auch von staatlicher Seite im Rahmen der Riester-Rente über Zulagen bzw. einen steuerlichen Sonderausgabenabzug gefördert.

Hinterfragt werden kann auch, wie sich die Maßnahme in eine demographieorientierte Steuerpolitik einfügt. So wurden aktuelle steuerpolitische Maßnahmen (wie die Erhöhung der Mehrwertsteuer ab 2007) unter anderem damit begründet, die Besteuerung müsse im Hinblick auf die demographiefeste Ausgestaltung von Steuersystemen stärker von den direkten auf die indirekten Steuern umgestellt werden (FRANKFURTER ALLGEMEINE ZEITUNG 2006b). Die Senkung des Sparerfreibetrags bewirkt aber gerade eine Erhöhung der (direkten) Einkommensteuer. Als tatsächlicher Grund für die Maßnahme darf ohnehin hauptsächlich das Bestreben einer Verbreiterung der Bemessungsgrundlage vor dem Hintergrund der notwendigen Haushaltskonsolidierung vermutet werden. Gegenwärtig verursacht der Sparerfreibetrag jährliche Steuermindereinnahmen von insgesamt rund 1,9 Mrd. Euro (DEUTSCHER BUNDESTAG 2006c, S. 22). Seine (annähernde) Halbierung wird eine spürbare Einsparung bringen, die in den Gesetzesberatungen mit rund 750 Mio. Euro beziffert wurde (BUNDESRAT 2006, S. 13).

Neben steuer- und demographiepolitischen Argumenten spielen auch verteilungspolitische Entgegnungen eine Rolle. So etwa die Befürchtung, dass ein sinkender Sparerfreibetrag vor allem „Kleinsparer" treffe, während er für Bezieher hoher Kapitaleinkommen kaum spürbar sei (DEUTSCHES AKTIENINSTITUT 2004). Der Hintergrund ist, dass sich durch eine Absenkung des Sparerfreibetrags der durchschnittliche Steuersatz (relativ zum Einkommen) umso stärker erhöht, je geringer die (Kapital-)Einkünfte sind. Spürbar wird die Reduzierung des Freibetrags insbesondere für Bezieher von Kapitaleinkommen in einer Höhe, die bisher überhaupt nicht der Besteuerung unterlag, und die nun Steuern hierauf entrichten müssen. Unterstellt man beispielsweise einen Zinssatz von 5 %, war bisher ein Anlagebetrag von rund 28.000 Euro (Nennwert) steuerfrei, künftig fallen bereits auf ein Vermögen von 15.000 Euro Steuern an.

Modellierung einer Halbierung des Sparerfreibetrags

Bei der Modellierung kann die Halbierung des Steuerfreibetrags nicht eins zu eins, d.h. mit den realen Größenordnungen der Freibeträge, umgesetzt werden, da die Kapitaleinkommensbesteuerung im Modell an die Sparstruktur der Modellhaushalte angepasst wurde (siehe Abschnitt 2.2.3.2). Da die Modellhaushalte ihr gesamtes Vermögen in Finanztiteln anlegen, erzielen sie teilweise beträchtliche Zinseinkünfte. Daher wurde im Modell eine duale Einkommensteuer unterstellt, so dass Kapitaleinkünfte einem getrennten, proportionalen Tarif mit (Sparer-)Freibetrag unterliegen. Während also der Sparerfreibetrag $Ais(i)$ im Basispfad bei 8.000 Euro liegt, wird er nun in der Reformsimulation dieses Absschnitts auf 4.000 Euro reduziert. Wie alle anderen Reformen beginnt auch diese Maßnahme im Modell im Jahr 2004, während die Halbierung des Sparerfreibetrags in der Praxis ab 2007 greift. Im Modell wird der veränderte Sparerfreibetrag sichtbar durch einen erhöhten Durchschnittssteuersatz bei der Kapitaleinkommensteuer, der sich wie in Formel (74) beschrieben berechnet. Bei einem konstanten Bruttozinssatz würde sich damit die Nettoverzinsung reduzieren.

Ergebnisse

Zum besseren Verständnis der makroökonomischen Effekte soll kurz auf die individuellen Haushaltswirkungen eingegangen werden. Nicht alle Haushalte sind (gleichermaßen) von der Reform betroffen. Ein Haushalt mit sehr geringen Ersparnissen oder gar Schulden, der vor der Reform keine Steuern auf seine Kapitaleinkünfte zahlte, ist auch danach in der Regel nicht steuerpflichtig. Daneben gibt es Haushalte in einem Grenzbereich, die im Basisfall keine Kapitaleinkommensteuer zu zahlen hatten, dies aber nach der Senkung des Sparerfreibetrags tun. Für die Besitzer großer Vermögen wiederum, die bereits vor der Reform zur Zinseinkommensteuer herangezogen wurden, gilt dies ebenso nach der Reform. Für einen Haushalt, der nach der Reform Steuern zu zahlen hat, bedeutet dies in jedem Fall eine Erhöhung seines individuellen durchschnittlichen Steuersatzes. Dadurch vermindert sich die Nettoverzinsung (nach Steuern) seiner Ersparnisse. Allgemein stellt eine erhöhte Kapitaleinkommensteuer bzw. ein damit sinkender Nettozinssatz eine Besteuerung zukünftigen Konsums dar, weil sich die Ersparnisse schwächer verzinsen und somit Ressourcen weniger leicht in die Zukunft transferiert werden können. Die Haushaltsentscheidung zwischen Konsum heute und morgen wird also – sofern sich der marginale Steuersatz ändert – zugunsten des heutigen Konsums verzerrt, d.h., es kommt zu einem (negativen) Substitutionseffekt. Auf der anderen Seite aber bedingt ein sinkender Nettozinssatz einen niedrigeren Diskontfaktor und führt so zu einem (positiven) Einkommenseffekt, da das Lebenszeiteinkommen eines Haushalts schwächer abgezinst wird. Ob der Substitutions- den Einkommenseffekt dominiert, kann nicht allgemein festgestellt werden. In der Regel wird tendenziell die Ersparnisbildung abnehmen.

Bei den Simulationsergebnissen fällt zunächst auf, dass der Konsumsteuersatz deutlich sinkt. Bereits im ersten Reformjahr liegt dieser um 1,5 Prozentpunkte unter dem Basisniveau. Dies liegt daran, dass auf der anderen Seite die Senkung des Sparerfreibetrags das Steueraufkommen aus der (Kapital-)Einkommensteuer erhöht. Auch mittel- und langfristig bleibt diese Verlagerung der Steuerstrukur bestehen, wenn auch in etwas abgeschwächtem Maße. Die oben beschriebenen Effekte der Kapitalbesteuerung werden also zusätzlich durch den gesunkenen Konsumsteuersatz beeinflusst. Die Konsumbesteuerung verzerrt nicht die Entscheidung zwischen zukünftigem und heutigem Konsum, sondern beeinflusst die intratemporale Entscheidung zwischen Konsum und Freizeit. Ein gesunkener Konsumsteuersatz verteuert die Freizeit relativ und begünstigt umgekehrt den Konsum, was zu einem zusätzlichen Anstieg des aggregierten Konsums führt.

Tabelle 4.23: Makroökonomische Effekte einer Halbierung des Sparerfreibetrags

Jahr	Volks- eink.- index	Kapi- tal- stock index	Be- schäfti- - gungs- index	Kapi- tal- preis- index	Lohn- index	Zins- satz	Beitragssätze GRV	GKV	GPV	Kon- sum- steu- er	Erb- schafts- index
2004	1,00	1,00	1,00	0,99	1,00	6,8	19,5	14,3	1,7	14,5	0,99
2010	1,07	1,05	1,08	1,00	0,99	6,4	19,3	14,9	2,0	14,2	0,87
2020	1,14	1,13	1,14	0,99	1,00	6,0	20,8	16,5	2,5	15,2	0,98
2030	1,18	1,20	1,17	0,97	1,00	5,9	23,9	18,2	3,0	16,5	0,94
2040	1,25	1,23	1,25	0,95	1,00	6,5	24,1	19,7	4,0	17,5	0,98
2050	1,29	1,25	1,30	0,94	0,99	6,9	25,0	20,2	4,5	18,6	0,79
2075	1,44	1,33	1,47	0,96	0,98	7,2	24,7	20,4	4,5	20,4	0,88
2100	1,69	1,49	1,76	0,98	0,96	7,4	23,4	20,3	4,2	22,1	0,98

Die stärkere Steuerbelastung der privaten Kapitaleinkünfte zugunsten einer steuerlichen Erleichterung des Konsums dämpft insbesondere mittel- und langfristig die Ersparnisbildung gegenüber dem Basispfad. Infolge des verknappten Kapitalangebots investieren die Unternehmer weniger, weshalb der Kapitalstock langsam (aufgrund der Anpassungskosten) abnimmt. Kurzfristig führt die verminderte Investitionstätigkeit (trotz der gesunkenen Ersparnis) sogar zu einem leicht sinkenden Kapitalpreisindex. Im Gegenzug nimmt der Zinssatz zu und bleibt auch langfristig (wegen der nachhaltig verminderten Spartätigkeit) auf einem etwas höheren Niveau als im Basisfall. Durch die sinkenden privaten Ersparnisse geht auch das Erbschaftsvolumen (in Relation zum Output) vor allem mittel- und langfristig leicht zurück.

Die oben geschilderten Verhaltensänderungen spiegeln sich auch in den Wohlfahrtseffekten (Tabelle 4.24) wider. Für die untere Einkommensklasse, die über-

Tabelle 4.24: Wohlfahrtseffekte einer Halbierung des Sparerfreibetrags

	Wohlfahrtseffekte		
	obere	mittlere	untere
Geburtsjahr	Einkommensklasse		
1920	0,17	0,32	0,40
1930	0,08	0,04	0,39
1940	0,07	-0,11	0,37
1950	0,02	-0,29	0,36
1960	-0,03	-0,36	0,49
1970	0,10	-0,05	0,47
1980	0,17	0,09	0,44
1990	0,16	0,06	0,42
2000	0,13	0,00	0,39
2010	0,10	0,01	0,36
2020	0,10	0,00	0,33
2030	0,09	-0,02	0,32

wiegend auch schon vor der Reform keine Kapitaleinkommensteuer zahlte und dies auch nach der Reform in aller Regel nicht tut, bringt die Reform durchgängig Wohlfahrtsgewinne. Diese entstehen v.a. durch die gesunkene Konsumsteuer. In der mittleren Einkommensklasse profitieren die ältesten Generationen, da für diese der Konsumsteuereffekt den Kapitaleinkommensteuereffekt dominiert. Dies liegt daran, dass sie ihre Ersparnisse schon zu einem gewissen Teil aufgelöst haben und ihre Zinseinkünfte damit unter dem Freibetrag liegen. Die mittleren Generationen befinden sich dagegen noch in der Phase des Ansparens oder zumindest im Besitz noch relativ hoher Vermögenswerte und werden daher durch die höhere Kapitaleinkommensteuer stärker getroffen. Die noch am Anfang des Erwerbslebens stehenden oder zukünftigen Generationen gewinnen dagegen wieder etwas, da sie von der geringeren Konsumsteuer profitieren. Allerdings nehmen die Gewinne ab und werden für die in fernerer Zukunft Geborenen wieder negativ. Bei der oberen Einkommensklasse ergeben sich ähnliche Wohlfahrtseffekte, wenn auch in anderem Umfang und mit mehr Gewinnerjahrgängen. Dies ist in erster Linie auf die unterschiedlichen Sparquoten der Einkommensklassen zurückzuführen. Im Basispfad weist die mittlere Einkommensklasse die höchste Sparquote[136] auf, wenngleich deren individuelle Vermögenswerte weit geringer sind als die der oberen Einkommensklasse. Mit der Absenkung des Sparerfreibetrags sinkt diese (jeweils

[136] Diese ist im Modell definiert als die Veränderung des Vermögens im Vergleich zum Vorjahr.

im Jahr 2004) von 10,7 auf 9,2 %, während die Sparquote der oberen Einkommensklasse nur von 10,2 auf 10,1 % abnimmt. In der unteren Einkommensklasse reduziert sich die Sparquote von 7,1 % auf 6,5 %. Während im Basispfad die mittlere Einkommensklasse bis zum Jahr 2020 eine höhere Sparquote aufweist als die obere Einkommensklasse und danach zunehmend von dieser eingeholt wird, ist sie nach der Reform bereits ab 2004 unterlegen. Der halbierte Sparerfreibetrag dämpft also deutlich insbesondere die Ersparnisbildung der mittleren Einkommensklasse. Der Vorwurf, die Maßnahme treffe vor allem Kleinsparer, ist damit nicht völlig unberechtigt. Geht eine Halbierung des Sparerfreibetrags - wie in der hier vorgestellten Simulation - jedoch mit einer Senkung der Konsumsteuer einher, profitieren die betroffenen Haushalte in aller Regel von der Reform.

4.5 Zusammenfassung

Nachdem Kapitel 3 gezeigt hatte, dass selbst eine gelungene (u.U. politisch angestoßene) Manipulation der demographischen Entwicklung alleine nicht ausreicht, um den Herausforderungen einer alternden Bevölkerung zu begegnen, und zudem teilweise unerwünschte Nebenwirkungen, wie z.B. extreme Steuererhöhungen hervorruft, wurden in Kapitel 4 alternative Strategien zur Abfederung des demographischen Wandels untersucht. Generell in Frage kommen hier die Bereiche Familien-, Sozial- und Steuerpolitik. Der in diesem Zusammenhang wichtige Bereich Bildungspolitik wurde nicht explizit untersucht. Seine Bedeutung wird aber in Abschnitt 3.5 erkennbar, wenn man die Fertilitätserhöhung in der oberen Einkommensklasse als Bildungsoffensive und damit als Maßnahme zu einer breit angelegten Höherqualifizierung der heranwachsenden Generationen betrachtet.

Vollständig ausgeklammert wurde das Thema „Gesundheitsreformen". Die Anpassung des deutschen Gesundheitswesens an die heutigen und kommenden Herausforderungen erfordert eine umfassendere und detailliertere Analyse - insbesondere der Angebotsseite -, als es mit dem in der vorliegenden Arbeit verwendeten Modellinstrumentarium möglich ist. In diesem Rahmen sind lediglich Veränderungen der Gesundheitsfinanzierung abbildbar - wie dies etwa im Abschnitt 4.2 am Beispiel der Pflegeversicherung erfolgte. Da jedoch die Problematik der Krankenversicherung in Deutschland wesentlich komplexer ist und mit einer reinen Finanzierungsreform nur unzureichend behandelt wäre, wird an dieser Stelle auf andere Untersuchungen zu diesem Thema verwiesen (vgl. etwa FETZER und HAGIST 2004a, FEHR und JESS 2006, FETZER, HAGIST und RAFFELHÜSCHEN 2004b oder ZIMMERMANN und JANKOWSKI 2005).

Den in Kapitel 4 untersuchten Politikfeldern wurde jeweils ein kurzer Überblick darüber vorangestellt, wo die Probleme liegen und wo in der jüngsten Vergangenheit demographierelevante Reformen bereits stattgefunden haben oder vorgesehen sind. Mit den darauf folgenden Simulationsrechnungen wurden dann verschiedene Maßnahmen innerhalb dieser Politikfelder untersucht.

Da die **Familienpolitik** institutionell in eine Vielzahl von Regelungen und Institutionen zergliedert ist, kann sie im Rahmen der vorliegenden Arbeit nicht umfassend behandelt werden. Die Abschnitte 4.1.1 und 4.1.2 beschränken sich daher auf drei familienpolitische Einzelmaßnahmen aus dem Steuer- und Sozialversicherungsbereich. Dabei veranschaulichte der Vergleich von steuerlicher Familienpolitik über einen (Betreuungs-)Freibetrag und alternativ über eine Kindergelderhöhung die völlig unterschiedlichen intragenerativen Verteilungswirkungen dieser Finanzierungswege. Ein Freibetrag kommt vor allem der mittleren und der oberen Einkommensklasse zugute, muss aber über die Konsumsteuer von der unteren Einkommensklasse mitfinanziert werden und mindert daher deutlich deren Wohlfahrt. Dagegen begünstigt das Kindergeld umgekehrt zwar am stärksten die Bezieher niedriger Einkommen, ruft jedoch (zumindest bei den jungen Generationen) der oberen Einkommensklasse nur schwach negative Wohlfahrtsverluste hervor. Zugleich zeigt die intergenerative Betrachtung, dass nur jene Generationen von Familienpolitik profitieren, die selbst noch kindergeldberechtigte Kinder haben, während die älteren Haushalte vor allem zur Finanzierung herangezogen werden.

Ähnliches gilt auch für eine verstärkte Berücksichtigung von Kindererziehungszeiten in der gesetzlichen Rentenversicherung. Zu den Gewinnern gehören jeweils die mittlere und obere Einkommensklasse der Jahrgänge 1944 bis 1974, obwohl diese bereits den steigenden Rentenbeitragssatz zu spüren bekommen und selbst erst später von der Reformmaßnahme profitieren. Diese intertemporale Rechnung fällt i.d.R. auch positiv für die heute Erwerbstätigen aus, insbesondere wenn diese nicht mehr allzu weit vom Renteneintritt entfernt sind. Dagegen verlieren die Altrentner, da sie nicht mehr von der Höherbewertung profitieren, sie aber mitfinanzieren. Durch eine solche Maßnahme würden zudem die zukünftigen Generationen verlieren, da der beitragssatzsteigernde Effekt der erhöhten Rentenansprüche den individuellen Nutzen einer höheren Rente überwiegt.

Die hier betrachteten familienpolitischen Reformen können schon allein aufgrund ihres relativ geringen Volumens keine weitreichenden Wirkungen wie etwa große Reformen der Sozialversicherung erzeugen. Dies liegt auch daran, dass sie sich stets innerhalb des bestehenden institutionellen Rahmens bewegen. Dazu kommt, dass sich im Modell nur finanzielle Anreize abbilden lassen. Die Wirkungen eines spürbaren Ausbaus beispielsweise der Betreuungsinfrastruktur müssen auf der Haushaltsebene wie auch in Bezug auf die wirtschaftlichen Implikationen im Modellrahmen unberücksichtigt bleiben. Ebenso bleibt eine eventuell geburtensteigernde Wirkung einer solchen Maßnahme außer Acht. Die Familienpolitik im Rahmen dieses Kapitels wird deshalb als ergänzendes Maßnahmenbündel betrachtet, welches die größeren sozialpolitischen Reformen (Abschnitte 4.2 bis 4.3) flankieren könnte. Im Idealfall stellen sich sogar volkswirtschaftliche Wachstumseffekte ein. So wird in einer vom BUNDESMINISTERIUM FÜR FAMILIE, SENIOREN, FRAUEN UND JUGEND (2006b, S. 23) herausgegebenen Studie konstatiert: „*Eine nachhaltige Familienpolitik sollte aus wachstumsorientierter Sicht eine Geburtensteigerung mit einer Erhöhung der Frauenerwerbstätigkeit und besseren Bildungschancen für Kinder verbinden. Dies ist durch die Einführung eines Elterngeldes, den Ausbau der frühkindlichen Kinderbetreuung, die Verkürzung der Schul- und Ausbildungszeiten bei gleichzeitiger Einführung von Ganztagsschulen und durch eine Modularisierung der Ausbildung möglich. Eine solche gezielte Familienpolitik trägt zu einer Steigerung des Sozialproduktes bei und kann den drohenden demographischen Bremseffekten auf Wachstum und Wohlstand spürbar entgegenwirken*".

Ein Schwerpunkt bei solchen großen Reformmaßnahmen wurde in dieser Arbeit auf die Umgestaltung der besonders demographiesensiblen **Pflegeversicherung** gelegt, auch weil es sich hierbei um einen jungen Sozialversicherungsbereich handelt, in dem ein Systemwechsel noch möglich ist. Wollte man aus den vier untersuchten Modellen zur Reform der Pflegeversicherung eine beste Lösung auswählen, so würde dies eine Prioritätensetzung bezüglich der gewünschten Effekte voraussetzen. Steht beispielsweise die Arbeitsmarktwirkung im Vordergrund, kann der Übergang zu einem Bürgerpauschalensystem nicht als die beste Lösung angesehen werden. Er bewirkt aufgrund des nötigen Sozialausgleichs eine Umverteilung von reicheren zu ärmeren Haushalten, weniger aber einen Ausgleich zwischen den Generationen. Eine intragenerative Umverteilung ist aber keine primäre Aufgabe der Pflegeversicherung. Diese sollte grundsätzlich über das Steuersystem erfolgen. Sucht man nach einer Pflegereform, die künftige Generationen vor steigenden finanziellen Belastungen schützt, so legen die Ergebnisse der in Abschnitt 4.2 untersuchten Ansätze eher einen Übergang zu einem der Privatisierungsmodelle nahe, da diese heutige Ressourcen in die Zukunft transferieren. Damit werden zukünftige Generationen ent- und heutige belastet. Diese Umverteilung ist umso intensiver, je schneller der Übergang zur Kapitaldeckung erfolgt. In der kurzen Frist führen das „Auslaufmodell" (Abschnitt 4.2.3) und das System einer sofortigen Privatisierung (Abschnitt 4.2.4) zu einer relativ starken Belastung der heutigen Erwerbstätigengenerationen, da diese mit nur kurzen Übergangsphasen sowohl die Lasten der Zukunft als auch die der Gegenwart tragen müssen.

Auch die zur Kompensation dieser Lasten gewährten steuerfinanzierten Zuschüsse an die unteren Einkommensgruppen können nicht verhindern, dass diese Haushalte zu den Verlierern einer solchen Reform gehören. Eine solche Kumulation von Gewinnen jüngerer und Verlusten älterer Generationen, zumal der unteren Einkommensklassen, kann mit dem von der HERZOG-KOMMISSION (2003) vorgeschlagenen Modell einer Teilkapitalisierung verhindert werden, da hier der Übergang zur vollständigen Kapitaldeckung erst in der langen Frist erfolgt und die Wohlfahrtseffekte durch den entschärften intertemporalen Ressourcentransfer geglättet werden. Während sich für die obere Einkommensklasse keine gravierenden Unterschiede ergeben, stellen sich die Rentner der mittleren und unteren Einkommensklasse bei einem langsamen Übergang zur Kapitaldeckung deutlich besser als bei den radikaleren Privatisierungsmodellen, ohne dass dies zu einer maßgeblichen Schlechterstellung künftiger Generationen führen würde. Natürlich wären auch verschiedene Kombinationen und Alternativen der in Abschnitt 4.2 analysierten Reformen denkbar. Eine entscheidende Facette von Pflegereformen wird bei der hier gewählten Modellierung grundsätzlich ausgeblendet – die Kostenvorteile durch einen intensivierten Wettbewerb in der Pflegeversicherung. Daher können Pflegereformen wie auch andere Maßnahmen nicht umfassend evaluiert werden.

Im Gegensatz zur Pflegeversicherung haben in der gesetzlichen **Rentenversicherung** in den letzten Jahren bereits zahlreiche Reformen stattgefunden (wie z.B. die Riester-Reform und die Einführung des Nachhaltigkeitsfaktors) oder treten in Kürze in Kraft (etwa die Heraufsetzung des Renteneintrittsalters auf 67 Jahre). In Abschnitt 4.3 wurden die beiden letztgenannten Maßnahmen in den Mittelpunkt der Betrachtungen gerückt. Es zeigt sich, dass jede Maßnahme auf ihre Weise zu einer verbesserten Finanzierungssituation der gesetzlichen Rentenversicherung beiträgt. Der Nachhaltigkeitsfaktor verhindert bis zum Gipfel der Bevölkerungsalterung einen weiteren, d.h. über den Basispfad hinausgehenden, Beitragssatzanstieg von gut zwei Prozentpunkten. Er bewahrt damit vor allem die künftig Erwerbstätigen vor zusätzlichen Belastungen. Die nicht in die Zukunft verschobenen Lasten müssen aber – in geringerem Ausmaß – von den heutigen Rentnern und vor allem den heute im Erwerbsleben stehenden Haushalten getragen werden.

Während der Nachhaltigkeitsfaktor in der geltenden Rentenanpassungsformel volle Gültigkeit erlangt hat, wird das gesetzliche Renteneintrittsalter erst in den kommenden Jahren stufenweise ansteigen und ab dem Jahr 2029 bei 67 Jahren liegen. Neben den positiven Makrowirkungen wird auch mit dieser Maßnahme – vor allem mittel- und langfristig – der Beitragssatzanstieg in der Rentenversicherung gebremst. Ebenso wie der Nachhaltigkeitsfaktor kommt auch diese Reform den zukünftigen und jungen Generationen zugute. Im Gegensatz zum Nachhaltigkeitsfaktor begünstigt sie auch die heutigen Rentner, die ein höheres Renteneintrittsalter nicht mehr selbst betrifft, jedoch durch die positiven makroökonomischen Wirkungen gewinnen. Dagegen haben all jene Generationen (relativ geringe) Verluste zu verzeichnen, die bereits heute erwerbstätig sind und deren Rentenbeginn sich nun verzögert bzw. mit höheren Abschlägen belegt wird. Wie zu vermuten war, tragen beide Maßnahmen zu einer verbesserten langfristigen Finanzierbarkeit der gesetzlichen Rentenversicherung und damit zum Schutz zukünftiger Generationen bei. Da aber die Erreichung der von der Bundesregierung vorgegebenen Ziele der GRV (Beitragssatz von maximal 20 % im Jahr 2020 und 22 % im Jahr 2030 sowie ein Nettorentenniveau von mindestens 46 % im Jahr 2020 und 43 % im Jahr 2030) nach wie vor nicht vollständig gesichert ist, werden weitere Rentenreformen vermutlich noch zu diskutieren sein.

Während der Umbau der Sozialsysteme in Anbetracht der Herausforderungen des demographischen Wandels naheliegt und einen dementsprechend breiten Raum in der öffentlichen Diskussion einnimmt, spielt die Demographierelevanz von **Steuerreformen** bislang eine untergeordnete Rolle. Dabei zeigen sowohl der Basisfall als auch viele der in Kapitel 3 und 4 diskutierten Reformen, welche zum Teil drastischen indirekten Auswirkungen Veränderungen der Bevölkerungsstruktur und -größe sowie sozialpolitische Reformen auf die Steuerbelastung der Haushalte und damit auf deren Wohlfahrt haben. Mit Abschnitt 4.4 wurde daher veranschaulicht, wie sich direkte Reformmaßnahmen im Steuersystem auf die Verteilung von Ressourcen innerhalb und zwischen Generationen auswirken. Während nämlich die intragenerative Umverteilung gerade eines der Ziele des Steuersystems darstellt, werden die intergenerativen Verteilungswirkungen relativ wenig diskutiert.

Die Simulationsergebnisse zeigen, dass die Umstellung auf die nachgelagerte Besteuerung von Alterseinkünften wegen der zunehmenden steuerlichen Abzugsfähigkeit von Vorsorgebeiträgen vor allem junge und gutverdienende Haushalte begünstigt. Heutige Rentner stellen sich dagegen in allen Einkommensklassen schlechter, selbst wenn sie auf ihre Alterseinkünfte auch nach der Reform keine Steuern zahlen müssen. Zu einer Verstetigung des Steueraufkommens im Sinne einer höheren Steuerquote führt die Reform in unserer Simulation indes nicht, ihre Entwicklung bleibt sogar leicht hinter dem Basispfad zurück. Auch führt die Reform nicht zu einer stärkeren Ausgewogenheit direkter und indirekter Steuern. Stattdessen öffnet sich die Schere wesentlich stärker als im Basisfall: Das Gewicht der indirekten Steuern nimmt zu, während die direkten Steuern zusätzlich an Bedeutung verlieren. Gerade die verstärkte Akzentuierung der Steuerstruktur kann aber durchaus auch als Stärkung der Demographiefestigkeit des Steuersystems interpretiert werden, weil die anteilig größer werdende Bevölkerungsgruppe der Älteren zunehmend zum Steueraufkommen beiträgt. Eine Verstetigung des Steueraufkommens im Sinne eines erhöhten Volumens lässt sich durch die Reform nicht feststellen. Das langfristig leicht sinkende Steueraufkommen bewegt sich aber in einem noch vertretbaren Rahmen, zumal die sinkende Steuerbelastung der Erwerbstätigen positive Effekte auf die makroökonomische Entwicklung auslöst.

Die in Abschnitt 4.4.2 untersuchte Halbierung des Sparerfreibetrags hat indes eine entgegengerichtete – wenn auch bezüglich des Volumens nicht vergleichbare – Wirkung. Die zunehmende Einkommensteuerpflicht von Kapitaleinkommen ermöglicht eine sinkende Konsumsteuer. Auf der einen Seite dämpft die Maßnahme die Ersparnisbildung insbesondere der mittleren Einkommensklasse und erschwert es den Haushalten damit, den steigenden Belastungen bzw. sinkenden Einkommen aus den sozialen Alterssicherungssystemen mit vermehrter privater Vorsorge zu begegnen. Auf der anderen Seite ermöglicht sie gerade dies durch die sinkende Konsumsteuer. Im Saldo verzeichnen die meisten Jahrgänge sogar einen Wohlfahrtsgewinn. Vor allem die unteren Einkommensbereiche profitieren hiervon, da sie nun nicht mehr einen Freibetrag mitfinanzieren müssen, von dem sie selbst kaum profitieren. Trägt die Senkung des Sparerfreibetrags also auf der einen Seite zu mehr Verteilungsgerechtigkeit bei, so ist sie auf der anderen Seite demographiepolitisch eher kontraindiziert, da sie die Kapitalbildung hemmt und somit das Wachstumspotential der Volkswirtschaft dämpft.

5 Fazit

Die Entscheidung, ob man eher dem Lager derer zuneigt, denen die demographische Entwicklung Anlass zu teilweise düsteren Zukunftsvisionen gibt, wie etwa Birg (FRANKFURTER ALLGEMEINE ZEITUNG 2006a), oder jener, die ihr mit – nicht ohne weiteres nachvollziehbarem – Optimismus begegnen, so z.B. MÜLLER (2004) (vgl. hierzu die Zitate in Kapitel 1), ist trotz aller Fakten, Statistiken und Simulationsrechnungen letzlich auch eine persönliche. Schließlich basiert eine solche zukunftsbezogene Einschätzung auch auf einer individuellen Vorstellung davon, welche Kraft zur Veränderung man Politik und Gesellschaft zutraut und wie man die Entwicklung der makroökonomischen Rahmenbedingungen einschätzt.

Zwar zeigt sich bei genauerem Hinsehen, dass zumindest der Kern des Streits der Antipoden Birg und Müller (FRANKFURTER ALLGEMEINE ZEITUNG 2006a) nicht in einer völlig unterschiedlichen Beurteilung des Ausmaßes der demographischen Alterung besteht. Diese bewegt sich grundsätzlich im Spektrum zwischen der 5. und 7. Variante der 10. koordinierten Bevölkerungsvorausberechnung des STATISTISCHEN BUNDESAMTES (2003a). Die Divergenzen zwischen den Kontrahenten liegen eher bei der Einschätzung der Konsequenzen der demographischen Entwicklung auf die sozialen Sicherungssysteme und auf die ökonomische Entwicklung. Am stärksten gehen die Meinungen darüber auseinander, wie notwendig ein staatliches Eingreifen ist und welche Handlungsmöglichkeiten und -potentiale Staat und Gesellschaft überhaupt haben. MÜLLER (2004, S. 395) geht davon aus, dass das bestehende Wachstumspotential lediglich aktiviert werden müsse. Dies könne geschehen, indem die politisch Verantwortlichen besser für den Standort Deutschland werben, auf eine weniger restriktive Politik von Europäischer Union und Europäischer Zentralbank hinwirken und eine „*intelligente und differenzierte Geld- und Finanzpolitik (...) wie in den USA in den Neunzigern*" machen würden, wodurch sich implizit ein Umbau der sozialen Sicherungssysteme in Richtung vermehrter privater Vorsorge erübrige. Zwar sieht auch Birg (FRANKFURTER ALLGEMEINE ZEITUNG 2006a) den teilweisen Rückzug der öffentlichen Hand aus der Alterssicherung nicht unkritisch. Er vermutet darin aber auch eine „Jahrhundertchance" für die Versicherungswirtschaft. Seine teilweise recht pessimistischen Äußerungen zur Beeinflussbarkeit des demographischen Wandels erwecken mitunter gar den Eindruck, dass es bereits heute für abhilfeschaffende staatliche Maßnahmen zu spät sei.

Für die politisch Verantwortlichen, die Entscheidungen darüber zu treffen haben, welche Reformwege sie einschlagen, ist weder die Aneignung der einen noch der anderen extremen Haltung zweckdienlich. Zwar scheint die von MÜLLER vermutete Gefahr zunächst plausibel, dass demographische Schreckensszenarien politisch missbräuchlich heraufbeschworen werden, um so angeblich vermeidbare Leistungskürzungen in der sozialen Sicherung durchzusetzen. Umgekehrt könnte politischen Verantwortungsträgern aber ebensogut ein Anreiz unterstellt werden, durch Verharmlosung der bekannten Folgen des demographischen Wandels die Bürger fälschlicherweise in Sicherheit zu wiegen. Politiker könnten dann um Zustimmung werben, indem sie auf Reformen verzichteten, die kurzfristig erhebliche Widerstände hervorrufen, aber erst langfristig positive Ergebnisse mit sich brächten. Die Versäumnisse nicht getroffener Vorsorge träten erst in der langen Frist zutage. Jedoch zeigt sich, dass in den Veröffentlichungen und Äußerungen demographiesensibler Bundesministerien die Herausforderungen des demographischen Wandels selten unerwähnt bleiben, von Panikmache jedoch in aller Regel weit entfernt sind. Es scheint den Verantwortlichen erfolgversprechender zu sein, die Bürger über die kommenden demographischen Veränderungen aufzuklären und um Verständnis für Leistungskürzungen (z.B. in der gesetzlichen Rentenversicherung) zu werben, indem im Gegenzug beispielsweise eine staatliche Sparförderung bei der Riester-Rente gewährt wird. Man kann der deutschen Familien-, Sozial- und Steuerpolitik im Allgemeinen auch sicher nicht vorwerfen, unnötig viele Reformen durchgesetzt zu haben oder durchsetzen zu wollen. Insbesondere werden diese kaum ohne zwingende Gründe und Impulse angestoßen. Da – im Gegenteil – jede Art von Leistungskürzung äußerst unpopulär ist, kann aus der Realisation der jüngsten Reformen eher gefolgert werden, dass diese auch aus Sicht der Politik längst überfällig und unumgänglich waren. Ob sie aber auch wirksam, gerecht und sinnvoll waren, bzw. welche Auswirkungen weitere Reformmaßnahmen mit sich bringen, sind Fragen, zu deren Beantwortung die vorliegende Arbeit beizutragen versucht.

In Kapitel 1 wurden zunächst die Rahmenbedingungen erläutert, die uns der kommende demographische Wandel setzt. Die Bevölkerung Deutschlands wird nicht nur schrumpfen, sondern auch eine drastische Veränderung ihrer Altersstruktur erfahren. Damit werden sich die Belastungen vor allem jüngerer Generationen massiv erhöhen. Während beispielsweise heute 2,3 Personen im erwerbsfähigen Alter einen Rentner finanzieren, müssen – selbst bei konservativer Schätzung – im Jahr 2030 bereits 1,4 Erwerbsfähige für einen Rentner aufkommen und im Jahr 2050 sogar nur 1,3 Personen. Die Bevölkerungsalterung stellt Staat und Gesellschaft also vor erhebliche Herausforderungen.

Zur methodischen Untersuchung der oben gestellten Fragen wurde in dieser Arbeit ein dynamisches allgemeines Gleichgewichtsmodell vom Auerbach-Kotlikoff-Typ gewählt, das in mehrerlei Hinsicht erweitert und für Deutschland spezifiziert wurde. Eine detaillierte Beschreibung des verwendeten Modells und des Referenzszenarios für alle Reformen wurde in Kapitel 2 vorgenommen. Ein dynamisches Modell ist unabdingbar, um sowohl den Einfluss (sich verändernder) demographischer Bedingungen und politischer Reformen auf individuelle Haushaltsentscheidungen darzustellen, als auch um die makroökonomischen Effekte der aggregierten Individualentscheidungen zu erfassen. Somit lassen sich Kreuzeffekte zwischen Haushalten, Unternehmen und öffentlichen Budgets ebenso abbilden wie Umverteilungswirkungen zwischen und innerhalb verschiedener Generationen, was in einer Arbeit über demographieorientierte Politikreformen essentiell ist.

Da es kaum Politikbereiche gibt, in denen demographiepolitische Überlegungen keine Rolle spielen, musste sich diese Arbeit auf einige der besonders demographiesensiblen Gebiete beschränken. Die untersuchte Auswahl liefert ein gutes Bild, um zu verdeutlichen, welch weitreichende Dimensionen demographieorientierte Politik hat. In Kapitel 3 wurden Veränderungen der gesamtwirtschaftlichen und vor allem der demographischen Rahmenbedingungen untersucht. Dies führte u.a. zu dem Ergebnis, dass eine in kurzer Frist stark ansteigende Geburtenrate, die sich auch als Bildungsexpansion interpretieren lässt, den Druck auf die Sozialsysteme signifikant abschwächen kann. Dies gelingt allerdings erst mittel- und langfristig, so dass der besonders starke Beitragssatzanstieg der Sozialversicherungssysteme bis 2035 kaum verhindert werden kann. Auf der anderen Seite sind hohe Bildungs- und Gesundheitsausgaben mit dieser Maßnahme verbunden, die entsprechende Steuererhöhungen erfordern.

Dagegen kann mit einer gezielten Attrahierung gut ausgebildeter Zuwanderer auch schon kurzfristig eine Entlastung der Sozialsysteme und des Steuersystems bewirkt werden, vorausgesetzt es gelingt, die Migranten sofort in den Arbeitsmarkt zu integrieren. Hochqualifizierte Zuwanderung wirkt sich dann auch positiv auf Wachstum und Beschäftigung aus. Allerdings wird hier die Rentenversicherung langfristig deutlich geringer entlastet als bei einer Geburten- oder Bildungssteigerung. Dies liegt vor allem daran, dass sich eine Erhöhung der Fertilitätsrate über Generationen hinweg fortsetzt und somit multipliziert. Daher ist in diesem Fall auch die Wachstums- und Beschäftigungswirkung weitaus höher als bei erhöhter Zuwanderung. Zu bedenken ist auch, dass Zuwanderer nach kürzerer Zeit zu Rentnern werden als Neugeborene. Sie führen daher bereits auf dem Höhepunkt der demographischen Alterung in den kommenden 30er Jahren zu zusätzlichen Ausgaben der Sozialversicherungen.

Wenngleich bei einer alternativen Erhöhung des Wirtschaftswachstums die Wirkungen auf Kapitalakkumulation und Beschäftigung überzeugender sind als bei den meisten direkten demographiebestimmenden Maßnahmen, so zeigt sich, dass auch diese Entwicklung keine Wunder bewirkt und sich – im Gegenteil – hier sogar ein stärkerer Anstieg des Rentenbeitrags abzeichnet, da mit höheren Einkommen auch die Renten steigen. Von den in Kapitel 3 untersuchten Maßnahmen dürfte die Attrahierung von (im Idealfall hochqualifizierten) Zuwanderern kurzfristig am leichtesten zu realisieren sein. Notwendig wäre es daneben aber auch, Qualifikationsreserven bei bereits in Deutschland lebenden Immigranten zu heben, deren ausländische Berufs- und Studienabschlüsse häufig nicht anerkannt werden. Ein positiver Nebeneffekt der Zuwanderung ist, dass Migranten häufig höhere Geburtenraten aufweisen, zumindest in der ersten Generation. Parallel dazu sollte aber in einer langfristig angelegten Strategie versucht werden, die Geburtenraten und das Bildungsniveau im Inland zu erhöhen.

Da die rein demographischen Maßnahmen ebenso wie günstige makroökonomische Rahmenbedingungen alleine nicht ausreichen werden, um den Herausforderungen des demographischen Wandels zu begegnen, wurden in Kapitel 4 verschiedene Reformen innerhalb der Sozialversicherungen und des Steuersystems sowie im Bereich der Familienpolitik simuliert. Die Familienpolitik nimmt dabei eine differenzierte Rolle ein. Ihr Budget ist vom zunehmenden Altenanteil in der Bevölkerung kaum betroffen, da ihre Ausgaben für Kinder oder kinderbezogene Leistungen der Eltern getätigt und größtenteils über Steuern finanziert werden. Familienpolitische Reformen haben daher weniger den Zweck, die Auswirkungen einer alternden Bevölkerung abzumildern, sondern sollen vielmehr deren weitere Schrumpfung verhindern, indem bessere Bedingungen für Familien geschaffen werden. Die Notwendigkeit, die Familienpolitik zu verbessern, findet vor allem in den letzten Jahren eine politische Lobby, was sich jüngst in der Einführung des Elterngelds niedergeschlagen hat. Statt des Elterngelds wurden im Modell andere Formen finanzieller staatlicher Familienförderung untersucht. Im steuerlichen Bereich wurde einer Erhöhung des Kindergelds eine Anhebung des Kinder(betreuungs)freibetrags gegenübergestellt. Daneben wurde eine Höherbewertung der Kindererziehungszeiten in der gesetzlichen Rentenversicherung analysiert. Im Vordergrund standen dabei die Wirkungen unterschiedlicher Finanzierungswege. Generell ist der Vorteil einer monetären phasenspezifischen Förderung über das Steuer- und Transfersystem, dass sie den Familien gerade zu der Zeit zugutekommt, in der die Kosten des Aufziehens von Kindern und deren Ausbildung anfallen. Allokations- und vor allem verteilungspolitisch wäre dabei grundsätzlich der Erhöhung des Kindergelds der Vorzug zu geben, da es die geringsten Verzerrungen des Arbeitsangebots hervorruft und gerade auch untere Einkommensklassen an der familienpolitischen Maßnahme partizipieren. Sollen mit der Familienpolitik jedoch vor allem für Besserverdiener Anreize zur Familiengründung oder -erweiterung geschaffen werden, ist die Kindergelderhöhung dem Freibetrag unterlegen.

Dagegen entschädigt eine öffentlich immer wieder geforderte Höherbewertung von Erziehungszeiten in der gesetzlichen Rentenversicherung Eltern erst im Alter für erziehungsbedingt entgangene oder verringerte Rentenansprüche. Im Gegenzug können die Haushalte während der Erwerbsphase ihre privaten Altersvorsorgeaufwendungen etwas absenken. Die Finanzierung erfolgte im Modell nicht – wie in der Praxis – über das Steuersystem, sondern innerhalb der umlagefinanzierten Rentenversicherung über einen höheren Beitragssatz. Die Haushalte werden damit bereits während des Erwerbslebens mit der Gegenfinanzierung der Maßnahme belastet. Die intertemporale Rechnung fällt i.d.R. zu Gunsten der heute Erwerbstätigen aus, allerdings lediglich für die mittlere und obere Einkommensklasse, weil nur bei ihnen die Höhertaxierung ihrer erworbenen Entgeltpunkte die Belastung durch den gestiegenen Rentenbeitragssatz überkompensieren kann. Da zudem alle künftigen Jahrgänge verlieren und zwar insbesondere, wenn sie Geringverdiener sind, ist eine solche familienpolitische Maßnahme weder verteilungs- noch demographiepolitisch zu empfehlen.

Während mit dem ab 2007 gewährten Elterngeld das Problem elterlicher Opportunitätskosten befriedigend gelöst ist, bedarf die staatliche Existenzsicherung und Armutsverhinderung bei Kindern dringend einer Verbesserung. Da Deutschland im internationalen Vergleich bereits heute eher überdurchschnittliche Ausgaben für Familienförderung aufweist, scheint hier vielmehr eine Reallokation der Ressourcen als eine weitere Aufstockung notwendig. In der Diskussion ist dabei seit einiger Zeit die Zusammenfassung aller monetären familienpolitischen Leistungen in einer einheitlichen Familienkasse (ALTHAMMER und ROMAHN 2005). Ökonomisch betrachtet käme hier etwa der Vorschlag eines einheitlichen, erhöhten Kindergelds (HOMBURG und SCHNABEL 2005) in Betracht, über dessen Verwendung die Eltern individuell nutzenmaximierend entscheiden können, um z.B. Betreuungsleistungen einzukaufen. Allerdings ist mit einer besseren finanziellen Ausstattung von Familien keineswegs das Vorhandensein einer ausreichenden Betreuungsinfrastruktur garantiert. Vor diesem Hintergrund wird in der politischen Diskussion auch immer wieder hinterfragt, ob die immensen Kosten einer geringen Kindergelderhöhung nicht sinnvoller in einen Ausbau der Betreuungseinrichtungen oder in eine Beitragsfreiheit von Betreuungsleistungen investiert wären. Die Verbesserung dieses wesentlichen, in Deutschland noch mangelhaft ausgestalteten Bausteins der Familienpolitik wurde mit dem TAGESBETREUUNGSAUSBAUGESETZ (2004) aber bereits in Angriff genommen. Die unbedingt notwendige bessere

Vereinbarkeit von Beruf und Familie wurde teilweise erst vor dem Hintergrund eines künftigen Mangels an qualifizierten Fachkräften erkannt. Sie gab sicher einen maßgeblichen Anstoß zu den jüngsten familienpolitischen Reformen und damit auch zu einem beginnenden Bruch mit dem traditionellen (west-)deutschen Geschlechterrollenverständnis. Diese arbeitsmarktpolitischen und gesellschaftlichen Entwicklungen sind durchaus als positive Aspekte des demographischen Wandels zu bewerten.

Keineswegs positiv sind dessen Implikationen im Sozialversicherungssystem zu sehen. Die gesetzliche Renten-, Kranken- und Pflegeversicherung stehen angesichts der Bevölkerungsalterung bekanntlich vor großen Herausforderungen. Ein Schwerpunkt wurde in dieser Arbeit auf eine Reformierung der noch jungen sozialen Pflegeversicherung gelegt. Demographiepolitisch ist eine grundlegende Reform hier dringend angezeigt. Es gilt, zukünftige Generationen vor extrem steigenden Beitragssätzen zu schützen, aber auch Pflegebedürftige vor starken Leistungskürzungen und das gesetzliche Pflegeversicherungssystem vor einem finanziellen Kollaps zu bewahren. Seit Jahren wird daher eine Pflegereform diskutiert, bisher jedoch ohne Erfolg. Es wird sich zeigen, ob die große Koalition wie angekündigt noch im Jahr 2007 eine Reform der Pflegeversicherung auf den Weg bringt. Die in dieser Arbeit untersuchten Reformen der sozialen Pflegeversicherung sind jedenfalls insofern ermutigend, als sie zeigen, dass auch ein moderater und längerfristig angelegter Systemwechsel wirksam sein kann und zu vertretbaren Umverteilungswirkungen führt. Je schneller eine grundlegende Reform erfolgt, desto besser kann man kommende Generationen vor Belastungen bewahren, desto stärker jedoch geht dies zu Lasten gegenwärtig Erwerbstätiger. Abhängig von den sonstigen fokussierten politischen Zielen variiert die Beurteilung der Reformmodelle. Sollen vor allem zukünftige Generationen entlastet werden, sind Bürgerpauschalen-Modelle nicht zu empfehlen, da diese vor allem eine intragenerative Umverteilung bewirken und zudem einen negativen Beschäftigungseffekt hervorrufen. Eher empfehlen sich Vorschläge, die einen Wechsel zu einer vollständigen Kapitaldeckung der sozialen Pflegeversicherung vorsehen. Allerdings führen die radikalen Reformvorschläge einer kurzfristigen Umstellung zu wohlfahrtsökonomisch und politisch kaum vertretbaren Ergebnissen. Eher empfiehlt sich eine langfristige Umstellung, wie ihn etwa die HERZOG-KOMMISSION (2003) vorgeschlagen hat.

Wie die soziale Pflegeversicherung leidet auch die gesetzliche Rentenversicherung unter den bekannten Schwierigkeiten umlagefinanzierter Systeme vor dem Hintergrund einer alternden Bevölkerung. Die in dieser Arbeit vorgenommene Untersuchung der jüngsten, bereits in Kraft getretenen Reformen der gesetzlichen Rentenversicherung macht aber deutlich, dass hier Probleme erkannt und Reformen angepackt wurden, die wirksam sind und in die richtige Richtung weisen. So hat auch der SACHVERSTÄNDIGENRAT (2006, S. 236) im aktuellen Jahresgutachten das Rentenkapitel mit der Überschrift *„Reformerfordernisse weitgehend erfüllt"* versehen. Von einer ganz großen Reform, beispielsweise einem vollständigen Umstieg zur Kapitaldeckung, ist man seit längerem auch in der wissenschaftlichen Diskussion abgekommen. Jedoch wurde mit der Riester-Reform eine Teilkapitaldeckung etabliert. Die vorliegende Arbeit beleuchtet mit dem bereits in der geltenden Rentenformel verankerten Nachhaltigkeitsfaktor und der jüngst beschlossenen Anhebung des Renteneintrittsalters auf 67 Jahre die bedeutendsten Einzelmaßnahmen aus den Rentenreformpaketen der jüngeren Vergangenheit. Beide Reformen tragen zu einer Annäherung an die mit dem RENTENVERSICHERUNGS-NACHHALTIGKEITSGESETZ (2004) vorgegebenen Sicherungs- und Beitragssatzziele bei. Der Nachhaltigkeitsfaktor weist jedoch eine stärkere Wirksamkeit bei einer gleichzeitig weniger problematischen Öffentlichkeitswirkung als die „Rente mit 67" auf. Kritisch zu sehen ist jedoch, dass sein Wirkungsgrad in der Praxis durch politische Schutzregelungen (z.B. eine Sicherungsklausel) deutlich eingeschränkt wird.

Mit der Alterssicherung eng verbunden ist die Thematik der Besteuerung von Alterseinkünften. Auch deren Reform wurde lange diskutiert. Seit dem Jahr 2005 wurde schließlich mit dem Übergang zu einem System der nachgelagerten Besteuerung begonnen. Im Laufe einer 35-jährigen Übergangszeit unterliegen Alterseinkünfte in steigendem Maße der Einkommensteuer, während Altersvorsorgebeiträge immer geringer besteuert werden. Die sich durch den demographischen Wandel ergebende zunehmende Verlagerung des Steueraufkommens auf indirekte Steuern wird durch diese Reform deutlich verstärkt: Der Anteil indirekter Steuern am Gesamtaufkommen steigt von heute 52 auf über 63 % im Jahr 2050 und damit um 5 zusätzliche Prozentpunkte im Vergleich zum Basisfall. Diese Entwicklung kann durchaus als Schritt in Richtung eines demographiefesteren Steuersystems interpretiert werden, weil der Beitrag der größer werdenden Gruppe der Ruheständler zum Steueraufkommen steigt. Andererseits ist die zunehmende Einseitigkeit der Steuerstruktur unter staatlichen Risikoerwägungen und Verteilungsgesichtspunkten nicht unproblematisch. Die Simulationsrechnungen legen nahe, dass der Systemwechsel vor allem junge und zukünftige Besserverdienende aufgrund der steuerlichen Abzugsfähigkeit von Vorsorgeaufwendungen begünstigt, während ältere Generationen verlieren. Dieses Ergebnis ist jedoch insofern etwas pauschalisiert, als die Reform in der Praxis zu sehr unterschiedlichen Wirkungen für Beamte, Angestellte und Selbständige führt, die im Modell nicht differenziert abgebildet werden können.

Die im Jahr 2007 wirksame gewordene, von der großen Koalition beschlossene Reduktion des Sparerfreibetrags um annähernd die Hälfte trägt im Gegensatz zur nachgelagerten Besteuerung tendenziell zu einer Stärkung des Gewichts der direkten Steuern bei. Sie dämpft zudem über die verringerte Ersparnisbildung auch leicht das Wirtschaftswachstum. Die Maßnahme verbessert jedoch die Situation der unteren Einkommensklassen, zumindest im hier verwendeten dynamischen Modell, in dem der Wegfall der Steuervergünstigung (weitgehend aufkommensneutral) eine Senkung der Konsumsteuer ermöglicht. Hier zeigt sich ein grundsätzlicher Konflikt zwischen dem automatisch über die Konsumsteuer erfolgenden Ausgleich des staatlichen Budgets im Modell und der politischen Realität. Da in der Praxis Maßnahmen wie die Reduktion des Sparerfreibetrags nicht automatisch mit Steuersenkungen an anderer Stelle einhergehen, treten auch nicht in jedem Fall die in der theoretischen Analyse ermittelten positiven Verteilunseffekte zu Tage. Im Gegensatz zum Simulationsergebnis ging in der Realität mit der Absenkung des Sparerfreibetrags nicht etwa eine Senkung, sondern eine drastische Erhöhung der Umsatzsteuer einher.

Insgesamt zeigt die vorliegende Arbeit im Hinblick auf Handlungsempfehlungen an die Politik, dass es *die* überlegene demographiepolitische Strategie nicht geben kann. Erfolgversprechender ist ein Mix von Maßnahmen über alle demographierelevanten Politikfelder, mit dem die Be- und Entlastungen einzelner Einkommensgruppen oder Generationen besser gestreut werden können. Die Arbeit zeigt außerdem, dass der Gesetzgeber gemessen an der Ausgangssituation bereits einige wirksame Maßnahmen ergriffen hat. Er muss ermuntert werden, den eingeschlagenen Weg weiterzugehen.

Über die im Mittelpunkt dieser Arbeit stehenden Sozial- und Steuerreformen hinaus existiert eine Reihe weiterer Politikfelder und Maßnahmen. Dazu zählen sicherlich Arbeitsmarktreformen sowie eine allgemeine Verbesserung der wirtschaftlichen Zukunftsfähigkeit Deutschlands. Eine besondere Rolle kommt in diesem Zusammenhang der Bildungspolitik zu. Eine Erhöhung des volkswirtschaftlichen Humankapitals durch eine gezielte Qualifizierungspolitik hätte ähnliche makroökonomische Effekte wie die in dieser Arbeit untersuchte Geburtensteigerung bei den höher qualifizierten Einkommensklassen und wäre mit einer vergleichbaren Finanzierungsstruktur verbunden. Dass das deutsche Bildungssystem erhebliche Defizite aufweist, zeigten die Ergebnisse der so genannten PISA-Studien. Nicht zuletzt aufgrund dieser Erkenntnisse ist die Bildungspolitik in den letzten Jahren wieder mehr in den Mittelpunkt der öffentlichen Diskussion gerückt.

Parallel zur Bildung und Ausbildung junger Menschen ist auch die Erhaltung, Erweiterung und intensivere Nutzung der Qualifikationen älterer Arbeitnehmer – gerade auch vor dem Hintergrund gestiegener und weiterhin steigender Lebenserwartungen – bedeutsam. Durch eine zunehmende Erwerbsbeteiligung dieser Altersgruppen kann das im Zuge des demographischen Wandels zurückgehende Erwerbspersonenpotential (teilweise) kompensiert werden, was zu einer Entlastung der Steuer- und Sozialsysteme beiträgt. In diesem Zusammenhang steht das vom Bundesministerium für Arbeit und Soziales initiierte Maßnahmenbündel „50plus", mit dem eine verbesserte Beschäftigung Älterer erreicht werden soll. Der Erhöhung der Frauenerwerbsquote kommt insbesondere vor dem Hintergrund des kommenden Fachkräftemangels eine besondere Bedeutung zu. Dieser Baustein wurde bereits im Zusammenhang mit dem Ausbau der Kinderbetreuung erwähnt.

Klar ist aber auch, dass die Finanzierung solcher Maßnahmen weitere Belastungen für die ohnehin erheblich angespannten öffentlichen Haushalte bedeutet. Resultiert eine eigentlich demographieorientierte politische Strategie in einem verzögerten Schuldenabbau oder gar einer erhöhten Nettokreditaufnahme der öffentlichen Hand, steht dies im Konflikt mit dem Ziel, zukünftige Generationen vor einer ererbten „Überschuldung" öffentlicher Haushalte zu schützen. Wünschenswert, aber sicher nicht einfach zu realisieren, wäre eine Finanzierung, die weitgehend ohne Steuer- und Beitragserhöhungen auskommt und Ausgaben- und Subventionskürzungen in weniger zukunftsbestimmenden Bereichen vornimmt. Eine essentielle Rolle nimmt daher die Konsolidierung der öffentlichen Haushalte ein, die heute enorm durch Schuldzinsen belastet werden. Durch sinkende Zinslasten können leichter finanzielle Spielräume für Zukunftsinvestitionen gewonnen werden als durch entsprechende Einnahmenerhöhungen oder die Senkung sonstiger Ausgaben.

Nicht beantworten können die durchgeführten Simulationsrechnungen indes die (normative) Frage, welche Ziele demographieorientierte Politik überhaupt verfolgen sollte. Im Allgemeinen wird man darunter hauptsächlich die Aufgabe verstehen, zukünftige Generationen vor den Folgen heute absehbarer Entwicklungen zu schützen, da sie keine Lobby haben und auf die Wahrung ihrer Interessen durch heutige politische Entscheidungsträger angewiesen sind. Neben der intergenerativen Verteilungsgerechtigkeit haben diese aber auch die intragenerative Fairness zu berücksichtigen, um ihre demokratische Legitimation weiter zu erhalten. Die politische Entscheidungsfindung für zukünftige demographieorientierte Reformen erfordert also im Prinzip die Beantwortung der Frage, welche Generationen oder Einkommensschichten die Lasten des demographischen Wandels tragen sollen. Die Orientierung am Begriff Generationengerechtigkeit führt indes nicht zu einem eindeutigen Handlungsmaßstab. Bezieht man sich auf das Verursacherprinzip, müssten eigentlich jene Generationen herangezogen werden, die den Rückgang der Geburtenziffer insbesondere seit den 70er Jahren „verursacht" haben. Lösungen, die diese Jahrgänge sozusagen in „Sippenhaft" nehmen, würden aber wiederum Umverteilungen innerhalb der betroffenen Jahrgänge vornehmen und damit möglicherweise neue Ungerechtigkeiten hervorrufen. Abgesehen davon sind die Elterngenerationen der 70er Jahre heute zum größten Teil im Rentenalter. Sie könnten auf die Aufbürdung zusätzlicher Lasten kaum mehr reagieren und würden daher besonders hart getroffen.

Die unterschiedliche Beurteilung vor allem intergenerativer Verteilungsfragen ist daher auch einer der zentralen politischen Diskussionspunkte. Die Tatsache, dass im Wahlkampf zur Bundestagswahl 2005 das Reizthema Rentenreform nur eine untergeordnete Rolle spielte, weist darauf hin, dass die Politik u.a. mit den vier Nullrunden der vergangenen Jahre die Rentner verärgert hat und zunehmende Schwierigkeiten hat, Reformen gegen deren Interessen durchzusetzen. Somit haben auch die wirksamsten Reformen zum Schutze künftiger Generationen nur dann eine Chance zur Umsetzung, wenn heutige Generationen nicht zu sehr dadurch in Anspruch genommen werden und diese Politik noch mittragen.

Wie schon eingangs erwähnt, so soll auch an dieser Stelle noch einmal darauf hingewiesen werden, dass es sich bei den in dieser Arbeit durchgeführten Simulationsstudien nicht um Prognosen handelt, sondern um Wirkungsprojektionen alternativer Reformideen. Dabei liegt der Wert der verwendeten Simulationsmethode insbesondere darin, dass sich mit ihr unterschiedliche Reformen qualitativ vergleichen lassen. Die Ergebnisse und Schlussfolgerungen sind als wahrscheinliche Szenarien innerhalb einer Bandbreite denkbarer Entwicklungen zu sehen. Das so eingegrenzte Spektrum demographiepolitischer Handlungsspielräume und Reformwirkungen soll die Dimensionen der Bevölkerungsalterung veranschaulichen und auf schon erfolgte oder noch mögliche erleichternde Maßnahmen, aber auch bevorstehende Einschnitte vorbereiten. Die vorliegende Arbeit versucht also zur Demographiediskussion beizutragen, indem sie vor allem informiert und vielleicht sogar etwas beruhigt - zumindest im Sinne der von SENECA (o.Q.) geäußerten Einschätzung „*Alles kommt weniger schlimm, wenn man mit allem rechnet*".

Anhang

A.1 Die Ausgangsbevölkerung des Modells im Basisjahr 2004

Tabelle A.1.1: Bevölkerungsstruktur Deutschlands im Basisjahr 2004

Alter	Einheimische $\bar{N}(a, 2004)$	Ausländer $\bar{M}(a, 2004)$	Zuwanderer $\hat{M}(a, 2004)$
0	721.069	0	0
1	733.730	0	1.913
2	749.970	0	1.413
3	769.293	0	0.666
4	792.132	0	0.558
5	780.002	0	0.826
6	795.040	0	0.411
7	803.709	0	0.345
8	799.148	0	1.339
9	789.226	0	1.528
10	795.508	0	1.799
11	817.399	0	1.894
12	846.432	0	2.158
13	894.435	0	2.596
14	932.060	0	2.679
15	968.386	0	3.333
16	969.474	0	4.448
17	968.788	0	4.992
18	950.326	0	6.580
19	941.755	0	10.593
20	943.358	0	13.426
21	950.706	11.611	11.611
22	958.510	24.359	12.748
23	964.509	36.409	12.050
24	826.259	165.747	10.907
25	812.140	167.938	8.720
26	789.848	169.959	6.416
27	778.591	172.232	5.330
28	760.026	176.929	4.214
29	749.396	181.025	3.301
30	750.415	182.514	2.288
31	791.372	182.347	1.429
32	864.134	183.632	1.896
33	954.569	180.778	1.678

Tabelle A.1.1 Fortsetzung

Alter	$\bar{N}(a, 2004)$	$\bar{M}(a, 2004)$	$\hat{M}(a, 2004)$
34	1038.012	184.719	1.683
35	1114.834	179.697	1.609
36	1185.391	173.986	1.833
37	1245.217	161.602	1.774
38	1273.018	163.380	1.993
39	1300.578	162.499	2.199
40	1316.555	156.793	2.346
41	1317.665	147.763	2.492
42	1302.630	139.006	2.399
43	1283.484	124.904	2.565
44	1244.599	128.569	0
45	1209.293	113.418	0
46	1169.827	107.163	0
47	1135.461	100.127	0
48	1105.275	102.291	0
49	1083.020	98.692	0
50	1060.011	94.210	0
51	1050.986	88.271	0
52	1030.867	92.079	0
53	1034.390	86.628	0
54	1007.540	97.796	0
55	973.183	95.013	0
56	915.386	93.782	0
57	833.635	90.937	0
58	754.866	82.541	0
59	775.393	74.760	0
60	836.442	70.268	0
61	919.221	66.531	0
62	984.421	67.714	0
63	1073.113	61.890	0
64	1152.594	65.895	0
65	1148.387	58.058	0
66	1092.242	54.679	0
67	1036.895	48.600	0
68	968.748	41.917	0

Tabelle A.1.1 Fortsetzung

Alter	$\bar{N}(a, 2004)$	$\bar{M}(a, 2004)$	$\hat{M}(a, 2004)$
69	902.762	34.703	0
70	787.239	31.462	0
71	686.009	27.687	0
72	630.095	23.335	0
73	635.882	19.798	0
74	630.334	19.053	0
75	619.408	15.642	0
76	579.180	13.677	0
77	540.382	12.024	0
78	499.386	10.825	0
79	459.252	9.556	0
80	417.739	8.475	0
81	381.404	7.299	0
82	356.542	6.307	0
83	327.607	5.209	0
84	268.953	4.342	0
85	190.085	3.032	0
86	122.276	1.950	0
87	83.339	1.359	0
88	66.477	1.028	0
89	47.210	0.718	0
90	20.609	0.329	0
$\sum$	75.937.075	5.769.467	167.000

Tabelle A.1.2: Altersspezifische Fertilitäts- und Mortalitätsraten im Modell

Fertilitätsraten		Mortalitätsraten Klasse 3				
Alter	2004-2050	Alter	2004		2050	
			$\bar{d}(\cdot)$	$d(\cdot)$	$\bar{d}(\cdot)$	$d(\cdot)$
23	0,1066	68	0,026	0,026	0,002	0,002
24	0,1128	69	0,028	0,028	0,005	0,005
25	0,1175	70	0,029	0,031	0,010	0,010
26	0,1199	71	0,031	0,034	0,018	0,018
27	0,1208	72	0,033	0,038	0,026	0,027
28	0,1201	73	0,036	0,042	0,032	0,034
29	0,1165	74	0,038	0,047	0,035	0,039
30	0,1093	75	0,041	0,052	0,037	0,043
31	0,0988	76	0,043	0,059	0,039	0,047
32	0,0859	77	0,046	0,066	0,042	0,052
33	0,0720	78	0,048	0,074	0,044	0,059
34	0,0581	79	0,050	0,083	0,047	0,066
35	0,0446	80	0,052	0,094	0,049	0,074
36	0,0334	81	0,053	0,106	0,051	0,084
37	0,0251	82	0,055	0,122	0,053	0,095
38	0,0186	83	0,055	0,141	0,055	0,109
39	0,0133	84	0,055	0,163	0,057	0,125
40	0,0091	85	0,054	0,190	0,058	0,147
41	0,0059	86	0,052	0,226	0,059	0,174
42	0,0036	87	0,049	0,277	0,059	0,211
43	0,0020	88	0,046	0,359	0,058	0,264
44	0,0010	89	0,042	0,514	0,057	0,350
45	0,0004	90	0,030	0,749	0,055	0,516
		91	0,010	1,000	0,051	1,000
TFR	**1,4**	**LE**	**78,0**		**82,5**	
ABA	**29,0**					

TFR = Geburtenziffer
ABA = Durchschnittl. Gebäralter
LE = Lebenserwartung
$\bar{d}(\cdot)$ = Unbedingte Sterbewahrscheinlichkeit
$d(\cdot)$ = Bedingte Sterbewahrscheinlichkeit

Tabelle A.1.2 Fortsetzung

Alter	Mortalitätsraten Klasse 2			
	2004		2050	
	$\bar{d}(\cdot)$	$d(\cdot)$	$\bar{d}(\cdot)$	$d(\cdot)$
68	0,022	0,026	0,001	0,001
69	0,024	0,028	0,005	0,005
70	0,026	0,031	0,008	0,008
71	0,028	0,034	0,010	0,010
72	0,030	0,038	0,010	0,010
73	0,032	0,042	0,011	0,011
74	0,034	0,047	0,011	0,012
75	0,036	0,052	0,012	0,012
76	0,039	0,059	0,013	0,013
77	0,041	0,066	0,014	0,015
78	0,043	0,074	0,014	0,016
79	0,045	0,083	0,015	0,017
80	0,047	0,094	0,019	0,021
81	0,050	0,106	0,030	0,036
82	0,054	0,122	0,051	0,061
83	0,058	0,141	0,074	0,096
84	0,062	0,163	0,101	0,144
85	0,065	0,190	0,127	0,211
86	0,064	0,226	0,134	0,283
87	0,059	0,277	0,117	0,344
88	0,053	0,359	0,091	0,408
89	0,046	0,514	0,066	0,501
90	0,032	0,749	0,043	0,653
91	0,012	1,000	0,023	1,000
LE	**80,0**		**84,4**	

Tabelle A.1.2 Fortsetzung

Alter	Mortalitätsraten Klasse 1			
	2004		2050	
	$\bar{d}(\cdot)$	$d(\cdot)$	$\bar{d}(\cdot)$	$d(\cdot)$
68	0,016	0,018	0,002	0,002
69	0,018	0,020	0,004	0,004
70	0,019	0,023	0,005	0,005
71	0,021	0,025	0,006	0,006
72	0,022	0,027	0,007	0,007
73	0,024	0,030	0,008	0,008
74	0,026	0,034	0,008	0,008
75	0,028	0,038	0,008	0,009
76	0,030	0,043	0,008	0,009
77	0,033	0,049	0,009	0,009
78	0,035	0,054	0,009	0,010
79	0,038	0,061	0,009	0,010
80	0,040	0,070	0,010	0,011
81	0,042	0,079	0,012	0,013
82	0,045	0,090	0,018	0,020
83	0,050	0,106	0,030	0,035
84	0,055	0,123	0,050	0,060
85	0,060	0,143	0,077	0,097
86	0,066	0,171	0,107	0,149
87	0,069	0,206	0,133	0,217
88	0,071	0,259	0,144	0,301
89	0,069	0,344	0,135	0,405
90	0,064	0,511	0,113	0,569
91	0,058	1,000	0,086	1,000
LE	**81,7**		**86,3**	

A.2 Optimierungsproblem der Haushalte

Bei der Maximierung der Nutzenfunktion (Gleichung (27)) muss jeder Haushalt seine Budgetrestriktion über die gesamte Lebenszeit beachten. Im Falle eines Einheimischen ist das die Gleichung (29), bei einem Migranten die Gleichung (30).

Weil die darin enthaltene Nettosteuersumme (35) auch von der Ersparnis a$(\cdot)$ abhängt, der die Freizeit- und Konsumentscheidungen zugrunde liegen, muss die Budgetbeschränkung zur Lösung des Optimierungsproblems umformuliert werden:

$$\{1+r(t)[1-\bar{\tau}^r(j,t,s,k,n)]\}\mathrm{a}(j,t,s,k,n)+\sum_{a=j}^{90}\Big\{W(a,i,s,k,n)[1+r(i)]$$
$$+I(a,i,s,k,n)-T(a,i,s,k,n)+\bar{\tau}^r(a,i,s,k,n)r(i)\mathrm{a}(a,i,s,k,n)$$
$$-c(a,i,s,k,n)-KID(a,i,k)\;c_K(a,i,s,k,n)\Big\}\bar{R}(i,t)=0,$$

mit dem durchschnittlichen Nettozinssatz $r(\cdot)[1-\bar{\tau}^r(\cdot)]$ und daraus folgend dem durchschnittlichen Nettodiskontfaktor

$$\bar{R}(i,t)=\begin{cases}1 & \text{für} \quad i=t\\ \prod_{x=t+1}^{i}\{1+r(x)[1-\bar{\tau}^r(\cdot)]\}^{-1} & \text{für} \quad i>t.\end{cases}$$

Analog dazu ist der (unten benötigte) marginale Nettodiskontfaktor $\tilde{R}(i,t)$ definiert:

$$\tilde{R}(i,t)=\begin{cases}1 & \text{für} \quad i=t\\ \prod_{x=t+1}^{i}\{1+r(x)[1-\tau^r(\cdot)]\}^{-1} & \text{für} \quad i>t.\end{cases}$$

Außer in den Budgetrestriktionen unterscheiden sich die Optimierungsprobleme von Migranten und Einheimischen aber nur im Alter und Zeitpunkt der Optimierung (Einheimische optimieren bei Eintritt ins Erwerbsleben, Ausländer bei der Einwanderung), so dass es genügt, im Folgenden die Optimierung für einen Einheimischen zu lösen. Die Lösung erfolgt über den Lagrange-Optimierungsansatz:

$$\max_{c,c_K,\ell}\mathcal{L} \;=\; U(j,t,s,k,n)+\vartheta(j,t,s,k,n)\Big\{\{1+r(t)[1-\bar{\tau}^r(j,t,s,k,n)]\}$$
$$\times\;\mathrm{a}(j,t,s,k,n)+\sum_{a=j}^{90}\{W(a,i,s,k,n)[1+r(i)]+I(a,i,s,k,n)$$
$$-T(a,i,s,k,n)+\bar{\tau}^r(a,i,s,k,n)r(i)\mathrm{a}(a,i,s,k,n)-c(a,i,s,k,n)$$
$$-KID(a,i,k)\;c_K(a,i,s,k,n)\}\bar{R}(i,t)\Big\},$$

wobei $\vartheta(\cdot)$ der Lagrange-Multiplikator ist. Es resultieren die Bedingungen erster Ordnung:

$$\frac{\partial \mathcal{L}}{\partial c(a,i,s,k,l)} \stackrel{!}{=} 0 \quad \Rightarrow$$

$$(1+\theta)^{j-a} P(a,i,k) \left[c(a,i,s,k,n)^{1-\frac{1}{\rho}} + \alpha \ell(a,i,s,k,n)^{1-\frac{1}{\rho}} \right]^{\frac{\frac{1}{\rho}-\frac{1}{\gamma}}{1-\frac{1}{\rho}}} c(a,i,s,k,n)^{-\frac{1}{\rho}}$$
$$= \vartheta(j,t,s,k,n) p(i) \tilde{R}(i,t) \tag{A.2.1}$$

mit dem Konsumgüterpreis $p(i) = 1 + \tau^c(i)$.

$$\frac{\partial \mathcal{L}}{\partial \ell(a,i,s,k,n)} \stackrel{!}{=} 0 \quad \Rightarrow$$

$$(1+\theta)^{j-a} P(a,i,k) \left[c(a,i,s,k,n)^{1-\frac{1}{\rho}} + \alpha \ell(a,i,s,k,n)^{1-\frac{1}{\rho}} \right]^{\frac{\frac{1}{\rho}-\frac{1}{\gamma}}{1-\frac{1}{\rho}}} \alpha \ell(a,i,s,k,n)^{-\frac{1}{\rho}}$$
$$= \vartheta(j,t,s,k,n) \tilde{w}(a,i,s,k,n) \tilde{R}(i,t), \tag{A.2.2}$$

mit dem marginalen Nettolohn $\tilde{w}(\cdot) = [1 - \tau^w(\cdot) - 0,5\tau^{ss}(\cdot)] \dfrac{w(i)E(a,k)}{1+0,5\ \bar{\tau}^{ss}(\cdot)}$.

$$\frac{\partial \mathcal{L}}{\partial c_K(a,i,s,k,n)} \stackrel{!}{=} 0 \quad \Rightarrow$$
$$(1+\theta)^{j-a} P(a,i,k) c_K(a,i,s,k,n)^{-\frac{1}{\gamma}} = \vartheta(j,t,s,k,n) p(i) \tilde{R}(i,t). \tag{A.2.3}$$

Werden die Bedingungen (A.2.1) und (A.2.2) dividiert, erhält man für die Freizeitnachfrage:

$$\ell(a,i,s,k,n) = \left[\frac{\tilde{w}(a,i,s,k,n)}{\alpha p(i)} \right]^{-\rho} c(a,i,s,k,n). \tag{A.2.4}$$

Einsetzen von (A.2.4) in (A.2.1) ergibt:

$$(1+\theta)^{j-a} P(a,i,k) c(a,i,s,k,n)^{-\frac{1}{\gamma}} \left\{ 1 + \alpha^{\rho} \left[\frac{\tilde{w}(a,i,s,k,n)}{p(i)} \right]^{1-\rho} \right\}^{\frac{\gamma-\rho}{\gamma(\rho-1)}}$$
$$= \vartheta(j,t,s,k,n) p(i) \tilde{R}(i,t),$$

bzw. umgeformt nach dem Konsum

$$c(a,i,s,k,n) = (1+\theta)^{(j-a)\gamma} P(a,i,k)^{\gamma} \underbrace{\left\{1+\alpha^{\rho}\left[\frac{\tilde{w}(a,i,s,k,n)}{p(i)}\right]^{1-\rho}\right\}^{\frac{\rho-\gamma}{1-\rho}}}_{v(a,i,s,k,n)} \times [\vartheta(\cdot)p(i)\tilde{R}(i,t)]^{-\gamma}.$$

Teilt man nun diese allgemeine Gleichung durch die entsprechende Gleichung für die Konsumnachfrage eines j Jahre alten Individuums mit Einkommensklasse k und Elternalter s zum Optimierungszeitpunkt t, erhält man den Konsum eines beliebigen Jahres in Abhängigkeit vom Konsum im Optimierungsjahr:

$$c(a,i,s,k,n) = \left[\frac{p(t)P(a,i,k)}{p(i)\tilde{R}(i,t)P(j,t,k)(1+\theta)^{a-j}}\right]^{\gamma} \frac{v(a,i,s,k,n)}{v(j,t,s,k,n)} c(j,t,s,k,n). \tag{A.2.5}$$

Ähnlich geht man bei der Bestimmung des Kinderkonsums vor, indem man Gleichung (A.2.3) durch Gleichung (A.2.1) dividiert und erhält

$$c_K(a,i,s,k,n) = \left[c(a,i,s,k,n)^{1-\frac{1}{\rho}} + \alpha\ell(a,i,s,k,n)^{1-\frac{1}{\rho}}\right]^{\frac{\rho-\gamma}{\rho-1}} c(a,i,s,k,n)^{\frac{\gamma}{\rho}}.$$

Setzt man hier für die Freizeitnachfrage den Zusammenhang (A.2.4) ein, ergibt sich nach einigen Umformungen

$$c_K(a,i,s,k,n) = \frac{c(a,i,s,k,n)}{v(a,i,s,k,n)}. \tag{A.2.6}$$

Die Konsumnachfrage eines j-Jährigen zum Zeitpunkt t erhält man, wenn man die Zusammenhänge (A.2.4), (A.2.5) und (A.2.6) in die intertemporale Budgetbeschränkung einsetzt. Diese wird zuvor in Entstehungs- und Verwendungsseite getrennt (wobei die Nettosteuersumme disaggregiert wird) und nach nach dem

Lebenszeiteinkommen $\mathcal{W}(j,t,s,k,n)$ umgeformt:

$$\begin{aligned}
\mathcal{W}(j,t,s,k,n) &= \{1+r(t)[1-\bar{\tau}^r(j,t,s,k,n)]\}\mathrm{a}(j,t,s,k,n) \\
&+\sum_{a=j}^{90}\Bigg\{\bar{w}(a,i,s,k,n)h(a,i)+ \\
&\{1+r(t)[1-\bar{\tau}^r(j,t,s,k,n)]-\tau^b(i)\}\, I(a,i,s,k,n)- \\
&z^h(a,i,k)-z^{lc}(i,k)\{1-\bar{\tau}^w(\cdot)-[\varrho_1(i)\tau^h(i,k)+\tau^{lc}(i,k)]\}\times \\
&Pen(a,i,s,k,n)+Tr^k(a,i,k)\Bigg\}\bar{R}(i,t) \\
&= \sum_{a=k}^{90}\Bigg\{[p(i)c(a,i,s,k,n)+p(i)KID(a,i,k)c_K(a,i,s,k,n)+ \\
&\bar{w}(a,i,s,k,n)\ell(a,i,s,k,n)]\Bigg\}\bar{R}(i,t), \qquad \text{(A.2.7)}
\end{aligned}$$

mit dem durchschnittlichen Nettolohn $\bar{w}(\cdot)=[1-\bar{\tau}^w(\cdot)-0,5\bar{\tau}^{ss}(\cdot)]\,\dfrac{w(i)E(a,k)}{1+0,5\bar{\tau}^{ss}(\cdot)}$.

Nach Einsetzen der Nachfragefunktionen in (A.2.7) und einigen Umformungen ergibt sich

$$c(j,t,s,k,n)=\Gamma(j,t,s,k,n)\mathcal{W}(j,t,s,k,n). \qquad \text{(A.2.8)}$$

Der Ausdruck $\Gamma(j,t,s,k,n)$ gibt die marginale Konsumneigung eines in t j Jahre alten Individuums bezogen auf sein Lebenseinkommen an und ist definiert als

$$\begin{aligned}
\Gamma(j,t,s,k,n) &= v(j,t,s,k,n)\Bigg\{p(t)^\gamma P(j,t,k)^{-\gamma}\sum_{a=j}^{90}P(a,i,k)^\gamma\tilde{R}(i,t)^{-\gamma} \\
&(1+\theta)^{\gamma(j-a)}p(i)^{1-\gamma}v(a,i,s,k,n)\left[\frac{KID(a,i,k)}{v(a,i,s,k,n)}+\right. \\
&\left.\frac{\bar{w}(a,i,s,k,n)\ \alpha^\rho}{\bar{w}(a,i,s,k,n)^\rho p(i)^{1-\rho}}+1\right]\bar{R}(i,t)\Bigg\}^{-1}.
\end{aligned}$$

Den individuellen Konsumpfad über die Lebenszeit erhält man, indem man den Zusammenhang (A.2.8) in (A.2.5) einsetzt. Die Freizeitnachfrage ergibt sich durch

Einsetzen von (A.2.5) in (A.2.4) und der Kinderkonsum durch Einsetzen von (A.2.5) in (A.2.6).

A.3 Optimierungsproblem der Unternehmen

Das dynamische Optimierungsproblem eines repräsentativen Unternehmens, die Maximierung des Gegenwarts-Firmenwerts (56) mit den Nebenbedingungen für Technologie (47), Kapitalmarkt (53) und Kapitalakkumulation (49), wird über die Hamilton-Funktion

$$\mathcal{H}(i) = [DIV(i) + q(i+1)\Delta K(i)]\, R(i,t) \tag{A.3.1}$$

gelöst. Die dynamische Nebenbedingung (49) ist die Ableitung der Zustandsvariablen nach der Zeit, eine Differenzengleichung, da die Zeit in unserem Modell diskret ist. Da es sich um ein Optimierungsproblem mit Diskontfaktor handelt, muss auch die Ko-Zustandsvariable, der Multiplikator $q(i+1)$, mit dem Diskontfaktor multipliziert werden.[137] Die Bedingungen erster Ordnung lauten:

$$\frac{\partial \mathcal{H}(i)}{\partial L(i)} \overset{!}{=} 0 \quad \Rightarrow \quad w(i) = F_{L(i)}, \tag{A.3.2}$$

$$\frac{\partial \mathcal{H}(i)}{\partial \Delta K(i)} \overset{!}{=} 0 \quad \Rightarrow \quad q(i+1) = 1 + [1 - \tau^k(i)]\Phi_{\Delta K(i)}, \tag{A.3.3}$$

$$\text{mit} \quad \Phi_{\Delta K(i)} = \partial \Phi / \partial \Delta K(i) = \psi \Delta K(i)/K(i),$$

$$\begin{aligned} \frac{\partial \mathcal{H}(i)}{\partial K(i)} &\overset{!}{=} -[R(i,t)q(i+1) - R(i-1,t)q(i)] \\ &= R(i,t)[1 - \tau^k(i)](F_{K(i)} - \Phi_{K(i)}). \end{aligned} \tag{A.3.4}$$

Wird Gleichung (A.3.4) durch $R(i,t)$ geteilt und umgeformt, erhält man die Bedingung für den Zinssatz (60)

$$r(i)q(i) = [1 - \tau^k(i)][F_{K(i)} - \Phi_{K(i)}] + q(i+1) - q(i),$$

$$\text{mit} \quad \Phi_{K(i)} = \partial \Phi / \partial K(i) = -\frac{\psi}{2}\,[\Delta K(i)/K(i)]^2 .$$

[137] Die Multiplikatorgleichung lautet daher $R(i,t)q(i+1) - R(i-1,t)q(i)$.

A.4 Berechnung der Hicksschen Äquivalenten Variation

Die in Gleichung (111) angegebene Hickssche Äquivalente Variation

$$\begin{aligned} EV(j,t,s,k,l) &= EF[\pi^0(\cdot),U^1(\cdot)] - EF[\pi^0(\cdot),U^0(\cdot)] \\ &= EF[\pi^0(\cdot),U^1(\cdot)] - \mathcal{W}(\cdot) \end{aligned} \tag{A.4.1}$$

gibt die Differenz zwischen den intertemporalen Auszahlungsfunktionen vor und nach einer Reform an. Die Auszahlung, die nötig war, um das alte Nutzenniveau zu erreichen, ist das Lebenseinkommen vor der Reform $\mathcal{W}$, also die Einnahmeseite von Gleichung (A.2.7). Ausgedrückt wird sie in Preisen des Basisszenarios π^0, also dem Vektor aller relevanten gegenwärtigen und zukünftigen Preise zur Bestimmung des Nutzenniveaus $U^0(\cdot)$. Allgemein bildet man die intertemporale Auszahlungsfunktion $EF(\cdot)$, indem man zuerst die Konsum- und Freizeitnachfragefunktionen in die direkte Nutzenfunktion (27) einsetzt und so zunächst die indirekte Nutzenfunktion $U[\pi(j,t,s,k,l),\mathcal{W}(j,t,s,k,l)]$ in Abhängigkeit von Preisen und Einkommen erhält:

$$U(j,t,s,k,l) = \frac{\gamma}{\gamma-1}\, c(j,t,s,k,l)^{\frac{\gamma-1}{\gamma}}\, \Omega(j,t,s,k,l), \tag{A.4.2}$$

mit

$$\begin{aligned} \Omega(\cdot) &= p(t)^{\gamma-1}P(j,t,k)^{1-\gamma}v(j,t,s,k,l)^{\frac{1-\gamma}{\gamma}} \\ &\quad \sum_{a=j}^{90}(1+\delta)^{\gamma(j-a)}P(a,i,k)^{\gamma}p(i)^{1-\gamma}\tilde{R}(a,i,s,k,l)^{1-\gamma} \\ &\quad \left[v(a,i,s,k,l)^{\frac{1-\gamma}{\rho-\gamma}} + KID(a,i,k)\right] \end{aligned} \tag{A.4.3}$$

und

$$v(a,i,s,k,l) = \left\{1+\alpha^{\rho}\left[\frac{\tilde{w}(a,i,s,k,l)}{p(i)}\right]^{1-\rho}\right\}^{\frac{\rho-\gamma}{1-\rho}} . \tag{A.4.4}$$

Da $c(j,t,s,k,l)$ ausgedrückt werden kann als Anteil $\Gamma(j,t,s,k,l)$ am Lebenseinkommen $\mathcal{W}(j,t,s,k,l)$, ergibt sich nach Einsetzen dieses Zusammenhangs in

(A.4.2):

$$U(j,t,s,k,l) = \frac{\gamma}{\gamma-1} \mathcal{W}(\cdot)^{\frac{\gamma-1}{\gamma}} \pi(j,t,s,k,l), \tag{A.4.5}$$

wobei

$$\pi(j,t,s,k,l) = \Gamma(j,t,s,k,l)^{\frac{\gamma-1}{\gamma}} \Omega(j,t,s,k,l). \tag{A.4.6}$$

Durch Inversion erhält man die Ausgabenfunktion $EF[\pi(j,t,s,k,l), U(j,t,s,k,l)]$ in Abhängigkeit von einem Lebenszeitpreisvektor und dem Nutzenniveau, also $EF\left[\pi(j,t,s,k,l), U(j,t,s,k,l)\right]$:

$$\begin{aligned} \mathcal{W}(j,t,s,k,l) &= \left[\left(\frac{\gamma-1}{\gamma}\right) \frac{U(j,t,s,k,l)}{\pi(j,t,s,k,l)}\right]^{\frac{\gamma}{\gamma-1}} \\ &= EF\left[\pi(j,t,s,k,l), U(j,t,s,k,l)\right] \end{aligned} \tag{A.4.7}$$

Literaturverzeichnis

ALTERSEINKÜNFTEGESETZ - AltEinkG (2004): Gesetz zur Neuordnung der einkommensteuerrechtlichen Behandlung von Altersvorsorgeaufwendungen und Altersbezügen. Gesetz vom 05.07.2004. *Bundesgesetzblatt* Teil I, Nr. 33, 09.07.2004, S. 1427.

ALTERSVERMÖGENSERGÄNZUNGSGESETZ - AVmEG (2001): Gesetz zur Ergänzung des Gesetzes zur Reform der gesetzlichen Rentenversicherung und zur Förderung eines kapitalgedeckten Altersvorsorgevermögens. Gesetz vom 21.03.2001. *Bundesgesetzblatt* Teil I, Nr. 13, 26.03.2001, S. 403.

ALTERSVERMÖGENSGESETZ - AVmG (2001): Gesetz zur Reform der gesetzlichen Rentenversicherung und zur Förderung eines kapitalgedeckten Altersvorsorgevermögens. Gesetz vom 26.06.2001. *Bundesgesetzblatt* Teil I, Nr. 31, 29.06.2001, S. 1310.

ALTHAMMER, J., ROMAHN, H. (2005): Die Familienkasse – Ziele und Probleme einer Zusammenfassung monetärer familienpolitischer Leistungen. Gutachten im Auftrag der Frauen Union Deutschlands.

ALTIG, D., AUERBACH, A. J., KOTLIKOFF, L. J., SMETTERS, K. A., WALLISER, J. (2001): Simulating Fundamental Tax Reforms in the United States. *American Economic Review* 91, 547–595.

ANDEL, N. (1997): Die Reform der Rentenbesteuerung ist schon lange überfällig! *Wirtschaftsdienst* 77 (1), 21–28.

ARBEITSGEMEINSCHAFT JUGEND UND BILDUNG und BUNDESMINISTERIUM DER FINANZEN (Hrsg.) (2006): Finanzen und Steuern. Begleitbroschüre für Lehrerinnen und Lehrer.

AUERBACH, A. J., GOKHALE, J., KOTLIKOFF, L. J. (1991): Generational Accounting: A Meaningful Alternative to Deficit Accounting. *Tax Policy and The Economy* 5, 55–110.

AUERBACH, A. J., GOKHALE, J., KOTLIKOFF, L. J. (1994): Generational Accounting: A Meaningful Way to Evaluate Fiscal Policy. *Journal of Economic Perspectives* 8, 73–94.

AUERBACH, A. J., KOTLIKOFF, L. J. (1987): *Dynamic Fiscal Policy*. Cambridge.

AUERBACH, A. J., KOTLIKOFF, L. J., HAGEMANN, R. P., NICOLETTI, G. (1989): The Economic Dynamics of an Ageing Population: The Case of Four OECD Countries. *OECD Economic Studies* 12, 97–130.

AXA (2006): AXA Ruhestand-Barometer 2005. http://www.axa.de/Ruhestand-Barometer (10.02.2006).

BACH, S., BORK, C., KRIMMER, P., RAFFELHÜSCHEN, B., SCHULZ, E. (2002): Demographischer Wandel und Steueraufkommen. Deutsches Institut für Wirtschaftsforschung, DIW Materialien 20.

BACH, S., WIEGARD, W. (2002): Finanzwissenschaft. In: ZIMMERMANN, K. F. (Hrsg.), *Neue Entwicklungen in der Wirtschaftswissenschaft*, Heidelberg, 43–112.

BAHNMÜLLER, R., FISCHBACH, S., JENTGENS, B. (2005): Die Qualifizierungstarifverträge für die baden-württembergische M+E-Industrie und die westdeutsche T+B-Industrie: Konzepte, Umsetzung, Wirkungen und Konsequenzen. Beitrag für die Tagung „Was nützen und bewirken Qualifizierungstarifverträge?“ am 11. November 2005 in Stuttgart-Filderstadt.

BEETSMA, R., BETTENDORF, L., BROER, D. P. (2003): The Budgeting and Economic Consequences of Ageing in the Netherlands. *Eonomic Modelling* 20 (5), 987–1013.

BEITRAGSSATZGESETZ 2007 - BSG 2007 (2006): Gesetz zur Bestimmung der Beitragssätze in der gesetzlichen Rentenversicherung für das Jahr 2007. Artikel 1 des Gesetzes über die Senkung des Beitrags zur Arbeitsförderung, die Festsetzung der Beitragssätze in der gesetzlichen Rentenversicherung und der Beiträge und Beitragszuschüsse in der Alterssicherung der Landwirte für das Jahr 2007. Gesetz vom 21.12.2006. *Bundesgesetzblatt* Teil I, Nr. 64, 27.12.2006, S. 3286.

BEITRAGSSATZSICHERUNGSGESETZ - BSSichG (2002): Gesetz zur Sicherung der Beitragssätze in der gesetzlichen Krankenversicherung und in der gesetzlichen Rentenversicherung. Gesetz vom 23.12.2002. *Bundesgesetzblatt* Teil I, Nr. 87, 30.12.2002, S. 4637.

BERKEL, B., BÖRSCH-SUPAN, A., LUDWIG, A., WINTER, J. (2004): Sind die Probleme der Bevölkerungsalterung durch eine höhere Geburtenrate lösbar? *Perspektiven der Wirtschaftspolitik* 5 (1), 71–90.

BESENDORFER, D., BONIN, H., RAFFELHÜSCHEN, B. (2000): Reformbedarf der sozialen Alterssicherung bei alternativen demographischen Prognosen. *Hamburger Jahrbuch für Wirtschafts- und Gesellschaftspolitik* 45, 105–122.

BINGLER, K., BOSBACH, G. (2004): Kein Anlass zu Furcht und Panik. Fakten und Mythen zur „demografischen Katastrophe“. *Deutsche Rentenversicherung* 11/12, 725–749.

BIRG, H. (1998): Demographisches Wissen und politische Verantwortung. *Zeitschrift für Bevölkerungswissenschaft* 23, 221–251.

BIRG, H. (2002a): Interview in dem Film „Soziale Sicherung: Rente mit Zukunft?“ Goethe-Institut Inter Nationes, KuBus 45/2, Filmtext. http://www.goethe.de/in/d/film/d/kubus-45-2-t-f.html (07.08.2003).

BIRG, H. (2002b): Perspektiven der Bevölkerungsentwicklung in Deutschland und Europa. Konsequenzen für die sozialen Sicherungssysteme. Gutachten für das Bundesverfassungsgericht. Materialien des Instituts für Bevölkerungsforschung und Sozialpolitik 48, Universität Bielefeld.

BLAHUSCH, F. (o.J.): Zuwanderer und Fremde in Deutschland: Aussiedler/Spätaussiedler. http://www.unics.uni-hannover.de/bollm/wandel/blahusch.htm (08.07.2003).

BLANCHARD, O. (1985): Debt, Deficits, and Finite Horizons. *Journal of Political Economy* 93 (2), 223–247.

BOFINGER, P. (1999): Wie zukunftsfähig ist das Alterssicherungssystem in Deutschland? *Wirtschaftsdienst* 10, 590–597.

BOMSDORF, E. (1993): Zur zukünftigen Entwicklung von Mortalität und Lebenserwartung der Geburtsjahrgänge 1903 bis 1993. *Zeitschrift für Bevölkerungswissenschaft* 19, 93–103.

BOMSDORF, E., BABEL, B. (2005): Wie viel Fertilität und Migration braucht Deutschland? *Wirtschaftsdienst* 6, 387-394.

BONGAARTS, J., FEENEY, G. (1998): On the Quantum and Tempo of Fertility. *Population and Development Review* 24 (2), 271-291.

BONIN, H. (2002): Eine fiskalische Bilanz der Zuwanderung. *Vierteljahreshefte für Wirtschaftsforschung* 71 (2), 215–229.

BONIN, H., FEIST, K. (1999): Pension Reform in Germany and Redistribution Between Living Generations. Discussion Paper No. 78/99, Universität Freiburg i. Br.

BORGMANN, C., KRIMMER, P., RAFFELHÜSCHEN, B. (2001): Rentenreformen 1998-2001: Eine (vorläufige) Bestandsaufnahme. *Perspektiven der Wirtschaftspolitik* 2 (3), 319–334.

BÖRSCH-SUPAN, A. (1999): Demographie, Entwicklung und Stabilität der Sozialversicherung in Deutschland. *Allgemeines Statistisches Archiv* 83, 27–44.

BÖRSCH-SUPAN, A. (2002a): Mehr Zuwanderung? Zur Rolle des Auslands bei der Stabilisierung der Gesetzlichen Rentenversicherung in Deutschland. *Deutsches Institut für Wirtschaftsforschung, DIW Vierteljahreshefte zur Wirtschaftsforschung* 71 (2), 187–198.

BÖRSCH-SUPAN, A. (2002b): Nach der Reform ist vor der Reform: Weitere Schritte für eine nachhaltige Reform der Altersvorsorge in Deutschland. MEA-Diskussionspapier No. 15-2002.

BÖRSCH-SUPAN, A. (2004): Aus der Not eine Tugend – Zukunftsperspektiven einer alternden Gesellschaft. MEA-Diskussionspapier No. 54-2004.

BÖRSCH-SUPAN, A., DÜZGÜN, I., WEISS, M. (2006): Altern und Produktivität - Eine neue Sichtweise der Arbeitsproduktivität. *Personalführung* 7, 74–81.

BÖRSCH-SUPAN, A., LÜHRMANN, M. (2000): *Prinzipien der Renten- und Pensionsbesteuerung*. Bad Homburg.

BÖRSCH-SUPAN, A., LUDWIG, A., SOMMER, M. (2003a): *Demographie und Kapitalmärkte*. Köln.

BÖRSCH-SUPAN, A., LUDWIG, A., WINTER, J. (2002): Ageing and International Capital Flows. In: AUERBACH, A. J., HERRMANN, H. (Hrsg.), *Ageing, Financial Markets and Monetary Policy*, Berlin, 55–83.

BÖRSCH-SUPAN, A., LUDWIG, A., WINTER, J. (2003b): Alterung, deutsche Renditeentwicklung und globale Kapitalmärkte. *Deutsche Bank Research, Themen International Economics* 273.

BÖRSCH-SUPAN, A., REIL-HELD, A., WILKE, C. B. (2004): Der Nachhaltigkeitsfaktor und andere Formelmodifikationen zur langfristigen Stabilisierung des Beitragssatzes zur GRV. MEA-Diskussionspapier No. 30-2003.

BÖRSCH-SUPAN, A., WILKE, C. B. (2003): The German Pension System: How it was, How it will be. NBER Working Papers, No. 10525. Cambridge, MA.

BÖRSTINGHAUS, V., HIRTE, G. (2001): Generational Accounting versus Computable General Equilibrium. *Finanzarchiv* 58, 227–243.

BRAUN, R., BURGER, F., MIEGEL, M., PFEIFFER, U., SCHULTE, K. (2002): *Erben in Deutschland*. Köln.

BREYER, F., GRABKA, M. M., JACOBS, K., MEINHARD, V., RYLL, A., SCHULZ, E., SPIESS, C. K., WAGNER, G. G. (2001): Wirtschaftliche Apekte der Märkte für Gesundheitsdienstleistungen. Gutachten des Deutschen Instituts für Wirtschaftsforschung, unter Mitarbeit von IGES im Auftrag des Bundesministeriums für Wirtschaft und Technologie.

BROCKMANN, H., GJONÇA, A., MAIER, H. (2000): Old-Age Mortality in Germany prior to and after Reunification. *Demographic Research* 3, 1–29.

BROER, D. P., WESTERHOUT, E. (1997): Pension Policies and Lifetime Uncertainty in an Applied General Equilibrium Model. In: BROER, D. P., LASSILA, J. (Hrsg.), *Pension Policies and Public Debt in Dynamic CGE Models*, Heidelberg, 110–138.

BRÜCKNER, H. (2004): EU-Osterweiterung: Effekte der Migration. *Wochenbericht des Deutschen Instituts für Wirtschaftsforschung (DIW) Berlin* 17.

BUCHHOLZ, W. (2005): A Note on Financing Health-Care Reform: Some Simple Arguments Concerning Marginal Tax Burden. *Finanzarchiv* 61, 438–446.

BUNDESMINISTERIUM DER FINANZEN (2002): Finanzbericht 2001.

BUNDESMINISTERIUM DER FINANZEN (2006a): Finanzbericht 2007.

BUNDESMINISTERIUM DER FINANZEN (2006b): Monatsbericht Februar.

BUNDESMINISTERIUM FÜR ARBEIT UND SOZIALES (Hrsg.) (2006): Rentenversicherungsbericht 2005.

BUNDESMINISTERIUM FÜR ARBEIT UND SOZIALORDNUNG (1999): Sozialbericht 1999.

BUNDESMINISTERIUM FÜR FAMILIE, SENIOREN, FRAUEN UND JUGEND (2006): Das Elterngeld kommt! Pressemeldung vom 02.05.2006. http://www.bmfsfj.de/Politikbereiche/familie,did=75324,render=renderPrint.html (26.05.2006).

BUNDESMINISTERIUM FÜR FAMILIE, SENIOREN, FRAUEN UND JUGEND (Hrsg.) (2005): Siebter Familienbericht. Familie zwischen Flexibilität und Verlässlichkeit.

BUNDESMINISTERIUM FÜR FAMILIE, SENIOREN, FRAUEN UND JUGEND (Hrsg.) (2006a): Mehr Transparenz im monetären Familienleistungsausgleich. Stellungnahme des Wissenschaftlichen Beirats für Familienfragen.

BUNDESMINISTERIUM FÜR FAMILIE, SENIOREN, FRAUEN UND JUGEND (Hrsg.) (2006b): Wachstumseffekte einer bevölkerungsorientierten Familienpolitik.

BUNDESMINISTERIUM FÜR GESUNDHEIT (2006a): Die Finanzentwicklung der sozialen Pflegeversicherung. Ist-Ergebnisse ohne Rechnungsabgrenzung. http://www.bmg.bund.de/cln_040/nn_600110/DE/Datenbanken-Statistiken/statistiken-node,param=.html__nnn=true (08.12.2006).

BUNDESMINISTERIUM FÜR GESUNDHEIT (2006b): Gesetzliche Krankenversicherung. Kennzahlen und Faustformeln. http://www.bmg.bund.de/cln_040/nn_600110/DE/Datenbanken-Statistiken/statistiken-node,param=.html__nnn=true (08.12.2006).

BUNDESMINISTERIUM FÜR GESUNDHEIT (2006c): Pressemitteilung vom 09.03.2006. http://www.bmg.bund.de/cln_041/nn_669444/DE/Presse/Pressemitteilungen/Archiv/Presse-BMG-1-2006/pm-9-3-06,param=.html (20.3.2006).

BUNDESMINISTERIUM FÜR GESUNDHEIT (2006d): Zahlen und Fakten zur Pflegeversicherung (05/06). http://www.bmg.bund.de/cln_040/nn_600110/DE/Datenbanken-Statistiken/statistiken-node,param=.html__nnn=true (08.12.2006).

BUNDESMINISTERIUM FÜR GESUNDHEIT (2007): Pressemitteilung vom 29.01.2007. http://www.bmg.bund.de/cln_040/nn_1057658/DE/Presse/Pressemitteilungen/Presse-1-2007/pm-29-1-07,param=.html (02.02.2007).

BUNDESMINISTERIUM FÜR GESUNDHEIT (HRSG.) (2005): *Statistisches Taschenbuch Gesundheit 2005*. Berlin.

BUNDESRAT (2006): Entwurf eines Steueränderungsgesetzes 2007, Stand 18.05.2006. Drucksache 330/06.

BUNDESREGIERUNG (2004): Die Pflegeversicherung hat sich bewährt. REGIERUNG online. http://www.bundesregierung.de (03.11.2004).

BUNDESVERFASSUNGSGERICHT (1990a): Entscheidung vom 12. Juni. *BverfGE* 82, 198–208.

BUNDESVERFASSUNGSGERICHT (1990b): Entscheidung vom 29. Mai. *BverfGE* 82, 60–105.

BUNDESVERFASSUNGSGERICHT (1991): Entscheidung vom 27. Juni. *BverfGE* 84, 239ff.

BUNDESVERFASSUNGSGERICHT (1996): Entscheidung vom 12. März. *BverfGE* 94, 241–267.

BUNDESVERFASSUNGSGERICHT (1998a): Entscheidung vom 10. November. *2 BvR* 1226/91.

BUNDESVERFASSUNGSGERICHT (1998b): Entscheidung vom 10. November. *2 BvR* 980/91.

BUNDESVERFASSUNGSGERICHT (1998c): Entscheidung vom 10. November. *2 BvR* 1057/91.

BUNDESVERFASSUNGSGERICHT (1999): Pressemitteilung 5/2001.

BUNDESVERFASSUNGSGERICHT (2001a): Entscheidung vom 3. April. *1 BvR* 1629/94.

BUNDESVERFASSUNGSGERICHT (2001b): Pressemitteilung 35/2001.

BUNDESVERFASSUNGSGERICHT (2002): Entscheidung vom 6. März. *2 BvL* 17/99.

BUNDESVERSICHERUNGSANSTALT FÜR ANGESTELLTE (2001): Leistungen nach dem Fremdrentengesetz. BfA-Information 8a.

BUNDESVERTRIEBENENGESETZ - BVFG (1993): Gesetz über die Angelegenheiten der Vertriebenen und Flüchtlinge. Gesetz vom 02.06.1993. *Bundesgesetzblatt* Teil I, Nr. 27, 15.06.931993, S. 829.

BUSLEI, H., STEINER, V. (2006): Reform der Besteuerung von Alterseinkünften. *Wochenbericht des Deutschen Instituts für Wirtschaftsforschung (DIW) Berlin* 73 (5), 57–63.

BÜTLER, M. (2000): Tax-Benefit-Linkages in Pension Systems (a note). Discussion paper, Universität Lausanne.

BUTTERWEGGE, C. (2004): Zwischen der sozialen Wirklichkeit und ihrer öffentlichen Wahrnehmung liegen Welten. Bemerkungen zum demografischen Wandel bzw. zur Notwendigkeit seiner Entdramatisierung anlässlich einer Anhörung im Hessischen Landtag am 10.11.2004. http://www.nachdenkseiten.de/cms/upload/pdf/butterwegge.pdf (13.07.2005).

BUTTLER, G., FICKEL, N., LAUTENSCHLAGER, B. (1999): Die Auswirkungen der demographischen Entwicklung auf die Kosten im Gesundheitswesen. *Allgemeines Statistisches Archiv* 83, 120–136.

CASS, D. (1965): Optimum Growth in an Aggregative Model of Capital Accumulation. *Review of Economic Studies* 32, 233–240.

CHAUVEAU, T., LOUFIR, R. (1997): The Future of Public Pensions in the Seven Major Economies. In: BROER, D. P., LASSILA, J. (Hrsg.), *Pension Policies and Public Debt in Dynamic CGE Models*, Heidelberg, 16–73.

CLEMENS, J. (2006): Anmerkungen zur geplanten Anhebung des gesetzlichen Rentenalters. *Wirtschaftsdienst* 86 (3), 163–167.

DANG, T. T., ANTOLIN, P., OXLEY, H. (2001): Fiscal Implications of Ageing: Projections of Age-Related Spending. Economics Department Working Paper No. 231, OECD, Paris.

DEUTSCHE BUNDESBANK (2002): Monatsbericht April.

DEUTSCHE BUNDESBANK (2005): Monatsbericht Mai.

DEUTSCHE BUNDESBANK (2006): Monatsbericht November.

DEUTSCHER BUNDESTAG (2006a): Antwort der Bundesregierung auf die Kleine Anfrage der Abgeordneten Ina Lenke, Carl-Ludwig Thiele, Dr. Karl Addicks, weiterer Abgeordneter und der Fraktion der FDP betreffend steuerliche Berücksichtigung von Kinderbetreuungskosten. Drucksache 16/773.

DEUTSCHER BUNDESTAG (2006b): Antwort der Bundesregierung auf die Kleine Anfrage der Abgeordneten Ina Lenke, Carl-Ludwig Thiele, Otto Fricke, weiterer Abgeordneter und der Fraktion der FDP betreffend Leistungen für Familien. Drucksache 16/771.

DEUTSCHER BUNDESTAG (2006c): Bericht der Bundesregierung über die Entwicklung der Finanzhilfen des Bundes und der Steuervergünstigungen für die Jahre 2003 bis 2006 (20. Subventionsbericht), Drucksache 16/1020.

DEUTSCHER BUNDESTAG (2006d): Entwurf eines Gesetzes über die Weitergeltung der aktuellen Rentenwerte ab 1. Juli 2006. Drucksache 16/794.

DEUTSCHER BUNDESTAG (2006e): Entwurf eines Gesetzes zur steuerlichen Förderung von Wachstum und Beschäftigung, Stand 14.02.2006. Drucksache 16/643.

DEUTSCHER BUNDESTAG (2006f): Plenarprotokoll 16/37, 01.06.2006.

DEUTSCHER BUNDESTAG (2006g): Rente mit 67 – Pro und Kontra. Aktueller Begriff 25/06, 07.06.2006.

DEUTSCHER BUNDESTAG, 15. Wahlperiode (2005): Sozialbericht 2005, Drucksache 15/5955.

DEUTSCHE RENTENVERSICHERUNG BUND (2005): Rentenversicherung in Zeitreihen, DRV-Schriften Band 22 (aktualisiert). http://www.forschung.deutsche-rentenversicherung.de (10.03.2005).

DEUTSCHE RENTENVERSICHERUNG BUND (2006): Rentenversicherung in Zahlen 2006. Berlin.

DEUTSCHE RENTENVERSICHERUNG BUND (2007): Rentner und ihre Krankenversicherung. Berlin.

DEUTSCHES AKTIENINSTITUT (2004): Finger weg vom Sparerfreibetrag.

DEUTSCHES JUGENDINSTITUT (2003): Wanderungen zwischen der Bundesrepublik Deutschland und dem Ausland seit 1955. http://cgi.dji.de/cgi-bin/projekte/output.php?projekt=99&Jump1=RECHTS&Jump2=15 (15.10.2004).

DICKMANN, B., SEYDA, B. (2005): Gründe für den Geburtenrückgang. In: INSTITUT DER DEUTSCHEN WIRTSCHAFT (Hrsg.), *Perspektive 2050 - Ökonomik des demographischen Wandels*, Köln, 35–66.

DIENEL, C. (2003): Familienpolitik in Deutschland. http://www.berlin-institut.org (05.08.2003).

DIETZ, B. (2001): Entwicklung des Pflegebedarfs bis 2050. *Soziale Sicherheit* 1, 2–9.

DOMMERMUTH, T., HERRLER, H., SCHARL, H.-P., SCHMIDT, C., WERDAN, I. (2004): *Betriebliche Steuern*, Bd. 1. Stuttgart.

DORBRITZ, J. (1997): Der demographische Wandel in Ostdeutschland – Verlauf und Erklärungsansätze. *Zeitschrift für Bevölkerungswissenschaft* 2/3, 239–268.

DRÄTHER, H., ROTHGANG, H. (2004): Die Familienversicherung für Ehepaare in der Gesetzlichen Krankenversicherung. ZeS-Arbeitspapier Nr. 9/2004, Zentrum für Sozialpolitik, Universität Bremen.

DRITTES GESETZ ZUR ÄNDERUNG DES SECHSTEN BUCHES SOZIALGESETZBUCH UND ANDERER GESETZE (2003): Gesetz vom 27.12.2003. *Bundesgesetzblatt* Teil I, Nr. 67, 30.12.2003, S. 3019.

EGGEN, B. (2005): Familienpolitik, Geburtenhäufigkeit und Einkommensarmut in der EU. *Statistisches Monatsheft Baden-Württemberg* 4, 8–11.

EHLER, J., LANGELÜDDEKE, A. (2006): Systematisierung und Bewertung aktuell diskutierter Überlegungen für eine verstärkte Berücksichtigung von Kindern in der Alterssicherung. *Deutsche Rentenversicherung (DRV)* 7/8, 397–422.

EHRENTRAUT, O., RAFFELHÜSCHEN, B. (2003a): Die Rentenversicherung unter Reformdruck - Ein Drama in drei Akten. *Wirtschaftsdienst* 11, 711–720.

EHRENTRAUT, O., RAFFELHÜSCHEN, B. (2003b): Rente mit 67 - ein unvermeidbarer Schritt. *Wirtschaftsdienst* 10, 627–630.

ENQUÊTE-KOMMISSION DEMOGRAPHISCHER WANDEL (2002): Herausforderungen unserer älter werdenden Gesellschaft an den Einzelnen und die Politik.

EUROPEAN COMMISSION (2003): The Budgetary Challenges Posed by Ageing Populations. *European Economy* 2001 (4).

EUROSTAT (2002): Altersspezifische Fertilitätsraten Deutschland, Datenlieferung.

EUROSTAT (2003a): *Eurostat Jahrbuch*. Luxemburg.

EUROSTAT (2003b): Sozialschutz: Barleistungen für Familien in Europa. *Statistik kurz gefasst* 19.

FASSHAUER, S. (2005): Die Folgen des demographischen Wandels für die gesetzliche Rentenversicherung. In: KERSCHBAUMER, J., SCHROEDER, W. (Hrsg.), *Sozialstaat und demographischer Wandel. Herausforderungen für Arbeitsmarkt und Sozialversicherung*, 67–95.

FASSHAUER, S. (2006a): Besteht ein Zusammenhang zwischen Alterssicherungssystem und Geburtenrate? Anmerkungen aus theoretischer und empirischer Sicht. *Deutsche Rentenversicherung* 6, 305–324.

FASSHAUER, S. (2006b): Rentenversicherung – Ein Zukunftsthema. Vortrag bei der Bundesausschusssitzung des BVT, 21.-23. April 2006, Salzhausen.

FEHR, H. (1999): *Welfare Effects of Dynamic Tax Reforms*. Tübingen.

FEHR, H. (2000): Pension Reform During the Demographic Transition. *Scandinavian Journal of Economics* 102 (3), 419–443.

FEHR, H., HABERMANN, C. (2006): Pension Reform and Demographic Uncertainty: The Case of Germany. *Journal of Pension Economics and Finance* 5 (1), 69–90.

FEHR, H., HALDER, G. (2005): Alternde Bevölkerung, öffentliche Budgets und intergenerative Wohlfahrt. In: GENSER, B. (Hrsg.), *Haushaltspolitik und öffentliche Verschuldung*, Berlin, 11–52.

FEHR, H., HALDER, G. (2006): Welfare Effects of Long-term Care Reform in Germany. *Schweizerische Zeitschrift für Volkswirtschaft und Statistik, Revue suisse d'économie et de statistique* Special issue 2006 - First European Conference on Long-term Care, 107–112.

FEHR, H., HALDER, G., JOKISCH, S. (2004): A Simulation Model for the Demographic Transition in Germany - Data Requirements, Model Structure and Calibration. Würzburg Economic Papers No. 48, Universität Würzburg.

FEHR, H., JESS, H. (2001): Gewinner und Verlierer der aktuellen Rentenreform. *Die Angestelltenversicherung* 5/6, 176–187.

FEHR, H., JESS, H. (2006): Health premiums or health contributions? An Evaluation of Health Care Reform Options in Germany. *Schmollers Jahrbuch, Zeitschrift für Wirtschafts- und Sozialwissenschaften* 1, 21–58.

FEHR, H., JESS, H. (2007): Who Benefits from the Reform of Pension Taxation in Germany? *Fiscal studies* 28 (1), 73–101.

FEHR, H., JOKISCH, S. (2006): Demographischer Wandel und internationale Finanzmärkte. *Perspektiven der Wirtschaftspolitik* 7 (4), 501–517.

FEHR, H., JOKISCH, S., KOTLIKOFF, L. (2004): The Role of Immigration in Dealing with the Developed World's Demographic Transition. *Finanzarchiv* 60 (3), 296–324.

FEHR, H., JOKISCH, S., KOTLIKOFF, L. (2005): The Developed World's Demographic Transition - The Roles of Capital Flows, Immigration, and Policy. In: BROOKS, R., RAZIN, A. (Hrsg.), *The Politics and Finance of Social Security Reform*, Wiesbaden, 67–95.

FEHR, H., KOTLIKOFF, L. J. (1996): Generational Accounting in General Equilibrium. *Finanzarchiv* 53 (1), 1–27.

FELDER, S. (2000): Anreiz zur Risikoselektion? Anmerkungen zum Risikostrukturausgleich in der GKV. *Schmollers Jahrbuch, Zeitschrift für Wirtschafts- und Sozialwissenschaften* 120, 187–206.

FETZER, S., HÄCKER, J., HAGIST, C. (2005): (Teil-)Privatisierung mit sozialer Flankierung – Ein geeignets Mittel zur langfristigen Sicherung der Gesundheits- und Pflegevorsorge? Diskussionsbeitrag No. 125/05, Universität Freiburg i. Br.

FETZER, S., HAGIST, C. (2004a): GMG, Kopfpauschalen und Bürgerversicherungen: Der aktuelle Reformstand und seine intergenerativen Verteilungswirkungen. *Schmollers Jahrbuch, Zeitschrift für Wirtschafts- und Sozialwissenschaften* 124 (3), 387–420.

FETZER, S., HAGIST, C., RAFFELHÜSCHEN, B. (2004b): Was bringen Bürgerversicherung und Gesundheitsprämie wirklich? Diskussionsbeitrag No. 120/04, Universität Freiburg i. Br.

FETZER, S., MOOG, S., RAFFELHÜSCHEN, B. (2003): Die Nachhaltigkeit der gesetzlichen Kranken- und Pflegeversicherung: Diagnose und Therapie. In: ALBRING, M., WILLE, E. (Hrsg.), *Die GKV zwischen Ausgabendynamik, Einnahmenschwäche und Koordinierungsproblemen*, Frankfurt a.M., 85–114.

FINANCIAL TIMES DEUTSCHLAND (2005): Baby-Boom für Erwachsene. 15.10.2005.

FINANZAUSGLEICHSGESETZ - FAG (2006): Gesetz über den Finanzausgleich zwischen Bund und Ländern in der Fassung der Bekanntmachung durch Artikel 5 Solidarpaktfortführungsgesetz - SFG. *Bundesgesetzblatt* Teil I, Nr. 74, 27.12.2001, S. 3955. Stand 19.09.2006.

FORSCHUNGSGRUPPE WAHLEN ONLINE (2006): Internet-Strukturdaten, Repräsentative Umfrage - II. Quartal 2006. http://www.forschungsgruppe.de/Ergebnisse/Internet-Strukturdaten/web_II_06.pdf (03.07.2006).

FOUGÈRE, M., MÉRETTE, M. (1999): Population Ageing and Economic Growth in Seven OECD Countries. *Economic Modelling* 16 (3), 411–427.

FRANKFURTER ALLGEMEINE ZEITUNG (2006a): Gespräch mit Herwig Birg und Albrecht Müller. 28.08.2006.

FRANKFURTER ALLGEMEINE ZEITUNG (2006b): Kein Mehrwert. 11.05.2006.

FRANKFURTER ALLGEMEINE ZEITUNG (2007): Pflegereform wird gestutzt und verschoben. 27.01.2007.

FULLERTON, D., ROGERS, D. L. (1993): *Who Bears the Lifetime Tax Burden?*. Washington.

FULLERTON, D., SHOVEN, J., WHALLEY, J. (1983): Replacing the U.S. Income Tax with a Progressive Consumption Tax: A Sequenced General Equilibrium Approach. *Journal of Public Economics* 20, 3–23.

GESAMTVERBAND DER DEUTSCHEN VERSICHERUNGSWIRTSCHAFT (GDV) (2002): Statistisches Taschenbuch der Versicherungswirtschaft 2002. Berlin.

GESETZ ZU KORREKTUREN IN DER SOZIALVERSICHERUNG UND ZUR SICHERUNG DER ARBEITNEHMERRECHTE (1998): Gesetz vom 19.12.1998. *Bundesgesetzblatt* Teil I, Nr. 85, 28.12.1998, S. 3843.

GESETZ ZUM EINSTIEG IN EIN STEUERLICHES SOFORTPROGRAMM (2005): Gesetz vom 22.12.2005. *Bundesgesetzblatt* Teil I, Nr. 76, 30.12.2005, S. 3682.

GESETZ ZUR ABSCHAFFUNG DER EIGENHEIMZULAGE (2005): Gesetz vom 22.12.2005. *Bundesgesetzblatt* Teil I, Nr. 76, 30.12.2005, S. 3680.

GESETZ ZUR BESTIMMUNG DER SCHWANKUNGSRESERVE IN DER RENTENVERSICHERUNG DER ARBEITER UND DER ANGESTELLTEN (2001): Gesetz vom 20.12.2001. *Bundesgesetzblatt* Teil I, Nr. 75, 28.12.2001, S. 4010.

GESETZ ZUR EINDÄMMUNG MISSBRÄUCHLICHER STEUERGESTALTUNGEN (2006): Gesetz vom 28.04.2006. *Bundesgesetzblatt* Teil I, Nr. 22, 05.05.2006, S. 1095.

GESETZ ZUR EINFÜHRUNG DES ELTERNGELDES (2006): Gesetz vom 05.12.2006. *Bundesgesetzblatt* Teil I, Nr. 56, 11.12.2006, S. 2748.

GESETZ ZUR STEUERLICHEN FÖRDERUNG VON WACHSTUM UND BESCHÄFTIGUNG (2006): Gesetz vom 26.04.2006. *Bundesgesetzblatt* Teil I, Nr. 22, 05.05.2006, S. 1091.

GHEZ, G. R., BECKER, G. S. (1975): *The Allocation of Time and Goods over the Life Cycle*. New York.

GKV-MODERNISIERUNGSGESETZ - GMG (2003): Gesetz zur Modernisierung der gesetzlichen Krankenversicherung. Gesetz vom 14.11.2003. *Bundesgesetzblatt* Teil I, Nr. 55, 19.11.2003, S. 2190.

GRABKA, M. M., FRICK, J. R., MEINHARDT, V., SCHUPP, J. (2003): Ältere Menschen in Deutschland: Einkommenssituation und ihr möglicher Beitrag zur Finanzierung der gesetzlichen Rentenversicherung. *Wochenbericht des Deutschen Instituts für Wirtschaftsforschung (DIW) Berlin* 12, 190–195.

GRÖMLING, M. (2004): Weniger Volk, weniger Wohlstand? Die Auswirkungen des demographischen Wandels auf das Wirtschaftswachstum. *Wirtschaftswissenschaftliches Studium* 11, 640–646.

GRÖMLING, M. (2005): Wirtschaftswachstum. In: INSTITUT DER DEUTSCHEN WIRTSCHAFT (Hrsg.), *Perspektive 2050 - Ökonomik des demographischen Wandels*, Köln, 67–96.

GROSSMAN, G., HELPMAN, E. (1991): *Innovation and Growth in the Global Economy*. Cambridge.

GRZIMEK, V. (1997): Schätzung von klassenspezifischen Lebenseinkommensprofilen. Unveröffentlichte Diplomarbeit, Universität Tübingen.

HÄCKER, J., HÖFER, M. A., RAFFELHÜSCHEN, B. (2004): Wie kann die Gesetzliche Pflegeversicherung nachhaltig reformiert werden? Diskussionsbeitrag No. 119/04, Universität Freiburg i. Br.

HÄCKER, J., RAFFELHÜSCHEN, B. (2004): Denn Sie wussten, was sie taten: Zur Reform der Sozialen Pflegeversicherung. *Vierteljahreshefte zur Wirtschaftsforschung* 73, 158–174.

HÄCKER, J., RAFFELHÜSCHEN, B. (2006): On the Inclusion of Dementia Patients into Compulsory Long-term Care Insurance - A Sustainable Step? *Schweizerische Zeitschrift für Volkswirtschaft und Statistik, Revue suisse d'économie et de statistique* Special issue 2006 - First European Conference on Long-term Care, 113–116.

HAGEMANN, R. P., NICOLETTI, G. (1989): Ageing Populations: Economic Effects and Implications for Public Finance. OECD Working Paper No. 61.

HAUSHALTSBEGLEITGESETZ 2004 - HHBeglG 2004 (2004): Haushaltsbegleitgesetz 2004. *Bundesgesetzblatt* Teil I, Nr. 68, 31.12.2003, S. 3076.

HAUSHALTSBEGLEITGESETZ 2006 - HHBeglG 2006 (2006): Gesetz vom 29. Juni 2006. *Bundesgesetzblatt* Teil I, Nr. 30, 30.06.2006, S. 1402.

HERDEN, R.-E., MÜNZ, R. (2000): Die Bevölkerungsentwicklung in Deutschland, 1950-1998/99. In: SCHÄFERS, B., ZAPF, W. (Hrsg.), *Handwörterbuch zur Gesellschaft Deutschlands*, Leverkusen, 1–16.

HERZOG-KOMMISSION (2003): Bericht der Kommission „Soziale Sicherheit" zur Reform der sozialen Sicherungssysteme. Berlin.

HIRTE, G. (2001): *Pension Policies for an Aging Society*. Tübingen.

HOF, B. (2001): Auswirkungen und Konsequenzen der demographischen Entwicklung für die gesetzliche Kranken- und Pflegeversicherung. PKV Dokumentation 24.

HOMBURG, S., SCHNABEL, R. (2005): *Reform der Familienpolitik*. Bertelsmann Stiftung, Gütersloh.

HUBER, B. (2005): Mehr Autonomie und Freiheit. Tagesspiegel-Beilage vom 17.12.2005.

INSTITUT DER DEUTSCHEN WIRTSCHAFT KÖLN (2004): Deutschland in Zahlen.

JANS, B., HABISCH, A., STUTZER, E. (2000): Familienwissenschaftliche und familienpolitische Signale. Max Wingen zum 70. Geburtstag. Grafschaft.

JOKISCH, S. (2006): *The Developed World's Demographic Transition*. Tübingen.

JONES, B. F. (2005): Age and Great Invention. NBER Working Paper No. 11359. Cambridge, MA.

KENC, T., PERRAUDIN, W. (1997): European Pension Systems: A Simulation Analysis. *Fiscal Studies* 18 (3), 249–277.

KEUSCHNIGG, C., KEUSCHNIGG, M. (2004): Aging, Labor Markets and Pension Reform in Austria. *Finanzarchiv* 60 (3), 359–392.

KINDER-BERÜCKSICHTIGUNGSGESETZ - KiBG (2003): Gesetz zur Berücksichtigung von Kindererziehung im Beitragsrecht der sozialen Pflegeversicherung. Gesetz vom 15.1.2004. *Bundesgesetzblatt* Teil I, Nr. 69, 20.12.2004, S. 3448.

KLÖS, H.-P., KROKER, R. (2005): Perspektive 2050: Ordnungsökonomische Weichenstellungen und wirtschaftspolitischer Handlungsbedarf. In: INSTITUT DER DEUTSCHEN WIRTSCHAFT KÖLN (Hrsg.), *Perspektive 2050 - Ökonomik des demographischen Wandels*, Köln, 391–415.

KOALITIONSVERTRAG ZWISCHEN CDU, CSU und SPD (2005): Gemeinsam für Deutschland - mit Mut und Menschlichkeit. 11.11.2005.

KOTLIKOFF, L. J. (2003): *Generational Policy*. Cambridge, MA.

KOTLIKOFF, L. J., SMETTERS, K. A., WALLISER, J. (2001): Finding a Way out of America's Demographic Dilemma. NBER Working Paper No. 8258. Cambridge, MA.

KRÖHNERT, S. (2002): Bevölkerungsentwicklung in Ostdeutschland. In: BERLIN-INSTITUT FÜR WELTBEVÖLKERUNG UND GLOBALE ENTWICKLUNG (Hrsg.), *Online-Handbuch zum Thema Bevölkerung*. http://www.berlin-institut.org/pdfs/Kroehnert_Ostdeutschland.pdf (15.10.2004).

KRÖHNERT, S., HERDEN, E., MÜNZ, R. (2006): Glossar der wichtigsten demographischen Begriffe. http://www.berlin-institut.org/pages/buehne/buehne_glossar.html#1 (30.05.2006).

KRONBERGER KREIS (DONGES, J. B., EEKHOFF, J., FRANZ, W., FUEST, C., MÖSCHEL, W. und NEUMANN, M. J. M.) (2005): *Tragfähige Pflegeversicherung*. Schriftenreihe der Stiftung Marktwirtschaft 42. Berlin.

KWASNIEWSKI, K. (2006): Rente mit 67 unvermeidlich. *Wirtschaftsdienst* 2, 76.

LAMPERT, H. (1996): *Priorität für die Familie. Plädoyer für eine rationale Familienpolitik*. Berlin.

LECHNER, M. (1998): Eine empirische Analyse des Geburtenrückgangs in den neuen Bundesländern aus der Sicht der neoklassischen Bevölkerungsökonomie. *Schmollers Jahrbuch, Zeitschrift für Wirtschafts- und Sozialwissenschaften* 118 (3), 463–488.

LIPPS, O., BETZ, F. (2005): Stochastische Bevölkerungsprojektion für West- und Ostdeutschland. *Zeitschrift für Bevölkerungswissenschaft* 30, 3–44.

LITTMANN, K. (1993): Besteuerung von Renten und anderen Alterseinkünften. *WSI-Mitteilungen* 50 (6), 396–404.

LOEFFELHOLZ, H. D. V. (2003): Eckpunkte eines demographiefesten Steuersystems. Präsentation zum Themendialog „Staatsverschuldung" im Rahmen des

Bertelsmann-Projekts Aktion „Demographischer Wandel", Berlin, 7. November 2003.

LUCAS, R. E. (1988): On the Mechanics of Economic Development. *Journal of Monetary Economics* 22, 3–42.

LÜHRMANN, M. (2005): Population Aging and the Demand for Goods and Services. MEA-Diskussionspapier No. 95-2005.

LUTZ, W., SKIRBEKK, V. (2004): How Would 'Tempo Policies' Work? Exploring the Effect of School Reforms on Period Fertility in Europe. *European Demographic Research Papers* 2.

MCMORROW, K., ROEGER, W. (2004): *The Economic and Financial Market Consequences of Global Aging*. Berlin.

MEISTER, W., OCHEL, W. (2003): Die steuerliche Förderung von Familien im internationalen Vergleich. *ifo Schnelldienst* 5, 65–67.

MILES, D. (1999): Modelling the Impact of Demographic Change upon the Economy. *The Economic Journal* 109 (452), 1–36.

MONTERO, M. (1999): Estructura demogràfica y sistema de pensiones. Un anàlisis de equilibrio general aplicado a la economía española. Estudios sobra la Economía Española (EEE) No. 16, FEDEA.

MÜLLER, A. (2004): *Die Reformlüge*. München.

NETZEITUNG (2006): Niedersachsen für leichteren Fachkräfte-Zuzug. 29.12.2006. http://www.netzeitung.de/deutschland/484385.html (04.01.2007).

OECD (1998): Economic Outlook, Dezember 1998.

OSTER, S. M., HAMERMESH, D. S. (1998): Aging and Productivity Among Economists. *Review of Economics and Statistics* 80 (1), 154–156.

PFLEGELEISTUNGS-ERGÄNZUNGSGESETZ - PflEG (2001): Gesetz zur Ergänzung der Leistungen bei häuslicher Pflege von Pflegebedürftigen mit erheblichem allgemeinem Betreuungsbedarf. Gesetz vom 14.12.2001. *Bundesgesetzblatt* Teil I, Nr. 70, 20.12.2001, S. 3728.

PFLEGE-QUALITÄTSSICHERUNGSGESETZ - PQsG (2001): Gesetz zur Qualitätssicherung und zur Stärkung des Verbraucherschutzes in der Pflege. Gesetz vom 09.09.2001. *Bundesgesetzblatt* Teil I, Nr. 47, 12.09.2001, S. 2320.

PFLEGE-VERSICHERUNGSGESETZ - PflegeVG (2004): Gesetz zur sozialen Absicherung des Risikos der Pflegebedürftigkeit. Gesetz vom 26.05.94. *Bundesgesetzblatt* Teil I, Nr. 30, 28.05.94, S. 1014.

POSTLER, A. (2003): Modellrechnungen zur Beitragssatzentwicklung in der Gesetzlichen Krankenversicherung. Auswirkungen von demographischem Wandel und medizinisch-technischem Fortschritt. Universität Duisburg-Essen, Disskussionsbeiträge der Fakultät für Wirtschaftswissenschaft, No. 298.

PROGNOS (1987): Gesamtwirtschaftliche Entwicklung und gesetzliche Rentenversicherung vor dem Hintergrund einer schrumpfenden Bevölkerung. Untersuchung im Auftrag des Verbandes Deutscher Rentenversicherungsträger.

RAMSEY, F. P. (1928): A Mathematical Theory of Saving. *Economic Journal* 38, 543–559.

REBELO, S. (1991): Long-Run Policy Analysis and Long-Run-Growth. *Journal of Political Economy* 99 (3), 500–521.

REIL-HELD, A. (2000): Einkommen und Sterblichkeit in Deutschland: Leben Reiche länger? Discussion Paper No. 00-14, Universität Mannheim, Sonderforschungsbereich 504.

RENTENREFORMGESETZ 1992 - RRG 1992 (1989): Gesetz zur Reform der gesetzlichen Rentenversicherung. Gesetz vom 18.12.1989. *Bundesgesetzblatt* Teil I, Nr. 60, 28.12.1989, S. 2261.

RENTENREFORMGESETZ 1999 - RRG 1999 (1997): Gesetz zur Reform der gesetzlichen Rentenversicherung. Gesetz vom 16.12.1997. *Bundesgesetzblatt* Teil I, Nr. 85, 22.12.1997, S. 2998.

RENTENVERSICHERUNGS-NACHHALTIGKEITSGESETZ (2004): Gesetz zur Sicherung der nachhaltigen Finanzierungsgrundlagen der gesetzlichen Rentenversicherung. Gesetz vom 21. Juli 2004. *Bundesgesetzblatt* Teil I, Nr. 38, 26.07.2004, S. 1791.

ROSE, M. (1999): Systematisierung der Gewinnbesteuerung. In: HENKE, K. D. (Hrsg.), *Zur Zukunft der Staatsfinanzierung*, Baden-Baden, 103–113.

ROSENSCHON, A. (2001): Familienförderung in Deutschland – eine Bestandsaufnahme. Kieler Arbeitspapier Nr. 1071, Institut für Weltwirtschaft.

ROSENSCHON, A. (2006): Finanzpolitische Maßnahmen zugunsten von Familien – Eine Bestandsaufnahme für Deutschland. Kieler Arbeitspapier Nr. 1273, Institut für Weltwirtschaft.

ROTHGANG, H. (2004): Reformoptionen zur Finanzierung der Pflegeversicherung – Darstellung und Bewertung. *Zeitschrift für Sozialreform* 50, 584–616.

ROTHGANG, H. (2005): Demographischer Wandel und Pflege(ver)sicherung. In: KERSCHBAUMER, J., SCHROEDER, W. (Hrsg.), *Sozialstaat und demographischer Wandel. Herausforderungen für Arbeitsmarkt und Sozialversicherung*, Wiesbaden, 119–146.

RULAND, F., VON DER HEIDE, D. (2003): Rente mit 67 ohne Alternative. *Wirtschaftsdienst* 10, 633–636.

RÜRUP, B., GRUESCU, S. (2003): Nachhaltige Familienpolitik im Interesse einer aktiven Bevölkerungsentwicklung. Gutachten im Auftrag des Bundesministeriums für Familie, Senioren, Frauen und Jugend.

RÜRUP-KOMMISSION (2003): Nachhaltigkeit in der Finanzierung der Sozialen Sicherungssysteme. Bericht der Kommission. BUNDESMINISTERIUM FÜR GESUNDHEIT UND SOZIALE SICHERUNG (Hrsg.).

SACHVERSTÄNDIGENKOMMISSION zur Neuordnung der steuerrechtlichen Behandlung von Altersvorsorgeaufwendungen und Altersbezügen (2003): Abschlussbericht. BUNDESMINISTERIUM DER FINANZEN (Hrsg.). BMF Schriftenreihe Band 74.

SACHVERSTÄNDIGENRAT zur Begutachtung der gesamtwirtschaftlichen Entwicklung (2003): Staatsfinanzen konsolidieren – Steuersystem reformieren. Wiesbaden.

SACHVERSTÄNDIGENRAT zur Begutachtung der gesamtwirtschaftlichen Entwicklung (2004): Erfolge im Ausland – Herausforderungen im Inland. Wiesbaden.

SACHVERSTÄNDIGENRAT zur Begutachtung der gesamtwirtschaftlichen Entwicklung (2006): Widerstreitende Interessen – Ungenutzte Chancen. Wiesbaden.

SCHAICH, E. (1998): Der Geburteneinbruch in den neuen Bundesländern seit 1990 und einige Hypothesen zu seiner Erklärung. *Jahrbücher für Nationalökonomie und Statistik* 217, 93–107.

SCHELLHORN, H. (2000): In welcher Höhe werden Zinseinkünfte in Deutschland besteuert? *Wirtschaftsdienst* 8, 494–498.

SCHINDLER, D. (2000): Die deutsche Einkommensteuer als synthetisches Besteuerungssystem – eine Fiktion? CoFe Diskussionspapiere, No. 00/38.

SCHIRRMACHER, F. (2004): *Das Methusalem-Komplott*. München.

SCHNABEL, R. (1998): Rates of Return of the German Pay-As-You-Go Social Security System. *Finanzarchiv* 55, 374–399.

SCHULZ, E. (1995): Alternde Gesellschaft. Zur Bedeutung von Zuwanderungen für die Altersstruktur der Bevölkerung in Deutschland. *Wochenbericht des Deutschen Instituts für Wirtschaftsforschung (DIW) Berlin* 33, 579–589.

SCHULZ, E. (1999): Zur langfristigen Bevölkerungsentwicklung in Deutschland. Modellrechnungen bis 2050. *Wochenbericht des Deutschen Instituts für Wirtschaftsforschung (DIW) Berlin* 42, 745–757.

SCHULZ, E. (2002): Bevölkerungsprojektionen für Deutschland. In: BERLIN-INSTITUT FÜR WELTBEVÖLKERUNG UND GLOBALE ENTWICKLUNG (Hrsg.), *Online-Handbuch zum Thema Bevölkerung*. http://www.berlin-institut.org, (05.08.2003).

SCHULZ, E., LEIDL, R., KÖNIG, H. (2001): Starker Anstieg der Pflegebedürftigkeit zu erwarten: Vorausschätzungen bis 2020 mit Ausblick auf 2050. *Wochenbericht des Deutschen Instituts für Wirtschaftsforschung (DIW) Berlin* 5, 65–77.

SCHULZ, E., WAGNER, G. G., WITTE, J. (1993): Gegenwärtiger Geburtenrückgang in Ostdeutschland lässt mittelfristig einen „Babyboom“ erwarten. Discussion Paper 83, Deutsches Institut für Wirtschaftsforschung (DIW) Berlin.

SENDLER, J. (2004): Zehn Jahre Pflegeversicherung – Bilanz und Perspektiven: Zukunftsanforderungen an eine wirksame Absicherung bei Pflegebedürftigkeit. *Soziale Sicherheit* 8/9, 263–269.

SICKINGER, C. (2005): Französische Familienpolitik – ein Vorbild für Deutschland? Friedrich-Ebert-Stiftung, Frankreich-Info Nr. 4.

SINN, H.-W. (2001): The Value of Children and Immigrants in a Pay-as-you-go Pension System: A Proposal for a Partial Transition to a Funded System. *ifo Studien* 47, 77–94.

SINN, H.-W. (2003a): The Crisis in Germany's Pension Insurance System and How it Can be Resolved. In: CNOSSEN, S., SINN, H.-W. (Hrsg.), *Public Finance and Public Policy in the New Century*, Cambridge, MA, 269–292.

SINN, H.-W. (2003b): Das demographische Defizit – die Fakten, die Folgen, die Ursachen und die Politikimplikationen. *ifo Schnelldienst* 5, 20–35.

SINN, H.-W. (Hrsg.) (2003c): *Ist Deutschland noch zu retten?*. München.

SINN, H.-W., FLAIG, G., MUNZ, S., WERDING, M., DÜLL, N., HOFMANN, H. (2001): EU-Erweiterung und Arbeitskräftemigration: Wege zu einer schrittweisen Annäherung der Arbeitsmärkte. In Zusammenarbeit mit dem Max-Planck-Institut für ausländisches und internationales Sozialrecht.

SINN, H.-W., OCHEL, W. (2003): Social Union, Convergence and Migration. *Journal of Common Market Studies* 41, 869–896.

SINN, H.-W., THUM, M. (1999): Gesetzliche Rentenversicherung: Prognosen im Vergleich. *Finanzarchiv* 56 (1), 104–135.

SOLOW, R. (1956): A Contribution to the Theory of Economic Growth. *Quarterly Journal of Economics* 70 (1), 65–94.

SOMMER, B., VOIT, H. (2003): Bevölkerungsentwicklung 2002. *Wirtschaft und Statistik* 12, 1096–1104.

SOZIALBEIRAT (2006): Gutachten des Sozialbeirats zum Rentenversicherungsbericht 2006.

SOZIALPOLITIK AKTUELL (2005): Finanzentwicklung der Pflegversicherung 1996 - 2005. http://www.sozialpolitik-aktuell.de/datensammlung/6/abb/abbVI41.pdf (22.11.2006).

SPIESS, C. K. (1987): *Staatliche Eingriffe in Märkte für Kinderbetreuung. Analysen im deutsch-amerikanischen Vergleich*. Frankfurt a.M./New York.

SPIEGEL ONLINE (2006): Der Abstieg der Rütli-Schule. http://www.spiegel.de/politik/deutschland/0,1518,409011,00.html (31.03.2006).

STATISTISCHES BUNDESAMT (1992): Statistisches Jahrbuch für die Bundesrepublik Deutschland. Stuttgart, Mainz.

STATISTISCHES BUNDESAMT (1994): Statistisches Jahrbuch für die Bundesrepublik Deutschland. Stuttgart, Mainz.

STATISTISCHES BUNDESAMT (1998): Statistisches Jahrbuch für die Bundesrepublik Deutschland. Stuttgart, Mainz.

STATISTISCHES BUNDESAMT (2002): Statistisches Jahrbuch für die Bundesrepublik Deutschland. Stuttgart, Mainz.

STATISTISCHES BUNDESAMT (2003a): Bevölkerung Deutschlands bis 2050, 10. koordinierte Bevölkerungsvorausberechnung. Wiesbaden.

STATISTISCHES BUNDESAMT (2003b): Statistisches Jahrbuch für die Bundesrepublik Deutschland. Stuttgart, Mainz.

STATISTISCHES BUNDESAMT (2005a): Arbeitnehmer, Verdienste und geleistete Arbeitsstunden im Inland. http://www.destatis.de/presse/deutsch/pm2004/p1900031.htm, (23.05.2005).

STATISTISCHES BUNDESAMT (2005b): Gesetzliche Rentenversicherung. http://www.destatis.de/daten1/stba/html/basis/d/solei/soleiq17.php;http://www.destatis.de/daten1/stba/html/basis/d/solei/soleiq24.php;, (23.05.2005).

STATISTISCHES BUNDESAMT (2005c): Nettonationaleinkommen, Verfügbares Einkommen und Finanzierungssaldo, Volkswirtschaftliche Gesamtrechnungen – Vorläufige Ergebnisse. http://www.destatis.de/basis/d/vgr/vgrtab7.php, (23.05.2005).

STATISTISCHES BUNDESAMT (2005d): Pressemitteilung. http://www.destatis.de/presse/deutsch/pm2005/p1900071.htm, (23.05.2005).

STATISTISCHES BUNDESAMT (2005e): Volkswirtschaftliche Gesamtrechnungen – Inlandsproduktsberechnung – Lange Reihe ab 1970, Fachserie 18 Reihe 1.5.

STATISTISCHES BUNDESAMT (2005f): Wertschöpfung, Inlandsprodukt und Nationaleinkommen. http://www.destatis.de/basis/d/vgr/vgrtab2.php, (23.05.2005).

STATISTISCHES BUNDESAMT (2006a): Bevölkerung Deutschlands bis 2050, 11. koordinierte Bevölkerungsvorausberechnung. Wiesbaden.

STATISTISCHES BUNDESAMT (2006b): Bruttoinlandsprodukt 2005 für Deutschland. Informaterialien zur Pressekonferenz am 12. Januar 2006 in Frankfurt a.M.

STATISTISCHES BUNDESAMT (2006c): Finanzen und Steuern – Steuerhaushalt, Fachserie 14 Reihe 4 – 4. Quartal und Jahr 2005.

STATISTISCHES BUNDESAMT (2006d): Statistisches Jahrbuch für die Bundesrepublik Deutschland. Stuttgart, Mainz.

STEUERÄNDERUNGSGESETZ 2007 (2006): Gesetz vom 19. Juli 2006. *Bundesgesetzblatt* Teil I, Nr. 35, 24.07.2006, S. 1652.

STEUERSENKUNGSGESETZ - StSenkG (2000): Gesetz zur Senkung der Steuersätze und zur Reform der Unternehmensbesteuerung. Gesetz vom 23.10.2000. *Bundesgesetzblatt* Teil I, Nr. 46, 26.10.2000, S. 1433.

STOLZ, U., RIECKHOFF, C. (2005): Aktuelle Ergebnisse der zulagengeförderten Altersvorsorge – Erste statistische Auswertungen der Zentralen Zulagenstelle für Altersvermögen. *Die Angestelltenversicherung* 9, 409–416.

STØRESLETTEN, K. (2000): Sustaining Fiscal Policy through Immigration. *Journal of Political Economy* 108 (2), 300–223.

STRANTZ, C., STUTZER, E. (2006): Familien, Kindergeld und Einkommensteuer. *Statistisches Monatsheft Baden-Württemberg* 12, 17–20.

STRAUBHAAR, T. (2002): Ost-West-Migrationspotential: Wie groß ist es? *Jahrbücher für Nationalökonomie und Statistik* 222 (1), 22–41.

SÜDDEUTSCHE ZEITUNG (2003): Adieu, Rabenmutter. 28.07.2003.

SÜDDEUTSCHE ZEITUNG (2005a): Gesundheitsökonom rät zur Bürgerversicherung. 03.03.2005.

SÜDDEUTSCHE ZEITUNG (2005b): Schaukeln und verschaukelt werden. 09.08.2005.

SÜDDEUTSCHE ZEITUNG (2006a): Die Panik der Deutschen. 24.04.2006.

SÜDDEUTSCHE ZEITUNG (2006b): Rente mit 67 Jahren soll schneller kommen. 30.01.2006.

TAGESBETREUUNGSAUSBAUGESETZ - TAG (2004): Gesetz zum qualitätsorientierten und bedarfsgerechten Ausbau der Tagesbetreuung für Kinder. Gesetz vom 27. Dezember 2004. *Bundesgesetzblatt* Teil I, Nr. 76, 31.12.2004, S. 3852.

TAGESSPIEGEL (2006): Der Hilferuf der Rütli-Schule. 30.3.2006.

TODT, J., REIMANN, A., LILL, T. (2006): Versorgung mangelhaft - Kinderbetreuung in Deutschland. http://www.spiegel.de/politik/deutschland.html, (20.01.2006).

TREMMEL, J. (2003): Generationengerechtigkeit – Versuch einer Definition. In: STIFTUNG FÜR DIE RECHTE ZUKÜNFTIGER GENERATIONEN (Hrsg.), *Handbuch Generationengerechtigkeit*, München, 27–72.

UNPD United Nations Population Division (2003): World Population Prospects - The 2002 Revision. http://esa.un.org/unpp (15.10.2004).

UNPD United Nations Population Division (2004): World Population Prospects - The 2004 Revision. http://esa.un.org/unpp (01.08.2005).

VERBAND DER PRIVATEN KRANKENVERSICHERUNG E.V. (2006): Zahlenbericht der privaten Krankenversicherung 2005/2006.

WENZEL, D. (1999): *Finanzierung des Gesundheitswesens und interpersonelle Umverteilung*. Frankfurt a. M.

WERDING, M. (2001): Child-related Benefits Throughout the Family Life-cycle: Lessons from the Case of Germany. *ifo Studien* 3, 327–348.

WERDING, M. (2006): Kinderrente und Vorsorgepflicht. *ifo Schnelldienst* 7, 44–53.

WERDING, M., BLAU, H. (2002): Auswirkungen des demographischen Wandels auf die staatlichen Alterssicherungssysteme. Modellrechnungen bis 2050. Studie im Auftrag des Bundesministeriums der Finanzen.

WESTDEUTSCHE ALLGEMEINE ZEITUNG (2000): AP-Interview mit Jürgen Rüttgers, veröffentlicht in der Westdeutschen Allgemeinen Zeitung vom 08.03.2000.

WIEGARD, W. (2000): Nachgelagerte Besteuerung von Alterseinkünften: Das trojanische Pferd der Befürworter einer Konsumsteuer. *ifo Schnelldienst* 21, 8–12.

WISSENSCHAFTLICHER BEIRAT BEIM BUNDESMINISTERIUM FÜR WIRTSCHAFT UND ARBEIT (2005): Alterung und Familienpolitik.

ZIMMERMANN, A., JANKOWSKI, M. (2005): Die interpersonelle Umverteilung in der Gesetzlichen Krankenversicherung – Status Quo und Perspektiven der Ausgestaltung. Otto-Wolff-Institut Discussion Paper No. 4/99.

ZUWANDERUNGSGESETZ (2004): Gesetz zur Steuerung und Begrenzung der Zuwanderung und zur Regelung des Aufenthalts und der Integration von Unionsbürgern und Ausländern. Gesetz vom 30.07.2004. *Bundesgesetzblatt* Teil I, Nr. 41, 05.08.2004, S. 1950.

ZWEIFEL, P. (2001): Alter, Gesundheit und Gesundheitsausgaben – eine neue Sicht. *GGW G+G Wissenschaft, Verlagsbeilage in Gesundheit und Gesellschaft* 1, 6–12.

ZWEITES GESETZ ZUR FAMILIENFÖRDERUNG (2001): Gesetz vom 16.08.2001. *Bundesgesetzblatt* Teil I, Nr. 42, 21.08.2001, S. 2074.

ZWEITES GESETZ ZUR ÄNDERUNG DES SECHSTEN BUCHES SOZIALGESETZBUCH UND ANDERER GESETZE (2003): Gesetz vom 27.12.2003. *Bundesgesetzblatt* Teil I, Nr. 67, 30.12.2003, S. 3013.

ZWÖLFTES SGB V-ÄNDERUNGSGESETZ - 12. SGB V-ÄndG (2004): Zwölftes Gesetz zur Änderung des Fünften Buches Sozialgesetzbuch. Gesetz vom 12.06.2003. *Bundesgesetzblatt* Teil I, Nr. 25, 17.06.2003, S. 844.

FSC
www.fsc.org
MIX
Papier | Fördert gute Waldnutzung
FSC® C083411

Kolibri 360 GmbH
Ferdinand-Jühlke-Straße 7
99095 Erfurt, Deutschland
produktsicherheit@kolibri360.de

Druck:
CPI Druckdienstleistungen GmbH
im Auftrag der
Kolibri 360 GmbH
Ferdinand-Jühlke-Str. 7
99095 Erfurt